Christian Reinhard
Rechte und Pflichten des Betriebsrats bei der Verwendung von Arbeitnehmerdaten

FORUM ARBEITS- UND SOZIALRECHT

herausgegeben von
Prof. Dr. Richard Giesen, Prof. Dr. Matthias Jacobs,
Prof. Dr. Dr. h.c. Horst Konzen und Prof. Dr. Meinhard Heinze †

Band 38

Christian Reinhard

Rechte und Pflichten des Betriebsrats bei der Verwendung von Arbeitnehmerdaten

Eine Untersuchung anhand betriebsverfassungsrechtlicher und datenschutzrechtlicher Vorgaben

CENTAURUS

Zum Autor:
Christian Reinhard studierte Rechtswissenschaften an der Ernst-Moritz-Arndt Universität Greifswald. Das Rechtsreferendariat absolvierte er am Hanseatischen Oberlandesgericht Hamburg, anschließend promovierte er an der Bucerius-Law-School, Hamburg. Derzeit ist er als Rechtsanwalt in Hamburg tätig.

Bibliografische Informationen der Deutschen Nationalbibliothek
Die Deutsche Nationalbibliothek verzeichnet diese Publikation in der Deutschen Nationalbibliografie; detaillierte bibliografische Daten sind im Internet über http://dnb.d-nb.de abrufbar.
Zugl. Hamburg, Bucerius Law School, 2012

Gedruckt auf säurefreiem und chlorfrei gebleichtem Papier.

ISBN 978-3-86226-198-7

ISSN 0936-028X

Alle Rechte, insbesondere das Recht der Vervielfältigung und Verbreitung sowie der Übersetzung, vorbehalten. Kein Teil des Werkes darf in irgendeiner Form (durch Fotokopie, Mikrofilm oder ein anderes Verfahren) ohne schriftliche Genehmigung des Verlages reproduziert oder unter Verwendung elektronischer Systeme verarbeitet, vervielfältigt oder verbreitet werden.

© CENTAURUS Verlag & Media KG, Freiburg 2012
www.centaurus-verlag.de

Satz: Vorlage des Autors
Umschlaggestaltung: Jasmin Morgenthaler, Visuelle Kommunikation

Vorwort

Die vorliegende Arbeit wurde im Sommertrimester 2012 vom Promotionsausschuss der Bucerius Law School – Hochschule für Rechtswissenschaft –, Hamburg, als Dissertation angenommen. Die mündliche Prüfung erfolgte am 26. Juni 2012. Das Manuskript wurde im September 2011 abgeschlossen. Bis Juni 2012 veröffentlichte Literatur wurde nachgetragen.

Mein besonderer Dank gilt meinem hoch geschätzten Doktorvater Professor Dr. Matthias Jacobs, für die wissenschaftliche Betreuung der Arbeit. Er hat mir während des Entstehungsprozesses den notwendigen Freiraum eingeräumt und mich stets mit Rat und Tat unterstützt.

Frau Professor Dr. Birgit Weitemeyer danke ich sehr herzlich für die freundliche Übernahme des Zweitgutachtens.

Ferner danke ich meinen Eltern, die mich während des Studiums der Rechtswissenschaft und des Referendariats in jeder denkbaren Hinsicht gefördert haben. Mein größter Dank gilt jedoch meiner Frau Linda, dich mir in allen Lebenslagen zur Seite steht und mich stets liebevoll unterstützt.

Hamburg, im Juli 2012 *Christian Reinhard*

Inhaltsübersicht

Inhaltsübersicht VII

Inhaltsverzeichnis IX

A. Einleitung 1
    I. Zur Notwendigkeit eines Arbeitnehmerdatenschutzgesetzes 1
    II. Einsatz von Informations- und Kommunikationstechnologie bei der Betriebsratsarbeit 3
    III. Betriebsräte in der datenschutzrechtlichen Diskussion 5
    IV. Gegenstand und Gang der Untersuchung 10

B. Entwicklung des Arbeitnehmerdatenschutzrechts in der Bundesrepublik Deutschland 12
    I. Verfassungsrechtliche Grundlagen des Arbeitnehmerdatenschutzes 13
    II. Gesetzgebung zum Arbeitnehmerdatenschutz auf nationaler und internationaler Ebene 23
    III. Daten- und Persönlichkeitsschutzrechtliche Entwicklungen im Betriebsverfassungsrecht 40
    IV. Zusammenfassung 41

C. Datenschutz- und Geheimhaltungsverpflichtungen des Betriebsrats nach dem Betriebsverfassungsgesetz 43
    I. Gewährleistung des Rechts auf informationelle Selbstbestimmung im Betriebsverfassungsrecht 44
    II. Betriebsverfassungsrechtlicher Arbeitnehmerdatenschutz bei der Erfüllung von Informationsansprüchen des Betriebsrats 51
    III. Betriebsverfassungsrechtlicher Arbeitnehmerdatenschutz durch Verschwiegenheits- und Geheimhaltungspflichten des Betriebsrats 59
    IV. Zusammenfassung 78

D. Betriebsrat und das allgemeine Datenschutzrecht 80
    I. Anwendung des BDSG auf die Datenverarbeitung des Betriebsrats 80
    II. Regelungsgegenstand des BetrVG und des BDSG 91
    III. Umfang der Subsidiarität des allgemeinen Datenschutzrechts gegenüber dem Betriebsverfassungsrecht 92
    IV. Zusammenfassung 117

E. Pflichten des Betriebsrats nach dem Bundesdatenschutzgesetz 118

	I.	Datengeheimnis gemäß § 5 Satz 1 BDSG	118
	II.	Formelle Verpflichtung der Betriebsratsmitglieder auf das Datengeheimnis, § 5 Satz 2 BDSG	126
	III.	Bereichsunabhängiger Datenschutz – Zulässigkeit der Verwendung von Beschäftigtendaten durch den Betriebsrat nach dem BDSG	131
	IV.	Zulässigkeit der unternehmensinternen Verwendung von Beschäftigtendaten durch den Betriebsrat – Praxisbeispiele unter Anwendung der Grundsätze des BetrVG und des BDSG	143
	V.	Zulässigkeit der Übermittlung von personenbezogenen Daten durch den Betriebsrat an externe Stellen	177
	VI.	Möglichkeiten der Einschränkung und Erweiterung der datenschutzrechtlichen Standards durch kollektivrechtliche Regelungen	189
	VII.	Zusammenfassung	198
F.		Kontrolle des Datenschutzes gegenüber dem Betriebsrat	200
	I.	Einflussmöglichkeiten des betrieblichen Datenschutzbeauftragten auf die Betriebsratsarbeit	201
	II.	Kompetenzen der Datenschutzbehörde gegenüber dem Betriebsrat	236
	III.	Zusammenfassung	241
G.		Ergebnisse und Ausblick	242
	I.	Ergebnisse	242
	II.	Ausblick	244
Literaturverzeichnis			247

Inhaltsverzeichnis

Inhaltsübersicht VII

Inhaltsverzeichnis IX

A. Einleitung 1
    I. Zur Notwendigkeit eines Arbeitnehmerdatenschutzgesetzes 1
    II. Einsatz von Informations- und Kommunikationstechnologie bei der Betriebsratsarbeit 3
    III. Betriebsräte in der datenschutzrechtlichen Diskussion 5
        1. Konzentration auf die Verwendung von Arbeitnehmerdaten durch den Arbeitgeber 5
        2. Kenntnisnahme von Arbeitnehmerdaten bei der betriebsverfassungsrechtlichen Arbeit 6
        3. Gründe und Beispiele für die Begehung von Datenschutzverstößen durch den Betriebsrat 8
    IV. Gegenstand und Gang der Untersuchung 10

B. Entwicklung des Arbeitnehmerdatenschutzrechts in der Bundesrepublik Deutschland 12
    I. Verfassungsrechtliche Grundlagen des Arbeitnehmerdatenschutzes 13
        1. Entwicklung des allgemeinen Persönlichkeitsrechts 13
        2. Recht auf informationelle Selbstbestimmung als Grundrecht auf Datenschutz 16
            a) Volkszählungsurteil des Bundesverfassungsgerichts vom 15. Dezember 1983 16
            b) Wirkung des Rechts auf informationelle Selbstbestimmung im Arbeitsverhältnis 19
            c) Grundsatz der Zweckbindung bei der Verwendung personenbezogener Daten 20
            d) Möglichkeiten der Einschränkung des Rechts auf informationelle Selbstbestimmung 21
    II. Gesetzgebung zum Arbeitnehmerdatenschutz auf nationaler und internationaler Ebene 23
        1. Datenschutzrechtliche Entwicklungen in der Bundesrepublik Deutschland 23
            a) Hessisches Datenschutzgesetz als erstes Datenschutzgesetz 24
            b) Bundesdatenschutzgesetz 25
                aa) Entwicklung des BDSG im Zeitraum von 1977 bis 2009 25
                bb) Kontinuierlicher Anpassungsbedarf an technische und rechtliche Veränderungen 26

			cc)	Kritik an der Ausgestaltung des BDSG	27
		c)	Entwicklung eines Arbeitnehmerdatenschutzgesetzes		28
			aa)	Forderung nach einem eigenen Arbeitnehmerdatenschutzgesetz	28
			bb)	Erste Ansätze eines Arbeitnehmerdatenschutzgesetzes durch die BDSG Novelle 2009	29
		d)	Anwendung des BDSG auf die Personaldatenverarbeitung im Arbeitsverhältnis		31
			aa)	Personenbezogene Daten im Arbeitsverhältnis	31
			bb)	Ausweitung des Arbeitnehmerdatenschutzes auf sämtliche personenbezogene Daten der Beschäftigten	33
			cc)	Adressat der datenschutzrechtlichen Verpflichtungen	34
			dd)	Erhebung, Verarbeitung und Nutzung personenbezogener Daten im Arbeitsverhältnis	34
	2.	Inter- und Supranationale Regelungen zum Arbeitnehmerdatenschutz			37
		a)	Übereinkommen des Europarats zum Schutz der Menschen bei der automatisierten Verarbeitung personenbezogener Daten vom 28. Januar 1981		37
		b)	EU-Richtlinie zum Schutz natürlicher Personen bei der Verarbeitung personenbezogener Daten und zum freien Datenverkehr		37
		c)	Datenschutzgarantie durch die Europäische Grundrechtecharta		39
III.	Daten- und Persönlichkeitsschutzrechtliche Entwicklungen im Betriebsverfassungsrecht				40
IV.	Zusammenfassung				41

C. Datenschutz- und Geheimhaltungsverpflichtungen des Betriebsrats nach dem Betriebsverfassungsgesetz 43

I.	Gewährleistung des Rechts auf informationelle Selbstbestimmung im Betriebsverfassungsrecht				44
	1.	Kollektivrechtlicher Persönlichkeitsrechtsschutz in § 75 Abs. 2 Satz 1 BetrVG			44
		a)	Begründung des Persönlichkeitsschutzes im Betriebsverfassungsrecht		44
		b)	Schutz- und Förderpflicht des Betriebsrats		46
	2.	Grenzen des Persönlichkeitsschutzes nach § 75 Abs. 2 Satz 1 BetrVG			47
	3.	Informationsrechte des Betriebsrats und Persönlichkeitsrechte der Beschäftigten			48
		a)	Grundsätzlicher Vorrang der Informationsrechte des Betriebsrats		48
		b)	Differenzierterer Ansatz in Literatur und jüngerer Rechtsprechung		49

II. Betriebsverfassungsrechtlicher Arbeitnehmerdatenschutz bei der Erfüllung von Informationsansprüchen des Betriebsrats ... 51

    1. Grundsatz des informierten Betriebsrats ... 51

    2. Einsichtsrecht in Bruttolohn- und gehaltslisten gemäß § 80 Abs. 2 Satz 2 Hs. 2 BetrVG ... 54

        a) Arbeitnehmerdatenschutz durch Begrenzung der zur Einsicht berechtigten Betriebsratsmitglieder ... 55

        b) Arbeitnehmerdatenschutz durch Beschränkung des Einsichtsrechts auf Bruttoentgeltlisten ... 56

        c) Arbeitnehmerdatenschutz durch die Art und Weise der Datenweitergabe ... 57

            aa) „Einsichtsrecht" in Bruttolohn und -gehaltslisten ... 57

            bb) Keine Ausweitung des Einsichtsrechts durch § 7 Abs. 4 IFG ... 57

            cc) Das Einsichtsrecht als Ausdruck des Verhältnismäßigkeitsprinzips ... 58

III. Betriebsverfassungsrechtlicher Arbeitnehmerdatenschutz durch Verschwiegenheits- und Geheimhaltungspflichten des Betriebsrats ... 59

    1. Allgemeine normative Schweigepflicht des Betriebsrats ... 60

        a) Keine allgemeine gesetzliche Schweigepflicht des Betriebsrats ... 60

        b) Ansicht in der Literatur ... 60

        c) Ablehnung einer allgemeinen normativen Schweigepflicht ... 61

            aa) Bewusste Entscheidung des Gesetzgebers ... 61

            bb) Keine Ableitung aus § 75 Abs. 2 BetrVG ... 62

    2. Betriebsverfassungsrechtlicher Arbeitnehmerdatenschutz durch konkrete Geheimhaltungs- und Verschwiegenheitspflichten des Betriebsrats ... 63

        a) Allgemeine Geheimhaltungspflicht des § 79 Abs. 1 Satz 1 BetrVG ... 63

            aa) Beschränkung auf Betriebs- und Geschäftsgeheimnisse ... 63

            bb) Arbeitnehmerdaten als Betriebs- oder Geschäftsgeheimnisse – Ansichten in der Literatur ... 64

            cc) Arbeitnehmerdaten als Betriebs- oder Geschäftsgeheimnisse – Rechtsprechung des BAG ... 65

            dd) Schutz wirtschaftlicher Arbeitgeberinteressen als Zweck des § 79 Abs. 1 Satz 1 BetrVG ... 65

        b) Schweigepflicht des Betriebsrats bei personellen Einzelmaßnahmen des Arbeitgebers (§§ 99 Abs. 1 Satz 3, 102 Abs. 2 Satz 5 BetrVG) ... 67

            aa) Besonderes Geheimhaltungsbedürfnis bei personellen Einzelmaßnahmen ... 67

			bb)	Keine Begrenzung der besonderen Schweigepflicht auf bestimmte Informationen	68

- c) Schweigepflichten des Betriebsrats bei der Teilnahme an Personalgesprächen nach § 82 Abs. 2 Satz 3 BetrVG ... 68
  - aa) Recht auf Hinzuziehung eines Betriebsratsmitglieds zum Personalgespräch ... 68
  - bb) Besondere Schweigepflicht des hinzugezogenen Mitglieds des Betriebsrats ... 69
  - cc) Beteiligung des Betriebsrats am Personalgespräch gegen den Willen des Arbeitnehmers? ... 70
  - dd) Analoge Anwendung der Schweigepflicht bei Teilnahme von Betriebsratsmitgliedern an Personalgesprächen außerhalb des § 82 Abs. 2 BetrVG ... 73
- d) Datenschutzverpflichtung nach § 83 Abs. 1 BetrVG bei Hinzuziehung des Betriebsrats zur Einsicht in die Personalakte ... 74
  - aa) Recht des Arbeitnehmers auf Einsicht in seine Personalakte ... 74
  - bb) Besondere Schweigepflicht bei Hinzuziehung eines Betriebsratsmitglieds ... 75
  - cc) Auswirkungen auf die Informationsansprüche des Betriebsrats ... 76

IV. Zusammenfassung ... 78

D. Betriebsrat und das allgemeine Datenschutzrecht ... 80

   I. Anwendung des BDSG auf die Datenverarbeitung des Betriebsrats ... 80

      1. Anwendung des BDSG auf die Datenverarbeitung des Betriebsrats ... 80

      2. Stellung der betriebsverfassungsrechtlichen Mitarbeitervertretungen innerhalb des Bundesdatenschutzgesetzes ... 81

- a) Betriebsrat als die für die Datenverarbeitung „verantwortliche Stelle" ... 82
  - aa) Begriff der „verantwortlichen Stelle" im Datenschutzrecht ... 82
  - bb) Keine Anwendung auf den Betriebsrat ... 82
- b) Betriebsrat als Teil der verantwortlichen Stelle „Unternehmen" ... 83
  - aa) Herrschende Ansicht in Rechtsprechung und Literatur ... 83
  - bb) Kritik im Schrifttum an der herrschenden Ansicht ... 84
  - cc) Räumliche, organisatorische und rechtliche Einbindung des Betriebsrats in die „verantwortliche Stelle" ... 84
  - dd) Betriebsratsmitglieder als „Dritte" bei Datenverwendung als „Privatperson" ... 86
- c) Datenschutzrechtliche Stellung des Gesamt- und Konzernbetriebsrats ... 87

3. Konsequenzen der Einordnung des Betriebsrats als „Teil der verantwortlichen Stelle" 88

    a) Abgrenzung zwischen „Übermittlung" und „Nutzung" von Beschäftigtendaten 88

    b) Datentransfer zwischen Arbeitgeber und Betriebsrat als „Nutzung" von Beschäftigtendaten 89

    c) Voraussetzung einer zulässigen „Nutzung" von Beschäftigtendaten 90

II. Regelungsgegenstand des BetrVG und des BDSG 91

III. Umfang der Subsidiarität des allgemeinen Datenschutzrechts gegenüber dem Betriebsverfassungsrecht 92

    1. Subsidiarität des BDSG – Hintergrund und Systematik 93

        a) Hintergrund des Subsidiaritätsgedankens 93

        b) Umsetzung des Subsidiaritätsgedankens in § 45 BDSG 1977 93

        c) Abkehr von der enumerativen Aufzählung durch das BDSG 1990 95

    2. Anforderungen an vorrangige Rechtsvorschriften i. S. d. § 1 Abs. 3 Satz 1 BDSG 96

        a) Vorrangige „Rechtsvorschriften des Bundes" i. S. d. § 1 Abs. 3 Satz 1 BDSG 97

        b) Vorrang nur explizit datenschützender Vorschriften? 99

            aa) Datenschutzcharakter nach herrschender Ansicht keine Voraussetzung für vorrangige Rechtsvorschrift i. S. d. § 1 Abs. 3 Satz 1 BDSG 99

            bb) Verzicht auf Datenschutzcharakter im Gesetzgebungsverfahren 100

            cc) Vergleich mit enumerativ aufgezählten Vorschriften gemäß § 45 BDSG 1977 100

            dd) Konsequenzen für Auslegung des § 1 Abs. 3 Satz 1 BDSG 101

        c) „Besondere" Rechtsvorschriften des Bundes 102

        d) „Soweit"-Vorbehalt des § 1 Abs. 3 Satz 1 BDSG 102

            aa) Vorrang nur bei Tatbestandskongruenz 102

            bb) Kein absoluter Vorrang der besonderen Rechtsvorschrift 103

        e) Inhaltliche Anforderungen an die vorrangige Rechtsvorschrift i. S. d. § 1 Abs. 3 Satz 1 BDSG 104

    3. Betriebsverfassungsrechtliche Regelungen als vorrangige Rechtsvorschriften i. S. d. § 1 Abs. 3 Satz 1 BDSG 106

        a) Allgemeiner Informationsanspruch des Betriebsrats gemäß § 80 Abs. 2 Satz 1 BetrVG 107

XIII

			aa)	Volkszählungsurteil des BVerfG als Maßstab	107
			bb)	Kritik an der herrschenden Ansicht in der betriebsverfassungsrechtlichen Literatur	109
			cc)	Keine Einschränkung der Kontrollbefugnisse des Betriebsrats	111
		b)		Einsichtsrecht in Listen über Bruttolöhne und -gehälter, § 80 Abs. 2 Satz 2 Hs. 2 BetrVG	113
		c)		Informationsansprüche des Betriebsrat in personellen Angelegenheiten, §§ 99 Abs. 1, 102 Abs. 1, 105 BetrVG	114
		d)		Mittelbar die Verarbeitung von Beschäftigtendaten betreffende Regelungen des BetrVG (§§ 90, 92, 96 bis 98, 111 BetrVG)	115
	IV.	Zusammenfassung			117
E.	Pflichten des Betriebsrats nach dem Bundesdatenschutzgesetz				118
	I.	Datengeheimnis gemäß § 5 Satz 1 BDSG			118
		1.	Historie und Funktion der Vorschrift		118
		2.	Bindung der Betriebsratsmitglieder an das Datengeheimnis des § 5 Satz 1 BDSG			120
			a)	Weite Auslegung des persönlichen Anwendungsbereichs	120
			b)	Erstreckung des Anwendungsbereichs auf die Mitglieder des Betriebsrats	121
		3.	Verhältnis des Datengeheimnisses nach § 5 Satz 1 BDSG zu den betriebsverfassungsrechtlichen Schweigepflichten der Betriebsratsmitglieder		122
			a)	Betriebsverfassungsrechtliche Schweigepflichten als vorrangige Rechtsvorschriften i. S. d. § 1 Abs. 3 Satz 1 BDSG	122
			b)	Keine Tatbestandskongruenz hinsichtlich der geschützten Daten	123
			c)	Keine Tatbestandskongruenz hinsichtlich der untersagten Verhaltensweisen	124
		4.	Fortgeltung des Datengeheimnisses nach Beendigung des Betriebsratsamtes		125
	II.	Formelle Verpflichtung der Betriebsratsmitglieder auf das Datengeheimnis, § 5 Satz 2 BDSG			126
		1.	Unabhängigkeit des Betriebsrats als Argument gegen eine formelle Verpflichtung auf das Datengeheimnis		127
		2.	Gründe für eine formelle Verpflichtung der Betriebsratsmitglieder auf das Datengeheimnis		127
		3.	Rechtliches und praktisches Bedürfnis einer Datenschutzverpflichtung		128
			a)	Wortlaut des § 5 Satz 2 BDSG umfasst auch Betriebsratsmitglieder	128
			b)	Keine Beeinträchtigung der Unabhängigkeit des Betriebsrats durch die formelle Verpflichtung auf das Datengeheimnis	129

- c) Praktisches Bedürfnis für eine formelle Verpflichtung der Betriebsratsmitglieder auf das Datengeheimnis — 129
- 4. Folgen einer unterlassenen Verpflichtung der Betriebsratsmitglieder auf das Datengeheimnis — 130

III. Bereichsunabhängiger Datenschutz – Zulässigkeit der Verwendung von Beschäftigtendaten durch den Betriebsrat nach dem BDSG — 131

- 1. Grundsatz des „Verbots mit Erlaubnisvorbehalt" nach § 4 Abs. 1 BDSG — 132
  - a) „Verbot mit Erlaubnisvorbehalt" als einfachgesetzliche Ausprägung des informationellen Selbstbestimmungsrechts — 132
  - b) „Andere Rechtsvorschriften" i. S. d. § 4 Abs. 1 BDSG als Erlaubnisnormen außerhalb des allgemeinen Datenschutzrechts — 132
- 2. Legitimation der Datenverwendung des Betriebsrats durch den Erlaubnistatbestand des § 32 Abs. 1 Satz 1 BDSG — 134
  - a) Regelungsinhalt des § 32 Abs. 1 Satz 1 BDSG — 134
  - b) Betriebsrat als Beteiligter im Beschäftigungsverhältnis i. S. d. § 32 Abs. 1 Satz 1 BDSG — 134
    - aa) Einfluss der Betriebsratstätigkeit auf die Zweckbestimmung des Beschäftigungsverhältnisses — 134
    - bb) Kein Rückgriff auf die arbeitsvertragliche Zweckbestimmung bei der Datenverwendung des Betriebsrats — 135
    - cc) Betriebsverfassungsrechtliche Aufgabenzuweisung als Zweckbestimmung des Beschäftigungsverhältnisses — 136
  - c) Erforderlichkeit der Datenverwendung des Betriebsrats nach § 32 Abs. 1 Satz 1 BDSG — 138
- 3. Datenschutzrechtliche Erlaubnis nach § 28 Abs. 1 Satz 1 Nr. 2 BDSG — 139
  - a) Abgrenzung zwischen § 32 Abs. 1 Satz 1 BDSG und § 28 Abs. 1 Satz 1 BDSG — 139
  - b) Interessenabwägung nach § 28 Abs. 1 Satz 1 Nr. 2 BDSG — 140
  - c) Grundsatz der Erforderlichkeit — 141
- 4. Einwilligung der Beschäftigten in die Datenverarbeitung des Betriebsrats — 141

IV. Zulässigkeit der unternehmensinternen Verwendung von Beschäftigtendaten durch den Betriebsrat – Praxisbeispiele unter Anwendung der Grundsätze des BetrVG und des BDSG — 143

- 1. Eigenständiges Erheben von Beschäftigtendaten durch den Betriebsrat — 143
  - a) Zugriff des Betriebsrats auf das Personalinformationssystem des Arbeitgebers — 143

			aa)	Kein Zugriffsrecht auf das Personalinformationssystem des Arbeitgebers aus § 80 Abs. 2 Satz 1 BetrVG	144
			bb)	Kein Zugriffsrecht auf das Personalinformationssystem des Arbeitgebers aus § 40 Abs. 2 BetrVG	146
			cc)	Kein Zugriffsrecht auf das Personalinformationssystem des Arbeitgebers aus anderen Gründen	147
		b)	\multicolumn{2}{l}{Freiwillige Weitergabe von Beschäftigtendaten an den Betriebsrat durch den Arbeitgeber}	148
		c)	\multicolumn{2}{l}{Eigenständiges Erheben von Beschäftigtendaten durch den Betriebsrat aus anderen Quellen}	149
			aa)	Zulässige Erhebung von Beschäftigtendaten mit Einverständnis der Betroffenen	149
			bb)	Zweckbestimmung bei der eigenständigen Erhebung von Beschäftigtendaten	150
			cc)	Erhebung von Beschäftigtendaten zur Aufgabenerfüllung nach dem BetrVG	150
	2.	\multicolumn{3}{l}{Speicherung von Beschäftigtendaten durch den Betriebsrat}	153
		a)	\multicolumn{2}{l}{Speicherung von Grundstammdaten der Beschäftigten beim Betriebsrat}	153
		b)	\multicolumn{2}{l}{Zulässigkeit der Speicherung von Grundstammdaten ab einer bestimmten Betriebsgröße?}	155
	3.	\multicolumn{3}{l}{Unternehmensinterne Nutzung von Beschäftigtendaten durch den Betriebsrat}	155
		a)	\multicolumn{2}{l}{Veröffentlichung von Beschäftigtendaten am „Schwarzen Brett" des Betriebsrats}	155
			aa)	Betriebsverfassungsrechtliche Grenzen der Veröffentlichung von Beschäftigtendaten	156
			bb)	Datenschutzrechtliche Grenzen der Veröffentlichung von Beschäftigtendaten	157
		b)	\multicolumn{2}{l}{Datenschutzrechtliche Verpflichtung im Rahmen von Betriebsratssitzungen}	158
			aa)	Arbeitnehmerdatenschutz bei der Einladung zu Sitzungen des Betriebsrats	158
			bb)	Arbeitnehmerdatenschutz bei der Erstellung der Sitzungsniederschrift nach § 34 Abs. 2 BetrVG	159
		c)	\multicolumn{2}{l}{Einschränkung der Nutzung von Beschäftigtendaten durch den Betriebsrat bei besonders sensiblen Daten}	160
			aa)	Umgang mit „besonderen Arten personenbezogener Daten" i. S. d. § 3 Abs. 9 BDSG im Beschäftigungsverhältnis	160

		bb)	Umgang mit besonders sensiblen Beschäftigtendaten in der Betriebsverfassung	162
	4.	Umgang mit Beschäftigtendaten im Rahmen von Betriebsratswahlen		164
		a)	Mitteilung der Privatadressen der Beschäftigten an den Wahlvorstand	164
			aa) Datenschutzrechtliche Einordnung des Wahlvorstandes	164
			bb) Grundsätzlich keine Verpflichtung der Versendung der Wahlunterlagen an Privatadressen der Arbeitnehmer	164
			cc) Erforderlichkeit der Mitteilung der Privatadressen wegen kurzfristiger Beantragung der Wahlunterlagen?	165
			dd) Erforderlichkeit der zur Verfügung Stellung der Privatadressen aufgrund des Grundsatzes der geheimen Wahl?	166
		b)	Bereichsspezifischer Arbeitnehmerdatenschutz bei der Durchführung der Betriebsratswahl	167
			aa) Schutz der personenbezogenen Daten der Wahlberechtigten	167
			bb) Verwendung personenbezogener Daten bei der Bekanntgabe des Wahlergebnisses	168
	5.	Technische und organisatorische Datenschutzmaßnahmen des Betriebsrats		169
		a)	Vorgaben des technischen und organisatorischen Datenschutzes in § 9 Satz 1 BDSG	169
			aa) Inhalt der gesetzlichen Regelung	169
			bb) Technisch-organisatorische Maßnahmen des Betriebsrats zur Sicherstellung des Arbeitnehmerdatenschutzes	171
			cc) Gewährleistung des Zweckbindungsgebots durch organisatorische Maßnahmen des Betriebsrats	172
		b)	Bereitstellung eines Verfahrensverzeichnisses durch den Betriebsrat	173
		c)	Auswirkungen des Funktionstrennungsgebots auf die arbeitsvertragliche Tätigkeiten eines Betriebsratsmitglieds	174
			aa) Funktionstrennung zur Gewährleistung der zweckbestimmten Nutzung personenbezogener Daten	174
			bb) Durch Betriebsratsmitgliedschaft bedingte Inkompatibilität	175
V.	Zulässigkeit der Übermittlung von personenbezogenen Daten durch den Betriebsrat an externe Stellen			177
	1.	Übermittlung von Beschäftigtendaten an Aufsichtsbehörden durch den Betriebsrat		177
		a)	Befugnis des Betriebsrats zur Zusammenarbeit mit Behörden im Bereich des Arbeits- und Gesundheitsschutzes	177

aa) Aufgabenzuweisung für den Arbeits- und Gesundheitsschutz, § 89 Abs. 1 Satz 2 BetrVG ... 177

bb) Konflikt zwischen Datenschutz- und Kontrollinteressen ... 178

b) BAG: Keine einschränkungslose Übermittlung von Arbeitnehmerdaten ... 179

aa) Grundsätzlich keine Einschränkung der Zusammenarbeit mit Behörden durch die allgemeine Geheimhaltungspflicht des § 79 Abs. 1 BetrVG ... 179

bb) Verstoß gegen §§ 4 Abs. 1, 5 Satz 1 BDSG bei einschränkungsloser Übermittlung von Beschäftigtendaten an Aufsichtsbehörden ... 180

c) Übermittlung von Arbeitnehmerdaten an Behörden nur eingeschränkt zulässig ... 181

aa) Kein Vorrang des § 89 Abs. 1 Satz 2 BetrVG gemäß § 1 Abs. 3 Satz 1 BDSG ... 181

bb) Grundsätzlich keine Erforderlichkeit der Übermittlung von Beschäftigtendaten an Aufsichtsbehörden durch den Betriebsrat ... 182

cc) Interessenabwägung bei ausnahmsweiser Erforderlichkeit der Datenübermittlung an Aufsichtsbehörden ... 183

2. Übermittlung von Beschäftigtendaten durch den Betriebsrat an Gewerkschaften ... 184

a) Zusammenarbeit von Betriebsrat und Gewerkschaften nach dem BetrVG ... 184

b) Austausch von Beschäftigtendaten zwischen Betriebsrat und Gewerkschaft ... 185

aa) Zulässigkeit der Übermittlung von Daten nach § 32 Abs. 1 Satz 1 BDSG ... 185

bb) Zulässigkeit der Übermittlung von Daten nach § 28 Abs. 1 Satz 1 Nr. 2, Abs. 2 Nr. 2 a) BDSG ... 187

VI. Möglichkeiten der Einschränkung und Erweiterung der datenschutzrechtlichen Standards durch kollektivrechtliche Regelungen ... 189

1. Erweiterung und Begrenzung der datenschutzrechtlichen Befugnisse des Betriebsrats durch Betriebsvereinbarung ... 189

a) Betriebsvereinbarung als „andere Rechtsvorschrift" i. S. d. § 4 Abs. 1 BDSG ... 189

aa) Rechtliche Rahmenbedingungen für einen kollektivrechtlichen Datenschutz ... 189

bb) Praktisches Bedürfnis für die Regelung des Datenschutzes durch Betriebsvereinbarung ... 190

b) Legitimierung einer grundsätzlich unzulässigen Datenverarbeitung durch den Betriebsrat durch Betriebsvereinbarung ... 192

		aa)	Akzeptanz zuungunsten der Arbeitnehmer wirkender Betriebsvereinbarungen durch die Rechtsprechung	192
		bb)	Schutzauftrag des Betriebsrats als Argument gegen ein Absenken des Datenschutzstandards durch Betriebsvereinbarung	193
		cc)	Entscheidung des Streits durch den Gesetzgeber	194
		dd)	Keiner Erforderlichkeit für ein Verbot abweichender Betriebsvereinbarungen	195
	2.	Legitimierung der Nutzung personenbezogener Daten durch den Betriebsrat aufgrund tarifvertraglicher Regelungen		198
VII.	Zusammenfassung			198

F. Kontrolle des Datenschutzes gegenüber dem Betriebsrat — 200

I. Einflussmöglichkeiten des betrieblichen Datenschutzbeauftragten auf die Betriebsratsarbeit — 201

    1. System der betriebsinternen Datenschutzkontrolle — 201

        a) Betrieblicher Datenschutzbeauftragte, §§ 4f, 4g BDSG — 201

            aa) Erforderliche Fachkunde und Zuverlässigkeit des betrieblichen Datenschutzbeauftragten — 201

            bb) Aufgaben des betrieblichen Datenschutzbeauftragten — 202

        b) Datenschutzrechtliche Überwachungspflicht des Betriebsrats, § 80 Abs. 1 Nr. 1 BetrVG — 203

            aa) Betriebsverfassungsrechtliche Schutzpflicht gemäß § 75 Abs. 2 Satz 1 BetrVG — 203

            bb) Aufgabenzuweisung des § 80 Abs. 1 Nr. 1 BetrVG — 203

        c) Keine gesetzliche Regelung für das Verhältnis zwischen Betriebsrat und betrieblichen Datenschutzbeauftragten — 204

    2. Beteiligung des Betriebsrats bei der Bestellung des betrieblichen Datenschutzbeauftragten — 205

        a) Keine Mitbestimmung des Betriebsrats bei der Bestellung des betrieblichen Datenschutzbeauftragten als solches — 205

            aa) Kein ausdrückliches Beteiligungsrecht nach BDSG und BetrVG — 205

            bb) Kein Beteiligungsrecht nach § 98 Abs. 2 BetrVG — 206

        b) Mitbestimmung bei der Einstellung eines internen betrieblichen Datenschutzbeauftragten — 207

            aa) Beteiligung des Betriebsrats bei Einstellungen i. S. d. § 99 BetrVG — 208

            bb) Mangelnde Fachkunde bzw. Zuverlässigkeit des betrieblichen Datenschutzbeauftragten als Zustimmungsverweigerungsgrund — 208

	c)	Mitbestimmung bei der Versetzung als betrieblicher Datenschutzbeauftragter		210
		aa)	Bestellung zum betrieblichen Datenschutzbeauftragen als „Versetzung" i. S. d. § 95 Abs. 3 BetrVG	210
		bb)	Mitbestimmungsrecht bei Bestellung eines leitenden Angestellten zum betrieblichen Datenschutzbeauftragen	211
	d)	Mitbestimmung bei der Bestellung eines externen betrieblichen Datenschutzbeauftragen		213
3.	Pflicht des Betriebsrats zur Zusammenarbeit mit dem betrieblichen Datenschutzbeauftragen			214
	a)	Keine Pflicht zur Zusammenarbeit aus § 4g Abs. 2 Satz 4 Nr. 2 BDSG		214
	b)	Keine Pflicht zur Zusammenarbeit aus § 80 Abs. 3 BetrVG		215
	c)	Keine Pflicht zur Zusammenarbeit aus § 4f Abs. 5 Satz 1 BDSG		215
	d)	Zweckmäßigkeit einer Zusammenarbeit zwischen Betriebsrat und betrieblichem Datenschutzbeauftragen		216
4.	Kontrolle des Betriebsrats durch den betrieblichen Datenschutzbeauftragen			217
	a)	Meinungsstand im Schrifttum zu der Kontrollbefugnis des betrieblichen Datenschutzbeauftragen gegenüber dem Betriebsrat		217
		aa)	Keine gesetzlicher Ausnahmeregelung für den Betriebsrat	217
		bb)	Betriebsverfassungsrechtliche Unabhängigkeit des Betriebsrat	218
	b)	Ablehnung einer Kontrollbefugnis des betrieblichen Datenschutzbeauftragen gegenüber dem Betriebsrat durch das BAG		219
		aa)	Mangelnde Unabhängigkeit mangels Beteiligung des Betriebsrats an Bestellung	219
		bb)	Betrieblicher Datenschutzbeauftragter nimmt Aufgaben des Arbeitgebers wahr	220
		cc)	Keine ausreichende Schweigepflicht des betrieblichen Datenschutzbeauftragen	220
		dd)	Auflösung der Diskrepanz zwischen umfassender Kontrollbefugnis und Unabhängigkeit des Betriebsrats	221
	c)	Entscheidung des BAG als Aufforderung an den Gesetzgeber		221
	d)	Änderung der Rechtslage durch die BDSG-Novellen 2001 und 2009?		223
		aa)	Datenschutz als originäre Aufgabe des Arbeitgebers	223
		bb)	Sonderkündigungsschutz für den betrieblichen Datenschutzbeauftragen	224

		cc)	Keine Anpassung der Schweigepflicht des betrieblichen Datenschutzbeauftragten	224
		dd)	Keine Beteiligung des Betriebsrats bei Bestellung des betrieblichen Datenschutzbeauftragten	224
	e)	Gesetzlicher Anpassungsbedarf		225
		aa)	Mitbestimmungsrecht des Betriebsrats bei der Bestellung des betrieblichen Datenschutzbeauftragten entsprechend § 9 Abs. 3 Satz 1 ASiG	226
		bb)	Pflicht zur Zusammenarbeit zwischen Betriebsrat und betrieblichen Datenschutzbeauftragten entsprechend § 9 Abs. 1 ASiG	227
		cc)	Allgemeine Verschwiegenheitspflicht des betrieblichen Datenschutzbeauftragten	228
	f)	Vorschlag des Bundesrates zum Regierungsentwurf für ein Beschäftigtendatenschutzgesetz 2011		228
5.	Bestellung eines Mitglieds des Betriebsrats zum betrieblichen Datenschutzbeauftragten			230
	a)	Inkompatibilität der Funktion des betrieblichen Datenschutzbeauftragten mit anderen Aufgaben im Unternehmen		230
	b)	Inkompatibilität bei gleichzeitiger Tätigkeit als betrieblicher Datenschutzbeauftragter und als Betriebsratsmitglied		231
		aa)	Inkompatibilität aufgrund Interessenkonflikts	231
		bb)	Unzulässige Benachteiligung von Betriebsratsmitgliedern	232
		cc)	Verneinung der Inkompatibilität durch die Rechtsprechung	232
		dd)	Konfliktbereitschaft als notwendiges Merkmal der „Zuverlässigkeit" i. S. d. § 4f Abs. 2 Satz 1 BDSG	233
		ee)	Aufgabe des Systems der innerbetrieblichen Datenschutzkontrolle	234
6.	Bestellung eines eigenen Datenschutzbeauftragten des Betriebsrats			235
	a)	Pflicht zur Bestellung eines eigenen Datenschutzbeauftragten des Betriebsrats		235
	b)	Freiwillige Bestellung eines eigenen Datenschutzbeauftragten des Betriebsrats		236

II.	Kompetenzen der Datenschutzbehörde gegenüber dem Betriebsrat		236
1.	Behördliche Kontrolle des Datenschutzes im privatwirtschaftlichen Bereich		237
2.	Möglichkeit der Überwachung des Betriebsrats durch die Datenschutzbehörde		237
	a)	Art und Umfang der Überwachung des Betriebsrats	237
	b)	Pflicht des Betriebsrats zur Kooperation mit der Aufsichtsbehörde	239

		aa) Auskunftspflicht des Betriebsrats gegenüber der Aufsichtsbehörde	239
		bb) Zugangsrecht der datenschutzrechtlichen Aufsichtsbehörde zu den Räumen des Betriebsrats	240
	3.	Sanktionsmöglichkeiten der Datenschutzbehörde gegenüber dem Betriebsrat	240
III.	Zusammenfassung		241
G. Ergebnisse und Ausblick			242
I. Ergebnisse			242
	1.	Unzureichende Regelung der Arbeitnehmerdatenverarbeitung durch den Betriebsrat	242
	2.	Betriebsverfassungsrechtlicher Arbeitnehmerdatenschutz	243
	3.	Bindung des Betriebsrats an das allgemeine Datenschutzrecht	243
II. Ausblick			244
Literaturverzeichnis			247

A. Einleitung

I. Zur Notwendigkeit eines Arbeitnehmerdatenschutzgesetzes

„[...] [D]ie zuständigen Verfassungsorgane [haben] immer wieder bekundet, dass eine bereichsspezifische Regelung für den Arbeitnehmerdatenschutz zum noch unerledigten Gesetzgebungsprogramm gehört. So hat sich der Deutsche Bundestag die Beurteilung der Datenschutzbeauftragten des Bundes und der Länder, dass insoweit ein Regelungsdefizit vorliegt [...], zu eigen gemacht und die Bundesregierung wiederholt aufgefordert, baldmöglichst bereichsspezifische Regelungen zum Arbeitnehmerdatenschutz vorzulegen [...]. Die Bundesregierung hält ebenfalls eine derartige Regelung für erforderlich und hat die Vorlage eines entsprechenden Gesetzentwurfs angekündigt [...]. Bisher ist der Gesetzgeber freilich noch nicht auf diesem Gebiet tätig geworden. Die noch ausstehenden Sondervorschriften für den Arbeitnehmerdatenschutz müssten gerade auch kollektivrechtliche Fragen wie das Verhältnis zwischen dem betrieblichen Datenschutzbeauftragten und den Betriebsräten umfassen. Der Gesetzgeber des Bundesdatenschutzgesetzes hat sich, obwohl die vielfältigen hiermit verbundenen Fragen bereits lange vor der Entstehung des jetzigen Gesetzes vom 20. Dezember 1990 intensiv und kontrovers diskutiert worden waren [...], einer Regelung dieses Verhältnisses enthalten. Das Bundesdatenschutzgesetz erwähnt den Betriebsrat nicht einmal.“[1]

Wie kaum andere Jahre zuvor waren 2009 und 2010 geprägt von öffentlichkeitswirksamen Datenschutzskandalen. Mit Miniaturkameras hatte der Lebensmitteldiscounter *Lidl* seine Mitarbeiter überwacht und Krankheitsdaten seiner Arbeitnehmer

---

1 BAG v. 11.11.1997, NZA 1998, 385 (389); die Regelung der datenschutzrechtlichen Rechte und Pflichten des Betriebsrats in einem zukünftigen Arbeitnehmerdatenschutzgesetz forderte bereits die Entschließung der 43. Konferenz der Datenschutzbeauftragten des Bundes und der Länder am 23./24. März 1992 in Stuttgart zum Arbeitnehmerdatenschutz, im Internet abrufbar unter: http://www.datenschutz.hessen.de/_old_content/tb21/k19p11.htm, zuletzt abgerufen am 19. Juli 2012.

gesammelt[2] und die *Deutsche Telekom* setzte Detektive auf Mitarbeiter an, um undichte Stellen im Konzern zu ermitteln. Die D*eutsche Bahn* ließ drei Viertel ihrer Mitarbeiter überprüfen, um Korruption im Unternehmen zu bekämpfen. Adressen, Telefonnummern und Bankverbindungen wurden mit den Daten der Firmen abgeglichen, zu denen die Bahn Geschäftsbeziehungen unterhielt[3].

Angesichts der Vielzahl von Datenschutzskandalen großer Unternehmen in Deutschland in den letzten Jahren, ist die eingangs zitierte Forderung des BAG von hoher Aktualität. Sie entstammt jedoch keiner aktuellen Entscheidung des höchsten deutschen Arbeitsgerichts, sondern wurde bereits in der grundlegenden Entscheidung des 1. Senats vom 11. November 1997 zu den Kontrollbefugnissen des betrieblichen Datenschutzbeauftragten gegenüber dem Betriebsrat erhoben. Wie in anderen Bereichen des individuellen und kollektiven Arbeitsrechts hat der Gesetzgeber jedoch auch diesen Aufruf der Arbeitsgerichtsbarkeit lange Zeit nicht wahrgenommen und hat es auch vierzehn Jahre nach dieser Entscheidung nicht geschafft, den Schutz von Arbeitnehmerdaten sowohl in individualrechtlicher, als auch kollektivrechtlicher Hinsicht umfassend zu kodifizieren. Ein Grund für diese gesetzgeberische Zurückhaltung ist sicherlich darin zu sehen, dass im Bereich der betrieblichen Datenverarbeitung eine Abwägung zwischen den Datenschutzinteressen der Beschäftigten einerseits und den Informationsinteressen des Arbeitgebers andererseits ohnehin besonders schwierig zu treffen ist[4]. Eine darüber hinaus gehende Berücksichtigung der datenschutzrechtlichen Rechte und Verpflichtungen des Betriebsrats führt zu zusätzlichen Interessenkonflikten.

Den durch die automatisierte Datenverarbeitung im Allgemeinen entstehenden Gefahren für personenbezogene Daten ist der Gesetzgeber hingegen bereits seit 1977 mithilfe des Bundesdatenschutzgesetzes (BDSG) begegnet. Ein eigenes Arbeitnehmerdatenschutzgesetz oder eine umfangreiche Kodifikation innerhalb des BDSG ist jedoch bislang nicht vorhanden. Als Folge muss in der arbeitsrechtlichen Praxis seit jeher auf die allgemeinen Regelungen des BDSG zurückgegriffen werden. Der Gesetzgeber hat zwar als Reaktion auf die zahlreichen Datenschutzskandale mit der 2. BDSG-Novelle vom 14. August 2009[5] den besonderen Schutz der Arbeitnehmerdaten im neu eingefügten § 32 BDSG (*„Datenerhebung, -verarbeitung und -nutzung zum Zwecke des Beschäftigungsverhältnisses"*) zumindest angesprochen. Dieser soll erstmals festlegen, zu welchen Zwecken und unter wel-

---

2 FAZ v. 7.4.2009, S. 11.
3 *Der Spiegel* v. 23.10.2009, im Internet unter http://www.spiegel.de/wirtschaft/unternehmen/0,1518,656903,00.html, zuletzt abgerufen am 19. Juli 2012.
4 *Buchner*, FS Buchner, 153 (153).
5 Das „*Gesetz zur Regelung des Datenschutzaudits und zur Änderung datenschutzrechtlicher Vorschriften*" vom 14.8.2009, BGBl. I S. 2814, trat weitestgehend am 1.9.2009 in Kraft mit Übergangsregelungen in § 47 BDSG; § 34 Abs. 1a, Abs. 5 und § 43 Abs. 1 Nr. 8a BDSG n. F. traten am 1.4.2010 in Kraft).

chen Voraussetzungen personenbezogene Daten vor, im und nach dem Beschäftigungsverhältnis erhoben, verarbeitet und genutzt werden dürfen. Die Bundesregierung selbst hat jedoch in der Gesetzesbegründung ausdrücklich darauf hingewiesen, dass § 32 BDSG lediglich eine allgemeine Regelung zum Schutz personenbezogener Daten von Beschäftigten enthält, welche die von der Rechtsprechung erarbeiteten Grundsätze des Datenschutzes im Beschäftigungsverhältnis nicht ändern, sondern lediglich zusammenfassen und ein Arbeitnehmerdatenschutzgesetz weder entbehrlich machen noch inhaltlich präjudizieren soll[6]. Ob angesichts dieser Gesetzesbegründung durch die Einführung des § 32 BDSG ein über bloße Symbolik hinausgehender Mehrwert für den Arbeitnehmerdatenschutz geschaffen wurde, bleibt abzuwarten[7].

II. Einsatz von Informations- und Kommunikationstechnologie bei der Betriebsratsarbeit

Zugleich wächst mit dem Einsatz moderner Kommunikationsmittel stetig die Gefahr einer vereinfachten und damit schnelleren und unkontrollierten Weitergabe personenbezogener Daten. Die fortschreitende technische Entwicklung im Bereich der Informations- und Kommunikationstechnologie hat in den letzten Jahrzehnten zu einem umfassenden Strukturwandel auch in der Arbeitswelt geführt. Der Einsatz moderner elektronischer Kommunikationssysteme ermöglicht Unternehmen eine effektive und schnelle Abwicklung interner und externer Geschäftstätigkeiten.

Auch die Mitarbeitervertretungen sind, insbesondere in größeren Unternehmen, zur sachgerechten Wahrnehmung ihrer Aufgaben mehr und mehr auf die Nutzung moderner Kommunikationsmittel angewiesen. Bis Mitte der 1980er Jahre verfügten die Betriebsräte kaum über die Möglichkeiten automatisierter Datenverarbeitung, so dass sich die Frage des Umgangs mit Dateien im Rahmen der Betriebsratsarbeit in der Regel nur auf den Umgang mit Handkarteikartensammlungen beschränkte[8]. Heutzutage wird jedoch nicht nur die Textverarbeitung des Betriebsrats am Computer erledigt, sondern auch die vom Arbeitgeber elektronisch erhaltenen Materialien auf Festplatten bzw. anderen Datenträgern (wie CD-ROM, USB-Speicherstick) gespeichert. Informationen z. B. an die Belegschaft und den Arbeitgeber werden

---

6   BT-Drs. 16/13657, S. 20.
7   Näheres hierzu und dem Stand der diesbezüglichen gesetzgeberischen Bemühungen unter *Kap. B. II. 1. c)*.
8   So *Küpferle*, Arbeitnehmerdatenschutz im Spannungsfeld, S. 355, welcher davon ausging, dass angesichts des bisher allgemein üblichen Stands der Organisation des Betriebsrats in technischer Hinsicht die Verarbeitung von Beschäftigtendaten in oder aus Dateien nur in geringem Maße der Fall sei.

per Internet, Intranet und E-Mail-System weitergegeben. Die Betriebsräte betreiben eigene Auftritte im Intranet des Unternehmens oder nutzen E-Mails zur betriebsinternen und unternehmensweiten Kommunikation. Sie verschicken Daten zur Wahrnehmung betriebsverfassungsrechtlicher Aufgaben auf elektronischen Weg und versenden Tagesordnungen für Sitzungen mitsamt Abschriften von Unterlagen zur Vorabinformation. Ab einer gewissen Betriebsgröße besteht für den Betriebsrat darüber hinaus oft das Bedürfnis, unabhängig von seinen jeweiligen Informationsrechten, Informationen über Arbeitnehmer zu sammeln und zum Zwecke der jederzeitigen Verfügbarkeit aufzubewahren, um seine Entscheidungen auf durch eigene Informationen abgesicherter Grundlage treffen zu können[9]. Zur Wahrnehmung der Mitbestimmungsrechte bei der Entgeltfindung werden eigene Lohndateien geführt oder dem Wirtschaftsausschuss bekanntgegebene Wirtschaftsdaten des Unternehmens eigenständig dokumentiert. Die Datenverarbeitungsbedürfnisse der betrieblichen Interessenvertretungen unterscheiden sich infolgedessen nur noch wenig von denjenigen der Geschäftsleitung.

Um diesem Bedürfnissen zu entsprechen, hat der Gesetzgeber durch das *„Gesetz zur Reform der Betriebsverfassung"* vom 23. Juli 2001[10] gesetzliche Vorschriften zur Nutzung moderner Informations- und Kommunikationstechnologien bei den Kommunikationsabläufen der Betriebsverfassung geschaffen. Durch Einfügung der Worte *„Informations- und Kommunikationstechnik"* in den die Tragung der Kosten des Betriebsrats regelnden § 40 Abs. 2 BetrVG wurde klargestellt, dass auch die Mittel der modernen Informations- und Kommunikationstechnik grundsätzlich zum normalen Geschäftsbedarf des Betriebsrats gehören, wenn sie zur Erfüllung seiner gesetzlichen Aufgaben erforderlich sind[11]. Dieser erweiterte Einsatz von Informations- und Kommunikationstechnik durch den Betriebsrat führt zwangsläufig zur Verarbeitung großer Datenmengen durch den selbigen, so dass der Betriebsrat seinen Geschäftsbereich so zu organisieren hat, dass für den Schutz der personenbezogenen Daten der Arbeitnehmer auch in seinem Herrschaftsbereich gewährleistet ist.

---

9   *Hesse*, Der Einfluss des BDSG auf die Betriebsratstätigkeit, S. 139.
10 BGBl. I, S. 1852.
11 *Fitting*, BetrVG, § 40 Rn. 127; *Däubler*, ArbuR 2001, 285 (285); *Löwisch*, BB 2001, 1734 (1744); *Jansen*, Die elektronische Kommunikation in der Betriebsverfassung, S. 22.

III. Betriebsräte in der datenschutzrechtlichen Diskussion

1. Konzentration auf die Verwendung von Arbeitnehmerdaten durch den Arbeitgeber

Trotz dieser Ausweitung der elektronischen Datenverarbeitung bei der Betriebsratsarbeit werden, wie bereits in der eingangs zitierten Entscheidung vom 11. November 1997 durch das BAG kritisiert, auch nach der jüngsten Novelle des BDSG die kollektivrechtlichen Fragen des Arbeitnehmerdatenschutzes und die datenschutzspezifischen Rechte und Pflichten des Betriebsrats im BDSG noch nicht einmal angesprochen. Bis heute hat der Betriebsrat keine Erwähnung im normierten Datenschutzrecht gefunden, obwohl er zum einen in weitem Umfang Einsicht in Arbeitnehmerdaten nehmen und zum anderen selbst personenbezogene Daten von Beschäftigten erheben, nutzen oder verarbeiten kann.

Auch in der datenschutzrechtlichen Fachliteratur sowie der Öffentlichkeit führt die Diskussion um die Datenverarbeitung und den Datenschutz durch Betriebsräte und deren Mitglieder bislang ein Schattendasein. Angesichts der in den letzten Jahren aufgedeckten Skandale um den Missbrauch von Arbeitnehmerdaten in Unternehmen erschöpft sich der wissenschaftliche und politische Diskurs im Arbeitnehmerdatenschutzrecht vielmehr in der Frage, unter welchen Voraussetzungen und in welchem Umfang ein Arbeitgeber personenbezogener Arbeitnehmerdaten erheben, verarbeiten oder nutzen kann. Die Beziehung von Betriebsräten zum Datenschutzrecht wird zumeist nur dann erörtert, wenn es um Mitbestimmungsrechte des Betriebsrats im Rahmen der Datenverarbeitung des Arbeitgebers geht[12].

Weit weniger diskutiert wurde bisher allerdings die Frage, auf welche Weise der Betriebsrat selbst dem Datenschutz in seinem eigenen Bereich verpflichtet ist und diesen umzusetzen hat. Dies führt dazu, dass es mittlerweile weitgehend geklärt ist, in welchem Umfang der Betriebsrat bei der Umsetzung und Überwachung des Datenschutzes im Unternehmen einzubinden ist. Hinsichtlich der Umsetzung des Datenschutzes bei der täglichen Arbeit der Mitarbeitervertretung und im Verhältnis zum Arbeitgeber sind jedoch noch viele Fragen offen[13].

---

12 Insbesondere nach § 87 Abs. 1 Nr. 6 BetrVG; vgl. *Wiese*, GK-BetrVG, § 87 Rn. 1; *Trittin/Fischer*, NZA 2009, 343 (343).
13 *Knorz*, ZfPR 2009, 115 (115).

2. Kenntnisnahme von Arbeitnehmerdaten bei der betriebsverfassungsrechtlichen Arbeit

Dabei ist es Ziel des Datenschutzrechts, das Persönlichkeitsrecht und damit das sich aus Art. 2 Abs. 1 i.V.m. Art. 1 Abs. 1 GG ergebende Recht der Arbeitnehmer auf informationelle Selbstbestimmung bei der Verarbeitung personenbezogener Daten zu schützen[14], unabhängig davon, welche Institution – Arbeitgeber oder Betriebsrat – die Datenverarbeitung vornimmt. Auf dieser Grundlage verwundert die bisherige Zurückhaltung in der Diskussion um die datenschutzspezifischen Verpflichtungen des Betriebsrats, da dieser in Zusammenhang mit der Ausübung seiner Mitwirkungs- und Mitbestimmungsrechte und der Wahrnehmung seiner allgemeinen Aufgaben nach § 80 Abs. 1 BetrVG eine Vielzahl von Arbeitnehmerdaten vom Arbeitgeber erhält, nutzt und weiter verarbeitet. Das BetrVG geht nämlich vom Grundsatz des informierten Betriebsrats aus. Da die Organe der Betriebsverfassung in die arbeitsvertragliche Beziehung zwischen Arbeitgeber und Arbeitnehmer unmittelbar eingebunden sind, ist auch die Nutzung von Arbeitnehmerdaten durch die Organe der Betriebsverfassung zur Erfüllung ihrer Aufgaben zwingend erforderlich. Den weitaus größten Anteil dieser Arbeitnehmerdaten erhält der Betriebsrat dabei vom Arbeitgeber, den geringeren Anteil erlangt er aufgrund eigener Datenerhebung. Hierbei verarbeitet und nutzt der Betriebsrat personenbezogene Daten, wobei dies vor allem in mittleren und großen Unternehmen zunehmend in der Form der automatisierten Datenverarbeitung geschieht.

So unterschiedlich im Einzelnen die Anlässe für den Datenfluss zwischen Arbeitgeber und Betriebsrat sind, so finden sie ihre Grundlage in der Regel in den verschiedenen im BetrVG festgelegten Mitwirkungs- und Kontrollaufgaben des Betriebsrates. Bei der Wahrnehmung seiner vielfältigen gesetzlichen Aufgaben erhält der Betriebsrat somit häufig Kenntnis von durch das BDSG oder sonstige datenschutzrechtliche Vorschriften geschützten personenbezogenen Daten der Arbeitnehmer. Bereits ein kurzer Überblick über die Mitwirkungs- und Mitbestimmungsrechte des Betriebsrats verdeutlicht, dass der Arbeitgeber durch eine Reihe von Vorschriften verpflichtet ist, dem Betriebsrat bestimmte Informationen über Arbeitnehmer zur Verfügung zu stellen. So hat das Einsichtsrecht des Betriebsrats in die Listen über die Bruttolöhne und -gehälter der Beschäftigten nach § 80 Abs. 2 Satz 2 Hs. 2 BetrVG notwendig den Zugang zu personenbezogenen Daten zum Gegenstand[15]. Auch erhält der Betriebsrat zwangsläufig Einblick in personenbezogene Daten durch Vorlage von Bewerbungsunterlagen oder Erteilung von Auskünften bei Stellenbewerbungen und sonstigen personellen Einzelmaßnahmen im Sinne

---

14 Grundlegend hierzu BVerfG v. 15.12.1983, NJW 1984, 419 (422).
15 BAG v. 17.3.1983, DB 1983, 1607 (1608).

des § 99 Abs. 1 BetrVG, die seiner Zustimmung unterliegen. Als weitere spezielle Vorschriften, in deren Rahmen der Betriebsrat Zugang zu Arbeitnehmerdaten erhält, sind darüber hinaus die §§ 90, 92, 102 und 111 BetrVG zu nennen, welche die Unterrichtung des Betriebsrats hinsichtlich der Planungen und Vorhaben des Arbeitgebers betreffen. Insbesondere durch das Anhörungsverfahren des § 102 Abs. 1 BetrVG im Falle einer betriebsbedingten Kündigung kann bei einer vom Arbeitgeber nach § 1 Abs. 3 Satz 1 KSchG vorzunehmenden Sozialauswahl die Mitteilung umfangreicher Sozialdaten nicht nur des zu Kündigenden, sondern aller vergleichbarer Beschäftigten erforderlich sein. Gerade wenn der Betriebsrat Mitwirkungsrechte in personellen Angelegenheiten wahrnimmt, umfassen die hierbei vom Arbeitgeber übermittelten Informationen daher auch die Zurverfügungstellung von personenbezogenen Arbeitnehmerdaten.

Ergänzend enthält § 80 Abs. 2 Satz 1 BetrVG eine Generalklausel für den Informationsanspruch des Betriebsrats gegenüber dem Arbeitgeber[16]. Diese Vorschrift räumt dem Betriebsrat ein allgemeines Informationsrecht ein, indem der Arbeitgeber verpflichtet wird, dem Betriebsrat zur Durchführung seiner Aufgaben nach dem BetrVG rechtzeitig und umfassend zu unterrichten.

Werden dem Betriebsrat jedoch aufgrund der soeben skizzierten Informationsansprüche Beschäftigtendaten vom Arbeitgeber übermittelt, kommt er nicht umhin, eigene Datensammlungen zur Erfüllung seiner Mitwirkungsaufgaben anzulegen. Je nach Art und Umfang des konkreten Mitbestimmungsrechts und Themas kann es aus Sicht des Betriebsrats nicht nur sinnvoll, sondern auch geboten sein, dass er aus Beweisgründen oder aus Gründen der Arbeitserleichterung für sich wichtige Geschäftsvorgänge, wie Zustimmungsverfahren bei personellen Einzelmaßnahmen oder Anhörungsverfahren vor Kündigungen, systematisch dokumentiert[17]. Eine Pflicht zur Datensammlung kann sich zudem mittelbar aus den Regelungen des BetrVG ergeben. So verpflichtet § 34 BetrVG den Betriebsrat beispielsweise, Sitzungsniederschriften über jede seiner Beratungen aufzunehmen. In einer Vielzahl dieser Niederschriften werden aber personenbezogene Angaben enthalten sein und sei es nur aufgrund der beizufügenden Anwesenheitsliste, in welche sich jeder Teilnehmer gemäß § 34 Abs. 1 Satz 3 BetrVG eigenhändig einzutragen hat.

---

16 *Fitting*, BetrVG, § 80 Rn. 40; *Kania*, ErfK, § 80 Rn. 17; *Weber*, GK-BetrVG, § 80 Rn. 52.
17 *Küpferle*, Arbeitnehmerdatenschutz im Spannungsfeld, S. 353.

3. Gründe und Beispiele für die Begehung von Datenschutzverstößen durch den Betriebsrat

Der Betriebsrat erhebt, verarbeitet und nutzt folglich im Rahmen seiner betriebsverfassungsrechtlichen Aufgaben und Befugnisse in großen Umfang personenbezogene Daten der Beschäftigten. Trotzdem fand eine Diskussion über die datenschutzrechtlichen Verpflichtungen des Betriebsrats bislang nur in geringem Umfang statt. Die bisherige Enthaltsamkeit in der Diskussion um die datenschutzrechtlichen Verpflichtungen und Befugnisse der Mitarbeitervertretungen lässt sich möglicherweise damit erklären, dass im Allgemeinen nicht davon ausgegangen wird, dass den Beschäftigten von Seiten des Betriebsrats datenschutzrechtliche Verstöße und damit Verstöße gegen ihr Persönlichkeitsrecht drohen[18]. Vielmehr ist es ja gerade die Aufgabe der Mitarbeitervertretung darüber zu wachen, dass die zugunsten der Arbeitnehmer geltenden Gesetze eingehalten werden (§ 80 Abs. 1 Nr. 1 BetrVG) und die freie Entfaltung der Persönlichkeit der im Betrieb beschäftigten Arbeitnehmer zu schützen und zu fördern (§ 75 Abs. 2 BetrVG).

Dies schließt jedoch nicht *eo ipso* die Möglichkeit des Datenmissbrauchs aus. Vielmehr lässt dieser Gedanke einen Aspekt unberücksichtigt, der bei der Entstehung von Datenschutzverstößen eine wesentliche Rolle spielt, nämlich die Komplexität des deutschen Datenschutzrechts. Zwar mag es selten vorkommen, dass Mitglieder des Betriebsrats ihren Zugriff auf personenbezogene Arbeitnehmerdaten nutzen, um sich selbst absichtlich einen Vorteil zu verschaffen oder um Beschäftigten einen Nachteil zuzufügen. Dennoch darf nicht außer Acht gelassen werden, dass Verstöße gegen datenschutzrechtliche Bestimmungen keine Schädigungsabsicht voraussetzen. Datenschutzrechtliche Verstöße im Umfeld der Mitarbeitervertretungen geschehen nicht selten aufgrund des fahrlässigen Umgangs mit personenbezogenen Daten oder aus schlichter Unkenntnis der Betriebsmitglieder über die einzuhaltenden Datenschutzbestimmungen.

Zur Verdeutlichung der Problematik und der daraus potentiell entstehenden Folgen für Arbeitgeber und Beschäftigte sind an dieser Stelle zwei Beispiele aus der Praxis exemplarisch heranzuziehen. Der erste Beispielsfall ist dem 14. Tätigkeitsbericht des *Bundesbeauftragten für den Datenschutz und die Informationsfreiheit*[19] entnommen und betrifft das Personalvertretungsrecht. Im Rahmen eines Kontrollbesuchs bei der physikalisch-technischen Bundesanstalt stellte der Bundesbeauftragte fest, dass dem Personalrat zur Erfüllung seiner Aufgaben ein direkter Zugriff auf bestimmte, im System „Personaldatenverarbeitung" gespeicherte Daten gestat-

---

18 So auch *Wagner*, BB 1993, 1729 (1732); *Linnekohl*, NJW 1981, 202 (206).
19 *Bundesbeauftragter für Datenschutz und Informationsfreiheit*, 14. TB, S. 64, im Internet abrufbar unter http://www.bfdi.bund.de/cln_134/SharedDocs/Publikatio-nen/Taetigkeitsberichte/TB_BfDI/14TB_91_92.html?nn=408924; letzter Abruf am 20. März 2011.

tet wurde. Hierbei handelte es sich unter anderem um Angaben zu Titeln, Namen, Geburtsdaten und Geschlecht der Angestellten, Daten über die Laufbahngruppe, etwaige Laufbahnwechsel, die Gewährung von Zulagen oder Trennungsgeldern, sowie um Fragen zur Funktion und Qualifikation und der Teilnahme an Lehrgängen. Über ein Bildschirmgerät in der Personalverwaltung konnte der Personalrat diese Daten lesen sowie sich sortieren und ausdrucken lassen. Dem Personalrat wurde es in dieser Weise gestattet, jederzeit und unbeschränkt auf alle ihm zugänglichen Daten zuzugreifen. Auch wenn der Tätigkeitsbericht keine Angaben darüber enthält, zu welchem Zweck dem Personalrat derart umfangreiche Einsichtsrechte in sensible Personaldaten eingeräumt wurden, stufte der Bundesbeauftragte für den Datenschutz diese Handhabung von Arbeitnehmerdaten als datenschutzrechtlich unzulässig ein. Denn das im Datenschutzrecht geschützte Recht auf informationelle Selbstbestimmung gewährleiste den Betroffenen das Recht und die Freiheit grundsätzlich selbst darüber zu entscheiden, wann und innerhalb welcher Grenzen persönliche Lebenssachverhalte offenbart werden[20]. Jeder soll selbst über die Preisgabe und Verwendung seiner Daten bestimmen können[21]. Auch wenn Betriebs- oder Personalräte beim Zugriff auf personenbezogene Personaldaten im vermeintlichen Interesse der Beschäftigten zu handeln beabsichtigen, muss die hiermit verbundene Kenntniserlangung von Personaldaten nicht immer auch im Interesse der Mitarbeiter liegen, gerade wenn es sich um sensible Daten wie das Einkommen, eine Schwerbehinderung oder die private Anschrift handelt.

In dem zweiten, vom LAG Hamburg im Jahr 2009 entschiedenen Fall führten der Arbeitgeber und der Betriebsrat Verhandlungen über einen Sozialplan und Interessenausgleich. Nach Abschluss der Verhandlungen wurden die ausgearbeiteten Dokumente auf Anfrage des Betriebsratsvorsitzenden per E-Mail vom Arbeitgeber an den Betriebsrat übersandt. Dieser E-Mail beigefügt war eine Excel-Datei, welche u. a. Grunddaten wie z. B. Betriebszugehörigkeit, Steuerklasse, Alter, Familienstand, Arbeitszeit, Einmalzahlungen, Gesamtjahresbruttoentgelt usw. sämtlicher im Betrieb beschäftigter Arbeitnehmer – mit Ausnahme der leitenden Angestellten – enthielt. Kurz darauf versandte der Betriebsratsvorsitzende die E-Mail mit der o. g. Excel-Datei weiter an die von der Einigung betroffenen Arbeitnehmer. Eine Genehmigung seitens des Arbeitgebers oder der betroffenen Arbeitnehmer zur Weiterleitung der Daten lag nicht vor. Die hierauf erfolgte Aufforderung des Arbeitgebers, die aus der Excel-Datei erlangten Arbeitnehmerdaten zu löschen, lehnte der Betriebsrat ab und teilte darüber hinaus allen Beschäftigten mit, dass er deren persönliche Daten weiterhin nutzen würde, wenn diese nicht innerhalb von 14 Tage widersprechen. Einige Wochen später wurden durch einen Unbekannten an die Pkws verschiedener Arbeitnehmer auf dem Parkplatz des Arbeitgebers Flugblätter

---

20 BVerfG v. 15.12.1983, NJW 1984, 419 (422); Gola/Schomerus, BDSG, § 1 Rn. 7.
21 Simitis, Simitis, BDSG, § 1 Rn. 25.

mit Auszügen des Tabellenblattes mit den persönlichen Daten der Beschäftigten angebracht. Mehrere Mitarbeiter nahmen daraufhin rechtsanwaltliche Hilfe in Anspruch und machten gegenüber dem Arbeitgeber Schadensersatzansprüche gerichtlich geltend. Mitglieder des Betriebsrats selbst brachte zudem am "Schwarzen Brett" einen Aushang an, der personenbezogene Daten der Arbeitnehmer, in erster Linie sensible Gehaltsdaten, enthielt.

IV. Gegenstand und Gang der Untersuchung

Gegenstand dieser Arbeit ist es, die datenschutzrechtlichen Verpflichtungen des Betriebsrats und die damit verbundenen Rechtsfragen zu untersuchen. Es soll ein Versuch unternommen werden, die bei den Betriebsparteien bestehenden Rechtsunsicherheit hinsichtlich Rechtsgrundlagen, Gegenstand, Umfang und Grenzen der datenschutzrechtlichen Verpflichtungen des Betriebsrats zu verringern. In diesem Zusammenhang bedarf es nicht nur einen Blick auf die Verpflichtungen an sich, sondern auch auf die Möglichkeiten der Vermeidung von Datenschutzverstößen des Betriebsrats durch Prävention und Kontrolle. Von praktischer Bedeutung sind in diesem Zusammenhang auch die Möglichkeiten der betriebsinternen Behandlung von Datenschutzverstößen des Betriebsrat.

Um die datenschutzrechtlichen Verpflichtungen des Betriebsrats systematisch untersuchen zu können, gliedert sich diese Abhandlung in unterschiedliche Teilbereiche:

Nach einer Rückschau auf die Entwicklung des Persönlichkeitsschutzes und des Arbeitnehmerdatenschutzrechts in der Bundesrepublik Deutschland wird zunächst der aktuelle Stand der Einführung eines Arbeitnehmerdatenschutzgesetzes dargestellt werden. Im Anschluss daran wird zu erörtern sein, in welchem Umfang bereits die Regelungen des Betriebsverfassungsrechts den Daten- und Persönlichkeitsschutz der Beschäftigten gegenüber dem Betriebsrat gewährleisten. Im Folgenden ist sodann zu prüfen, ob und in welchem Umfang der Betriebsrat den Normen des im BDSG normierten allgemeinen Datenschutzrechts unterworfen ist. Dabei soll das Augenmerk unter anderem auf die Frage gerichtet werden, in welchem Verhältnis die Regelungen des BetrVG zu den datenschutzrechtlichen Bestimmungen des BDSG stehen und welche Stellung die Mitarbeitervertretung innerhalb des Normgefüges des BDSG innehat. Weiter wird sodann auf die Einzelnen hieraus resultierenden datenschutzrechtlichen Verpflichtungen der Mitarbeitervertretung eingegangen und insbesondere herausgearbeitet werden, ob und in welchem Umfang die sich aus dem BDSG ergebenden datenschutzrechtlichen Verpflichtungen durch die betriebsverfassungsrechtlichen Aufgaben und Befugnissen des Betriebsrats eingeschränkt oder verdrängt werden. Anhand dieser Ergebnisse sollen sodann einige Fallbeispiele aus der betrieblichen Praxis dargestellt und diskutiert werden. Nach einer Prüfung der Möglichkeiten der Einschränkung und Erweiterung datenschutzrechtlicher Standards durch kollektivrechtliche Regelungen werden die Möglichkeiten der Kontrolle des Betriebsrats durch die datenschutzrechtlichen Kontrollinstitutionen (Datenschutzbehörde und betrieblicher Datenschutzbeauftragter) behandelt. Die Arbeit endet mit einer Zusammenfassung der wesentlichen Ergebnisse.

B. Entwicklung des Arbeitnehmerdatenschutzrechts in der Bundesrepublik Deutschland

Das Datenschutzrecht ist in der Bundesrepublik Deutschland ein vergleichsweise modernes Rechtsgebiet. Der Datenschutz[1] gehört zu den wenigen Problemfeldern unserer Gesellschaft, welche von Politik und Gesetzgebung aufgegriffen wurden, als der Öffentlichkeit und den Betroffenen ein entsprechender Regelungsbedarf noch weitgehend unbekannt war[2]. Entsprechend hat die Bundesregierung in der amtlichen Begründung zum ersten, im Jahr 1977 verabschiedeten BDSG festgestellt, dass die Entwicklung der Informationsgesellschaft zwar erst am Anfang stehe. Der Gesetzgeber sei jedoch bereits jetzt aufgerufen, diese Entwicklung durch geeignete Maßnahmen so zu steuern, dass schwerwiegende und kaum reparable Schäden nicht erst eintreten und die Privatsphäre des Einzelnen angesichts des technischen Fortschritts unangetastet bleibe[3]. Auch der Begriff „Datenschutzrecht" ist verhältnismäßig neu, war er doch am Anfang der siebziger Jahre in Lexika noch nicht zu finden[4]. Bis in die siebziger Jahre waren in Deutschland lediglich vereinzelte, bereichsspezifische Datenschutz- und Verschwiegenheitsbestimmungen vorhanden, etwa die ärztliche Schweigepflicht (§ 203 StGB) oder das Brief- und Fernmeldegeheimnis (§§ 202, 206 StGB). Aber auch im Betriebsverfassungsrecht gab es seit jeher Ansätze zum Arbeitnehmerdatenschutz[5]. So wurde das zunächst aus der Treuepflicht des Arbeitgebers abgeleitete Akteneinsichtsrecht des Arbeitnehmers im Jahr 1972 in § 83 BetrVG festgeschrieben. Darüber hinaus enthielt bereits das BetrVG von 1972 allgemeine und besondere Schweigepflichten für Betriebsräte in §§ 79 Abs. 1, 99 Abs. 1, 102 Abs. 2 BetrVG.

---

1 Vgl. *Simitis*, Simitis, BDSG, Einl. Rn. 2, zur missglückten Wahl des Begriffs „Datenschutz", da es nicht Ziel ist die Daten, sondern vor den Gefahren der Datenverarbeitung zu schützen; ebenso der Regierungsentwurf zum BDSG 1977, BT-Drs. 7/1027, S. 14.
2 *Gola/Schomerus*, BDSG, Einl. Rn.1.
3 BT-Drs. 7/1027, S. 14.
4 *Gola/Wronka*, Handbuch zum Arbeitnehmerdatenschutz, Rn. 1.
5 *Büllesbach*, Roßnagel, Handbuch Datenschutzrecht, Kap.6.2 Rn. 2.

I. Verfassungsrechtliche Grundlagen des Arbeitnehmerdatenschutzes

Da die Rechtsordnung die Informationsfreiheit des Einzelnen ebenso zu schützen verpflichtet ist wie die Persönlichkeitssphäre des Betroffenen, bestand seit jeher ein Spannungsverhältnis zwischen einem absoluten Informationsschutz auf der einen Seite und einer vollkommenen Informationsfreiheit auf der anderen[6]. Mit der Auflösung dieses mit dem Fortgang der technischen Entwicklung stetig zunehmenden Spannungsverhältnisses ist der Gesetzgeber bis heute beschäftigt. Zum Verständnis und zur richtigen Auslegung der Vorschriften zum Arbeitnehmerdatenschutz ist es daher zunächst erforderlich, einen näheren Blick auf die Entwicklung der verfassungsrechtlichen Rahmenbedingungen des Datenschutzes zu werfen. Von entscheidender Bedeutung ist dabei das allgemeine Persönlichkeitsrecht und das Recht auf informationelle Selbstbestimmung, so wie es vom BVerfG aus Art. 1 Abs. 1 und Art. 2 GG abgeleitet wird.

1. Entwicklung des allgemeinen Persönlichkeitsrechts

In Deutschland hat man sich im Vergleich zu anderen Staaten mit der Anerkennung von Persönlichkeitsrechten zunächst schwer getan. Anders als z. B. in Frankreich, wo einzelne Persönlichkeitsrechte wie das Recht am Bilde (*droit a l'image*) sowie das Recht auf Vertraulichkeit der Korrespondenz schon um 1860 zum Durchbruch kamen oder den USA, wo durch den Supreme Court von Georgia bereits im Jahr 1905 das Recht auf Achtung der Privatsphäre als Persönlichkeitsrecht anerkannt wurde, verhinderte das Bürgerliche Gesetzbuch mit seinem § 253 BGB und der Enumeration des Rechtsgüterschutzes in § 823 BGB zunächst geradezu eine Entwicklung, die zur Anerkennung eines allgemeinen Persönlichkeitsrechts führte[7].

Bis zur Anerkennung des allgemeinen Persönlichkeitsrechts fehlte für die nicht vermögensrechtliche Privatsphäre ein der gewerblichen Sphäre entsprechender rechtlicher Schutz gegen wahre und unwahre Informationen. Ein Persönlichkeitsschutz bestand zunächst nur, soweit in den strafrechtlich geschützten Bereich spezieller Geheimnisse (zum Beispiel Hausfrieden, Briefgeheimnis, Arztgeheimnis) eingegriffen wurde oder die verkündeten Tatsachen ehrverletzend waren oder ihre Ermittlung, Verbreitung oder Verwendung gegen die guten Sitten verstießen[8]. Lange Zeit entsprach es der vorherrschenden Ansicht, dass die Wahrheit frei verbreitet werden darf. Zwar wurde bereits vor Inkrafttreten des Bürgerlichen Gesetzbuches,

---

6 *Ehmann*, AcP 188 (1988), 230 (232).
7 *von Gerlach*, AfP 2001, 1 (4).
8 *Ehmann*, AcP 188 (1988), 230 (240).

spätestens als Fotoreporter in das Sterbezimmer Otto von Bismarcks eindrangen[9], erkannt, dass die rechtlichen und moralischen Instrumente des Persönlichkeitsschutzes in einer sich mit der Industrialisierung entwickelnden Industriegesellschaft nicht mehr genügten. Trotzdem konnte sich das Reichsgericht zur Anerkennung eines Allgemeinen Persönlichkeitsrechts nicht durchringen.

Jedoch hatte es bereits in der „*Jutepliisch*"-Entscheidung vom 27. Februar 1904[10], in welcher es das Recht am eingerichteten und ausgeübten Gewerbebetrieb entwickelte, den Weg aufgezeigt, unter welchen Voraussetzungen in Analogie zu den in § 823 Abs. 1 BGB ausdrücklich geschützten Rechtsgütern ein privater Freiheitsraum als rechtlich geschützt anerkannt werden kann. Obwohl nach seiner Ansicht die freie Betätigung des Willens für sich genommen kein in § 823 Abs. 1 BGB geschütztes absolutes Rechtsgut war, stellte das Reichsgericht bezogen auf den eingerichteten und ausgeübten Gewerbebetrieb fest, dass ein Schutz der freien Willensbetätigung dann gewährleistet sei, wenn diese eine gegenständliche Verkörperung (hier: der eingerichtete und ausgeübte Gewerbebetrieb) gefunden habe. Wenn sich die freie Willensbetätigung in einer auch für andere erkennbaren Weise vergegenständlicht hat, die deutlich macht, dass der Träger dieses Willens in den Grenzen der gegenständlichen Verkörperung nach seinem Belieben entscheiden und seinen Willen anderen nicht beugen will, kann ein absolutes subjektives Recht als sonstiges Recht i.S. des § 823 Abs. 1 BGB angenommen werden[11].

Das moderne Pressewesen, allen voran durch die Entwicklung der Rundfunk- und Fernsehtechnik, haben sodann eine Verstärkung des Persönlichkeitsschutzes erforderlich gemacht. Anschließend an die Rechtsprechung des Reichsgerichts entwickelte sich die Rechtsprechung des BGH zum Allgemeinen Persönlichkeitsrecht. In der „*Schachtbrief*"-Entscheidung vom 15. Mai 1954[12] erkannte der BGH erstmals ein Allgemeines Persönlichkeitsrecht an und folgerte daraus, dass grundsätzlich dem Verfasser eines Briefes allein die Befugnis zustehe, darüber zu entscheiden, ob und in welcher Form seine Aufzeichnungen der Öffentlichkeit zugänglich gemacht werden. Die gegenständliche Verkörperung der insoweit anerkannten Selbstbestimmung des Briefschreibers erkannte der BGH in der sprachlichen Festlegung eines bestimmten Gedankeninhalts in einem Brief. Denn jeder unter Namensnennung erfolgenden Veröffentlichung von Aufzeichnungen eines noch lebenden Menschen werde von der Allgemeinheit mit Recht eine allgemeine entsprechende Willensrichtung des Verfassers entnommen[13].

---

9   RG v. 28.12.1899, RGZ 45, 170; dieser Vorfall gab Veranlassung, 1907 im KUG nach französischem Vorbild zumindest das Recht am eigenen Bilde anzuerkennen.
10 RG v. 27.2.1904, RGZ 58, 24.
11 RG v. 27.2.1904, RGZ 58. 24 (30); *Ehmann*, AcP 188, 230 (251).
12 BGH v. 15.5.1954, BGHZ 13, 334 (338).
13 BGHZ, 13, 334 (338).

Der Begriff des allgemeinen Persönlichkeitsrechts ist daher in diesem Zusammenhang als Befugnis einer Person zu verstehen, innerhalb eines objektiv zu bestimmenden und abzugrenzenden Raumes selbst zu bestimmen, ob und inwieweit Informationen über sie erhoben und verbreitet werden dürfen und inwieweit ansonsten in die die Persönlichkeit berührenden Interessen eingegriffen werden darf[14]. Der geschützte Raum der Persönlichkeit muss dabei irgendwie objektiv abgegrenzt sein, beispielsweise durch eine gegenständliche Verkörperung in einem Brief, Bild oder einer Tonaufnahme, so dass der so umgrenzte Raum als geschützter Bereich einer Person allgemein anerkannt und auch für den Eingreifenden objektiv erkennbar ist.

Seitdem war das allgemeinen Persönlichkeitsrechts durch die Rechtsprechung als absolutes Recht im Sinne des § 823 Abs. 1 BGB anerkannt[15]. Dessen rechtswidrige und schuldhafte Verletzung wurde als Delikt begriffen und berechtigte den Verletzten auch zur Geltendmachung des daraus entstandenen immateriellen Schadens (Schmerzensgeld) gemäß § 847 BGB a.F. Inhalt und Grenzen des Allgemeinen Persönlichkeitsrechts bestimmte der BGH in einer Folge von Entscheidungen nach sogenannten Schutzsphären (zum Beispiel Geheim-, Privat- und Individualsphäre des Einzelnen). Das BVerfG nahm den Sphärengedanken zunächst in abgewandelten Formen auf und leitete aus Art. 2 Abs. 1 i.V.m. Art. 1 Abs. 1 GG den Anspruch des einzelnen Bürgers auf Respektierung eines privaten Lebensbereiches ab[16]. In der Mikrozensus-Entscheidung[17] gestand es dem einzelnen Bürger einen unantastbaren Innenraum zu, *„in dem er sich selbst besitzen kann und keinerlei Zugriffe dulden muss"*. Demzufolge sprach das Gericht dem Staat das Recht ab, den Menschen zwangsweise in seiner Persönlichkeit zu erfassen.

---

14 BVerfG v. 26.4.1994, NJW 1995, 1015 (1015); *Schmidt*, ErfK, GG, Art. 2 Rn. 40.
15 *Ehmann*, AcP 188 (1988), 230 (242); vgl. die namhaften Entscheidungen der Rechtsprechung: BVerfG v. 5.6.1973, NJW 1973, 1227 (Lebach); BVerfG v. 3.6.1980, NJW 1980, 208 (Heinrich Böll); BVerfG v. 3.6.1980, NJW 1980, 2070 (Eppler); BGH v. 25.5.1954, BGHZ 13, 334 (Schachtbrief); BGH v. 14.2.1958, BGHZ 26, 349 (Herrenreiter); BGH v. 8.5.1956, BGHZ 20, 345 (Paul Dahlke); BGH v. 18.3.1959, NJW 1959, 1269 (Catharina Valente); BGH v. 19.9.1961; BGHZ 35, 363 (Ginsengwurzel); BGH v. 5.3.1963; NJW 1963 (902) (Fernsehansagerin); BGH v. 8.12.1964, NJW 1965, 685 (Soraya); dazu BVerfG v. 14.2.1973, NJW 1973, 1221 (Soraya); BGH v. 26.1.1965, MDR 1965, 371 (Gretna Green); BGH v. 12.10.1965, NJW 1965, 2395 (Mörder unter uns); BGH v. 15.11.1994, NJW 1995, 861 (Caroline von Monaco).
16 BVerfG v. 16.1.1957, BVerfGE 6, 32 (41); BVerfG v. 15.1.1970, NJW 1970, 555 (555); BVerfG v. 19.1.1972, NJW 1972, 2214 (2214).
17 BVerfG v. 16.7.1969, DB 1969, 1601 (1601).

2. Recht auf informationelle Selbstbestimmung als Grundrecht auf Datenschutz

Der in den Folgejahren durch die Rechtsprechung entwickelte Persönlichkeitsschutz war zwar im Vergleich zum zuvor geltenden Recht ein beachtlicher Fortschritt, aber trotzdem nicht ausreichend, um das mit dem Aufkommen der elektronischen Datenverarbeitung entstehenden informationellen Schutzbedürfnis zu befriedigen. Dieses beruht vor allem auf den sich entwickelnden technischen Möglichkeiten der Speicherung nahezu unendlicher Datenmassen in Datenbanken und der Möglichkeit der Vernetzung verschiedener Datenbanksysteme. Dies führte dazu, dass die gespeicherten Daten blitzartig übermittelt und ausgewertet und insofern neue Erkenntnisse erlangt wurden, die mit herkömmlichen Methoden nicht oder jedenfalls so schnell nicht gewonnen werden konnten. Aufgrund dieser rasant fortschreitenden technischen Entwicklung bedurfte es zum Schutz des verfassungsrechtlich geschützten allgemeinen Persönlichkeitsrechts einer Weiterentwicklung der Rechtsprechung des BVerfG.

a) Volkszählungsurteil des Bundesverfassungsgerichts vom 15. Dezember 1983

Die weitere Entwicklung des Datenschutzrechts in der Bundesrepublik Deutschland ist maßgeblich mit der Entwicklung der Rechtsprechung des BVerfG zum Recht auf informationelle Selbstbestimmung verbunden[18]. Im grundlegenden „*Volkszählungsurteil*" vom 15. Dezember 1983[19] erkannte das BVerfG erstmalig an, dass sich aus dem Persönlichkeitsrecht des Art. 2 Abs. 1 i.V.m. Art. 1 Abs. 1 GG ein Recht auf informationelle Selbstbestimmung ableitet. Das Gericht reagierte mit dieser Entscheidung auf die Weiterentwicklung der modernen Datenerhebungs- und Datenverarbeitungsmöglichkeiten und die sich hieraus für den Betroffenen ergebenden Gefahren. Diese liegen nach zutreffender Ansicht des Gerichts vor allem in der Möglichkeit, Daten auf unbegrenzte Zeit zu speichern und in Sekundenschnelle abzurufen. Dies geschieht oft ohne Kenntnis des Betroffenen, so dass für ihn auch keine Möglichkeit besteht, die Daten auf ihre Richtigkeit hin zu überprüfen[20]. Die Daten können darüber hinaus – vor allem beim Aufbau integrierter Informationssysteme – mit anderen Datensammlungen zu einem teilweise oder weitgehend vollständigen Persönlichkeitsbild zusammengefügt werden, ohne dass der Betroffene dessen Richtigkeit und Verwendung zureichend kontrollieren kann[21]. Jedes für sich genommen belanglose Datum kann hierdurch einen neuen

---

18   *Kort*, RdA 1992, 378 (378).
19   BVerfG v. 15.12.1983, NJW 1984, 419 (422) mit Anmerkung *Simitis*, NJW 1984, 398; dazu *Schlink*, Der Staat 25 (1986), 233 (233); *Krause*, JuS 1984, 268 (268); *Hufen*, JZ 1984, 1072 (1072).
20   BVerfG v. 15.12.1983, NJW 1984, 419 (421).
21   BVerfG v. 15.12.1983, NJW 1984, 419 (421).

Stellenwert bekommen. Unter den Bedingungen der modernen Datenverarbeitung gibt es folglich nach Ansicht des BVerfG kein „belangloses" Datum mehr[22].

In diesem Zusammenhang führte das BVerfG in seiner Entscheidung aus, dass die Selbstbestimmung des Menschen eine elementare Funktionsbedingung eines auf Handlungs- und Mitwirkungsfähigkeit des Bürgers begründeten freiheitlich-demokratischen Gemeinwesens sei, so dass individuelle wie kollektive Selbstbestimmung miteinander verbunden seien[23]. Aus diesen Gründen setze die freie Entfaltung der Persönlichkeit unter den modernen Bedingungen der Datenverarbeitung den Schutz des Einzelnen gegen unbegrenzte Erhebung, Speicherung, Verwendung und Weitergabe seiner persönlichen Daten voraus. Dieser Schutz sei daher von dem Grundrecht des Art. 2 Abs. 1 i.V.m. Art. 1 Abs. 1 GG mit umfasst. Das Grundrecht auf informationelle Selbstbestimmung gewährleiste insoweit die Befugnis des Einzelnen, grundsätzlich selbst über die Preisgabe und Verwendung seiner persönlichen Daten zu bestimmen[24]. Dieses Recht folge aus dem Grundsatz der Selbstbestimmung, der Mittelpunkt der grundgesetzlichen Ordnung sei, die Wert und Würde des Menschen durch freie Selbstbestimmung in einer freien Gesellschaft schütze[25].

Die Besonderheit dieses vom BVerfG entwickelten Rechts auf informationelle Selbstbestimmung liegt insbesondere darin, dass es sich bei diesem nicht um eine Freiheit der Gewinnung und Nutzung von Informationen als eine Form der Verhaltensfreiheit handelt. Vielmehr wird durch dieses Recht der grundrechtliche Schutz der Person hinsichtlich des Umgangs mit Informationen und Daten, die auf diese Person verweisen bzw. sie betreffen, gewährleistet[26]. Das Recht auf informationelle Selbstbestimmung wird in der Literatur infolgedessen richtigerweise als die verfassungsrechtliche Grundlage des Datenschutzes bezeichnet[27].

In dem Recht auf informationelle Selbstbestimmung[28] ist jedoch kein eigenes Grundrecht zu sehen. Vielmehr handelt es sich um eine Konkretisierung des durch Art. 2 Abs. 1 i.V.m. Art. 1 Abs. 1 GG geschützten allgemeinen Persönlichkeits-

---

22 BVerfG v. 15.12.1983, NJW 1984, 419 (422); *Däubler*, Gläserne Belegschaften, Rn. 82.
23 BVerfG v. 15.12.1983, NJW 1984, 419 (422).
24 BVerfG v. 15.12.1983, NJW 1984, 419 (422); bestätigt durch BVerfG v. 9.3.1988, NJW 1988, 2031 (2031); BVerfG v. 14.9.1989, NJW 1990, 563 (563); *Gurlit*, NJW 2010, 1035 (1036); *Tuchbreiter*, Beteiligungsrechte des Betriebsrats bei modernen Kommunikationsmitteln, S. 162; *Gola/Wronka*, Handbuch zum Arbeitnehmerdatenschutz, Rn. 4.
25 BVerfG v. 15.12.1983, NJW 1984, 419 (421).
26 *Kort*, RdA 1992, 378 (379); *Mester*, Arbeitnehmerdatenschutz, S. 8.
27 *Simitis*, NJW 1984, 394 (399); *Mester*, Arbeitnehmerdatenschutz, S. 8; *Gola/Wronka*, Handbuch zum Arbeitnehmerdatenschutz, Rn. 6.
28 Der Begriff der „informationellen Selbstbestimmung" ist allerdings keine Neuschöpfung des BVerfG, sondern er wurde bereits in der Datenschutzdiskussion der siebziger Jahre geprägt; vgl. *Simitis*, NJW 1984, 394 (399); *Griese, D*atenrechtlicher Persönlichkeitsschutz im Arbeitsrecht, S. 50.

rechts im Hinblick auf die mit der modernen Informationstechnik verbundenen Gefahren[29]. Dies ist insbesondere auch bei der Auslegung der einfachgesetzlichen Regelungen des Datenschutzes zu berücksichtigen. Das Persönlichkeitsrecht, beruhend auf dem Recht der freien Entfaltung der Persönlichkeit des Art. 2 Abs. 1 GG, bedarf nach Ansicht des BVerfG aufgrund neuartiger technischer Entwicklungen und der damit verbundenen Gefährdungen ständiger Konkretisierung[30]. Die Gefahren der automatisierten Datenverarbeitung, insbesondere durch den Aufbau integrierter Informationssysteme mit der Möglichkeit, vollständige Persönlichkeitsbilder ohne Richtigkeits- und Verwendungskontrolle durch den Betroffenen zu erstellen zu können, erforderten einen Schutz der Selbstbestimmungsfreiheit. Denn diese könne besonders dadurch beeinträchtigt werden, dass umfassende Informationen über den Einzelnen zu einer Verhaltenssteuerung durch den psychischen Druck öffentlicher Anteilnahme benutzt werden[31].

Auch wenn das *Volkszählungsurteil* den Schutzbereich des Rechts auf informationelle Selbstbestimmung nur sehr vage umriss, indem durch dieses lediglich der Schutz vor der „unbegrenzten" Datenerhebung und -verwendung gewährleistet sei und die Befugnis des Einzelnen bestehe, „grundsätzlich" selbst über die Verwendung seiner personenbezogenen Daten zu entscheiden[32], war die Entwicklung dieses Recht der Beginn eines breit angelegten Datenschutzes. Auch für das Arbeitsverhältnis ist es bis heute die Grundlage für die den Datenschutz betreffenden Rechte und Pflichten der Beteiligten[33]. Das BVerfG selbst bezeichnet das Recht auf informationelle Selbstbestimmung folgerichtig ausdrücklich als das „Grundrecht auf Datenschutz"[34]. Trotz mehrerer Initiativen hat sich der Verfassungsgeber auf Bundesebene bisher nicht durchringen können, dieses Grundrecht ausdrücklich in das Grundgesetz aufzunehmen. Einige Bundesländer haben hingegen ihre Landesverfassungen um eine ausdrückliche Normierung ergänzt[35]. Auch in der Charta der Grundrechte der Europäischen Union wird in Art. 8 der „Schutz personenbezogener Daten" gewährleistet[36]. Angesichts der Möglichkeiten, auch in Zukunft das sich

---

29 *Simitis*, NJW 1984, 394 (399); *Gola/Wronka*, Handbuch zum Arbeitnehmerdatenschutz, Rn. 82; *Däubler*, Gläserne Belegschaften, Rn. 80; *Mester*, Arbeitnehmerdatenschutz, S. 8.
30 Als nächste Stufe dieser Konkretisierung erkannte das BVerfG das „Grundrecht auf Integrität und Vertraulichkeit informationstechnischer Systeme" an, vgl. BVerfG v. 27.2.2008, NJW 2008, 822 (824).
31 BVerfG v. 15.12.1983, NJW 1984, 419 (422).
32 Kritik insoweit durch *Ladeur*, DuD 2000, 12 (12).
33 Vgl. BAG v. 14.9.1984, NZA 1985, 28 (30); BAG v. 22.10.1986, NZA 1987, 415 (416); BAG v. 15.7.1987, NZA 1988, 53 (53); BAG v. 4.4.1990, NZA 1990, 933 (933).
34 BVerfG v. 27.6.1991, NJW 1991, 2129 (2132).
35 So die Länder Nordrhein-Westfalen (Art. 4 Abs. 2 LVerf NRW) und Saarland (Art. 2 Abs.2 LVerf Saarland) sowie alle neuen Bundesländer (vgl. Art. 21b LVerf Berlin, Art. 11 LVerf Brandenburg, Art. 6 LVerf M-V, Art. 33 LVerf Sachsen).
36 ABl. EG Nr. C 364/01 v. 18.12.2000.

aus Art. 2 Abs. 1 i.V.m. Art. 2 Abs. 1 GG ergebende Persönlichkeitsrecht weiter zu entwickeln und an neue technische und gesellschaftliche Entwicklungen anzupassen, besteht jedoch auch kein Bedürfnis, eine Änderung des Grundgesetzes herbeizuführen.

b) Wirkung des Rechts auf informationelle Selbstbestimmung im Arbeitsverhältnis

Das Recht auf informationelle Selbstbestimmung wurde vom BVerfG ursprünglich für das öffentlich-rechtliche Verhältnis zwischen Staat und Bürger und damit als Abwehrrecht gegen die Datenverarbeitung der Behörden entwickelt. Obwohl durch die Grundrechte unmittelbar nur der Staat im Verhältnis zum Bürger gebunden wird (Art. 1 Abs. 3 GG), hat es gleichwohl auch für den privatrechtlichen Bereich und somit auch für das Arbeitsverhältnis maßgebliche Bedeutung erlangt[37].

In der rechtlichen Diskussion ist bis heute umstritten, in welchem Umfang Grundrechte auf das Arbeitsverhältnis einwirken. Im Mittelpunkt der Debatte steht die Frage, ob Grundrechte im Arbeitsverhältnis mittelbar oder unmittelbar Anwendbarkeit finden[38]. Während Literatur und Rechtsprechung die Wirkung des Rechts auf informationelle Selbstbestimmung für das privatrechtliche Arbeitsverhältnis zunächst unterschiedlich bewertet haben[39], wird die unmittelbare Anwendbarkeit der Grundrechte im Arbeitsverhältnis heute jedoch überwiegend verneint und auch vom BAG lediglich eine sogenannte mittelbare Wirkung der Grundrechte im Arbeitsverhältnis angenommen[40]. Eine abschließende Bewertung dieser Frage bedarf es indes an dieser Stelle nicht, da bereits die mittelbare Anwendung des Rechts auf informationelle Selbstbestimmung für den Bereich des Arbeitsverhältnisses zu eindeutigen Ergebnissen führt. Der Grundgedanke der Lehre von der mittelbaren Drittwirkung besteht darin, dass sich die Bedeutung der Grundrechte nicht in ihrer Funktion als Abwehrrecht des einzelnen gegen den Staat erschöpft, sondern dass sich in ihnen eine objektive Wertordnung verkörpert, die für den gesamten

---

37 *Buchner*, ZfA 1988, 449 (457); *Gola/Wronka*, Handbuch zum Arbeitnehmerdatenschutz, Rn. 52.
38 Zum Meinungsstand siehe *Richardi*, MünchArbR, § 10 Rn. 10 ff; *Dieterich*, ErfK, Einl. zu Art. 10 GG Rn. 15 ff. m. w. N, welche die unmittelbare Drittwirkung von Grundrechten auf das Arbeitsverhältnis ablehnen, die mittelbare Drittwirkung aber zulassen.
39 Davon, dass die Grundrechte unmittelbar auf den Privatrechtsverkehr anzuwenden sind, spricht BAG v. 28.9.1972, NJW 1973, 77 (77); Mester, Arbeitnehmerdatenschutz, S. 9.
40 BAG v. 27.5.1986, NZA 1986, 643 (645); BAG v. 22.10.1986, NZA 1987, 415 (416); BAG v. 27.3.2003, NZA 2003, 1193 (1194); *Linnekohl/Rauschenberg/ Schüttler/Schütz*, BB 1988, 57 (58); zu den Anfängen des Begriffs *Nipperdey*, RdA 1950, 121 (125); zur Reichweite *Richardi*, MünchArbR, § 12 Rn. 1 ff.; *Büllesbach*, Roßnagel, Handbuch Datenschutzrecht, Kap. 6.1 Rn. 4; *Gola/Wronka*, Handbuch zum Arbeitnehmerdatenschutz, Rn. 82;.

Bereich des privaten und öffentlichen Rechts gilt[41]. Diese objektive Ordnung soll dann über die wertausfüllungsfähigen und wertausfüllungsbedürftigen Begriffe und Generalklauseln des Privatrechts Eingang in das Zivilrecht finden. Die mittelbare Drittwirkung entsteht im Betriebsverfassungsrecht folglich dadurch, dass nicht nur der Gesetzgeber beim Erlass von Gesetzen die Grundrechte zu beachten hat, sondern auch Arbeitgeber und Betriebsrat bei ihren Entscheidungen hinsichtlich des Umgangs mit Beschäftigtendaten aufgrund einer verfassungskonformen Auslegung der einfachgesetzlichen Regelungen des BetrVG an die Vorgaben des Rechts auf informationelle Selbstbestimmung gebunden sind[42]. So hat das Recht auf informationelle Selbstbestimmung insbesondere über die Norm des § 75 Abs. 2 BetrVG Einzug in das Arbeitsverhältnis gefunden. Danach haben Arbeitgeber und Betriebsrat die freie Entfaltung der Persönlichkeit der im Betrieb beschäftigten Arbeitnehmer zu schützen und zu fördern. Diese Regelung erwähnt den Begriff „informationelle Selbstbestimmung" zwar nicht wörtlich. Bei dem Recht auf informationelle Selbstbestimmung handelt es sich jedoch um eine Konkretisierung des allgemeinen Persönlichkeitsrechts, so dass in der Rechtsprechung und der Literatur zu Recht einhellig davon ausgegangen wird, dass § 75 Abs. 2 BetrVG den Schutz vor unzulässiger Erhebung, Verarbeitung und Nutzung von Personaldaten mit einbezieht[43]. In diesem Sinne hat das BAG für die arbeitsrechtlichen Beziehungen mehrfach auf das informationelle Selbstbestimmungsrecht Bezug genommen, auch wenn nicht in jeder die Zulässigkeit der Erhebung, Verarbeitung oder Nutzung von Beschäftigtendaten betreffende Entscheidung das zu schützende Rechtsgut mit dem Begriff des „Rechts auf informationelle Selbstbestimmung", sondern weiterhin als „Persönlichkeitsrecht" bezeichnet wurde[44].

c) Grundsatz der Zweckbindung bei der Verwendung personenbezogener Daten

Eine zentrale Aussage des Volkszählungsurteils ist neben der Anerkennung der Befugnis des Einzelnen, grundsätzlich selbst über die Preisgabe und Verwendung seiner persönlichen Daten zu bestimmen, dass personenbezogene Daten nur für

---

41 BVerfG v. 17.1.1957, NJW 1957, 417 (418); BVerfG v. 15.1.1958, NJW 1958, 257 (257); BVerfG v. 19.10.1993, NJW 1994, 36 (38); *Hammer*, Betriebsverfassungsrechtliche Schutzpflicht, S. 105.
42 Grundlegend für die mittelbare Grundrechtsbindung Privater siehe BVerfG v. 15.1.1958, NJW 1958, 257 (258); siehe auch BAG, NZA 1987, 415 (416); zur vergleichbaren Wirkung des „Grundrechts auf Vertraulichkeit und Integrität in informationstechnischen Systemen" im Arbeitsverhältnis siehe *Wedde*, ArbuR 2009, 373 (376).
43 *Simitis*, NJW 1984, 394 (399); *Tuchbreiter*, Beteiligungsrechte des Betriebsrats bei modernen Kommunikationsmitteln, S. 163; *Gola/Wronka*, Handbuch zum Arbeitnehmerdatenschutz, Rn. 88.
44 BAG v. 22.10.1986, NZA 1987, 415 (416); BAG v. 14.9.1984, NZA 1985, 28 (30); BAG v. 29.6.2004, NZA 2004, 1278 (1279).

einen bestimmten Zweck genutzt werden dürfen[45]. Eine zulässige Verarbeitung von personenbezogenen Daten setzt voraus, dass der Verwendungszweck bereichsspezifisch und präzise bestimmt ist und dass die Angaben für diesen Zweck geeignet und erforderlich sind. Es gibt folglich keinen Rechtsgrundsatz der „Einheit der datenverarbeitenden Stelle", wonach einmal erlangte Informationen für sämtliche innerhalb einer personenbezogene Daten speichernde Stelle tätigen Personen frei verfügbar wären[46]. Aufgrund einer bestimmten Rechtsgrundlage und zu einem bestimmten Zweck erlangte Personendaten dürfen demnach grundsätzlich nicht zu anderen Zwecken verwendet werden. Dieser sich aus dem Recht auf informationelle Selbstbestimmung ergebende Grundsatz der Zweckbindung von personenbezogenen Daten spielt, wie noch zu zeigen sein wird, beim Umgang mit Beschäftigtendaten innerhalb eines Unternehmens, insbesondere im Verhältnis zwischen Arbeitgeber und Betriebsrat, eine entscheidende Rolle. Es wäre folglich mit dem Recht der Beschäftigten auf informationelle Selbstbestimmung unvereinbar, dürfe der Betriebsrat die vom Arbeitgeber zu einem bestimmten Zweck erhobenen und gespeicherten Arbeitnehmerdaten ohne weitere Voraussetzungen zu seinen eigenen Zwecken verwenden. Das Wissen einer bestimmten Stelle darf nicht als potentielles Wissen andere Organisationsteile dieser Stelle genutzt werden[47].

d) Möglichkeiten der Einschränkung des Rechts auf informationelle Selbstbestimmung

Das BVerfG hat in dem *Volkszählungsurteil* jedoch zugleich betont, dass das Recht auf informationelle Selbstbestimmung nicht schrankenlos besteht. Dieser Ausschnitt aus dem allgemeinen Persönlichkeitsrecht gebe dem Bürger kein absolutes Herrschaftsrecht im Sinne einer ausschließlichen Befugnis, über seine Daten zu verfügen[48]. Der Bürger ist nach Ansicht des BVerfG vielmehr eine sich innerhalb der sozialen Gemeinschaft entfaltende, auf Kommunikation angewiesene Persönlichkeit[49]. Eine Information, auch soweit sie personenbezogen ist, stellt ein Abbild der sozialen Realität dar, das nicht ausschließlich dem Betroffenen allein zugeordnet werden kann. Vielmehr ist zum gemeinschaftlichen Zusammenleben die Verarbeitung und Nutzung von personenbezogenen Daten unerlässlich, da diese sowohl vom Staat zur Erfüllung seiner Aufgaben als auch in der Privatwirtschaft zur Be-

---

45 BVerfG v. 15.12.1983, NJW 1984, 419 (422).
46 DKWW, BDSG, Einl. Rn 17.
47 DKWW, BDSG, Einl. Rn. 17; *Gola/Wronka*, Handbuch zum Arbeitnehmerdatenschutz, Rn. 912.
48 BVerfG v. 15.12.1983, NJW 1984, 419 (422); *Gurlit*, NJW 2010, 1035 (1036); *Gola/Wronka*, Handbuch zum Arbeitnehmerdatenschutz, Rn. 7; *Däubler*, Gläserne Belegschaften, Rn. 83.
49 BVerfG v. 15.12.1983, NJW 1984, 419 (422).

gründung, Durchführung und Beendigung von Rechtsverhältnissen benötigt werden[50]. Das BDSG trägt diesem Umstand beispielsweise damit Rechnung, dass es einerseits Schutzregelungen zugunsten des Einzelnen aufstellt, andererseits aber auch Datenverarbeitungen ohne oder gegen den Willen des Betroffenen erlaubt.

Aus dieser Gemeinschaftsbezogenheit folgt daher die Beschränkbarkeit des Rechts auf informationelle Selbstbestimmung. Diese Schlussfolgerung findet sich insbesondere auch im Verhältnis zwischen Betriebsrat und Arbeitnehmer wieder. Der Arbeitnehmer ist durch die Datenverarbeitung des Arbeitgebers und des Betriebsrats zwar in seinem Grundrecht auf informationelle Selbstbestimmung aus Art. 2 Abs. 1 i.V.m. Art. 1 Abs. 1 GG betroffen[51]. Wie bei der Betrachtung der betriebsverfassungsrechtlichen Datenschutzregelungen noch zu zeigen sein wird, bewegt sich der einzelne Arbeitnehmer jedoch ebenfalls in der sozialen Gemeinschaft des Betriebes mit der Folge, dass auch er eine uneingeschränkte Herrschaft über seine Daten im Betrieb nicht beanspruchen kann. Vielmehr hat sein Recht auf informationelle Selbstbestimmung in einer Reihe von Fällen hinter dem kollektiven, vom Betriebsrat wahrgenommenen Interesse zurückzustehen. Soweit das Recht auf informationelle Selbstbestimmung aufgrund seiner Ausstrahlungswirkung in das Arbeitsrechtsleben wirkt, stehen dem betroffenen Arbeitnehmer anders als im öffentlich-rechtlichen Verhältnis die Freiheitsrechte anderer Bürger, insbesondere des Arbeitgebers und der Betriebsratsmitglieder, gegenüber. Die Folge ist eine Abwägung des Rechts auf informationelle Selbstbestimmung des Arbeitnehmers mit dem Informationsbedürfnis des Arbeitgebers und des Betriebsrats.

Eine Beschränkung des Rechts auf informationelle Selbstbestimmung bedarf nach der Rechtsprechung des BVerfG jedoch einer verfassungsmäßigen gesetzlichen Grundlage, aus der sich die Voraussetzungen und der Umfang der Beschränkungen klar und für den Betroffenen erkennbar ergeben und die damit dem rechtsstaatlichen Gebot der Normenklarheit entspricht[52]. In seinem Volkszählungsurteil forderte das BVerfG, dass eine zwangsweise Datenerhebung oder -verwendung vom Gesetzgeber bereichsspezifisch und präzise zu bestimmen ist[53]. Diese Anforderung aus dem Volkszählungsurteil an den Gesetzgeber soll den Datenschutz optimieren, indem die jeweilige Eigenart der Regelungsmaterie unter datenschutzspezifischen Anforderungen (Transparenz, Datensparsamkeit, Übermittlungs- und Nutzungsverbote, Löschungsgebote) so bestimmt wie nach dem Normzweck mög-

---

50   BVerfG v. 11.7.2007, NJW 2007, 3707 (3707); *Gola/Wronka*, Handbuch zum Arbeitnehmerdatenschutz, Rn. 7; *Mester*, Arbeitnehmerdatenschutz, S. 12.
51   *Gola/Wronka*, Handbuch zum Arbeitnehmerdatenschutz, Rn. 86.
52   BVerfG v. 22.6.1977, NJW 1977, 1723 (1724); BVerfG v. 15.12.1983, NJW 1984, 419 (422); *Gurlit*, NJW 2010, 1035 (1038); *Däubler*, Gläserne Belegschaften, Rn. 83.
53   BVerfG v. 15.12.1983, NJW 1984, 419 (422).

lich gefasst werden[54]. Auch sollen bereichsspezifische Vorschriften mit weniger Generalklauseln und unbestimmten Rechtsbegriffen auskommen.

Die Bestimmtheitsanforderungen sind jedoch wiederum abhängig von der Intensität des Grundrechtseingriffs und der Regelungsmöglichkeiten des Gesetzgebers[55]. Wegen der Vielseitigkeit und Komplexität von Datenverarbeitungsmaßnahmen und den damit verbundenen Zwecken ist eine Beschränkung des Rechts auf informationelle Selbstbestimmung daher auch aufgrund von Generalklauseln zulässig[56].

Bei der Ausgestaltung seiner Regelungen hat der Gesetzgeber ferner den Grundsatz der Verhältnismäßigkeit zu beachten. Dieser mit Verfassungsrang ausgestattete Grundsatz folgt bereits aus dem Wesen der Grundrechte selbst, die als Ausdruck des allgemeinen Freiheitsanspruchs des Bürgers gegenüber dem Staat von der öffentlichen Gewalt jeweils nur soweit beschränkt werden dürfen, als es zum Schutz öffentlicher Interessen unerlässlich ist[57]. Angesichts der Gefährdungen durch die Nutzung der automatischen Datenverarbeitung hat der Gesetzgeber zudem mehr als früher auch organisatorische und verfahrensrechtliche Vorkehrungen zu treffen, welche der Gefahr einer Verletzung des Persönlichkeitsrechts entgegenwirken[58].

II. Gesetzgebung zum Arbeitnehmerdatenschutz auf nationaler und internationaler Ebene

1. Datenschutzrechtliche Entwicklungen in der Bundesrepublik Deutschland

Auslöser für den Beginn der Datenschutzschutzgesetzgebung in Deutschland Anfang der 70er Jahre waren die damals mehr erahnten als existenten Gefährdungen des Persönlichkeitsrechts durch die damalige Großrechnertechnologie[59]. Anders als in anderen Staaten[60] gab es zum damaligen Zeitpunkt in Deutschland weder Daten-

---

54　*Wohlgemuth/Gerloff*, Datenschutzrecht, S.7.
55　BVerfG v. 27.7.2005, NJW 2005, 2603 (2607); *Gurlit*, NJW 2010, 1035 (1038).
56　DKWW, BDSG, Einl. Rn. 20.
57　Ständige Rspr., etwa BVerfG v. 15.12.1965, NJW 1966, 243 (244); BVerfG v. 15.12.1983, NJW 1984, 419 (422).
58　BVerfG v. 15.12.1983, NJW 1984, 419 (422).
59　*Gola/Wronka*, Handbuch zum Arbeitnehmerdatenschutz, Rn. 2; *Koeppen*, Rechtliche Grenzen der Kontrolle der E-Mail- und Internetnutzung am Arbeitsplatz, S. 49.
60　Vgl. hierzu *Koeppen*, Kontrolle der E-Mail- und Internetnutzung am Arbeitsplatz, S. 41, wonach es z. B. in den USA bereits in den 60er Jahren die ersten Datenschutzskandale auftraten.

skandale noch sonstige öffentlichkeitswirksame Datenmissbrauchsfälle, welche einen konkreten Anlass geboten hätten gesetzgeberisch tätig zu werden. Bereits Anfang der sechziger Jahre wuchs jedoch die Erkenntnis, dass dem fortschreitenden Einsatz der Informationstechnologien Rahmenbedingungen gesetzt werden müssen, um einer „*Beeinträchtigung der schutzwürdigen Belange der Betroffenen bei der Verarbeitung ihrer Daten*"[61] entgegenzuwirken. Die gesamte Diskussion um den Datenschutz beruhte daher seinerzeit weniger auf einer empirisch erarbeiteten Faktenlage als vielmehr auf rein prospektiven Befürchtungen und Ängsten vor den möglichen Auswirkungen einer Technologie, deren Entwicklung und damit dessen Gefährdungspotential sich zu jener Zeit erst in Umrissen abzeichnete und insbesondere in dem heutigen Umfang nicht vorsehbar war[62].

a) Hessisches Datenschutzgesetz als erstes Datenschutzgesetz

Das Hessische Datenschutzgesetz vom 7. Oktober 1970[63] war nicht nur in der Bundesrepublik Deutschland, sondern weltweit das erste Gesetz, das über einschlägige Regelungen in bereichsspezifischen Einzelgesetzen hinaus generell den Schutz der Privatsphäre gegen Eingriffe bei der Datenverarbeitung zum Gegenstand hatte. Aufgrund der grundgesetzlich vorgegebenen Zuständigkeit der Landesgesetzgeber war es in seinem Geltungsbereich auf die Anwendung der maschinellen Datenverarbeitung in der öffentlichen Datenverarbeitung des Landes Hessen beschränkt. Aus Sicht des Arbeitnehmerdatenschutzes konnte es folglich nur Auswirkungen auf die Personaldatenverarbeitung der Landesbehörden haben. Hierauf beschränkt enthielt es jedoch bereits damals unter anderem Bestimmungen über das Datengeheimnis, über den Berichtigungsanspruch des Betroffenen bei unrichtig gespeicherten Daten sowie über den Datenschutzbeauftragten, der unter anderem die Aufgabe hatte, die Einhaltung des Landesdatenschutzgesetzes und der übrigen Datenschutzvorschriften zugunsten des Bürger zu überwachen.

Dem Beispiel des Landes Hessen folgte als nächstes das Land Rheinland-Pfalz mit einem eigenen Landesdatenschutzgesetz. Bis auf Hamburg, das erst 1981 folgte, hatten sodann bis zur Jahreswende 1979 alle Bundesländer Landesdatenschutzgesetze erlassen.

---

61 So der Wortlaut des § 1 Abs. 1 BDSG 1977.
62 *Koeppen*, Kontrolle der E-Mail- und Internetnutzung am Arbeitsplatz, S. 49 f.
63 GVBl. Teil I, S. 625; dazu *Simitis*, Zwanzig Jahre Datenschutz in Hessen – eine kritische Bilanz, abgedruckt im Anhang zu *Der Hessische Datenschutzbeauftragte*, 19. TB, S. 128.

b) Bundesdatenschutzgesetz

aa) Entwicklung des BDSG im Zeitraum von 1977 bis 2009

Bereits 1971, ein Jahr nachdem das Land Hessen das weltweit erste Datenschutzgesetz verabschiedet hatte, legte die damalige Bundesregierung einen ersten Referentenentwurf für ein Bundesdatenschutzgesetz vor. Nach mehrjährigen Beratungen wurde schließlich 27. Januar 1977 das „*Gesetz zum Schutz vor Missbrauch personenbezogener Daten bei der Datenverarbeitung*" [64] in seiner ersten Fassung verkündet, welches am 1. Januar 1978 in Kraft trat.

Mit dem BDSG verfolgte der Gesetzgeber einen neuen Ansatz für den Umgang mit personenbezogenen Daten. Den bisherigen bereichsspezifischen zivil-, straf- und verwaltungsrechtlichen Bestimmungen zum Schutz des Persönlichkeitsrechts war gemeinsam, dass sie im Allgemeinen grundsätzlich die Zulässigkeit der Datenspeicherung und -weitergabe voraussetzten und in der Regel nur auf den Inhalt der Daten und den Umgang mit ihnen abstellten. Ebenso ging die bis zu diesem Zeitpunkt ergangene kasuistische Rechtsprechung zum allgemeinen Persönlichkeitsrecht zumeist nur auf das „Wie" der Informationsverwertung ein und befasste sich nicht mit der Vorfrage, „ob" eine bestimmte personenbezogene Information überhaupt gespeichert werden darf[65]. Angesichts der fortschreitenden technischen Entwicklung konnte jedoch die grundsätzliche Frage, „ob" personenbezogene Daten gespeichert und verarbeitet werden dürfen, nicht weiter unbeantwortet bleiben. Daher musste eine wirksame gesetzliche Regelung zum Datenschutz prinzipiell von der Frage ausgehen, ob und unter welchen Voraussetzungen personenbezogene Daten überhaupt verarbeitet werden dürfen[66]. Aus diesem Grunde entscheid sich die damalige Bundesregierung erstmals dafür, die Verarbeitung von personenbezogenen Daten, die unter den Anwendungsbereich des BDSG fallen, grundsätzlich zu verbieten, solange kein Erlaubnistatbestand vorliegt (§ 2 Abs. 3 BDSG 1977).

Zugleich wurde der gesamt Datenverarbeitungsvorgang in drei rechtlich relevante Phasen der Datenverwendung, nämlich die der Datenerhebung, Datenverarbeitung und Datennutzung, eingeteilt. Die Speicherung, Übermittlung, Auswertung und Löschung von Daten wurde zum Begriff der Datenverarbeitung zusammengefasst und von Anfang an den Regelungen des Datenschutzrechts unterworfen. Die Datenerhebung und die Datennutzung blieben zunächst außerhalb des Begriffs der Datenverarbeitung und jedenfalls in den ersten Datenschutzgesetzen auch außerhalb der Regelungen des Datenschutzrechts. Hierdurch wurde deutlich, dass das BDSG dem Grundsatz der freien Datenverarbeitung eine eindeutige Absage erteil-

---

64 BGBl. I, S. 201.
65 BT-Drs. 7/1027, S. 16.
66 BT-Drs. 7/1027, S. 16.

te. Die Verwendung personenbezogener Daten unterliegt daher bis heute einem Regel-Ausnahme-Vorbehalt. Der Schutz des Rechts auf informationelle Selbstbestimmung des Betroffenen genießt danach regelmäßig Vorrang, kann aber mit Blick auf die Rechte des Informationsverarbeiters zurücktreten.

bb) Kontinuierlicher Anpassungsbedarf an technische und rechtliche Veränderungen

In den folgenden Jahren, in denen das BDSG in der Praxis Gestalt annahm, vollzog sich gleichzeitig eine wesentliche Veränderung des Datenumfelds. Vornehmlich gilt das für die technische Entwicklung in der Datenverarbeitung, deren praktische Auswirkungen Mitte der siebziger Jahre weder nach Art, noch vom Umfang her erkennbar waren[67]. Dabei vollzog sich auch ein andauernder Wandel der Verarbeitungstechniken. Die Möglichkeiten des Direktzugriffs, der Verwendung freier Abfragesprachen, die fortschreitende, inzwischen weltweite Vernetzung verschiedener Informationssysteme sowie die zunehmende Dezentralisierung der Verarbeitungen sind Beispiele hierfür[68].

Aber auch Veränderungen der rechtlichen Rahmenbedingungen führten zu einem Anpassungsbedarf für das BDSG. Nachdem das BVerfG in seinem Volkszählungsurteil das Recht auf informationelle Selbstbestimmung etablierte und die Rechtmäßigkeitsvoraussetzungen für einen Eingriff in das selbige aufzeigte, trat am 1. Januar 1991 ein novelliertes BDSG in Kraft[69]. Dieses Gesetz regelte erstmals nicht nur den Missbrauch, sondern in einem erweiterten Anwendungsbereich generell den Gebrauch personenbezogener Daten. Die Erkenntnis, dass Datenschutz an den Grenzen nicht halt macht, sondern es allein schon durch der zunehmenden wirtschaftlichen Verflechtungen und der hiermit verbundenen Erfordernisse des grenzüberschreitende Datenverkehrs internationaler und insbesondere im Hinblick auf den europäischen Binnenmarkt jedenfalls europaeinheitlicher Regelungen bedarf[70], führten zur dritte Fassung des BDSG, welche am 23. Mai 2001 in Kraft trat[71]. Diese Novellierung diente der Umsetzung der EG-Richtlinie zum Schutz natürlicher Personen bei der Verarbeitung personenbezogener Daten und zum freien Datenverkehr[72]. Hierdurch wurde der sachliche Anwendungsbereich des BDSG insbesondere für die Privatwirtschaft erweitert, indem jede unter Einsatz von Da-

---

67 *Gola/Schomerus*, BDSG, Einl. Rn. 2.
68 *Gola/Schomerus*, BDSG, Einl. Rn. 2.
69 Art. 1 des „Gesetzes zur Fortentwicklung der Datenverarbeitung und des Datenschutzes" vom 20.12.1990, BGBl. I, S. 2954; Überblick allgemein bei *Büllesbach*, NJW 1991, 2593 (2593).
70 *Simitis*, Simitis, BDSG, Einl. Rn. 89 ff.; *Gola/Schomerus*, BDSG, Einl. Rn. 4.
71 BGBl. I, S. 904.
72 Richtlinie 95/46/EG vom 24.10.1995, ABl. EG 1995 Nr. L281 vom 23.11.1995, S. 31.

tenverarbeitungsanlagen erfolgende Verarbeitung personenbezogener Daten erfasst wird (§ 1 Abs. 2 Nr. 3 BDSG). Der Dateibegriff bleibt zwar für die Privatwirtschaft Abgrenzungskriterium bei nichtautomatisierter Speicherung, wobei nunmehr auch solche Dateien in den Anwendungsbereich einbezogen werden, deren Daten nicht zur Übermittlung bestimmt sind, d.h. rein betriebsinternen Zwecken dienen. Ferner wurde der dem Verbot mit Erlaubnisvorbehalt unterworfene Umgang mit personenbezogenen Daten um den Vorgang der Erhebung erweitert (§ 4 Abs. 1 BDSG). Dies wurzelt darin, dass die Datenschutzrichtlinie unter dem Begriff der „Verarbeitung" im Unterschied zum BDSG 1977 und BDSG 1990 auch die Tatbestände der Erhebung und der Nutzung erfasst (Art. 2 b der EG-Datenschutzrichtlinie).

cc) Kritik an der Ausgestaltung des BDSG

Sowohl der Charakters des Datenschutzrechts als Querschnittsmaterie, als auch der gesetzgeberische Wille, ein umfassendes, die gesamte Datenschutzmaterie umfassendes Datenschutzgesetz zu schaffen, führte unvermeidbar zu der gesetzgebungstechnischen und rechtspolitischen Problematik, dass die Rechtsnomen des BDSG bis heute in weiten Teilen von einer gewissen Abstraktionshöhe, sowie von unbestimmten Rechtsbegriffen und Generalklauseln geprägt sind. Dieses Phänomen hat mit dazu beigetragen, dass das Datenschutzrecht auch nach mehr als dreißig Jahren seit seiner ersten Kodifikation von vielen Rechtsanwendern als undurchschaubar angesehen wird[73]. Das BDSG kennt nur entsprechend allgemein gehaltene, kaum fassbar abstrakte und für juristische Laien schwer verständlich formulierte Bestimmungen. Nahezu keine seiner Vorschriften kommt ohne Generalklauseln aus.

Entsprechend wird daher immer wieder die Forderung nach Anpassungen des Datenschutzrechts erhoben[74]. Andererseits wird es jedoch gerade in einer Materie wie dem Datenschutzrecht, welches Auswirkungen auf alle Lebensbereiche hat, in denen eine Verarbeitung personenbezogener Daten stattfindet, nicht möglich sein, jegliche konkreten Lebenssachverhalte, die eine ungewollte Rechtsfolge auslösen, lückenlos von vornherein zu erkennen und im Gesetz präzise zu beschreiben. Die Folge eines auf unbestimmte Rechtsbegriffe und Generalklauseln weitgehend verzichtenden Gesetzes wäre das Entstehen von Gesetzeslücken oder von ungewollten Einschränkungen im Datenschutzrecht. Insbesondere bei der Schaffung von Gesetzen zur Abwehr potentieller Gefahren, wie das BDSG, ist der Gesetzgeber gerade in der heutigen Zeit vermehrt auf Generalisierung und Abstraktion der Tatbestände

---

73 *Küpferle*, Arbeitnehmerdatenschutz im Spannungsfeld, S. 8; *Gola/Wronka*, Handbuch zum Arbeitnehmerdatenschutz, Rn. 28.
74 Bereits bei der Verabschiedung des ersten BDSG im Jahr 1977 durch den Bundesrat wurde die Verbesserung und Novellierungsbedürftigkeit des Gesetzes betont; vgl. *Küpferle*, Arbeitnehmerdatenschutz im Spannungsfeld, S. 8; *Roßnagel/ Pfitzmann/Garstka*, Modernisierung des Datenschutzrechts, S. 21.

angewiesen[75]. Der Wunsch, die im BDSG enthaltenen abstrakten Regelungen durch konkrete, sowohl den besonderen Schutz- als auch Handhabungsbedürfnissen angepassten bereichsspezifischen Bestimmungen zu ersetzen, ist daher in einer Querschnittsmaterie wie dem Datenschutzrecht nur bedingt erfüllbar.

c) Entwicklung eines Arbeitnehmerdatenschutzgesetzes

aa) Forderung nach einem eigenen Arbeitnehmerdatenschutzgesetz

Mit der Entwicklung des allgemeinen Datenschutzrechts und der fortschreitenden technischen Entwicklung bei der Personaldatenverarbeitung zeigte sich alsbald die Notwendigkeit eines bereichsspezifischen Arbeitnehmerdatenschutzrechts. Folglich wird bereits seit langer Zeit die Forderung erhoben, eine mehr oder weniger geschlossen Systems des Arbeitnehmerdatenschutzrechts in das BDSG oder eine eigenständigen Kodifizierung aufzunehmen[76]. Demgemäß haben seit der Verabschiedung des BDSG im Jahr 1977 alle Bundesregierungen, mit Ausnahme der im Jahr 2005 gebildeten Großen Koalition, immer wieder angekündigt, alsbald ein solches Gesetz auf den Weg zu bringen[77]. Entsprechende Regelungsvorschläge tauchten bereits in mehreren Entschließungen und Entwürfen zu früheren Novellierung des BDSG auf, z. B. in denen der SPD-Bundestagsfraktion vom 27. März 1984[78] und vom 13. Dezember 1988[79]. Die damalige CDU/FDP-Bundesregierung führte in ihrer Antwort vom 19. Dezember 1985 zu einer großen Anfrage der SPD-Bundestagsfraktion *„Personalinformationssysteme und Datenschutz"* unter anderem aus, dass sie nach wie vor eine gesetzliche Regelung des Datenschutzes im Arbeitsrecht für geboten halte. Die Begründung zum Regierungsentwurf des BDSG 1990 hob dazu hervor, dass die Sensibilität der Arbeitnehmerdaten eine sehr sorgfältige Konzeption und Ausgestaltung der gesetzlichen Regelung erfordere, die die jeweilige spezielle Verarbeitungsbedingungen und Verarbeitungsmöglichkeiten berücksichtigt. Dies würde den Rahmen des BDSG als Querschnittsgesetz spren-

---

75 *Auernhammer*, BDSG, Einl. Rn. 38.
76 Vgl. BT-Drs. 13/1636, S. 3; BT-Drs. 13/4909, S. 20; BT-Drs. 14/1527, S. 8; BR-Drs. 736/1/96; BR-Drs. 461/00, S. 74; *Bundesbeauftragter für Datenschutz und Informationsfreiheit*, 17. TB, S. 131 und 18. TB, S. 127; *Gola/Wronka*, Handbuch zum Arbeitnehmerdatenschutz, Rn. 53 m.w.N.
77 Etwa die Koalitionsvereinbarung SPD/Bündnis 90-Die Grünen vom Oktober 2002: „Wir werden das Datenschutzrecht auf der Grundlage der Vorarbeiten der 14. Legislaturperiode umfassend reformieren. Der Schutz der Daten der Arbeitnehmerinnen und Arbeitnehmer wird erstmals in einem eigenen Gesetz verankert".
78 BT-Drs. 10/1180.
79 BT-Drs. 11/3730.

gen[80]. Auf Antrag des Bundesrates wurde die Bundesregierung allerdings gebeten, unverzüglich eine gesetzliche Regelung vorzubereiten, die dem informationellen Selbstbestimmungsrecht der Beschäftigten im öffentlichen und nicht-öffentlichen Bereich in umfassender Weise Rechnung trägt[81]. In der Folgezeit kam es trotz vieler Absichtsbekundungen[82] immer wieder zur Verschiebungen der Einführung eines Arbeitnehmerdatenschutzgesetzes, ohne dass konkrete verhandlungsreife Gesetzesentwürfe durch ein Bundesministerium vorgelegt wurden. Auch das BDSG 2001 hatte arbeitnehmerspezifische Fragen nur teilweise aufgegriffen, etwa indem auch rein für den unternehmensinternen Gebrauch verwendete personenbezogene Daten dem Schutz des BDSG unterstellt wurden.

Zumindest für private Arbeitsverhältnisse ist es daher für Jahrzehnte bei den diversen Forderungen nach einem Arbeitnehmerdatenschutzgesetz geblieben. Während einige Landesdatenschutzgesetze[83] bereits frühzeitig Sondervorschriften für die Verarbeitung und Nutzung von Daten im Rahmen von Arbeits- und Dienstverhältnissen in der öffentlichen Verwaltung vorsahen, enthielten die Novellen des BDSG bisher, entgegen den ursprünglichen Bestrebungen, keine Sondervorschriften zur eigenständigen Regelung des Arbeitnehmerdatenschutzes. Diese Untätigkeit führte dazu, dass trotz der Vielzahl von Novellen des BDSG bislang alle wesentlichen Fragen des Arbeitnehmerdatenschutzes nicht durch den Gesetzgeber, sondern durch die Arbeitsgerichte geklärt wurden.

bb) Erste Ansätze eines Arbeitnehmerdatenschutzgesetzes durch die BDSG Novelle 2009

Mit dem Gesetz zur Änderung datenschutzrechtlicher Vorschriften vom 14. August 2009[84] ist mit § 32 zum ersten Mal eine Vorschrift in das BDSG eingeführt worden, die neben den allgemeinen Erlaubnistatbeständen des BDSG konkret auf den Arbeitnehmerdatenschutz Bezug nimmt. Gemäß § 32 Abs. 1 Satz 1 BDSG ist die Erhebung, Verarbeitung und Nutzung personenbezogener Daten von Beschäftigten für Zwecke des Beschäftigungsverhältnisses zulässig, wenn dies für die Entscheidung über die Begründung eines Beschäftigungsverhältnisses oder nach Begründung eines Beschäftigungsverhältnisses für dessen Durchführung oder Beendigung erforderlich ist. Über diese Generalklausel hinaus ist gemäß § 32 Abs. 1 Satz 2

---

80 BT-Drs. 11/4306, S. 44; *Auernhammer*, BDSG, § 12, Rn.19; kritisch *Däubler*, CR 1991, 475 (475).
81 BT-Drs. 11/4306, S.75.
82 Vgl. in BT-Drs. 11/7235, S. 103 u. a. den ausdrücklichen Hinweis in der Beschlussempfehlung des Innenausschuss des Bundestages vom 28.5.1990, dass die Koalitionsfraktionen beabsichtigen, den Bereich des Arbeitnehmerdatenschutzes in der nächsten Wahlperiode spezialgesetzlich zu regeln.
83 Vgl. § 35 LDG M-V zur Datenverarbeitung bei Dienst- und Arbeitsverhältnissen.
84 BGBl. I, S. 2814.

BDSG die Erhebung, Verarbeitung oder Nutzung personenbezogener Daten eines Beschäftigten zulässig, wenn sie aufgrund tatsächlicher Anhaltspunkte zur Aufdeckung von im Beschäftigungsverhältnis begangener Straftaten erforderlich ist und das schutzwürdige Interesse des Arbeitnehmers an dem Ausschluss der Datennutzung nicht überwiegt, diese insbesondere nicht unverhältnismäßig ist.

Maßgeblich für die Zulässigkeit der Datenverarbeitung im Beschäftigungsverhältnis ist nach dieser Regelung folglich der sich aus der Zweckbestimmung des Beschäftigungsverhältnisses im Rahmen einer Interessenabwägung zu ermittelnden Informationsbedarf des Arbeitgebers. Dies entsprach jedoch bereits vor der BDSG-Novelle 2009 der herrschenden Ansicht der Rechtsprechung und Literatur, so dass § 32 BDSG lediglich eine klarstellende Funktion zukommt[85].

Das BDSG brachte jedoch darüber hinaus auch einige bedeutende Neuerungen für den Arbeitnehmerdatenschutz mit sich. So wurde der Kreis der von § 32 BDSG umfassten Personen über die Arbeitnehmer hinaus auf alle „*Beschäftigten*" erweitert, zu denen gemäß der Legaldefinition des § 3 Abs. 11 BDSG alle in einem abhängigen Beschäftigungsverhältnis Tätigen gehören. Einbezogen sind auch Bewerber, Auszubildende und ehemalige Mitarbeiter sowie sonstige in einem abhängigen Beschäftigungsverhältnis tätigen Personen, die keinen Arbeitnehmerstatus besitzen.

Ferner ist mit der BDSG-Novelle 2009 die ansonsten auf dateigebundene bzw. automatisierte Datenverarbeitung begrenzte Anwendung des BDSG (§§ 1 Abs. 2 Nr. 2, 27 Abs. 1 BDSG) für den Bereich des Arbeitnehmerdatenschutzes aufgegeben worden. Gemäß § 32 Abs. 2 BDSG ist das allgemeine Datenschutzrecht für jede Form der Datenverwendung, d.h. auch für nicht unter den Dateibegriff fallende Personalvorgänge und -akten anwendbar. Damit hat sich der Arbeitnehmerdatenschutz von der engen Anbindung an die Gefahren der automatisierten oder wenigstens strukturierten Datenverwendung vollständig gelöst[86]. Von seinem Schutz erfasst sind nun auch beispielsweise handschriftliche Aufzeichnungen des Arbeitgebers und Datenerhebungen durch rein tatsächliches Handeln, wie etwa Taschen- und Torkontrollen, Befragung des Arbeitnehmers oder eines früheren Arbeitgebers oder durch Beobachtungen des Wach- oder Sicherheitspersonals[87]. All diese Maßnahmen unterliegen nun dem datenschutzrechtlichen Verbot mit Erlaubnisvorbehalt und müssen durch einen Erlaubnistatbestand gerechtfertigt werden. Persönlichkeitsrechtsschutz im Arbeitsverhältnis und Arbeitnehmerdatenschutz fallen daher nun zusammen.

---

85 Nach der Gesetzbegründung sollen mit dieser Norm keine inhaltliche Änderungen im Bereich des Arbeitnehmerdatenschutzes verbunden sein, vgl. BT-Drs. 16/13657, S. 27; *Gola/Schomerus*, BDSG, § 32 Rn. 2
86 Kritisch hierzu *Franzen*, RdA 2010, 257 (258).
87 Fundstelle?

d) Anwendung des BDSG auf die Personaldatenverarbeitung im Arbeitsverhältnis

aa) Personenbezogene Daten im Arbeitsverhältnis

Nach § 1 Abs. 1 BDSG ist Zweck des Gesetzes den Einzelnen davor zu schützen, dass er durch den Umgang mit seinen personenbezogenen Daten in seinem Persönlichkeitsrecht beeinträchtigt wird[88]. Diese, in der ursprünglichen Fassung des BDSG 1977 noch nicht enthaltene Zielsetzung ist Resultat des *Volkszählungsurteils* des BVerfG, welches das Recht auf informationelle Selbstbestimmung herausbildete[89]. Das BDSG gilt gemäß § 1 Abs. 2 BDSG für die Erhebung, Verarbeitung und Nutzung personenbezogener Daten durch öffentliche und nicht-öffentliche Stellen. Nach § 2 Abs. 4 BDSG sind nicht-öffentliche Stellen natürliche und juristische Personen, Gesellschaften und andere Personenvereinigungen des privaten Rechts. Das BDSG ist mithin auf die Arbeitnehmerdatenverarbeitung privatrechtlich organisierter Betriebe und Unternehmen anzuwenden[90].

Der Schutz des BDSG setzt somit voraus, dass es um die Verarbeitung von personenbezogenen Daten im Beschäftigungsverhältnis geht. Wann es sich bei Informationen über Beschäftigte um personenbezogene Daten im Sinne des Gesetzes handelt, ergibt sich aus der sehr allgemein gehaltenen Legaldefinition des § 3 Abs. 1 BDSG. Personenbezogene Daten sind danach „*Einzelangaben über persönliche oder sachliche Verhältnisse einer bestimmten oder bestimmbaren natürlichen Person (Betroffener)*". Eine differenziertere Begriffserklärung bietet demgegenüber die durch die Novellierung des BDSG im Jahr 2001 umgesetzte EG-Datenschutzrichtlinie[91]. Diese verleiht dem Betroffenen zwar keine unmittelbar durchsetzbaren Rechte, aufgrund der Verpflichtung des Gesetzgebers und der Rechtsprechung zur europarechtskonformen Auslegung ergänzt sie jedoch mittelbar die nationalen Vorschriften. Gemäß Art. 2a der Richtlinie ist eine Person immer dann bestimmbar, wenn sie direkt oder indirekt identifiziert werden kann, insbesondere durch Zuordnung einer Kennnummer oder zu einem bzw. mehreren spezifischen Elementen, die Ausdruck ihrer physischen, physiologischen, psychischen, wirtschaftlichen, kulturellen oder sozialen Identität sind.

---

88   Näheres zum Zweck des BDSG siehe die amtliche Begründung, BT-Drs. 11/4306, S. 38f.
89   Siehe oben *Kap. B. I. 2. a)*; BVerfG v. 15.12.1983, BVerfGE 65, 1 ff.; § 1 BDSG 1977 formulierte allgemein, ohne konkrete Nennung des Persönlichkeitsrechts, dass dieses Gesetz der Verletzung der schutzwürdigen Belange der Betroffenen bei der Verarbeitung ihrer Daten entgegenwirken solle.
90   *Diller/Schuster*, DB 2008, 928 (929); *Müller*, Zulässigkeit der Videoüberwachung am Arbeitsplatz, S. 30 f; *Gola/Wronka*, Handbuch zum Arbeitnehmerdatenschutz, Rn. 58.
91   Richtlinie 95/46/EG des Europäischen Parlaments und des Rates zum Schutze natürlicher Personen bei der Verarbeitung personenbezogener Daten zum freien Datenverkehr (ABl. EG Nr. L 281 vom 23.11.1995, S. 31).

Als „*persönliche Verhältnisse*" i. S. d. Legaldefinition des § 3 Abs. 1 BDSG werden Angaben über den Betroffenen selbst, seine Identifizierung und Charakterisierung verstanden, wie z. B. Name, Anschrift, Familienstand, Geburtsdatum, Staatsangehörigkeit, Geschlecht, Konfession, Erscheinungsbild, Eigenschaften oder Aussehen[92]. Als „*sachliche Verhältnisse*" i. S. d. § 3 Abs. 1 BDSG werden Angaben über einen auf den Betroffenen beziehbaren Sachverhalt beschrieben, wie z. B. vertragliche oder sonstige Beziehungen zu Dritten, so auch das Führen eines Telefongesprächs mit Dritten[93]. Die Aufzählung von persönlichen und sachlichen Verhältnissen soll lediglich verdeutlichen, dass der Begriff umfassend zu verstehen ist und nicht auf Daten beschränkt ist, die ihrer Natur nach personenbezogen, also etwa menschliche Eigenschaften bezogen sind. Eine exakte Trennung der Inhalte der Begriffe „persönlich und sachlich" ist weder möglich noch erforderlich, da das Gesetz keine unterschiedlichen Rechtsfolgen daran knüpft, ob persönliche oder sachliche Verhältnisse beschrieben werden[94].

Bei Arbeitnehmern sind solche personenbezogene Daten i. S. d. § 3 Abs. 1 BDSG insbesondere alle die Person betreffenden Informationen wie Geschlecht, Familienstand, Steuerklasse, Schwerbehinderung, Bankverbindung, Schul- und Berufsausbildung mit den entsprechenden Abschlüssen, Sprachkenntnisse oder die gesundheitliche Situation. Gemeint sind alle persönlichen Daten, wie sie etwa durch Personalfragebögen abgefragt oder in der Personalakte festgehalten werden[95]. Weiterhin umfasst der Begriff der personenbezogenen Daten im Arbeitsverhältnis sämtliche Daten, die sich auf das Verhalten und die Arbeitsleistung des Arbeitnehmers beziehen. So hat das BAG Daten über Fahr- und Standzeiten eines Fahrers als Personaldaten angesehen, weil sie im Umkehrschluss eine Aussage über das Arbeitsverhalten, nämlich die Lenkzeiten, enthalten[96]. Ferner sind als Personaldaten eines Arbeitnehmers angesehen worden die tätigkeitsbezogenen Angaben in Technikerberichten[97] oder in TÜV-Prüfberichten[98], Aussagen über krankheitsbedingte Fehlzeiten, attestfreie Krankheitszeiten und unentschuldigte Fehlzeiten[99] sowie Daten über von Arbeitnehmern geführte Telefongespräche[100]. Auch die Daten über Telefongespräche des Betriebsrats können folglich personenbezogene Daten seiner Mitglieder

---

92 *Gola/Schomerus*, BDSG, § 4 Rn. 6; *Diller/Schuster*, DB 2008, 928 (929); *Müller*, Zulässigkeit der Videoüberwachung am Arbeitsplatz, S. 31.
93 BAG v. 27.5.1986, NZA 1986, 643 (645); BAG v. 13.1.1987, NZA 1987, 515 (516): *Gola/Schomerus*, BDSG, § 4 Rn. 7.
94 *Gola/Schomerus*, BDSG, § 3 Rn. 5; *Dammann*, Simitis, BDSG, § 3 Rn. 7; *Müller*, Zulässigkeit der Videoüberwachung am Arbeitsplatz, S. 31.
95 *Kufer*, AR-Blattei SD 580, Rn. 23.
96 BAG v. 12.1.1988, NZA 1988, 621 (622).
97 BAG v. 14.9.1984, NZA 1985, 28 (29).
98 BAG v. 23.4.1985, NZA 1985, 669 (670).
99 BAG v. 11.3.1986, NZA 1986, 526 (527).
100 BAG v. 27.5.1986, NZA 1986, 643 (645).

sein. Durch die Erfassung der Telefongespräche wird ersichtlich, welches bestimmte Gespräch jeweils von dem Apparat aus geführt worden ist, der dem Vertretungsorgan zur Verfügung steht[101]. Darüber hinaus umfasst der Begriff der personenbezogenen Daten auch solche Daten, die der Betriebsrat über Mitarbeiter im Zusammenhang mit seiner Tätigkeit in dem von ihm genutzten EDV-System gespeichert hat[102].

Personenbezogene Daten von Arbeitnehmer sind auch Gegenstand von Personalakten. Unter Personalakte im materiellen Sinne ist alle über einen Arbeitnehmer bestehenden und ihn persönlich betreffenden Unterlagen des Arbeitgebers zu verstehen[103]. In den sachlichen Anwendungsbereich des BDSG fallen daher alle zur Personalakte im materiellen Sinne gehörenden Daten[104].

bb) Ausweitung des Arbeitnehmerdatenschutzes auf sämtliche personenbezogene Daten der Beschäftigten

Das BDSG gilt nach § 1 Abs. 2 Nr. 3 für nicht-öffentliche Stellen grundsätzlich nur, soweit sie die Daten unter Einsatz von Datenverarbeitungsanlagen verarbeiten, nutzen oder dafür erheben oder die Daten in oder aus nicht automatisierten Dateien verarbeiten, nutzen oder dafür erheben, es sei denn, die Erhebung, Verarbeitung oder Nutzung der Daten erfolgt ausschließlich für persönliche oder familiäre Tätigkeiten. Dabei genügt jedes Speichermedium[105]. Ergänzend bestimmt § 27 Abs. 2 BDSG, dass hinsichtlich der Datenverarbeitung nicht-öffentlicher Stellen die Vorschriften des Dritten Abschnitts nicht für die Verarbeitung und Nutzung personenbezogener Daten außerhalb von nicht automatisierten Dateien gelten, soweit es sich nicht um personenbezogene Daten handelt, die offensichtlich aus einer automatisierten Verarbeitung entnommen worden sind.

Im Gegensatz zu § 3 Abs. 2, § 27 Abs. 2 BDSG 1990 fehlte im BDSG 2001 eine ausdrückliche Regelung, inwieweit herkömmliche Personalakten und -aktensammlungen in den Schutzbereich des BDSG mit einbezogen werden. Nach der Regelung des BDSG unterfielen die Personalakten dem Bundesdatenschutzgesetz nur dann, wenn es sich bei ihnen um eine nicht automatisierte Datei i. S. d. § 3 Abs. 2 Satz 2 BDSG 2001 handelte, also um eine nicht automatisierte Sammlung personenbezogener Daten, die gleichartig aufgebaut und nach bestimmten Merkmalen zugänglich ist und ausgewertet werden kann. Bereits damals wurden an die-

---

101 BAG v. 1.8.1990, DB 1991, 47 (48).
102 BAG v. 12.8.2009, NZA 2009, 1218 (1220); ArbG Stade v. 29.5.2007, RDV 2007, 258 (259).
103 BAG, v. 7.5.1980, ArbuR 1981, 124 (125); BAG v. 13.4.1988, NZA 1988, 654 (655); *Franzen*, GK-BetrVG, § 83 Rn. 4; *Buschmann*, DKKW, BetrVG, § 83 Rn. 2.
104 *Franzen*, GK-BetrVG, § 83 Rn. 43; *Seifert*, Simitis, BDSG, § 32 Rn.110.
105 Amtliche Begründung in BT-Drs. 14/4329, S. 32.

ses Erfordernis jedoch lediglich geringe Anforderungen gestellt, um einen weitreichenden Arbeitnehmerdatenschutz zu gewährleisten. Bei einer elektronischen Verarbeitung von Beschäftigten in Informations- und Kommunikationssystemen lag die Voraussetzung des § 27 Abs. 1 Satz 1 BDSG ohnehin immer vor. Sofern hingegen im Einzelfall das Kriterium im Arbeitsverhältnis einmal nicht erfüllt war, reichte nach § 3 Abs. 2 Satz 2 BDSG bereits der gleichartige Aufbau einer Sammlung personenbezogener Daten und deren Zugänglichmachung und Auswertung nach bestimmten Merkmalen aus, um die Anwendbarkeit der §§ 28 ff. BDSG auf das Beschäftigungsverhältnis zu bejahen[106].

In seiner sei dem 1. September 2009 geltenden Fassung wurde im BDSG diese komplizierte Abgrenzung aufgeben und der Anwendungsbereich des allgemeinen Datenschutzrechts auf Personalakten auch dann eröffnet, wenn personenbezogene Beschäftigtendaten erhoben, verarbeitet oder genutzt werden, ohne dass sie automatisiert verarbeitet oder in oder aus einer nicht automatisierten Datei verarbeitet, genutzt oder für die Verarbeitung oder Nutzung in einer solchen Datei erhoben werden (§ 32 Abs. 2 BDSG). Dies hat zur Folge, dass nunmehr sämtliche personenbezogene Daten von Beschäftigten, welche vom Arbeitgeber an den Betriebsrat übergeben und von diesem weiter verarbeitet oder genutzt werden, grundsätzlich dem Schutz des BDSG unterfallen.

cc) Adressat der datenschutzrechtlichen Verpflichtungen

Adressat der Verpflichtungen aus dem BDSG ist grundsätzlich die verantwortliche Stelle (§§ 1 Abs. 2, 2 BDSG). „Verantwortliche Stelle" ist jede Person oder Stelle, die personenbezogene Daten für sich selbst erhebt, verarbeitet oder nutzt oder dies durch andere im Auftrag vornehmen lässt. Im Bereich des Arbeitnehmerdatenschutzes ist die verantwortliche Stelle daher das Unternehmen, d.h. die Leitung des Unternehmens, bei der der Arbeitnehmer beschäftigt ist[107].

dd) Erhebung, Verarbeitung und Nutzung personenbezogener Daten im Arbeitsverhältnis

Das BDSG unterscheidet bei der Verwendung personenbezogener Daten zwischen drei Phase, nämlich der Erhebung, der Verarbeitung und der Nutzung von Daten. In Berücksichtigung der Auffassung des BVerfG, nach der jede gegen oder ohne den Willen des Betroffenen stattfindende Verwendung seiner Daten als ein Eingriff in sein Recht auf informationelle Selbstbestimmung einer besonderen Rechtfertigung

---

106 *Mester*, Arbeitnehmerdatenschutz, S. 40.
107 *Gola/Wronka*, Handbuch zum Arbeitnehmerdatenschutz, Rn. 1292.

bedarf, stellt das BDSG sämtliche Formen der Verwendung personenbezogener Daten unter ein Verbot mit Erlaubnisvorbehalt (§ 4 Abs. 1 BDSG). Das war jedoch nicht immer der Fall. Das erste BDSG aus dem Jahre 1977 knüpfte an die Datenerhebung lediglich eine rechtliche Aufklärungspflicht der erhebenden Stelle an. Nachdem seit dem *Volkszählungsurteil* jedoch feststand, dass gerade das „Datensammeln" aus Sicht des Betroffenen den gravierendsten Eingriff in das Recht auf informationelle Selbstbestimmung darstellt, wurde auch die Datenerhebung als Vorphase der späteren Datenverarbeitung schrittweise mit den Novellierungen des BDSG 1990 und 2001 ebenso wie die sonstigen Phasen der Datenverarbeitung ausdrücklich unter das Verbot mit Gesetzesvorbehalt (§ 4 Abs. 1 BDSG) gestellt[108].

Wann eine Datenerhebung, Datenverarbeitung und Datennutzung vorliegt, ist in § 3 Abs. 3 bis 5 BDSG legaldefiniert. Gemäß § 3 Abs. 3 BDSG ist das „*Erheben*" das Beschaffen von Daten über den Betroffenen. Gleichgültig ist, ob die Daten mündlich, schriftlich oder per Einsicht- bzw. Augenscheinnahme beschafft werden, ob der Betroffene befragt wird oder er die Daten beibringen soll oder ob Dritte befragt werden[109]. Das BDSG erfasst den Vorgang der Datenerhebung bei privaten Stellen jedoch nur, wenn er zum Zwecke weiterer Verarbeitung oder Nutzung, d. h. zunächst der Speicherung, erfolgt (§ 1 Abs. 2 Nr. 3 BDSG). Insoweit steht die Rechtmäßigkeit der Datenerhebung und der gleichzeitigen oder nachfolgenden Speicherung in einem Abhängigkeitsverhältnis. Zum einen kann die Zulässigkeit der Erhebung nur in Wertung des nachfolgenden Verwendungs- bzw. Nutzungszwecks der Daten beurteilt werden, zum anderen kann die nachfolgende Verwendung der Daten unzulässig sein, wenn die Daten in rechtswidriger Weise erhoben wurden[110].

„*Verarbeiten*" ist gemäß § 3 Abs. 4 Satz 1 BDSG das Speichern, Verändern, Übermitteln, Sperren und Löschen personenbezogener Daten. Im Einzelnen ist, ungeachtet der dabei angewendeten Verfahren, „*Speichern*" das Erfassen, Aufnehmen oder Aufbewahren personenbezogener Daten auf einem Datenträger zum Zwecke ihrer weiteren Verarbeitung oder Nutzung (§ 3 Abs. 4 Nr. 1 BDSG). Als „*Verändern*" von Daten definiert das BDSG das inhaltliche Umgestalten gespeicherter personenbezogener Daten (§ 3 Abs. 4 Nr. 2 BDSG) und als „*Übermitteln*" das Bekanntgeben gespeicherter oder durch Datenverarbeitung gewonnener personenbezogener Daten an einen Dritten in der Weise, dass die Daten an den Dritten weitergegeben werden oder der Dritte zur Einsicht oder zum Abruf bereitgehaltene Daten einsieht oder abruft (§ 3 Abs. 4 Nr. 3 BDSG). „*Sperren*" von Daten bedeutet

---

108 *Dammann*, Simitis, BDSG, § 3 Rn. 1.
109 *Gola/Wronka*, Handbuch zum Arbeitnehmerdatenschutz, Rn. 386.
110 BAG v. 22.10.1986, NZA 1987, 415 (416); *Gola/Wronka*, Handbuch zum Arbeitnehmerdatenschutz, Rn. 338.

wiederum das Kennzeichnen gespeicherter personenbezogener Daten, um ihre weitere Verarbeitung oder Nutzung einzuschränken(§ 3 Abs. 4 Nr. 4 BDSG), wohingegen das „*Löschen*" die Unkenntlichmachung gespeicherter personenbezogener Daten beinhaltet (§ 3 Abs. 4 Nr. 5 BDSG).

Eine „*Nutzung*" von Daten liegt demgegenüber gemäß § 3 Abs. 5 BDSG bei jeder Verwendung personenbezogener Daten vor, soweit es sich nicht um eine Verarbeitung nach § 3 Abs. 4 BDSG handelt. Die „*Nutzung*" von Daten stellt daher einen Auffangtatbestand dar, der immer dann greift, wenn eine Verwendung von personenbezogenen Daten weder der Phase der Erhebung i. S. d. § 3 Abs. 3 BDSG, noch der Verarbeitung (Speichern, Verändern, Übermitteln, Sperren oder Löschen) i. S. d. § 3 Abs. 4 BDSG zugeordnet werden kann[111].

Im Zusammenhang mit der später zu erörternden Frage, ob und unter welchen Voraussetzungen ein betriebsinterner Datenaustausch zwischen dem Arbeitgeber und den verschiedenen Mitarbeitervertretungen erfolgen darf, wird eine wichtigste Abgrenzung zwischen den Begriffen „*Übermittlung*" und „*Nutzung*" zu treffen sein. Denn die Zurverfügungstellung von Arbeitnehmerdaten durch den Arbeitgeber kann gemäß den soeben genannten Definitionen sowohl eine Übermittlung als auch ein Nutzen von Daten sein. Das BDSG knüpft jedoch an eine Übermittlung von personenbezogenen Daten teilweise strengere Voraussetzungen an ein bloßes Nutzen derselbigen. So ist die Übermittlung besonders sensibler Beschäftigtendaten grundsätzlich nur mit der Einwilligung des Betroffenen zulässig (§ 28 Abs. 6 BDSG). Darüber hinaus kann nur bei einer unbefugten Übermittlung, nicht jedoch einer unbefugten Nutzung von personenbezogenen Daten, ein Ordnungswidrigkeitsverfahren nach § 43 BDSG eingeleitet werden. Wie eben ausgeführt setzt eine Übermittlung die Bekanntgabe der Daten an einen Dritten voraus (§ 3 Abs. 4 S. 2 Nr. 3 BDSG). Maßgeblich für die Beurteilung der Zulässigkeit eines Datenaustausches zwischen dem Arbeitgeber und dem verschiedenen Mitarbeitervertretungen wird daher sein, ob der Betriebsrat oder eine anderes Organ der Betriebsverfassung (Gesamtbetriebsrat, Konzernbetriebsrat) als „*Dritter*" im Sinne des BDSG anzusehen ist[112].

---

111   *Gola/Schomerus*, BDSG, § 3 Rn. 42; *Gola/Wronka*, Handbuch zum Arbeitnehmerdatenschutz, Rn. 911.
112   Siehe hierzu *Kap. D. I. 2.*

2. Inter- und Supranationale Regelungen zum Arbeitnehmerdatenschutz

Auf völkerrechtlicher und europäischer Ebene fehlt es bisher an einer einheitlichen Lösung zum Arbeitnehmerdatenschutz. Zwar gab es auch auf internationaler Ebene frühzeitig Bestrebungen, den Persönlichkeitsrechten der Bürger durch die Datenverarbeitung drohenden Gefahren zu begegnen. Bis heute bestehen auf dieser Ebene lediglich Regelungen zum allgemeinen Datenschutz und keine arbeitsrechtsspezifischen Bestimmungen.

a) Übereinkommen des Europarats zum Schutz der Menschen bei der automatisierten Verarbeitung personenbezogener Daten vom 28. Januar 1981

Von den supranationalen Rechtsgrundlagen über die Datenverarbeitung ist das am 28. Januar 1981 vom Europarat zur Unterzeichnung vorgelegte „*Übereinkommen zum Schutz des Menschen bei der automatischen Verarbeitung personenbezogener Daten*" hervorzuheben, welches von der Bundesrepublik Deutschland mit Gesetz vom 13. März 1985[113] ratifiziert wurde und am 1. Oktober 1985 in Kraft trat. Dieses Vertragswerk stellte zur damaligen Zeit das einzige völkerrechtlich bindende Abkommen auf dem Gebiet des Datenschutzes dar[114]. Zielsetzung dieses Übereinkommens war, den Datenschutz in den Mitgliedstaaten des Europarates zu vereinheitlichen und einen verbindlichen Datenschutzrechtlichen Mindeststandard zu schaffen. Hierzu enthielten die zentralen Vorschriften der Konvention datenschutzrechtliche Grundprinzipien, insbesondere die Grundsätze von Treu und Glauben, der Zweckbindung, der Verhältnismäßigkeit und der Datenqualität (2. Kapitel), sowie Vorgaben für den grenzüberschreitenden Datenverkehr (3. Kapitel).

b) EU-Richtlinie zum Schutz natürlicher Personen bei der Verarbeitung personenbezogener Daten und zum freien Datenverkehr

Am 24. Oktober 1995 trat die „*Richtlinie 95/46/EG des Europäischen Parlaments und des Rates zum Schutz natürlicher Personen bei der Verarbeitung personenbezogener Daten und zum freien Datenverkehr*"[115] (EU-Datenschutzrichtline – EU-DSRL) in Kraft. Sie konkretisierte und ergänzte die Grundsätze der Datenschutzkonvention des Europarates von 1981[116], erweiterte die Informationsrechte des Betroffenen und verpflichtete die Mitgliedstaaten zur Einrichtung staatlicher Kontrollstellen. Ziel der Richtlinie war und ist es zum einen, ein einheitliches Niveau zum Schutz der personenbezogenen Daten natürlicher Personen zu schaffen und

---

113 BGBl. II, S. 538.
114 *Wohlgemuth*, Datenschutz für Arbeitnehmer, Rn. 23.
115 Abl. EG Nr. L 281, S. 31.
116 BGBl. II, S. 538.

zum anderen, innerhalb des europäischen Marktes eine einheitliche Rechtsgrundlagen für Unternehmen zu etablieren, damit der Datenschutz nicht zum Hemmschuh grenzüberschreitender Wirtschaftstätigkeit wird[117].

Entsprechend dem im Datenschutzrecht allgegenwärtigen Interessenskonflikt beabsichtigt auch die EU-Datenschutzrichtlinie einen Ausgleich zwischen dem allgemeinen Persönlichkeitsrecht und der unternehmerischen Freiheit herbeizuführen. Diesen Konflikt löst die Richtlinie dem Grunde nach wie bereits vor ihrer Entstehung das BDSG in der Weise, dass sie die Verarbeitung personenbezogener Daten untersagt, soweit nicht ein Rechtfertigungsgrund eingreift[118].

Der Inhalt der Richtlinie 95/46/EG ist allerdings nicht spezifisch arbeitsrechtlich, sondern zielt, ebenso wie das BDSG, auf die Datenverarbeitung in sämtlichen Rechtsgebieten ab. Besondere Relevanz für das europäische Arbeitsrecht beinhalteten allerdings die Art. 7 lit. b) und Art. 8 Abs. 2 lit. b) EU-DSRL. Sie ermöglichen speziell dem Arbeitgeber zum Zweck der Erfüllung seiner Verpflichtungen aus dem Arbeitsverhältnis personenbezogene Daten des Arbeitnehmers zu erheben und zu verarbeiten[119]. Von arbeitsrechtlicher Bedeutung ist ebenfalls die Privilegierung der Datenverarbeitung durch Gewerkschaften in Art. 8 Abs. 2 lit. d) EU-DSRL. Neben den politischen, weltanschaulichen und kirchlichen Einrichtungen gewährt sie den Gewerkschaften eine vereinfachte Verarbeitung der "besonders schutzwürdigen" persönlichen Informationen i. S. d. Art. 8 Abs. 1 EU-DSRL[120].

Auswirkung auf die Datenverarbeitung im Arbeitsverhältnis hat darüber hinaus, dass die EU-Datenschutzrichtlinie besonderes Gewicht auf den Schutz der Zweckgebundenheit der Daten legt[121]. Nach Art. 6 Abs. 1 lit. b) – e) EU-DSRL dürfen Daten, die zu einem bestimmten Zweck erhoben worden sind, grundsätzlich nur zu demselben Zweck verarbeitet werden. Die Zweckgebundenheit der Datenverarbeitung gilt auch in zeitlicher Hinsicht. Ihre Speicherung und Verarbeitung ist nur so lange möglich, als dies zur Realisierung des Zweckes, zu dem sie erhoben wurden, erforderlich ist (Art. 6 Abs. 1 lit. e) EU-DSRL).

Die EU-Datenschutzrichtlinie wurde vom deutschen Gesetzgeber durch das BDSG in der Fassung des „*Gesetzes zur Änderung des Bundesdatenschutzgesetzes und anderer Gesetze*" vom 16. Mai 2001[122] mit über zweijähriger Verspätung in nationales Recht umgesetzt und trat am 23. Mai 2001 in Kraft. Sie stellte die zweite

---

117 *Kufer*, AR-Blattei SD 580, S. 5; *Forst*, RDV 2010, 150 (150).
118 *Forst*, RDV 2010, 150 (150).
119 Art. 8 Abs. 2 lit. b) der Richtlinie 95/46/EG erwähnt in diesem Zusammenhang ausdrücklich den Arbeitgeber, vgl. *Krimphove*, NZA 1996, 1121 (1122).
120 "Besondere" personenbezogene Daten sind wegen ihres sensiblen, höchstpersönlichen Inhaltes (z. B.: rassischen, ethnischen Herkunft, politischen Meinung, religiöse, philosophische Überzeugung und Gewerkschaftszugehörigkeit, Gesundheit, Sexualleben) besonders geschützt. (Art. 8 Abs. 1 EU-DSRL).
121 *Krimphove*, NZA 1996, 1121 (1122).
122 BGBl. I, S. 904.

große Novellierung des BDGS seit 1990 dar. Der deutsche Gesetzgeber hat allerdings nicht sämtliche Begriffe des BDSG an die EU-Datenschutzrichtlinie angepasst. Das BDSG definiert z. B. die Datenerhebung in §§ 1 Abs. 2, 3 Abs. 3 und 4 BDSG neben dem Begriff der Datenverarbeitung, während die Richtlinie in Art. 2 lit. b) EU-DSRL ausdrücklich das Erheben von Daten als Bestandteil der Datenverarbeitung vorsieht. Bei der Auslegung der Begriffe des BDSG kann die Richtlinie daher nur mit Vorsicht herangezogen werden[123].

c) Datenschutzgarantie durch die Europäische Grundrechtecharta

Die sich an der Konvention zum Schutz der Menschenrechte und Grundfreiheiten orientierende Europäische Grundrechtecharta (EU-GRCharta)[124] nimmt ebenfalls keinen ausdrücklichen Bezug auf die Probleme des Datenschutzes im Arbeitsverhältnis[125]. Sie enthält jedoch wichtige datenschutzrechtliche Grundaussagen, die sich auch im BDSG wiederfinden und mittelbar Auswirkungen auf den Arbeitnehmerdatenschutz haben. Nach Art. 8 Abs. 1 EU-GRCharta hat jede Person das Recht auf Schutz der sie betreffenden personenbezogenen Daten. Gemäß Art. 8 Abs. 2 Satz 1 EU-GRCharta dürfen diese Daten nur nach Treu und Glauben für festgelegte Zwecke und mit Einwilligung der betroffenen Person oder auf einer sonstigen gesetzlich geregelten legitimen Grundlage verarbeitet werden. Darüber hinaus hat jede Person das Recht, Auskunft über die sie betreffenden erhobenen Daten zu erhalten und die Berichtigung der Daten zu erwirken (Art. 8 Abs. 2 Satz 2 EU-GRCharta). Nach Art. 8 Abs. 3 EU-GRCharta ist die Einhaltung dieser Vorschriften von einer unabhängigen Stelle zu überwachen.

Welche Bedeutung der EU-GRCharta im deutschen Recht zukommen wird, ist gegenwärtig noch nicht abzusehen[126]. Mit Inkrafttreten des Vertrags von Lissabon ist sie zum einen zu einer primärrechtlichen Grundlage des Gemeinschaftsrechts erhoben worden. Darüber hinaus werden aber auch die Mitgliedstaaten zukünftig die EU-GRCharta bei der Ausführung von EU-Recht, insbesondere bei der Umsetzung von Richtlinien, zu beachten haben.

---

123 *Kufer*, AR-Blattei SD 580, S. 5.
124 Abl. EG vom 18.12.2000 Nr. C 364/10); mit Inkrafttreten des Lissabon-Vertrages am 1.12.2009 ist die Europäische Grundrechtecharta zu einer primärrechtlichen Grundlage des Gemeinschaftsrechts erhoben worden.
125 „*Konvention zum Schutz der Menschenrechte und Grundfreiheiten*" in der Fassung der Bekanntmachung vom 17.5.2002, BGBl. II, S. 1054; *Mester*, Arbeitnehmerdatenschutz, S. 306.
126 *Dieterich*, ErfK, Einl. Rn. 118.

III. Daten- und Persönlichkeitsschutzrechtliche Entwicklungen im Betriebsverfassungsrecht

Der Schutz des Persönlichkeitsrechts der Arbeitnehmer war bereits vor Inkrafttreten des BDSG Gegenstand zahlreicher gesetzlicher und richterrechtlicher Regelungen. Zu nennen sind insbesondere die durch die Rechtsprechung entwickelten Begrenzungen des Fragerechts des Arbeitgebers bei der Anbahnung eines Arbeitsverhältnisses, etwa hinsichtlich Vorstrafen eines Arbeitsplatzbewerbers[127]. Mit Erlass des BDSG im Jahr 1977 wurde rechtlich insofern kein vollkommenes Neuland betreten, sondern die bereits vorhandenen Regelungen zum Persönlichkeitsrechtsschutz ergänzt[128]. Mangels Einbettung der Datenschutzbestimmungen in die bestehenden arbeitsrechtsspezifische Vorschriften zum Persönlichkeitsrechtsschutz sowie mangels Abstimmung aufeinander stellt es sich allerdings auch heute noch für den Rechtsanwender als problematisch dar, die Schnittstellen zwischen arbeitsrechtlichen Persönlichkeitsschutz und allgemeinen Datenschutz nach dem BDSG auszumachen und eine Harmonisierung der beiden Bereiche zu finden.

Zu dem arbeitsrechtlichen Persönlichkeitsschutz im Betriebsverfassungsrecht, der bereits vor dem Inkrafttreten des ersten BDSG vorhanden war, zählt zum Beispiel die Regelung über das Recht jeden Arbeitnehmers auf Einsicht in seine Personalakte und zur Abgabe von Gegenerklärungen gemäß § 83 BetrVG[129]. Ausdrücklich Erwähnung hatte der Persönlichkeitsschutz bereits 1972 auch in § 75 Abs. 2 BetrVG gefunden, wonach Arbeitgeber und Betriebsrat die freie Entfaltung der Persönlichkeit der im Betrieb beschäftigten Arbeitnehmer zu schützen und zu fördern haben. Die Vorschrift nennt zwar den Begriff „informationelle Selbstbestimmung" nicht eigens; sowohl in der Rechtsprechung als auch in der Literatur wird jedoch einhellig davon ausgegangen, dass § 75 Abs. 2 BetrVG den Schutz vor unzulässiger Erhebung, Verarbeitung und Nutzung von Personaldaten mit erfasst[130]. Ebenfalls bereits 1972 eingeführt wurde der kollektivrechtliche Persönlichkeitsschutz des § 94 BetrVG, der den Inhalt von Personalfragebögen und Beurteilungsgrundsätzen an die Zustimmung des Betriebsrats bindet, sowie die Zeitalter der Informationstechnologie immer bedeutsamer werdende Regelung des § 87 Abs. 1 Nr. 6 BetrVG, der die Einführung und Anwendung von technischen Einrichtungen zur Überwachung des Verhaltens und der Leistung der Arbeitnehmer mitbestimmungspflichtig macht.

---

127 BAG v. 5.12.1957, SAE 1958, 147 (148).
128 So ausdrücklich die Begründung des Gesetzesentwurfs in BT-Drs. 7/1027, S. 14 f; *Simitis*, ArbuR 1977, 97 (98); *Griese*, Datenrechtlicher Persönlichkeitsschutz im Arbeitsrecht, S. 24.
129 *Griese*, Datenrechtlicher Persönlichkeitsschutz im Arbeitsrecht, S. 24.
130 *Heußner*, ArbuR 1985, 309 (314); kritisch *Baumann*, DVBl. 1984, 612 (613); *Mester*, Arbeitnehmerdatenschutz, S. 9.

Angesichts der Umstellung der Bürokommunikation in den letzten Jahrzehnten auf eine weitgehend elektronische Datenverarbeitung sowie der in den letzten Jahren Fokussierung der öffentlichen Aufmerksamkeit auf den Datenschutz haben die Beschäftigten ein stetig zunehmendes Interesse auf besonderen Schutz ihrer individuellen Daten und auf Wahrung ihrer Persönlichkeit am Arbeitsplatz. Wie das BetrVG und andere Arbeitnehmerschutzgesetze dient auch das BDSG dazu die Rechte der Beschäftigten am Arbeitsplatz zu wahren. Die mit dem BDSG und dem BetrVG verfolgten Schutzziele sind jedoch unterschiedlich. Das BDSG gewährt dem Einzelnen einen individuellen Schutz vor Beeinträchtigung des Rechts auf informationelle Selbstbestimmung, d.h. des Rechts, grundsätzlich selbst über die Verwendung und Preisgabe der personenbezogenen Daten zu bestimmen[131]. Das Betriebsverfassungsrecht hingegen hat den kollektiven Schutz der in den Betrieb eingegliederten Personen zum Inhalt, um durch Beteiligung der Arbeitnehmerschaft die strukturelle Ungleichheit innerhalb der ursprünglich allein der Disposition des Arbeitgebers unterliegenden Arbeits- und Lebensbereiche zu überwinden[132]. Trotz der vielen gemeinsamen Schnittstellen zwischen BDSG und BetrVG wird der Arbeitnehmerdatenschutz im Betriebsverfassungsrecht allerdings immer noch nur an vereinzelten Stellen behandelt. Dies rührt zum großen Teil daher, dass das BetrVG lange vor dem BDSG in Kraft getreten ist[133]. Zu diesem Zeitpunkt war das Bewusstsein des Gesetzgebers über die mit der EDV-Anwendung verbundenen Gefahren nur unzulänglich ausgeprägt. Fragen nach den Besonderheiten der Datenverarbeitung wurden nicht gestellt[134]. Demzufolge enthält das BetrVG keine ausgeprägten Datenschutzvorschriften.

IV. Zusammenfassung

Der Datenschutz im Arbeitsverhältnis beruht auf verschiedenen Rechtsquellen. Der Schutz personenbezogener Daten wird grundlegend durch das Recht auf informationelle Selbstbestimmung nach Art. 2 Abs. 1 i.V.m. Art. 1 Abs. 1 GG gewährleistet. Auch wenn der Gesetzgeber bereits im Jahr 1977 mit dem Erlass des ersten BDSG die Weichen in Richtung eines Datenschutzes auch zugunsten der Arbeitnehmer gestellt hat, wurden die Maßstäbe, ob und in welchem Umfang datenverarbeitende Maßnahmen im Unternehmen zulasten der Arbeitnehmer zulässig sind, grundlegend erst durch das Volkszählungsurteil des BVerfG festgelegt. In der Folgezeit

---

131 BVerfGE v. 15.12.1983, NJW 1984, 419 (422), siehe unter *Kap. B. I. 2. a)*.
132 *Koch*, ErfK, BetrVG, § 1 Rn. 1.
133 Vgl. *Vogelsang*, CR 1992, 163 (163) zur selben Situation im Personalvertretungsrecht.
134 *Vogelsang*, CR 1992, 163 (163).

kam es daher zu einer stetig zunehmenden Verschärfung der datenschutzrechtlichen Bestimmungen und zu einem verbesserten datenschutzrechtlichen Schutzniveau auch für Arbeitnehmer. Zu einem umfassenden Arbeitnehmerdatenschutzgesetz konnte sich der Gesetzgeber allerdings bis heute nicht entschließen.

Daher ist es bis heute erforderlich, abgesehen von § 32 BDSG, die allgemeinen datenschutzrechtlichen Bestimmungen auf die Verarbeitung von Arbeitnehmerdaten anzuwenden. Insbesondere die Novelle des BDSG aus dem Jahr 2009 hat in diesem Zusammenhang jedoch zu einer deutlichen Ausweitung des sachlichen Anwendungsbereichs des BDSG im Rahmen der Erhebung, Verarbeitung und Nutzung von Beschäftigtendaten geführt. Die Ausweitung des BDSG im Falle der Arbeitnehmerdatenverarbeitung auf personenbezogene Daten, welche nicht automatisiert verarbeitet werden (§ 32 Abs. 2 BDSG), hat dazu geführt, dass das BDSG heutzutage nahezu auf jede Form der Verwendung von Arbeitnehmerdaten im Unternehmen anzuwenden ist. Der Focus des Arbeitnehmerdatenschutzes hat sich folglich in den letzten Jahren deutlich verschoben. Sollten die Arbeitnehmer früher vor den Gefahren der automatisierten Datenverarbeitung geschützt werden, soll durch den Arbeitnehmerdatenschutz heute nach dem Willen des Gesetzgebers ein vollumfänglicher Persönlichkeitsschutz für die Arbeitnehmer erreicht werden.

Keine Beachtung durch den Gesetzgeber hat bis heute allerdings die Frage der datenschutzrechtlichen Verpflichtungen des Betriebsrats gefunden. Auch in dem aktuellen Entwurf eines Gesetzes zum Schutz der Beschäftigtendaten finden die mit der Datenverarbeitung durch die Mitarbeitervertretung verbundenen Probleme keine Berücksichtigung.

C. Datenschutz- und Geheimhaltungsverpflichtungen des Betriebsrats nach dem Betriebsverfassungsgesetz

Der Rückblick auf die Geschichte des Arbeitnehmerdatenschutzes hat gezeigt, dass in der Bundesrepublik Deutschland keine spezifischen Regelungen zu den datenschutzrechtlichen Verpflichtungen des Betriebsrats vorhanden sind. Daher ist im Folgenden zu untersuchen, in welchem Umfang sich datenschutzrechtliche Bestimmungen in dem Gesetz wiederfinden, welches die Rechte und Pflichten des Betriebsrats größtenteils bestimmt, nämlich dem Betriebsverfassungsgesetz (BetrVG). Das BetrVG enthält keine ausdrückliche Regelung für die kollektivrechtlichen Probleme des Arbeitnehmerdatenschutzes. Ursächlich hierfür dürfte der Stand der technischen Entwicklung zum Zeitpunkt der Entstehung des geltenden BetrVG im Jahr 1972 sein. Damals war es dem Gesetzgeber nicht möglich, die Gefährdungen für das Persönlichkeitsrecht der Arbeitnehmer durch die Datenverarbeitung des Betriebsrats vorauszusehen.

Arbeitnehmerdatenschutz ist jedoch stets der Schutz des allgemeinen Persönlichkeitsrechts in der Ausprägung des Rechts auf informationelle Selbstbestimmung der Arbeitnehmer. Was das allgemeine Datenschutzrecht angeht, hat diese Zielsetzung unmittelbar Ausdruck in § 1 Abs. 1 BDSG gefunden, wonach es Zweck dieses Gesetzes ist, den Einzelnen davor zu schützen, dass er durch den Umgang mit seinen personenbezogenen Daten in seinem Persönlichkeitsrecht beeinträchtigt wird. Demgegenüber regelt das BetrVG primär die Verfassung des Betriebes. Grundanliegen des Betriebsverfassungsrechts ist demnach die Beteiligung der Arbeitnehmer an den Entscheidungen der Betriebs- und Unternehmensleitung, die ihre Rechts- und Interessenlage gestalten[1]. Dennoch lassen sich bei der Durchsicht des BetrVG eine Vielzahl betriebsverfassungsrechtlicher Regelungen finden, deren Ziel es auch ist, bei der Durchführung der Betriebsratstätigkeit den Datenschutz der Beschäftigten zu gewährleisten[2]. Wie eingangs erwähnt[3] drängt sich dieser Zusammenhang zwischen den Aufgaben des Betriebsrats und dem Datenschutz insbesondere bei Betrachtung des § 75 Abs. 2 Satz 1 BetrVG auf. Danach haben Arbeitgeber und Betriebsrat die freie Entfaltung der Persönlichkeit der im

---

1 *Richardi*, Richardi, BetrVG, Einl. Rn. 1; *Hesse*, Einfluss des BDSG auf die Betriebsratstätigkeit, S. 8.
2 *Springmann*, Der Betriebsrat und die Betriebsbeauftragten, S. 70.
3 Siehe Kap. A. und Kap. B. I 2. b).

Betrieb beschäftigten Arbeitnehmer zu schützen und zu fördern. Ebenso wie das BDSG dient daher auch § 75 Abs. 2 Satz 1 BetrVG dem Schutz des Persönlichkeitsrechts. Durch § 75 Abs. 2 Satz 1 BetrVG wird somit deutlich, dass das Anliegen des Datenschutzes auch eines der Anliegen der Betriebsverfassung ist, denn der Schutz des Rechts auf informationelle Selbstbestimmung wird, wie das BVerfG im Volkszählungsurteil[4] deutlich gemacht hat, aus dem allgemeinen Persönlichkeitsrecht abgeleitet. § 75 Abs. 2 Satz 1 BetrVG ist jedoch, worauf nachfolgend noch näher einzugehen sein wird, nicht die einzige Norm des Betriebsverfassungsrechts, welche dem Betriebsrat aus Gründen des Persönlichkeitsschutzes und somit auch aus Gründen des Datenschutzes bei der Ausübung seiner Aufgaben und Befugnisse Grenzen setzt. Vielmehr enthalten die Informations- und Beteiligungsrechte des Betriebsrats selbst immanente Schranken, um das Persönlichkeitsrecht der Beschäftigten zu wahren.

I. Gewährleistung des Rechts auf informationelle Selbstbestimmung im Betriebsverfassungsrecht

1. Kollektivrechtlicher Persönlichkeitsrechtsschutz in § 75 Abs. 2 Satz 1 BetrVG

a) Begründung des Persönlichkeitsschutzes im Betriebsverfassungsrecht

Wie bereits erwähnt[5] ist der Ausgangspunkt des betriebsverfassungsrechtlichen Datenschutzes § 75 Abs. 2 Satz 1 BetrVG. Danach haben Arbeitgeber und Betriebsrat die freie Entfaltung der Persönlichkeit der im Betrieb beschäftigten Arbeitnehmer zu schützen und zu fördern. Durch die Vorschrift wurde erstmals nicht nur für das Betriebsverfassungsrecht, sondern allgemein für das Arbeitsrecht über den bereits anerkannten Schutz von Leben und Gesundheit und der materiellen Interessen hinaus auch die Berücksichtigung der ideellen Interessen der Arbeitnehmer – speziell der Schutz und die Förderung der Arbeitnehmerpersönlichkeit – grundlegend gesetzlich anerkannt[6]. Dabei geht der Persönlichkeitsschutz nach § 75 Abs. 2 Satz 1 BetrVG über das informationelle Selbstbestimmungsrecht in seiner speziellen Ausgestaltung in datenschutzrechtlichen Regelungen hinaus. Er erfasst insbesondere auch Tatbestände, die dem Anwendungsbereich des BDSG nicht unterfallen[7]. Beispielsweise erfasst diese Norm auch das Recht an der eigenen Ehre und schützt die Arbeitnehmer folglich vor Eingriffen in ihr Persönlichkeitsrecht,

---

4 BVerfG v. 15.12.1983, NJW 1984, 419 (422).
5 Siehe unter *Kap. D. I. 1.*
6 *Kreutz*, GK-BetrVG, § 75 Rn. 101; *Wiese*, NZA 2006, 1 (5).
7 *Gola/Wronka*, Handbuch zum Arbeitnehmerdatenschutz, Rn. 8.

bei denen keine persönlichen Daten verarbeitet werden, wie bei der Beleidigung oder üblen Nachrede sowie bei der sexuellen Belästigung[8]. § 75 Abs. 2 Satz 1 BetrVG ist in seinem sachlichen Anwendungsbereich folglich weiter als die datenschutzrechtlichen Regelungen des BDSG.

Nach der Begründung zum Regierungsentwurf wollte der Gesetzgeber mit dieser Norm *„der allgemeinen Forderung nach einer verstärkten Berücksichtigung der Persönlichkeitsrechte auch im Arbeitsleben"* dadurch Rechnung tragen, *„dass Arbeitgeber und Betriebsrat auf den Schutz der Persönlichkeit des einzelnen Arbeitnehmers und der freien Entfaltung seiner Persönlichkeit verpflichtet werden"*[9]. § 75 Abs. 2 Satz 1 BetrVG stellt somit nicht nur auf die Abwehr möglicher Gefahren für das Persönlichkeitsrecht der im Betrieb Beschäftigten ab, sondern verpflichtet den Betriebsrat sowohl gegenüber dem Arbeitgeber als auch intern, aktiv auf die Rahmenbedingungen für die betrieblichen Abläufe mit dem Ziel der Sicherung des Persönlichkeitsrechts der Arbeitnehmer hinzuwirken[10]. Indem der Gesetzgeber in § 75 Abs. 2 Satz 1 BetrVG die Betriebsparteien zum einer *„verstärkten Berücksichtigung der Persönlichkeitsrechte"* verpflichten wollte, wird deutlich, dass er die Geltung des allgemeinen Persönlichkeitsrechts im Arbeitsverhältnis durch § 75 Abs. 2 Satz 1 BetrVG nicht erstmals anordnen wollte, sondern vielmehr als bereits gegeben voraussetzte[11]. Für den Arbeitgeber ist dies ohne weiteres zutreffend, da dieser bereits auf Grund des Arbeitsvertrages gegenüber den Arbeitnehmern verpflichtet ist, deren Persönlichkeitsrechte und folglich auch deren Rechte auf informationelle Selbstbestimmung zu wahren[12]. Insoweit kann § 75 Abs. 2 Satz 1 BetrVG als Konkretisierung der Treue- und Fürsorgepflicht des Arbeitgebers bezeichnet werden[13].

Hinsichtlich des Betriebsrats ist diese Begründung des Gesetzgebers jedoch nur bedingt zutreffend. Im Gegensatz zum Arbeitgeber ist dieser nicht bereits aufgrund einer vertraglichen Verpflichtung den Arbeitnehmern gegenüber zum Schutz des allgemeinen Persönlichkeitsrechts verpflichtet. Folglich wird dieser durch die Norm des § 75 Abs. 2 Satz 1 BetrVG nicht nur zum *„verstärkten"* Schutz und zur Förderung der Persönlichkeitsrechte verpflichtet. Vielmehr wird dem Betriebsrat und seinen Mitgliedern durch diese Norm konstitutiv erstmals die Geltung des allgemeinen Persönlichkeitsrechts im Verhältnis zwischen Betriebsrat und Arbeit-

---

[8] *Kania*, ErfK, BetrVG, § 75 Rn. 10; *Fitting*, BetrVG, § 75 Rn. 157.
[9] Begründung zum RegE, BT-Drs. 6/1786, S. 46; vgl. zur Entstehungsgeschichte ausführlich *Hallenberg*, Pflicht zur Förderung, S. 11 ff.; *Kreutz*, GK-BetrVG, § 75 Rn. 88.
[10] *Kania*, ErfK, BetrVG, § 75 Rn. 9; *Fitting*, BetrVG, § 75 Rn. 136; *Kreutz*, GK-BetrVG, § 75 Rn. 93; *Gola/Wronka*, Handbuch zum Arbeitnehmerdatenschutz, Rn. 1580.
[11] *Kreutz*, GK-BetrVG, § 75 Rn. 23; *Wiese*, FS Kreutz, 499 (502); *Wiese*, NZA 2006, 1 (5).
[12] *Kreutz*, GK-BetrVG, § 75 Rn. 104.
[13] So *Wiese*, FS Kreutz, 499 (502), wonach § 75 Abs. 2 BetrVG einer Ergänzungsfunktion zu den bereits nach Vertragsrecht und Deliktsrecht bestehenden Verpflichtungen des Arbeitgebers hat.

nehmer angeordnet. Insoweit kommt § 75 Abs. 2 BetrVG mehr als nur eine Ergänzungsfunktion zu.

b) Schutz- und Förderpflicht des Betriebsrats

Wie sich aus dem Wortlaut des § 75 Abs. 2 Satz 1 BetrVG ergibt, ist neben dem Arbeitgeber auch der Betriebsrat Adressat dieser Norm. Dieser hat demnach im Rahmen seiner betriebsverfassungsrechtlichen Tätigkeiten das Persönlichkeitsrecht der im Betrieb beschäftigten Arbeitnehmer zu fördern und zu schützen. Dies gilt unter anderem auch bei der eigenen Informationsgewinnung und der Weitergabe bzw. der Nutzung von Beschäftigtendaten[14]. Über den Gesetzeswortlaut hinaus ist auch jedes einzelne Betriebsratsmitglied Normadressat des § 75 Abs. 2 Satz 1 BetrVG und damit verpflichtet, bei seiner Amtsführung das Persönlichkeitsrecht der Beschäftigten zu schützen und zu fördern[15]. Dies folgt daraus, dass der Betriebsrat nur durch seine Mitglieder handlungsfähig ist und deshalb dessen Amtspflichten auch solche der Betriebsratsmitglieder sind.

Die mit § 75 Abs. 2 Satz 1 BetrVG auch gezielt an den Betriebsrat gerichtete Aufforderung, die freie Entfaltung der Persönlichkeit der Arbeitnehmer zu schützen und zu fördern zeigt darüber hinaus, dass aus Sicht des Gesetzgebers der Persönlichkeitsschutz allein durch die Etablierung von Mitbestimmungsrechten des Betriebsrats noch nicht gewährleistet ist[16]. Vielmehr ist das Persönlichkeitsrecht der Beschäftigten durch die Zuweisung der Mitbestimmungs- und Mitwirkungsrechte an den Betriebsrat als Repräsentant des Kollektivs und den damit verbundenen Möglichkeiten der Einflussnahme auf die Arbeitsverhältnisse ebenso stetigen Gefahren ausgesetzt wie durch den Arbeitgeber selbst. Gerade hinsichtlich der Situation in Großbetrieben wird in diesem Zusammenhang teilweise von einer Entfremdung des Betriebsrats von den Belegschaftsmitgliedern gesprochen. Die Ursache für die Entfremdung wird insbesondere in dem Hineinwachsen des Betriebsrates in eine unternehmerähnliche Stellung gesehen[17]. Der Betriebsrat werde faktisch mitverantwortlich für das Wohl des Betriebes gemacht. Zudem treffe auf den Betriebsrat das Phänomen zu, dass jede Gruppe die Tendenz habe, ein Eigenleben zu entwickeln, sich zu verselbständigen und sich damit aus der dienenden Funktion

---

14 Zur näheren Ausgestaltung der Verpflichtung des Betriebsrats siehe *Kap. E. IV.*
15 *Kreutz*, GK-BetrVG, § 75 Rn. 10; *Fitting*, BetrVG, § 75 Rn. 8; *Kania*, ErfK, BetrVG, § 75 Rn. 2; *Berg*, DKKW, BetrVG, § 75 Rn. 4.
16 Vgl. speziell zu § 75 Abs. 2 BetrVG als Wahrnehmung der dem Gesetzgeber aus Art. 2 Abs. 1 GG obliegenden Schutzpflicht *Hammer*, Betriebsverfassungsrechtliche Schutzpflicht, S. 107.
17 *Belling*, Haftung des Betriebsrats, S. 50; *Hammer*, Betriebsverfassungsrechtliche Schutzpflicht, S. 63.

gegenüber ihren Mitgliedern zu lösen[18]. Nicht zuletzt kann im Einzelfall die Gefahr bestehen, dass im Rahmen der Betriebsratsarbeit gewerkschaftliche Interessen über die Interessen der Belegschaft gestellt werden.

2. Grenzen des Persönlichkeitsschutzes nach § 75 Abs. 2 Satz 1 BetrVG

§ 75 Abs. 2 Satz 1 BetrVG gibt sowohl dem Arbeitgeber als auch dem Betriebsrat auf, sich für die Förderung und den Schutz der freien Entfaltung der Persönlichkeit der Arbeitnehmer einzusetzen. In welchem Umfang und in welcher Weise die Betriebsparteien diese Verpflichtung zu erfüllen haben, gibt der Wortlaut der Norm jedoch nicht vor. Die Grenzen der zwingenden Vorschrift des § 75 Abs. 2 Satz 1 BetrVG sind folglich bis heute noch nicht vollständig geklärt[19]. Einvernehmen besteht jedoch darin, dass diese Vorschrift Betriebsrat und Arbeitgeber lediglich allgemeine Schutz- und Förderungspflichten auferlegt, die durch weitere Vorschriften des Gesetzes ihre Konkretisierung erfahren[20]. Darüber hinaus begründet § 75 Abs. 2 Satz 1 BetrVG nur Amtspflichten der Normadressaten und keine neuen über das BetrVG hinausgehenden Mitwirkungs- und Mitbestimmungsrechte des Betriebsrats oder subjektive Rechte der durch die Norm geschützten Arbeitnehmer[21].

Dieser eingeschränkte Wirkungsbereich des § 75 Abs. 2 Satz 1 BetrVG beeinträchtigt indessen nicht die praktische Bedeutung der Vorschrift. Diese besteht insbesondere darin, dass nunmehr Arbeitgeber und Betriebsrat über etwaige vertragliche bzw. gesetzliche Verpflichtungen hinaus betriebsverfassungsrechtlich das allgemeine Persönlichkeitsrecht und dessen Konkretisierungen zu schützen haben[22]. Das gilt für sämtliche Tätigkeiten von Arbeitgeber und Betriebsrat, insbesondere auch für ihre Normsetzung. Aus der Vorschrift ergibt sich die Verpflichtung der Betriebsparteien, bei der inhaltlichen Ausgestaltung der beteiligungspflichtigen Angelegenheiten stets eine Regelung anzustreben, die unter Berücksichtigung der Notwendigkeiten des zu regelnden Sachverhalts der freien Entfaltung der Persönlichkeit der Arbeitnehmer am besten gerecht wird. Darüber hinaus folgt aus der gesetzlichen Schutz- und Förderpflicht eine tendenzielle Auslegungsregel derge-

---

18 *Belling*, Haftung des Betriebsrats, S. 50; *Hammer*, Betriebsverfassungsrechtliche Schutzpflicht, S. 64.
19 *Wiese*, FS Kreutz, 499 (501); *Wiese*, NZA 2006 1 (6).
20 Siehe hierzu unter *Kap. C. I. 1. b)*; *Fitting*, BetrVG, § 75 Rn. 74; *Kreutz*, GK-BetrVG, § 75 Rn. 88; *Springmann*, Der Betriebsrat und die Betriebsbeauftragten, S. 71.
21 BAG v. 8.6.1999, NZA 1999, 1288 (1289); LAG Düsseldorf v. 29.5.2001, NZA 2001, 908 (909); LAG Düsseldorf, NZA 2001, 1398 (1399); *Fitting*, BetrVG, § 75 Rn. 169; *Kania*, ErfK, BetrVG, § 75 Rn. 10; *Kreutz*, GK-BetrVG, § 75 Rn. 120; *Wiese*, NZA 2006 1 (5); *Gola/Wronka*, Handbuch zum Arbeitnehmerdatenschutz, Rn. 1585.
22 *Wiese*, NZA 2006, 1 (6).

stalt, dass die Vorschriften des BetrVG, insbesondere die Beteiligungsrechte des Betriebsrats, entsprechend des mit § 75 Abs. 2 Satz 1 BetrVG geforderten Schutzes auszulegen sind[23].

Innerhalb dieses sachlichen Anwendungsbereichs verpflichtet § 75 Abs. 2 Satz 1 BetrVG den Betriebsrat ebenso wie den Arbeitgeber alles zu unterlassen, was Persönlichkeitsrechte der Arbeitnehmer verletzt[24]. Dies bedeutet, dass der Betriebsrat das allgemeine Persönlichkeitsrecht der Arbeitnehmer bei eigenen Einzelmaßnahmen, aber auch bei gemeinsamen Maßnahmen mit dem Arbeitgeber zu beachten hat. Der Betriebsrat hat folglich auch seine Informations- und Unterrichtungsrechte in der Form auszuüben, dass hierdurch das Recht auf informationelle Selbstbestimmung der Beschäftigten nicht mehr als zur Erfüllung seiner Aufgaben erforderlich beeinträchtigt wird. Den Befugnissen des Betriebsrats wird demnach eine Ausübungsschranke gesetzt.

3. Informationsrechte des Betriebsrats und Persönlichkeitsrechte der Beschäftigten

Damit er die ihm obliegenden Aufgaben ordnungsgemäß durchführen kann, benötigt der Betriebsrat vom Arbeitgeber eine Vielzahl von Informationen. Dieses Informationsbedürfnis kann sich auch auf personenbezogene Daten der Beschäftigten erstrecken. Das Interesse des Betriebsrats an umfassender Information zur Erfüllung seiner Aufgaben kann jedoch dem Interesse des einzelnen Arbeitnehmers an möglichst weitgehender Geheimhaltung der ihn betreffenden personenbezogenen Daten diametral entgegenstehen. Folglich ist das Verhältnis zwischen den Betriebsratsrechten einerseits und den Persönlichkeitsrechten der durch die Mitarbeitervertretung repräsentierten Beschäftigten andererseits seit jeher Gegenstand der betriebsverfassungsrechtlichen Literatur.

a) Grundsätzlicher Vorrang der Informationsrechte des Betriebsrats

In diesem Zusammenhang stellt sich immer wieder die Frage, inwieweit das Recht auf informationelle Selbstbestimmung des einzelnen Mitarbeiters durch die Informationsrechte des Betriebsrats eingeschränkt werden darf. Das BAG hat diese Frage bereits in früheren Entscheidungen grundsätzlich zugunsten des Betriebsrats

---

23 *Fitting*, BetrVG, § 80 Rn. 169; *Kania*, ErfK, BetrVG, § 75 Rn. 10; *Kreutz*, GK-BetrVG, § 75 Rn. 122; *Richardi*, Richardi, BetrVG, § 75 Rn. 46; *Gola/Wronka*, Handbuch zum Arbeitnehmerdatenschutz, Rn. 1582.
24 BAG v. 28.5.2002, NZA 2003, 166 (170); *Fitting*, BetrVG, § 75 Rn. 142.

beantwortet[25]. Nach seiner Ansicht liegt eine Verletzung des Persönlichkeitsrechts des einzelnen Arbeitnehmers nicht vor, soweit der Betriebsrat Informationsrechte im Rahmen der ihm obliegenden Schutzfunktion ausübt. Das Recht des Einzelnen auf Schutz seiner Persönlichkeit nach Art. 2 Abs. 1 GG müsse gegenüber der dem Betriebsrat obliegenden sozialen Schutzfunktion zugunsten der gesamten Arbeitnehmerschaft als dem vorrangigen Recht zurücktreten[26]. Art. 2 Abs. 1 GG stelle nicht den gesamten Bereich des privaten Lebens unter einen absoluten Schutz, sondern gelte nur, soweit nicht die Rechte anderer verletzt und nicht gegen die verfassungsgemäße Ordnung oder das Sittengesetz verstoßen werde. Zur verfassungsmäßigen Ordnung gehören jedoch alle ordnungsgemäß ergangenen Gesetze, also auch das BetrVG.

b) Differenzierterer Ansatz in Literatur und jüngerer Rechtsprechung

Die Literatur hat sich dieser Rechtsprechung weitgehend angeschlossen. Sie weist zwar zum Teil darauf hin, dass sich aus rechtlich geschützten Positionen der Arbeitnehmer Grenzen für die Unterrichtungspflicht des Arbeitgebers ergeben können, insbesondere aus dem allgemeinen Persönlichkeitsrecht, welches es grundsätzlich verbiete, Informationen aus dem Persönlichkeitsbereich des Arbeitnehmers an Dritte weiterzugeben[27]. Der Arbeitgeber könne sich jedoch gegenüber einem Auskunftsverlangen des Betriebsrats nicht auf den Schutz des Persönlichkeitsrechts des Arbeitnehmers berufen, da das BetrVG die Weitergabe derartiger Informationen an den Betriebsrat decke, soweit es sich um Daten handelt, die der Arbeitgeber in zulässiger Weise ermittelt oder erhalten hat[28]. Das BetrVG habe dem Betriebsrat eine Reihe von Aufgaben zugewiesen, zu deren Erfüllung er nicht nur berechtigt, sondern auch verpflichtet sei. Daher habe der einzelne Arbeitnehmer diese Aufgaben des Betriebsrats hinzunehmen, auch wenn diese mit der Einschränkung seiner Persönlichkeitsrechte verbunden sind[29].

Im Gegensatz zur Rechtsprechung des BAG hat sich allerdings das BVerwG zum Personalvertretungsrecht sehr weitgehend für das Erfordernis einer Einwilligung der Betroffenen ausgesprochen, wenn es um die Erlangung sensibler personenbezogener Daten von Arbeitnehmern im Rahmen eines Informationsanspruchs der Mitarbeitervertretung geht[30]. Das BVerwG bejaht beispielsweise das Erfordernis

---

25 BAG v. 18.9.1973, DB 1974, 143 (143); BAG v. 30.4.1974, DB 1974, 1776 (1776); BAG v. 30.6.1981, DB 1981, 2386 (2387).
26 BAG v. 30.4.1974, DB 1974, 1776, (1776).
27 *Weber*, GK-BetrVG, § 80 Rn. 73.
28 *Fitting*, BetrVG, § 80 Rn. 61; *Weber*, GK-BetrVG, § 80 Rn. 73; *Buschmann*, DKKW, BetrVG, § 80 Rn. 76.
29 *Weber*, GK-BetrVG, § 80 Rn. 73.
30 BVerwG v. 4.9.1990, NJW 1991, 375 (376).

nis einer Einwilligung für den Unterrichtungsanspruch über das Bestehen einer Schwangerschaft. In dieselbe Richtung geht auch eine Entscheidung des ArbG Berlin[31], wonach der Arbeitgeber nicht verpflichtet sei, gegen den ausdrücklich erklärten Willen einer schwangeren Arbeitnehmerin den Betriebsrat über die konkrete Person der Schwangeren zu unterrichten.

Ob es insoweit zu einer Änderung der Rechtsprechung des BAG kommen wird, bleibt abzuwarten. Im Ergebnis ist aber festzustellen, dass das BetrVG die gesetzliche Grundaussage enthält, dass eine Verletzung des Persönlichkeitsrechts der Arbeitnehmer dann nicht vorliegt, wenn der Arbeitgeber sich im Rahmen der Vorgaben des BetrVG verhält und die Informationen zur Erfüllung einer gesetzlichen Aufgabe des Betriebsrats erforderlich sind[32]. In das Recht auf informationelle Selbstbestimmung der Beschäftigten kann dann in verfassungsgemäß zulässiger Weise eingegriffen werden. Der Arbeitgeber hat jedoch nach § 75 Abs. 2 Satz 1 BetrVG die Informationsrechte des Betriebsrats gegen den Schutz der persönlichen Interessen des einzelnen betroffenen Arbeitnehmers abzuwägen. Dabei schlägt die im BetrVG selbst vorgesehene Stufung der Gewichtigkeit der Rechtsposition des Betriebsrats auch auf diese Abwägung gegenüber den persönlichen Interessen des Arbeitnehmers durch[33]. Bei den ausdrücklich als gesetzliche Mitbestimmungsrechte ausgestalteten Tatbeständen können sich daher die kollektiven Rechte des Betriebsrats in der Regel gegenüber dem Individualschutz durchsetzen. Auch dann verlangt jedoch der Grundsatz der Verhältnismäßigkeit eine Güter- und Interessenabwägung, die zugleich für die Konkretisierung der Tatbestandsmäßigkeit und die Feststellung der Rechtswidrigkeit einer Persönlichkeitsverletzung von Bedeutung ist. Folglich kann nur nach sorgfältiger objektiver Würdigung und Abwägung der jeweils berührten Interessen sowie aller sonstigen Umstände, insbesondere Schwere, Art, Dauer, Anlass und Zweck der Beeinträchtigung, und der konkreten Rechtfertigungsgründe abschließend beurteilt werden, ob die Beeinträchtigung des Persönlichkeitsrechts der Beschäftigten durch das Informationsbegehren des Betriebsrats im Einzelfall rechtswidrig verletzt wird oder zulässig ist[34].

---

31 ArbG Berlin v. 19.12.2007, DB 2008, 536 (536).
32 *Weber*, GK-BetrVG, § 80 Rn. 73; *Kraft* ZfA 1983, 171 (190).
33 LAG Niedersachsen v. 22.1.2007, NZA-RR 2007, 585 (586).
34 BAG v. 19.1.1999, NZA 1999, 546, (548); *Kreutz*, GK-BetrVG, § 75 Rn. 108; *Fitting*, BetrVG, § 75 Rn. 144; *Kania*, ErfK, BetrVG, § 75 Rn. 9.

II. Betriebsverfassungsrechtlicher Arbeitnehmerdatenschutz bei der Erfüllung von Informationsansprüchen des Betriebsrats

1. Grundsatz des informierten Betriebsrats

Die vorangegangen beschriebene Gefahr für das Recht auf informationelle Selbstbestimmung der Arbeitnehmer besteht, weil das BetrVG vom Grundsatz des informierten Betriebsrats beherrscht wird. Um seine kollektive Schutzfunktion zugunsten der Beschäftigten in den Betrieben effektiv wahrnehmen zu können, stehen dem Betriebsrat nach dem BetrVG umfangreiche Informations- und Unterrichtungsrechte gegenüber dem Arbeitgeber zu. Diese Informationsrechte des Betriebsrats können sich allerdings für die Arbeitnehmer nicht nur vorteilig, sondern auch nachteilig auswirken. Sie dienen zwar dem Schutz vor dem Arbeitgeber, mit ihnen kann jedoch auch ein Eingriff in das Persönlichkeitsrecht der Arbeitnehmer einhergehen.

Die Informationsrechte des Betriebsrats sind teilweise in den einzelnen Beteiligungstatbeständen ausdrücklich normiert (vgl. §§ 89 Abs. 1 Satz 2, 90 Abs. 1, 92 Abs. 1, 99 Abs. 1, 102 Abs. 1, 105, 106 ff., 111 Satz 1 BetrVG). Danach ist der Betriebsrat rechtzeitig und umfassend, ggf. durch Vorlage entsprechender Unterlagen, über die in den einzelnen Normen angesprochenen Maßnahmen des Arbeitgebers durch diesen zu unterrichten. Andernfalls beginnen z. B. Erklärungsfristen, innerhalb denen der Betriebsrat bei einem Mitbestimmungsverfahren seine Zustimmung noch versagt darf, nicht zu laufen (z. B. § 99 Abs. 3 BetrVG).

Darüber hinaus folgt aus § 80 Abs. 2 Satz 1 BetrVG eine allgemeine Pflicht des Arbeitgebers, den Betriebsrat rechtzeitig und umfassend zu unterrichten, sofern dieser die Information zur Durchführung der ihm nach dem BetrVG obliegenden Aufgaben benötigt[35]. Mit dieser Pflicht des Arbeitgebers auf Informationserteilung korrespondiert wiederum ein entsprechender Informationsanspruch des Betriebsrats[36]. Wie weitreichend dieses Informationsrecht des Betriebsrats ist wird deutlich wenn man betrachtet, dass es nach § 80 Abs. 1 Nr. 1 BetrVG zu den grundlegenden Aufgaben der Mitarbeitervertretung gehört, die Einhaltung sämtlicher zugunsten der Beschäftigten geltenden Normen zu überwachen. Hierzu gehören Gesetze, Tarifverträge, Betriebsvereinbarungen, aber auch allgemeine arbeitsrechtliche Grund-

---

35 Aufgrund gesetzlicher Verweisung besteht die Pflicht auch gegenüber dem Gesamt- und Konzernbetriebsrat im Rahmen ihrer Zuständigkeit (vgl. §§ 51 Abs. 5, 59 Abs. 1 BetrVG).
36 BAG v. 17.5.1983, DB 1983, 1986 (1987); seitdem in ständiger Rechtsprechung, etwa BAG v. 21.10.2003, NZA 2004, 936 (938); *Fitting*, BetrVG, § 80 Rn. 48; *Weber*, GK-BetrVG, § 80 Rn. 54; *Gola*, DuD 1987, 440 (441); *Springmann*, Der Betriebsrat und die Betriebsbeauftragten, S. 73.

sätze wie der Gleichbehandlungsgrundsatz oder die Fürsorgepflicht[37]. Darüber hinaus bezieht sich § 80 Abs. 2 Satz 1 BetrVG nicht nur auf die in § 80 Abs. 1 BetrVG genannten Befugnisse des Betriebsrats, sondern auf alle seine gesetzlichen Aufgaben[38].

Zur effektiven Wahrnehmung ihrer Kontrollfunktion ist es demzufolge notwendig, dass die betriebliche Interessenvertretung einen Überblick über alle Fakten und Vorhaben erhält, um Rechtsverstößen und Unbilligkeiten nach Möglichkeit bereits im Vorfeld entgegenwirken zu können. Für die Aufgabenwahrnehmung des Betriebsrats im Rahmen des Arbeitnehmerdatenschutzes bedeutet dies beispielsweise, dass der Betriebsrat Informationen über alle Formen der Arbeitnehmerdatenverarbeitung und der dabei eingesetzten Datenverarbeitungsanlagen zu erhalten hat. Zusätzlich ist er darüber zu informieren, welche personenbezogenen Daten der Arbeitnehmer gespeichert und zu welchen Zweck sie verarbeitet werden, sowie über die regelmäßige Empfänger und zugriffsberechtigten Personengruppen[39]. Nur so ist es dem Betriebsrat möglich zu erkennen, ob dem Datenschutzinteresse der Arbeitnehmer bei der Datenverarbeitung durch den Arbeitgeber hinreichend Rechnung getragen wird. Daher muss für ihn die Möglichkeit bestehen zu prüfen, ob geeignete und ausreichende Schutzmaßnahmen ergriffen wurden, um eine unbefugte Datenverarbeitung zu verhindern[40]. Die Prüfung der Rechtmäßigkeit der Datenverarbeitungen und -nutzungen und auch die Frage einer eventuellen Mitbestimmungspflicht des Betriebsrats[41] macht es weiter erforderlich, dass dieser über alle Programme, mit denen Personaldaten verarbeitet werden, unterrichtet wird[42]. Ferner sind die technischen Verfahrensabläufe darzulegen und entsprechende Unterlagen zur Verfügung zu stellen, unabhängig davon, ob die Datenverarbeitung intern oder extern mit Hilfe der Auftragsdatenverarbeitung erfolgt.

Andererseits besteht das Informationsrecht des Betriebsrats nicht um seiner selbst willen, es erfüllt vielmehr eine Hilfsfunktion für die Durchführung von Betriebsratsaufgaben. Der Betriebsrat soll durch das Informationsrecht in die Lage versetzt werden in eigener Verantwortung zu prüfen, ob sich für ihn Aufgaben er-

---

37 BAG v. 11.7.1972, DB 1972, 2020 (2020); BAG v. 18.9.1973, DB 1974, 143 (143); zur weiten Auslegung dieses Merkmals vgl. BAG v. 19.10.1999, NZA 2000, 837 (837); *Fitting*, BetrVG, § 80 Rn. 6.
38 *Weber*, GK-BetrVG, § 80 Rn. 52.
39 BAG v. 17.3.1987, NZA 1987, 747 (749); *Kort*, NZA 2010, 1038 (1039); *Mester*, Arbeitnehmerdatenschutz, S. 279; *Springmann*, Der Betriebsrat und die Betriebsbeauftragten, S. 73.
40 *Gola/Wronka*, Handbuch zum Arbeitnehmerdatenschutz, Rn. 1932.; *Mester*, Arbeitnehmerdatenschutz, S. 279.
41 Ein Mitbestimmungsrecht des Betriebsrats im Rahmen der Personaldatenverarbeitung kann sich insbesondere aus § 87 Abs. 1 Nr. 6 BetrVG ergeben, wenn die Datenverarbeitungsanlage objektiv dazu geeignet ist, das Verhalten oder die Leistung der Arbeitnehmer zu überwachen; vgl. *Kania*, ErfK, BetrVG, § 87 Rn. 62.
42 LAG Hamburg, DB 1985, 2308 (2308); *Kort*, NZA 2010, 1038 (1039).

geben und ob er zur Wahrnehmung dieser Aufgaben tätig werden muss[43]. Der Informationsanspruch des Betriebsrats besteht daher nur dann, wenn die begehrte Information zur Durchführung einer gesetzlichen Aufgabe des Betriebsrats erforderlich ist. In einer zweistufigen Prüfung ist zunächst festzustellen, ob eine Aufgabe des Betriebsrats überhaupt gegeben sein kann und im Anschluss, ob die verlangten Informationen und Unterlagen zur Erfüllung dieser Aufgabe erforderlich sind[44]. Der Aufgabenbezug ist daher Grund und Grenze für die Unterrichtungspflicht und die Verpflichtung des Arbeitgebers, dem Betriebsrat die zur Durchführung seiner Aufgaben erforderlichen Unterlagen zu überlassen[45]. Eine allgemeine gesetzliche Aufgabe des Betriebsrats, Informationen zu sammeln, ist dem Gesetz nicht zu entnehmen[46]. Der Informationsanspruch besteht folglich dann nicht, wenn ein Aufgabenbezug fehlt. Dies ist jedoch wiederum nur dann der Fall, wenn ein Beteiligungsrecht des Betriebsrats offenkundig auszuschließen ist; ansonsten genügt eine gewisse Wahrscheinlichkeit für das Bestehen einer Betriebsratsaufgabe[47]. Der betriebsverfassungsrechtliche Informationsanspruch des Betriebsrats ist folglich auf die Bekanntgabe der für die Wahrnehmung der betriebsverfassungsrechtlichen Aufgaben erforderlichen Informationen beschränkt. Entsprechend hat die Rechtsprechung wiederholt festgestellt, dass der Arbeitgeber keineswegs verpflichtet ist, den Betriebsrat von sich aus oder auf dessen Verlangen über jede innerbetriebliche Maßnahme zu unterrichten[48]. Dem Betriebsrat obliegt nicht die Aufgabe eines allgemeinen Kontrollorgans bei jeder unternehmerischen Maßnahme oder gar bei Vorüberlegungen hierzu[49].

In Erfüllung der aufgabenbezogenen Informationspflichten kann es auch notwendig sein, dem Betriebsrat personenbezogene, ggf. sehr sensible, Daten der Beschäftigten bekanntzugeben. So können beispielsweise Beteiligungsrechte der Mitarbeitervertretung bei Einzelpersonalmaßnahmen (§§ 99, 102 BetrVG) nur ausgeübt werden, wenn die Betroffenen und die Gründe, die zu der Maßnahme geführt

---

43   Ständige Rspr., etwa BAG v. 10.10.2006, NZA 2007, 99 (100); LAG Hamburg v. 26.11.2009 – 7 TaBV 2/09 – zitiert nach Juris; *Fitting*, BetrVG, § 80 Rn. 51; *Weber*, GK-BertrVG, § 80 Rn. 59; *Thüsing*, Richardi, BetrVG, § 80 Rn. 51; *Gola*, DuD 1987, 440 (441).
44   BAG v. 19.10.1999, NZA 2000, 837 (838); BAG v. 30.9.2008, NZA 2009, 502 (504); BAG v. 23.3.2010, DB 2010, 2623 (2624); LAG Niedersachsen v. 4.6.2007, ZBVR online, 2008, 14 (15); *Weber*, GK-BetrVG, § 80 Rn. 78; *Nicolai*, HSWGNR, BetrVG, § 80 Rn. 46.
45   BAG v. 21.10.2003, NZA 2004, 936 (938); *Weber*, GK-BetrVG, § 80 Rn. 57; *Thüsing*, Richardi, BetrVG, § 80 Rn. 47; *Kort*, NZA 2010, 1267 (1268); *Kraft*, ZfA 1983, 171 (184).
46   *Kort*, CR 1988, 220 (221); *Kraft*, ZfA 1983, 171 (184).
47   BAG v. 21.10.2003, NZA 2004, 936 (938); BAG v. 19.2.2008, NZA 2008, 1078 (1079); *Fitting*, BetrVG, § 80 Rn. 51; *Weber*, GK-BetrVG, § 80 Rn. 58; *Buschmann*, DKKW, § 80 Rn. 66; *Thüsing*, Richardi, BetrVG, § 80 Rn. 51; *Kort*, CR 1988, 220 (221).
48   BAG v. 23.3.2010, DB 2010, 2623 (2624), für das Personalvertretungsrecht vgl. BVerwG v. 27.2.1985, DVBl. 1985, 748 (749).
49   BAG v. 23.3.2010, DB 2010, 2623 (2624); *Kort*, NZA 2010, 1038 (1041).

haben, mitgeteilt werden. Gleiches gilt, sofern die Ausübung der Kontrollrechte nach § 80 Abs. 1 BetrVG die Kenntnisnahme von Personaldaten erfordert.

In einigen Landespersonalvertretungsgesetzen werden den Personalvertretungen daher spezielle Sorgfaltspflichten beim Umgang mit personenbezogenen Daten auferlegt[50]. Das BetrVG hingegen geht auf diese Thematik nicht ein. Dies führt dazu, dass bezüglich der Aufgaben der Mitarbeitervertretung bei der Umsetzung und Überwachung des Datenschutzes in den Betrieben zumeist keine Probleme bestehen, während die Umsetzung des Datenschutzes im täglichen Betrieb der Mitarbeitervertretungen selbst unklar, wenn nicht sogar unbekannt ist[51]. Personaldaten der Beschäftigten sind jedoch generell zu schützen, und zwar unabhängig davon, ob sie oder die Art ihrer Verwendung vom Schutzbereich des Bundesdatenschutzgesetzes erfasst werden. Dies resultiert aus dem allgemeinen Grundsatz der Vertraulichkeit von Personaldaten. Der Grundsatz der Vertraulichkeit gilt nicht nur gegenüber betriebsexternen Personen und Stellen, sondern auch innerhalb des Betriebes und damit auch gegenüber dem Betriebsrat. Daher ist der Kreis der Personen im Betrieb, denen personenbezogene Daten der Beschäftigten zugänglich sind, so klein wie möglich zu halten.

2. Einsichtsrecht in Bruttolohn- und gehaltslisten gemäß § 80 Abs. 2 Satz 2 Hs. 2 BetrVG

Wie soeben ausgeführt wird dem Betriebsrat durch verschiedene Bestimmungen des BetrVG ein sehr weitgehender Anspruch gegen den Arbeitgeber zugesprochen, ihm die zur Erfüllung seiner Aufgaben erforderlichen Informationen zur Verfügung zu stellen. Hieran anschließend stellt sich die Frage, inwieweit das BetrVG Regelungen enthält, die den Informationsanspruch des Betriebsrats aus Gründen des Arbeitnehmerdatenschutzes begrenzen oder dem Betriebsrat vorgeben, wie er beim Umgang mit den Beschäftigtendaten das Recht auf informationelle Selbstbestimmung der Beschäftigten zu berücksichtigen hat.

Hierbei ist festzustellen, dass das BetrVG nur in einer Norm Beschränkungen des Einsichtsrechts des Betriebsrats in Personaldaten ausdrücklich regelt. Gemäß § 80 Abs. 2 Satz 2 Hs. 2 BetrVG ist der Betriebsausschuss nach § 27 BetrVG oder ein nach § 28 BetrVG gebildeter Ausschuss des Betriebsrats berechtigt, in die Listen über die Bruttolöhne und -gehälter der Arbeitnehmer des Betriebes Einblick zu nehmen. Sinn und Zweck dieses Informationsanspruches ist insbesondere dem Betriebsrat die Prüfung zu ermöglichen, ob Tarifverträge, betriebliche Gehaltssche-

---

50 Vgl. § 72 LPersVG Rheinland-Pfalz; § 61 LPersVG Niedersachsen.
51 *Knorz*, ZfPR 2009, 115 (115).

mata und die Grundsätze des § 75 Abs. 1 BetrVG eingehalten werden[52]. Als besondere, einschränkende Ausgestaltung der Betriebsratsbefugnisse erweist sich das Einsichtsrecht nach § 80 Abs. 2 Satz 2 Hs. 2 BetrVG als die gegenüber § 80 Abs. 2 Satz 1 BetrVG speziellere Regelung, die den allgemeinen Informationsanspruch des Betriebsrats für den Bereich der Löhne und Gehälter verdrängt[53].

Durch diese Regelung wird jedoch zugleich bestimmten Mitgliedern des Betriebsrats und damit anderen Mitarbeitern des Betriebes die Möglichkeit eröffnet, Kenntnis von bestimmten Gehältern und damit von personenbezogenen Daten zu erhalten, deren Geheimhaltungsbedürftigkeit in der Regel ein großes Anliegen von Arbeitnehmerinnen und Arbeitnehmern ist. Aufgrund der besonderen Vertraulichkeit dieser Informationen ist die Norm des § 80 Abs. 2 Satz 2 Hs. 2 BetrVG vom Gesetzgeber und der Rechtsprechung in einer Art und Weise ausgestaltet worden, die einen Ausgleich zwischen dem Informations- und Kontrollbedürfnis der Mitarbeitervertretung und den Rechten der betroffenen Arbeitnehmer auf informationelle Selbstbestimmung und damit ihrer Persönlichkeitsrechte zu schaffen versucht.

a) Arbeitnehmerdatenschutz durch Begrenzung der zur Einsicht berechtigten Betriebsratsmitglieder

Zunächst hat in größeren Betrieben wegen der Vertraulichkeit der Informationen nicht der aus einer Vielzahl von Mitgliedern bestehende Betriebsrat, sondern nur der Betriebsausschuss nach § 27 BetrVG oder ein nach § 28 BetrVG besonders gebildeter Ausschuss das Recht, Einblick in die Listen der Bruttolöhne und -gehälter zu nehmen. Diese Beschränkung des Einsichtsrechts auf die Mitglieder des Betriebsausschusses erfolgt zwar nach der Rechtsprechung des BAG insbesondere aus Gründen der Praktikabilität, da sie den reibungslosen Betriebsablauf sichern soll. Darüber hinaus dient sie jedoch auch dem Schutz des Rechts auf informationelle Selbstbestimmung der betroffenen Arbeitnehmer, da hierdurch vermieden wird, dass die durch das Einsichtsrecht erlangten sensiblen Daten einem allzu großen Kreis von Personen bekannt werden.

Die Beschränkung des Einsichtsrecht auf die Mitglieder der nach §§ 27, 28 BetrVG gebildeten Ausschüsse bedeutet jedoch nicht, dass Betriebsräte kleinerer Betriebe, in denen diese Ausschüsse aufgrund der zu geringen Zahl an Betriebsratsmitgliedern nicht gebildet werden können, das Einsichtsrecht nicht für sich in Anspruch nehmen können. Nach dem Wortlaut des § 80 Abs. 2 Satz 2 Hs. 2 BetrVG sind zwar lediglich die Betriebsausschüsse nach §§ 27, 28 BetrVG berechtigt, Einblick in die Entgeltlisten zu nehmen. Die Beschränkung des Einsichtsrechts auf bestimmte Betriebsratsmitglieder erfolgt jedoch nur aus Gründen

---

52 *Fitting*, BetrVG, § 80 Rn. 70; *Weber*, GK-BetrVG, § 80 Rn. 88.
53 BAG v. 10.10.2006, NZA 2007, 99 (101); BAG v. 30.9.2008, NZA 2009, 502 (503).

der Praktikabilität und des Persönlichkeitsschutzes und nicht aufgrund einer Privilegierung größerer Betriebe. Aufgrund der identischen Schutzfunktion steht in kleineren Betrieben das Einsichtsrecht daher denjenigen Personen zu, die in § 27 Abs. 4 BetrVG erwähnt sind, nicht jedoch dem gesamten Betriebsratsgremium[54]. Das ist der Vorsitzende des Betriebsrats oder ein anderes Mitglied des Betriebsrats, dem die laufenden Geschäfte übertragen wurden. Betriebsräte in kleineren Betrieben sollen folglich von der Information nicht ausgeschlossen werden[55].

b) Arbeitnehmerdatenschutz durch Beschränkung des Einsichtsrechts auf Bruttoentgeltlisten

Dem Schutz des Rechts auf informationelle Selbstbestimmung der Arbeitnehmer dient des Weiteren auch die Beschränkung des Einsichtsrechts auf die Bruttolisten. Der Betriebsrat ist nicht berechtigt, vom Arbeitgeber eine darüber hinaus gehende Aufschlüsselung des Einkommens hinsichtlich der vom Bruttoentgelt vorgenommenen Abzüge sowie Nettolisten zu verlangen[56]. Hierdurch wird gewährleistet, dass die besonderen persönlichen Verhältnisse der Arbeitnehmer, die z. B. anhand der Steuerklasse oder einer Lohnpfändung zum Ausdruck kommen und dadurch zu unterschiedlichen Nettoabzügen führen, der Einsicht Dritter verschlossen bleiben. Dem Betriebsrat wird somit nur in dem Umfang Einblick in die persönlichen Verhältnisse der Mitarbeiter gewährt, wie es zur Erfüllung der mit dem Einsichtsrecht verfolgten Ziele der Einhaltung gesetzlicher, tariflicher oder betrieblicher Entgeltbestimmungen erforderlich ist. Ein darüber Hinaus gehendes Einsichtsrecht des Betriebsrats in Nettoentgeltlisten würde zu einem unverhältnismäßigen Eingriff in das Recht auf informationelle Selbstbestimmung der Arbeitnehmer führen. Die Überwachungsaufgabe des Betriebsrats bezieht sich allein auf das innerbetriebliche Lohngefüge. Ob trotz innerbetrieblicher Bruttolohngerechtigkeit der Arbeitnehmer im Nettolohngefüge nach gerecht behandelt ist, hängt primär von steuer- und sozialversicherungsrechtlichen Vorschriften ab, die der Beeinflussung und Kontrolle des Betriebsrats entzogen sind[57]. Der Betriebsrat hat nicht die Aufgabe, steuerliche Beeinflussungen der Löhne zu korrigieren.

---

54 BAG v. 15.6.1976, DB 1976, 1773 (1773); BAG v. 10.2.1987, NZA 1987, 385 (385); BAG v. 16.8.1995, NZA 1996, 330 (331); BAG v. 30.9.2008, NZA 2009, 502 (504); *Thüsing*, Richardi, BetrVG, § 80 Rn. 70; *Kania*, ErfK, BetrVG, § 80 Rn. 29; *Weber*, GK-BetrVG, § 80 Rn. 94; *Fitting*, BetrVG, § 80 Rn. 71; a. A. *Nicolai*, HSWGN, BetrVG, § 80 Rn. 66 unter Hinweis auf den Gesetzeswortlaut.
55 BAG v. 10.2.1987, NZA 1987, 385 (385).
56 BAG v. 30.4.1974, DB 1974, 1776 (1776); *Weber*, GK-BetrVG, § 80 Rn. 100; *Fitting*, BetrVG, § 80 Rn. 72; *Thüsing*, Richardi, BetrVG, § 80 Rn. 78; *Kraft*, ZfA 1983, 171 (190).
57 BAG v. 18.9.1973, NJW 1974, 333 (335); *Kraft*, ZfA 1983, 171 (191).

c) Arbeitnehmerdatenschutz durch die Art und Weise der Datenweitergabe

aa) „Einsichtsrecht" in Bruttolohn und -gehaltslisten

Schließlich gewährleistet § 80 Abs. 2 Satz 2 Hs. 2 BetrVG den Schutz der Arbeitnehmerdaten in dritter Weise dadurch, dass es den Informationsanspruch des Betriebsrats auf einen „Einblick" in die Bruttolohn und -gehaltslisten beschränkt. Folglich kann der Betriebsrat nicht die Aushändigung der Entgeltlisten verlangen[58]. Das Recht "Einblick" i. S. d. § 80 Abs. 2 Satz 2 Hs. 2 BetrVG in die Lohn- und Gehaltslisten „zu nehmen" ist nicht gleichbedeutend mit dem "zur Verfügung stellen" von Unterlagen i. S. d. § 80 Abs. 2 Satz 2 Hs. 1 BetrVG, die der Arbeitgeber dem Betriebsrat im Rahmen des allgemeinen Informationsanspruchs (§ 80 Abs. 2 Satz 1 BetrVG) für einen angemessenen Zeitraum zur freien Verfügung zu überlassen hat. Dies ergibt sich eindeutig aus dem unterschiedlichen Gesetzeswortlaut. Nach dem allgemeinen Sprachgebrauch bedeuten die Worte "zur Verfügung stellen" die Aushändigung der Unterlagen, während die Worte "Einblick zu nehmen" die Bedeutung haben, Unterlage zum Zwecke der Einsicht lediglich vorzulegen. Wenn § 80 Abs. 2 Satz 2 BetrVG hinsichtlich des dem Betriebsrat zustehenden Informationsrechts zwischen "zur Verfügung stellen" und "Einblick zu nehmen" unterscheidet, dann ist diese Gesetzesvorschrift entsprechend der Bedeutung dieser Begriffe im allgemeinen Sprachgebrauch auszulegen und anzuwenden. Dementsprechend hat der Betriebsrat weder einen Anspruch darauf, dass ihm eine Fotokopie der Bruttoentgeltlisten überlassen wird, noch dass er bei der Einsicht die Listen vollständig abschreiben darf[59].

bb) Keine Ausweitung des Einsichtsrechts durch § 7 Abs. 4 IFG

Ein solcher Anspruch ergibt sich auch nicht unter Berücksichtigung von § 7 Abs. 4 des Informationsfreiheitsgesetzes (IFG)[60], nach welchem der Antragsteller „*im Fall der Einsichtnahme Notizen machen oder Ablichtungen und Ausdrucke fertigen lassen*" kann. § 80 Abs. 2 Satz 2 Hs. 2 BetrVG („*Einblick zu nehmen*") und § 7 Abs. 4 IFG („*Einsichtnahme*") benützen zwar ähnliche Begriffe[61]. § 7 Abs. 4 IFG ist je-

---

58 BAG v. 15.6.1976, DB 1976, 1773 (1773); BAG v. 3.12.1981, DB 1982, 653 (654); *Kania*, ErfK, BetrVG, § 80 Rn. 28; *Fitting*, BetrVG, §80 Rn. 76; *Thüsing*, Richardi, BetrVG, § 80 Rn. 82; a. A. *Buschmann*, DKKW, BetrVG, § 80 Rn. 110.
59 BAG v. 15.6.1976, DB 1976, 1773 (1774); BAG v. 10.10.2006, NZA 2007, 99 (103); BAG v. 30.9.2008, NZA 2009, 502 (504); LAG Hamburg v. 26.11.2009 – 7 TaBV 2/09 –, zitiert nach Juris; *Fitting*, BetrVG, § 80 Rn. 76; *Kania*, ErfK, BetrVG, § 80 Rn. 28; *Weber*, GK-BetrVG, § 80 Rn. 102; *Thüsing*, Richardi, BetrVG, § 80 Rn. 82; a. A. *Buschmann*, DKKW, BetrVG, § 80 Rn. 110.
60 So aber *Buschmann*, DKKW, BetrVG, § 80 Rn. 110.
61 Hiermit begründet *Buschmann*, DKKW, BetrVG, § 80 Rn. 110 das Recht des Betriebsrats Ablichtungen von Lohn- und Gehaltslisten zu erstellen.

doch auf die Betriebsparteien weder unmittelbar noch entsprechend anwendbar. Darüber hinaus ordnet § 7 Abs. 4 IFG im Gegensatz zu § 80 Abs. 2 Satz 2 Hs. 2 BetrVG ausdrücklich die Befugnis an, sich Notizen oder Ablichtungen von den Unterlagen zu machen. Würde der Begriff „*Einsichtnahme*" i. S. d. § 7 Abs. 4 IFG dies bereits implizieren, hätte es einer derartigen ausdrücklichen Anordnung nicht bedurft. Einigkeit besteht jedoch darin, dass sich der Betriebsrat bei der Wahrnehmung seines Einsichtsrecht nach § 80 Abs. 2 Satz 2 Hs. 2 BetrVG einzelne Notizen machen darf[62].

cc) Das Einsichtsrecht als Ausdruck des Verhältnismäßigkeitsprinzips

Der durch die Einsicht in die Entgeltdaten erfolgende Eingriff in das Rechts auf informationelle Selbstbestimmung der Beschäftigten wird somit durch die konkrete Ausgestaltung des § 80 Abs. 2 Satz 2 Hs. 2 BetrVG auf das erforderliche Maß beschränkt und ist somit Ausdruck des Grundsatzes der Verhältnismäßigkeit. Durch die Begrenzung des Einsichtsrechts auf einen bestimmten Personenkreis, auf Bruttoentgeltlisten sowie auf das Recht zur Einsichtnahme kommen sowohl das Datenschutzinteresse der Beschäftigten, als auch das Informationsinteresse des Betriebsrats hinreichend zur Geltung. In der Einsicht in die Listen der Bruttolöhne und -gehälter liegt daher keine Verletzung des Rechts auf informationelle Selbstbestimmung, da dieser Eingriff durch eine klare, verhältnismäßige Rechtsgrundlage legitimiert ist. Insoweit ist es aus datenschutzrechtlicher Sicht grundsätzlich hinnehmbar, dass das Einsichtsrecht unabhängig vom Willen einzelner Arbeitnehmer, selbst gegen deren Willen, besteht[63].

Als aus datenschutzrechtlicher Sicht ungenügend anzusehen ist jedoch, dass § 80 Abs. 2 Satz 2 Hs. 2 BetrVG die Einsicht nehmenden Betriebsratsmitglieder über das ihnen bekannt gewordene Wissen nicht zur Verschwiegenheit verpflichtet. Die Norm sieht keine spezielle Verschwiegenheitspflicht der Betriebsratsmitglieder vor. Nach Einsicht in die Listen der Bruttolöhne und -gehälter unterliegen die Mitglieder des Betriebsrats nur dann einer Geheimhaltungspflicht, wenn es sich bei diesen Daten um Betriebs- oder Geschäftsgeheimnisse i. S. d. § 79 Abs. 1 BetrVG handelt. Dies ist jedoch, wie noch zu zeigen sein wird[64], nur unter besonderen Voraussetzungen der Fall.

---

62 BAG v. 15.6.1976, DB 1976, 1773 (1773); LAG Hamburg v. 26.11.2009, – 7 TaBV 2/09 –, zitiert nach Juris.
63 *Fitting*, BetrVG, § 80 Rn. 77.
64 Siehe unter *Kap. C. III. 2. a) cc)*.

III. Betriebsverfassungsrechtlicher Arbeitnehmerdatenschutz durch Verschwiegenheits- und Geheimhaltungspflichten des Betriebsrats

Aus dem umfassenden Unterrichtungsanspruch des Betriebsrats ergibt sich zwangsläufig das Interesse an einer Schweigepflicht für die Mitglieder des Betriebsrats, um das Recht auf informationelle Selbstbestimmung der Arbeitnehmer zu schützen. Das BetrVG enthält daher Regelungen, welche den Betriebsrat sowohl zugunsten des Arbeitgebers als auch zugunsten von Arbeitnehmern und Bewerbern zur Verschwiegenheit verpflichten. Diese betriebsverfassungsrechtlich ausdrücklich normierten Schweigepflichten sind notwendig, weil die Betriebsratsmitglieder aufgrund ihrer Amtsausübung wesentlich besser über geheimhaltungsbedürftige Informationen unterrichtet sind, als sie es ohne ihre Tätigkeit wären[65]. Die maßgebliche gegenüber dem Arbeitgeber bestehende Geheimhaltungsvorschrift findet sich in § 79 Abs. 1 BetrVG. Diese wird allgemein als das Pendant zu den gesetzlichen Informationsrechten des Betriebsrats angesehen und dient primär dem Arbeitgeber als Sicherungsmittel für die ihm obliegenden Informationspflichten zum Schutz seiner wirtschaftlichen Interessen[66].

Aufgrund der mit den Informationsansprüchen des Betriebsrats verbundenen weitreichenden Möglichkeiten, in die beim Arbeitgeber gespeicherten Beschäftigtendaten Einblick zu nehmen, ist jedoch auch das Recht der Arbeitnehmer auf informationelle Selbstbestimmung durch die Betriebsratstätigkeit erhöhten Gefahren ausgesetzt. Diesem Umstand tragen weitere Geheimhaltungsvorschriften des BetrVG Rechnung. Gemäß § 99 Abs. 1 Satz 3 und § 102 Abs. 2 Satz 5 BetrVG haben die Betriebsratsmitglieder beispielsweise über die persönlichen Verhältnisse und Angelegenheiten von Arbeitnehmern und Bewerbern, die ihnen im Rahmen von personellen Einzelmaßnahmen bekannt geworden sind, Stillschweigen zu bewahren. Einer noch weiteren Verschwiegenheitspflicht unterliegt das Betriebsratsmitglied, das im Rahmen der Mitwirkungsrechte einzelner Arbeitnehmer nach § 82 Abs. 2 Satz 3 und § 83 Abs. 1 Satz 3 BetrVG hinzugezogen wird.

---

65   *Fitting*, BetrVG, § 79, Rn. 1; *Oetker*, GK-BetrVG, § 79, Rn. 7; *Isele*, Festgabe für Kronstein, 107 (111); *Weber*, Die Schweigepflicht des Betriebsrats, S. 8.
66   *Oetker*, GK-BetrVG, § 79 Rn. 7; *Nicolai*, HSWGNR, BetrVG, § 79 Rn. 1; *Buschmann*, DKKW, BetrVG, § 79 Rn. 2; *Weber*, Die Schweigepflicht des Betriebsrats, S. 6.

1. Allgemeine normative Schweigepflicht des Betriebsrats

a) Keine allgemeine gesetzliche Schweigepflicht des Betriebsrats

Die Arbeitnehmer haben ein Interesse daran, dass der Betriebsrat über die sie betreffenden Informationen Stillschweigen bewahrt. Das BetrVG enthält allerdings keine Bestimmung, welche den Betriebsrat und seine Mitglieder allgemein und umfassend dazu verpflichtet, über die ihnen im Rahmen ihrer Amtsführung erlangten Informationen Stillschweigen zu bewahren. Auch die weitestgehende Geheimhaltungsverpflichtung des § 79 Abs. 1 BetrVG umfasst nur Betriebs- und Geschäftsgeheimnisse des Arbeitgebers. Im Gegensatz hierzu sieht das öffentliche Dienstrecht in § 10 Abs. 1 Satz 1 BPersVG vor, dass Personen, die Aufgaben oder Befugnisse nach dem BPersVG wahrnehmen oder wahrgenommen haben, „über die ihnen dabei bekanntgewordenen Angelegenheiten und Tatsachen Stillschweigen zu bewahren" haben, ohne dass sich die geheimhaltungsbedürftigen Tatsachen auf eine bestimmten Bereich des Personalvertretungsrechts beziehen oder weitere Voraussetzungen vorliegen müssen. Eine Ausnahmen besteht lediglich für solche Angelegenheiten oder Tatsachen, die offenkundig sind oder ihrer Bedeutung nach keiner Geheimhaltung bedürfen (§ 10 Abs. 1 Satz 2 BPersVG).

b) Ansicht in der Literatur

Nach einer Ansicht in der Literatur soll sich jedoch aus einer normativen Auslegung des BetrVG eine § 10 Abs. 1 Satz 1 BPersVG entsprechende allgemeine und voraussetzungslose Schweigepflicht auch für die Mitglieder des Betriebsrats ergeben[67]. Danach sei es den Betriebsratsmitgliedern untersagt, Informationen über Arbeitnehmer, die ihnen im Rahmen ihrer Betriebsratsarbeit bekannt werden, zu offenbaren, auch wenn sie nicht ausdrücklich zum Stillschweigen verpflichtet wurden. Die allgemeine Schweigepflicht der Betriebsratsmitglieder ergebe sich normativ aus der allgemeinen Pflicht des Betriebsrats nach § 75 Abs. 2 BetrVG, die freie Entfaltung der Persönlichkeit der im Betrieb beschäftigten Arbeitnehmer zu schützen und zu fördern[68]. Darüber hinaus habe die allgemeine Verpflichtung des Betriebsrats zur Verschwiegenheit zugunsten der Beschäftigten eine kompensatorische Funktion. Als Ausgleich dafür, dass das Geheimhaltungsinteresse der Beschäftigten in der Regel hinter dem kollektiven Informationsrecht des Betriebsrats zurücktreten müsse, seien die Mitglieder des Betriebsrats zur Verschwiegenheit

---

67 *Buschmann*, DKKW, BetrVG, § 79 Rn. 28; *Bizer*, DuD 1997, 653 (654); *Weber*, Die Schweigepflicht des Betriebsrats, S. 194.
68 *Buschmann*, DKKW, BetrVG, § 79 Rn. 29; *Hitzfeld*, Geheimnisschutz im Betriebsverfassungsrecht, S. 138.

über die ihnen bekannt gewordenen personenbezogenen Daten der Beschäftigten verpflichtet[69].

c) Ablehnung einer allgemeinen normativen Schweigepflicht

aa) Bewusste Entscheidung des Gesetzgebers

Gegen eine allgemeine normative Schweigepflicht von Betriebsratsmitgliedern sprechen jedoch historische und systematische Gründe. Indem der Gesetzgeber im BetrVG gerade für einige Teilbereiche der Betriebsratstätigkeit besondere Schweigepflichten für deren Mitglieder normiert hat (§§ 82 Abs. 2, 83 Abs. 2, 99 Abs. 1 Satz 3, 102 Abs. 2 Satz 5 BetrVG), hat er sich bewusst gegen eine allgemeine sämtliche im Rahmen der Betriebsratsarbeit erlangten Informationen umfassende Geheimhaltungsverpflichtung der Betriebsratsmitglieder ausgesprochen. Anders als im BPersVG bestehen im Betriebsverfassungsrecht daher bewusst lediglich tätigkeitsspezifische Geheimhaltungsverpflichtungen, so dass die Annahme einer umfassenden Geheimhaltungsverpflichtung nicht dem gesetzgeberischen Willen entsprechen würde. Andernfalls würden die spezifisch normierten Schweigepflichten ihre Bedeutung und ihren Sinngehalt verlieren.

Eine analoge Anwendung des § 10 Abs. 1 Satz 2 BPersVG, welcher für das Personalvertretungsrecht eine allgemeine Schweigepflicht normiert, ist ebenfalls abzulehnen. Zwar besteht für den Betriebsrat ebenso ein Bedürfnis für eine allgemeine Schweigepflicht wie für den Personalrat, so dass insofern von einer vergleichbaren Interessenlage ausgegangen werden kann. Die für eine Analoge allerdings darüber hinaus erforderliche planwidrige Regelungslücke lässt sich für das Betriebsverfassungsrecht allerdings nur schwer begründen. Zum einen wurden im BetrVG Schweigepflichten des Betriebsrats für bestimmte Situationen (u. a. Einstellung, Kündigung, Einsicht in die Personalakte) ausdrücklich normiert. Es ist daher nur schwer vorstellbar, dass es der Gesetzgeber darüber hinaus entgegen seinen Willen übersehen hat, eine situationsunabhängige und allumfassende Schweigepflicht des Betriebsrats zu normieren Zum anderen ist aus dem Umstand, dass in § 79 BetrVG 1972, anders als noch in der Vorgängernorn des § 55 BetrVG 1952[70], auf die Normierung einer entsprechenden allgemeinen Verschwiegenheitspflicht verzichtet wurde, auf einen mangelnden gesetzgeberischen Willen in Richtung einer allgemeinen Schweigepflicht zu schließen[71]. Im BetrVG war daher ursprünglich eine allgemeine Schweigepflicht vorhanden, welche jedoch im Zuge der Gesetzesreform

---

69 *Bizer*, DuD 1997, 653 (654); *Buschmann*, DKKW, BetrVG, § 79 Rn. 29.
70 Nach § 55 BetrVG 1952 waren die Mitglieder und Ersatzmitglieder des Betriebsrats verpflichtet, nicht nur über Betriebs- und Geschäftsgeheimnisse, sondern über sämtliche vom Arbeitgeber als vertraulich bezeichnete Angaben Stillschweigen zu bewahren.
71 *Wohlgemuth*, Datenschutz für Arbeitnehmer, Rn. 764.

1972 herausgenommen wurde. Angesichts der langen Geschichte des BetrVG kann auch nicht mehr davon ausgegangen werden, dass im BetrVG insoweit eine vom Gesetzgeber unbeabsichtigte Regelungslücke bestehen würde.

bb) Keine Ableitung aus § 75 Abs. 2 BetrVG

Letztendlich lässt sich eine derartige allgemeine Schweigepflicht des Betriebsrats auch nicht aus § 75 Abs. 2 BetrVG herleiten. Es ist zwar insoweit zutreffend, dass § 75 Abs. 2 BetrVG das sich aus Art. 2 Abs. 1 i.V.m. Art. 1 Abs. 1 GG ergebende Recht auf informationelle Selbstbestimmung einfachgesetzlich konkretisiert. Demnach haben Arbeitgeber und Betriebsrat dafür Sorge zu tragen, dass unter Berücksichtigung des BDSG und der Mitbestimmungsrechte des Betriebsrats alles unterbleibt, was die Persönlichkeitsrechte der Arbeitnehmer verletzten könnte[72]. Der Ableitung einer von dem einzelnen Arbeitnehmer einklagbaren allgemeinen Schweigepflicht des Betriebsrats steht allerdings der Charakter der Norm entgegen. § 75 Abs. 2 BetrVG ist eine für die Betriebsverfassung konstitutive Zielnorm mit dem Inhalt, dass das Recht auf informationelle Selbstbestimmung bei der Gestaltung der betrieblichen Ordnung zu respektieren ist[73]. Aus dieser Bestimmung ergeben sich lediglich immanente Schranken für die Ausübung des Mitbestimmungsrechts und die Beteiligung des Betriebsrats. § 75 Abs. 2 BetrVG begründet daher nur Amtspflichten des Betriebsrats und seiner Mitglieder und keine subjektiven Rechte der Arbeitnehmer gegen den Betriebsrat[74]. Diese Norm ist daher zwar bei der Anwendung der betriebsverfassungsrechtlichen Bestimmungen zu berücksichtigen[75]. Eine zugunsten der Arbeitnehmer wirkende und von diesen einklagbare allgemeine Schweigepflicht hinsichtlich sämtlicher Informationen, welche das Recht auf informationelle Selbstbestimmung berühren, kann aus § 75 Abs. 2 BetrVG jedoch nicht abgeleitet werden.

---

72 *Kreutz*, GK-BetrVG, § 75 Rn. 106; Buschmann, DKKW, BetrVG, § 75 Rn. 54.
73 LAG Düsseldorf v 29.5.2001, NZA 2001, 908 (909).
74 Im Ergebnis ganz h.M.; vgl. BAG v. 3.12.1985, DB 1986, 1980 (1980); BAG v. 14.1.1986, NZA 1986, 435 (436); *Kreutz*, GK-BetrVG, § 75 Rn. 23; *Fitting*, BetrVG, § 75 Rn. 24; *Wiese*, NZA 2006, 1 (5); *Kort*, RdA 1992, 378 (379); *Ehmann*, FS Wiese, 99 (112).
75 *Ehmann*, FS Wiese, 99 (112).

2. Betriebsverfassungsrechtlicher Arbeitnehmerdatenschutz durch konkrete Geheimhaltungs- und Verschwiegenheitspflichten des Betriebsrats

a) Allgemeine Geheimhaltungspflicht des § 79 Abs. 1 Satz 1 BetrVG

Die im Rahmen der betriebsverfassungsrechtlichen Beteiligungsrechte bestehenden Informationsrechte sowie das Gebot der vertrauensvollen Zusammenarbeit zwischen Arbeitgeber und Betriebsrat (§ 2 Abs. 1 BetrVG) bringen es mit sich, dass der Betriebsrat, seine Mitglieder und seine Ersatzmitglieder Mitteilungen und Kenntnisse über Betriebs- und Geschäftsgeheimnisse erhalten können. Im Interesse des Arbeitgebers enthält daher das Betriebsverfassungsrecht in § 79 Abs. 1 Satz 1 BetrVG[76] eine allgemeine Geheimhaltungspflicht für Betriebsratsmitglieder. Danach sind die Mitglieder und Ersatzmitglieder des Betriebsrats verpflichtet, Betriebs- oder Geschäftsgeheimnisse, die ihnen wegen ihrer Zugehörigkeit zum Betriebsrat bekannt geworden und vom Arbeitgeber ausdrücklich als geheimhaltungsbedürftig bezeichnet worden sind, nicht zu offenbaren und nicht zu verwerten. Diese Verpflichtung gilt jedoch gemäß § 79 Abs. 1 Satz 3 und Satz 4 BetrVG nicht gegenüber Mitgliedern des Betriebsrats selbst oder Mitgliedern anderer Mitarbeitervertretungen nach dem BetrVG, wie z. B. dem Gesamt- oder Konzernbetriebsrat.

aa) Beschränkung auf Betriebs- und Geschäftsgeheimnisse

Die Geheimhaltungspflicht des § 79 Abs. 1 Satz 1 BetrVG ist jedoch nicht umfassend, sondern erfasst nach dem eindeutigen Wortlaut der Norm nur Betriebs- und Geschäftsgeheimnisse. Betriebs- und Geschäftsgeheimnisse sind Tatsachen, Erkenntnisse oder Unterlagen, die im Zusammenhang mit dem technischen Betrieb oder der wirtschaftlichen Betätigung des Unternehmens stehen, nur einem eng begrenzten Personenkreis bekannt, also nicht offenkundig sind, nach dem bekundeten Willen des Arbeitgebers geheim gehalten werden sollen und deren Geheimhaltung für den Betrieb oder das Unternehmen wichtig ist[77]. Diese sind beispielsweise Kundenlisten, Unterlagen über technische Verfahren oder Mängel der hergestellten Sachen. Wie aus der Beschränkung des Anwendungsbereichs des § 79 BetrVG auf Betriebs- und Geschäftsgeheimnisse des Arbeitgebers deutlich wird, soll diese betriebsverfassungsrechtliche Norm einen Ausgleich dafür herstellen, dass der Arbeitgeber den Betriebsrat vor allem auch in wirtschaftlichen Fragen umfassend zu

---

76 Die Vorschrift knüpft an § 55 BetrVG 1952 (BGBl. I, S. 681 ff.) an, der seinerseits die durch die §§ 71 Abs. 3, 100 BRG von 1920 (RGBl. I, S. 147) eingeleitete Entwicklung fortführte; *Oetker*, GK-BetrVG, § 79, Rn. 1; *Weber*, Die Schweigepflicht des Betriebsrats, S.11.
77 BAG v. 16.3.1982, DB 1982, 2247 (2248); BAG v. 26.2.1987, NZA 1988, 63 (63); *Fitting*, BetrVG, § 79 Rn. 3; *Kania*, ErfK, BetrVG, § 79 Rn. 2; *Oetker*, GK-BetrVG, § 79 Rn. 8; *Thüsing*, Richardi, BetrVG, § 79 Rn. 4.

informieren hat. Der Arbeitgeber soll nicht befürchten müssen, dass seine Informationen an Kunden oder Konkurrenten weitergegeben werden und ihm dadurch geschäftliche Nachteile erwachsen[78].

bb) Arbeitnehmerdaten als Betriebs- oder Geschäftsgeheimnisse – Ansichten in der Literatur

Im Hinblick auf den Arbeitnehmerdatenschutz von Bedeutung ist in diesem Zusammenhang die bisher uneinheitlich beantwortete Frage, ob und in welchem Umfang auch personenbezogene Daten von Arbeitnehmern als Betriebs- oder Geschäftsgeheimnisse i. S. d. § 79 Abs. 1 Satz 1 BetrVG qualifiziert werden können. Könnte man auch die beim Arbeitgeber gespeicherte Beschäftigtendaten unter den sachlichen Anwendungsbereich der Norm subsumieren, würde bereits das BetrVG selbst einen weitreichenden Arbeitnehmerdatenschutz hinsichtlich des Umgangs des Betriebsrats mit Personaldaten gewährleisten, so dass die Frage der Anwendbarkeit des BDSG auf die Datenverarbeitung des Betriebsrats von geringerer Bedeutung wäre.

Diskutiert wird diese Frage insbesondere bei Lohn- und Gehaltsdaten der Beschäftigten. Bei diesen Daten kann es sich, wenn sie nicht anonymisiert sind und sich bei ihnen daher eine Verbindung zu bestimmten Arbeitnehmern ziehen lässt, zugleich um personenbezogene Daten i. S. d. § 3 Abs. 1 BDSG handeln. Zum Teil wird die Klassifizierung von Lohn- und Gehaltsdaten als Betriebs- oder Geschäftsgeheimnisse bereits mit der Begründung verneint, dass diese weder etwas mit dem technischen Betrieb noch mit der wirtschaftlichen Betätigung des Unternehmens zu tun hätten[79]. Andere lehnen die Anwendbarkeit des § 79 Abs. 1 BetrVG zumindest dann ab, wenn es sich bei den Daten um anonymisierte Daten über durchschnittliche Bruttolöhne und -gehälter, übertarifliche Zulagen und Spannen der übertariflichen Zulagen handelt, die der Betriebsrat nach erfolgter Einsicht in die Listen über Bruttolöhne und -gehälter nach § 80 Abs. 2 Satz 2 Hs. 2 BetrVG selbst erstellt hat[80]. Die dieser Ansicht entgegenstehende Meinung in der Literatur wendet demgegenüber jedoch ein, dass die innerbetriebliche Entgeltstruktur zu den Kalkulationsunterlagen zu rechnen und daher ohne weiteres als Geschäftsgeheimnis anzusehen sei[81].

---

78 *Buschmann*, DKKW, BetrVG, § 79 Rn. 1; *Kania*, ErfK, BetrVG, § 79 Rn. 1; *Weber*, Die Schweigepflicht des Betriebsrats, S.11.
79 *Friesen*, ArbuR 1982, 245 (246).
80 LAG Köln v. 18.12.1992, AiB 1993, 334 (335); *Buschmann*, DKKW, BetrVG, § 79 Rn. 10.
81 *Löwisch/Kaiser*, BetrVG, § 79 Rn. 4; *Thüsing*, Richardi, BetrVG § 79 Rn. 5.

cc) Arbeitnehmerdaten als Betriebs- oder Geschäftsgeheimnisse – Rechtsprechung des BAG

Nach Auffassung des BAG[82] lässt sich die Frage, ob Lohn- oder Gehaltsdaten eines Betriebes zu den Betriebs- oder Geschäftsgeheimnissen zählen, nicht generell, sondern nur unter Berücksichtigung der Besonderheiten des betroffenen Unternehmensbereichs beantworten. Die Voraussetzung eines objektiv berechtigten wirtschaftlichen Interesses zur Anerkennung bestimmter Tatsachen als Betriebs- oder Geschäftsgeheimnis und der Schutzzweck des § 79 Abs. 1 BetrVG lassen erkennen, dass nicht in jedem Fall Lohn- und Gehaltsdaten, die stets ein Teil der betriebswirtschaftlichen Kalkulation über Umsätze und Gewinnmöglichkeiten seien, als Geschäftsgeheimnisse bezeichnet werden können. Vielmehr müsse die Geheimhaltung der Daten gerade dieses Betriebes bzw. eines Teils des Betriebes oder einer bestimmten Arbeitnehmergruppe für den wirtschaftlichen Erfolg des Betriebs insofern von Vorteil sein, als die Konkurrenz mit deren Kenntnis ihre eigene Wettbewerbsfähigkeit steigern könnte[83]. Denn mit § 79 Abs. 1 BetrVG soll die ungestörte Ausübung des Gewerbes auch gerade aufgrund Dritten nicht zugänglicher Kenntnisse, Erfahrungen und Unterlagen und damit die Wettbewerbsfähigkeit des Betriebsinhabers geschützt werden[84]. Sind hingegen die zu den Kalkulationsgrundlagen hinzuzurechnenden Bruttogehaltsdaten für die Reaktion der Konkurrenz auf dem Markt unergiebig, bestehe kein objektiv berechtigtes wirtschaftliches Interesse an der Geheimhaltung.

dd) Schutz wirtschaftlicher Arbeitgeberinteressen als Zweck des § 79 Abs. 1 Satz 1 BetrVG

Die Entscheidung des BAG hat in der rechtswissenschaftlichen Literatur zur Recht weitgehend Zustimmung erfahren[85]. Dass Lohn- und Gehaltsdaten sensible Daten sind, verdeutlicht der Gesetzgeber bereits durch die in § 80 Abs. 2 Satz 2 Hs. 2 BetrVG enthaltenen mehrfachen Begrenzungen des Einblicksrechts des Betriebsrats in Listen der Bruttolöhne und -gehälter[86]. In personalintensiven Unternehmen sind die Personalkosten weitgehend mit den Produktionskosten identisch und von daher wesentlicher Kalkulationsfaktor der Gesamtkosten. Zudem wird dort über den Gehaltsfaktor die Erfüllung des unternehmerischen Zwecks maßgebend bestimmt, da hochqualifizierte Mitarbeiter durch überdurchschnittliche Entlohnung

---

82 BAG v. 26.2.1987, NZA 1988, 63 (63); BAG v. 15.5.1987, DB 1988, 2569 (2570); BAG v. 13.2.2007, NZA 2007, 1121 (1123).
83 BAG v. 15.5.1987, DB 1988, 2569 (2570).
84 BAG v. 26.2.1987, NZA 1988, 63 (63).
85 Kania, *ErfK*, BetrVG, § 79 Rn. 5; *Fitting*, BetrVG, § 79 Rn. 4; *Kort*, SAE 1988, 60 (61); *Teplitzky*, Anm. zu BAG v. 26.2.1987, AP Nr. 2 zu § 79 BetrVG 1972.
86 *Plander*, EWiR 1987, 1157 (1158).

gehalten oder angeworben werden[87]. Die Kenntnis dieser Faktoren, die den Erfolg des Unternehmens in erheblichen Maß mitbestimmen, ermöglicht es den Konkurrenten, Schlüsse über die Leistungsfähigkeit des Unternehmens zu ziehen.

Auch wenn das BAG unter bestimmten Umständen Informationen über das Entgelt der Beschäftigten als Betriebs- oder Geschäftsgeheimnisse ansieht und dem Betriebsrat als Folge insoweit eine Verschwiegenheitspflicht auferlegt, bezweckt § 79 Abs. 1 BetrVG jedoch nicht das Persönlichkeitsrecht der Arbeitnehmer, sondern allein das wirtschaftliche Interesse des Arbeitgebers zu schützen. Zwar handelt es sich bei Lohn- und Gehaltsdaten üblicherweise um personenbezogene Arbeitnehmerdaten. Die Anerkennung als Geschäftsgeheimnis i. S. d. § 79 Abs. 1 BetrVG können personenbezogene Daten der Arbeitnehmer nach dem Zweck der Norm jedoch nur erfahren, wenn die Geheimhaltung der Daten für den wirtschaftlichen Erfolg des Betriebes insofern von Vorteil ist, als die Konkurrenzunternehmen mit deren Kenntnis ihre eigene Wettbewerbsfähigkeit steigern könnten[88]. § 79 Abs. 1 BetrVG soll nur die Wettbewerbsfähigkeit des Betriebsinhabers und nicht das Recht auf informationelle Selbstbestimmung der Beschäftigten schützen. Ist die Bekanntgabe von Arbeitnehmerdaten nämlich für die Reaktion der Konkurrenz auf dem Markt unergiebig, besteht kein objektives wirtschaftliches Interesse an der Geheimhaltung und damit auch keine Pflicht zum Schutz dieser Daten durch den Betriebsrat. Folglich unterfallen personenbezogene Daten der Beschäftigten nur in den seltensten Fällen dem Begriff der Betriebs- und Geschäftsgeheimnisse und damit dem sachlichen Anwendungsbereich des § 79 Abs. 1 BetrVG[89]. Selbst für Entgeltdaten, welche noch am ehesten als Betriebs- oder Geschäftsgeheimnisse qualifiziert werden können, ist dies nur für sehr personalintensive Unternehmen anzunehmen. Für andere Arten von personenbezogenen Daten wird eine Geheimhaltungspflicht des Betriebsrats nach § 79 Abs. 1 BetrVG jedoch kaum angenommen werden können, da sich aus diesen keine Rückschlüsse auf die Kalkulation des Unternehmens ziehen lassen, anhand deren die Konkurrenz ihre Wettbewerbsfähigkeit steigern könnte. § 79 Abs. 1 Satz 1 BetrVG ist daher nicht in der Lage, einen umfassenden Arbeitnehmerdatenschutz hinsichtlich des Umgangs des Betriebsrats mit Personaldaten zu gewährleisten.

---

87 Ebenso BAG v. 13.2.2007, NZA 2007, 1121 (1123) zur Veröffentlichung der Höhe der mit Bühnenmitgliedern eines Theaterunternehmens individuell vereinbarten Gagen; *Weber*, Die Schweigepflicht des Betriebsrats, S. 58.
88 ArbG Mannheim v. 6.2.2008, AiB 2007, 542 (543); *Oetker*, GK-BetrVG, § 79 Rn. 7.
89 Bejaht für die Entgeltdaten von Bühnenmitgliedern eines Theaterunternehmens, BAG v. 13.2.2007, NZA 2007, 1121 (1123).

b) Schweigepflicht des Betriebsrats bei personellen Einzelmaßnahmen des Arbeitgebers (§§ 99 Abs. 1 Satz 3, 102 Abs. 2 Satz 5 BetrVG)

aa) Besonderes Geheimhaltungsbedürfnis bei personellen Einzelmaßnahmen

Bewerbungsunterlagen von Mitarbeitern bedürfen grundsätzlich einer vertraulichen Behandlung. Bei diesen handelt sich um sensible Informationen, und der Bewerber muss darauf vertrauen dürfen, dass seine Daten, sein Lebenslauf und sein beruflicher Werdegang vertraulich behandelt werden. Selbiges gilt hinsichtlich der Gründe, die zu einer Kündigung des Arbeitnehmers geführt haben. Auch wenn diese Informationen keine Betriebs- oder Geschäftsgeheimnisse i. S. d. § 79 Abs. 1 BetrVG sind, treffen die Betriebsratsmitglieder daher im Rahmen der Mitwirkung des Betriebsrats bei Einstellungen, Versetzungen und Kündigungen besondere Verschwiegenheitspflichten. Nach §§ 99 Abs. 1 Satz 3 und § 102 Abs. 2 Satz 5 BetrVG[90] haben sie Stillschweigen zu wahren über die persönlichen Verhältnisse und Angelegenheiten der Bewerber bzw. Arbeitnehmer, die ihnen im Zuge der Mitbestimmungsrechte bei personellen Einzelmaßnahmen bekannt geworden sind und die ihrer Bedeutung oder ihrem Inhalt nach einer vertraulichen Behandlung bedürfen[91]. Gewährt der Betriebsrat Dritten folglich Einsicht in die Bewerbungsunterlagen oder die Betriebsratsanhörung nach § 102 Abs. 1 Satz 1 BetrVG, verstößt er gegen die ihm obliegende Verschwiegenheitspflicht. Diese Verschwiegenheitspflicht entspricht ihrerseits der Verpflichtung des Arbeitgebers zur umfassenden Unterrichtung des Betriebsrats in personellen Angelegenheiten[92]. Da die Regelungen in § 79 Abs. 1 Satz 2 bis 4 BetrVG gemäß § 99 Abs. 2 Satz 3, Hs. 2, § 102 Abs. 2 Satz 5 BetrVG entsprechend anwendbar sind, gilt die Verschwiegenheitspflicht jedoch nicht gegenüber den anderen in § 79 Abs. 1 Satz 3, 4 BetrVG genannten Betriebsverfassungsorganen. Es gibt also insoweit keine Schweigepflicht im Verhältnis der Betriebsratsmitglieder untereinander[93]. Die Betriebsratsmitglieder unterliegen aber auch nach dem Ausscheiden aus dem Betriebsrat weiterhin der Verschwiegenheitspflicht.

---

90 Für die Mitbestimmung des Betriebsrats bei Kündigungen existiert eine Verweisungsnorm in § 102 Abs. 2 Satz 5 BetrVG. Nach dieser Vorschrift gilt bei Kündigungen die Verschwiegenheitspflicht des § 99 Abs. 1 Satz 3 BetrVG entsprechend.
91 *Fitting*, BetrVG, § 79 Rn. 32.
92 *Weber*, Die Schweigepflicht des Betriebsrats, S. 8.
93 *Wirlitsch*, ArbR 2010, 415 (416).

bb) Keine Begrenzung der besonderen Schweigepflicht auf bestimmte Informationen

Zur Begründung der Verschwiegenheitspflichten nach §§ 99 Abs. 1 Satz 3, 102 Abs. 2 Satz 5 BetrVG bedarf es, anders als bei der allgemeinen Geheimhaltungsvorschrift des § 79 Abs. 1 BetrVG, keiner Erklärung des Arbeitgebers über die Geheimhaltungsbedürftigkeit[94]. Dies erklärt sich zum einen durch das Fehlen einer § 79 Abs. 1 Satz 1 BetrVG vergleichbaren Regelung. Zum anderen zielt die Verschwiegenheitspflicht in personellen Angelegenheiten nicht wie § 79 Abs. 1 BetrVG auf den Schutz des Arbeitgebers, sondern auf den Schutz der Arbeitnehmer und Bewerber ab. Geschützt werden sollen nicht Geheimnisse aus der Sphäre des Arbeitgebers, sondern die persönlichen Belange und damit das Recht auf informationelle Selbstbestimmung der Arbeitnehmer und Bewerber. Es stehen somit Persönlichkeitsrechte im Vordergrund, deren Schutz nicht von einer Erklärung des Arbeitgebers über die Geheimhaltungsbedürftigkeit abhängen darf.

c) Schweigepflichten des Betriebsrats bei der Teilnahme an Personalgesprächen nach § 82 Abs. 2 Satz 3 BetrVG

aa) Recht auf Hinzuziehung eines Betriebsratsmitglieds zum Personalgespräch

Gemäß § 82 Abs. 2 Satz 1 BetrVG kann der Arbeitnehmer vom Arbeitgeber verlangen, dass ihm die Berechnung und Zusammensetzung seines Arbeitsentgelts erläutert und dass mit ihm die Beurteilung seiner Leistungen sowie die Möglichkeiten seiner beruflichen Entwicklung im Betrieb erörtert werden. Bei Ausübung dieses Rechts kann der Arbeitnehmer ein beliebiges Mitglied des Betriebsrats zur Unterstützung hinzuziehen (§ 82 Abs. 2 Satz 2 BetrVG).

Dieses Recht des Arbeitnehmers auf Hinzuziehung eines Betriebsratsmitglieds zu einem Personalgespräch bezieht sich jedoch nur auf die in § 82 Abs. 2 Satz 1 BetrVG genannte Erörterung der Berechnung und Zusammensetzung des Entgelts und der Leistungsbeurteilung bzw. Entwicklungsmöglichkeiten[95]. Die hierzu vereinzelt vertretene Ansicht[96], das Recht der Hinzuziehung eines Betriebsratsmitglieds bestehe auch in den Angelegenheiten des § 82 Abs. 1 BetrVG, welcher das allgemeine Anhörungs- und Erörterungsrecht des Arbeitnehmers zu den betrieblichen Angelegenheiten, die seine Person betreffen, regelt, ist abzulehnen.

---

94 *Wirlitsch*, ArbR 2010, 415 (416).
95 BAG v. 24.4.1979, DB 1979, 1755 (1756); BAG v. 16.11.2004, NZA 2005, 416 (418); *Fitting*, BetrVG, § 82 Rn. 12; *Wiese/Franzen*, GK-BetrVG, § 82, Rn. 20; *Thüsing*, Richardi, BetrVG, § 82, Rn. 14a.
96 *Buschmann*, DKKW, § 82 Rn. 12.

Dies folgt insbesondere aus der Systematik der Vorschrift[97]. Das Hinzuziehungsrecht ist innerhalb des § 82 BetrVG nicht in einem eigenen Absatz, sondern in Satz 2 des Absatzes 2 geregelt. Damit beschränkt es sich ersichtlich auf die zuvor in Satz 1 dieses Absatzes genannten Tatbestände. Dies entspricht auch der Systematik der weiteren Vorschriften des BetrVG, welche die Hinzuziehung eines Betriebsratsmitglieds zu Personalgesprächen zum Inhalt haben (§§ 81 Abs. 4 Satz 3, 83 Abs. 1 Satz 2, 84 Abs. 1 Satz 2 BetrVG). Auch diese erstrecken das Recht auf Hinzuziehung eines Betriebsratsmitglieds zu Gesprächen mit dem Arbeitgeber nur auf bestimmte Personalgespräche. Der Arbeitnehmer hat daher keinen generellen Anspruch darauf, zu jedem Personalgespräch ein Betriebsratsmitglied hinzuzuziehen.

Diese Einschränkung der Arbeitnehmerrechte wird jedoch dadurch relativiert, dass es für den Anspruch auf Hinzuziehung eines Betriebsratsmitglieds nach § 82 Abs. 2 Satz 2 BetrVG ausreicht, wenn die Gesprächsgegenstände zumindest teilweise mit den in § 82 Abs. 2 Satz 1 BetrVG genannten Themen identisch sind[98]. Nicht erforderlich ist daher, dass es sich ausschließlich um einen der in § 82 Abs. 2 Satz 1 BetrVG genannten Tatbestände handelt. Ebenso wenig kommt es darauf an, wer den Anlass für das Gespräch gegeben oder dieses verlangt hat. Das Recht des Arbeitnehmers auf Teilnahme eines Betriebsratsmitglieds wird daher nicht dadurch ausgeschlossen, dass der Arbeitgeber die Erörterung mit dem Arbeitnehmer sucht[99]. Dies entspricht dem Sinn und Zweck des Anspruchs und dem Umstand, dass es häufig von Zufälligkeiten abhängt, ob der Arbeitgeber oder der Arbeitnehmer die Initiative zu einem Gespräch über die Themen des § 82 Abs. 2 Satz 1 BetrVG ergreift.

bb) Besondere Schweigepflicht des hinzugezogenen Mitglieds des Betriebsrats

Entscheidet sich ein Arbeitnehmer, zu einem Personalgespräch gemäß § 82 Abs. 2 Satz 2 BetrVG ein Mitglied des Betriebsrats hinzuzuziehen, besteht gemäß § 82 Abs. 2 Satz 3 BetrVG eine Schweigepflicht des Betriebsratsmitglieds. Danach hat das Betriebsratsmitglied über den Inhalt der Verhandlungen mit dem Arbeitgeber Stillschweigen zu bewahren, soweit es vom Arbeitnehmer im Einzelfall nicht von dieser Verpflichtung entbunden wird. Diese besondere Schweigepflicht ist notwendig, weil das Betriebsratsmitglied in den Angelegenheiten des § 82 Abs. 2 BetrVG Kenntnisse über die persönlichen Verhältnisse des Arbeitnehmers erlangt, an denen

---

97 *Fitting*, BetrVG, § 82 Rn. 12; *Wiese/Franzen*, GK-BetrVG, § 82 Rn. 20; *Thüsing*, Richardi, BetrVG, § 82, Rn. 14a.
98 BAG v. 24.4.1979, DB 1979, 1755 (1756); BAG v. 16.11.2004, NZA 2005, 416 (419); *Wiese/Franzen*, GK-BetrVG, § 82 Rn. 20.
99 BAG v. 24.4.1979, DB 1979, 1755 (1756); BAG v. 16.11.2004, NZA 2005, 416 (419); *Thüsing*, Richardi, BetrVG, § 82 Rn. 15.

dieser ein schutzwürdiges Geheimhaltungsinteresse hat[100]. Sie bezieht sich daher auch nur auf personenbezogene Daten und Informationen über den betroffenen Arbeitnehmer. Die Verschwiegenheitspflicht des § 82 Abs. 2 Satz 3 BetrVG dient daher allein dem Schutz des Rechts auf informationelle Selbstbestimmung[101] und kann daher als betriebsverfassungsrechtliche Datenschutznorm bezeichnet werden. Weitergehende, insbesondere anlässlich des Personalgesprächs erhaltene Informationen über betriebliche- oder geschäftliche Angelegenheiten sowie über andere Mitarbeiter werden von der Schweigepflicht nicht umfasst[102]. Soweit in dem Personalgespräch jedoch Betriebs- oder Geschäftsgeheimnisse offenbart werden, kann das Betriebsratsmitglied der Geheimhaltungsvorschrift des § 79 Abs. 1 BetrVG unterliegen.

Der Arbeitnehmerdatenschutz wird durch § 82 Abs. 2 Satz 3 BetrVG darüber hinaus dadurch besonders gestärkt, dass die Verschwiegenheitspflicht gegenüber jedermann, folglich auch gegenüber dem Betriebsrat selbst und den anderen Betriebsratsmitgliedern gilt[103]. Der betroffene Arbeitnehmer zieht nämlich zum Personalgespräch nicht den Betriebsrat als solchen, sondern ein von ihm ausgewähltes Betriebsratsmitglied persönlich hinzu.

cc) Beteiligung des Betriebsrats am Personalgespräch gegen den Willen des Arbeitnehmers?

Unter Berufung auf den Grundsatz der vertrauensvollen Zusammenarbeit (§ 2 Abs. 1 BetrVG) ist es in einigen Unternehmen üblich, den Betriebsrat oder den bei diesem gebildeten Personalausschuss nicht nur originär bei Beteiligungs- und Mitbestimmungsrechten, sondern auch bereits im Vorfeld von Personalmaßnahmen einzuschalten. Diese Form der Zusammenarbeit zwischen Arbeitgeber und Betriebsrat kann unter Umständen dazu führen, dass Mitglieder des Betriebsrats auf Wunsch des Arbeitgebers an Personalgesprächen teilnehmen. Der Betriebsrat soll frühzeitig in personelle Angelegenheiten mit eingebunden werden, um im Falle einer sich hieran eventuell anschließenden Personalmaßnahme des Arbeitgebers (Versetzung

---

100 *Wiese/Franzen*, GK-BetrVG, § 82 Rn. 22; daher wundert es, dass der Regierungsentwurf diese Verschwiegenheitspflicht zunächst gar nicht vorsah (vgl. BT-Drs. 6/1786, S. 17), sondern diese erst aufgrund der Stellungnahme des Bundesrates (BT Drs. 6/1786, S. 64) von der Bundesregierung aufgegriffen und in den Gesetzentwurf eingefügt wurde (BT-Drs. 6/2729, S. 37).
101 *Oetker*, GK-BetrVG, § 79, Rn. 51; *Buschmann*, DKKW, BetrVG, § 79, Rn. 13; *Hey*, RdA 1995, 298 (302); *Weber*, Die Schweigpflicht des Betriebsrats, S.176, die darüber hinaus darauf hinweist, dass die Schweigepflicht zusätzlich der rechtlichen Absicherung des Vertrauens dient, das ein Arbeitnehmer einem Mitglied des Betriebsrats entgegenbringt.
102 LAG Frankfurt v. 3.11.1992, AiB 1993, 731 (731); *Wiese/Franzen*, GK-BetrVG, § 82 Rn. 22; *Buschmann*, DKKW; BetrVG, § 82 Rn. 13.
103 *Fitting*, BetrVG, § 79 Rn. 33; *Wiese/Franzen*, GK-BetrVG, § 82 Rn. 23; *Buschmann*, DKKW, BetrVG, § 82 Rn. 13; *Wirlitsch*, ArbR 2010, 415 (415).

in einen anderen Arbeitsbereich, Kündigung) die Zustimmung des Betriebsrats zu erreichen. Im Rahmen von Personalgesprächen zwischen Arbeitgeber und Arbeitnehmer werden jedoch naturgemäß Angelegenheiten besprochen, welche den Arbeitnehmer betreffen, und folglich Einzelangaben über persönliche und sachliche Verhältnisse des Arbeitnehmers ausgetauscht, an deren Geheimhaltung der Arbeitnehmer je nach Art der Information ein großes Interesse hat. Dieses Geheimhaltungsbedürfnis kann auch gegenüber dem Betriebsrat bestehen, etwa weil sich der Arbeitnehmer von den Betriebsratsmitgliedern nicht richtig vertreten fühlt und ein Vertrauensverhältnis als nicht gegeben ansieht. Daher stellt sich die Frage, inwieweit Mitglieder des Betriebsrats berechtigt sind, gegen den Willen des Arbeitnehmers an dessen Personalgespräch teilzunehmen.

Gesetzliche Vorschriften, aus denen sich unmittelbar eine Beantwortung der Frage ergeben würde, bestehen nicht. Schon die vorausgehende Frage, ob Arbeitgeber oder Arbeitnehmer überhaupt wechselseitig einen Rechtsanspruch darauf haben, von dem anderen Vertragsteil die Führung eines Gesprächs über persönliche Belange auf der einen oder anderen Seite zu führen und unter welchen Voraussetzungen dieses gegebenenfalls besteht, ist gesetzlich nur unvollständig geregelt[104]. Für den Arbeitgeber ist jedoch anzunehmen, dass dessen Weisungsrecht nach § 106 Satz 1 und 2 GewO die Berechtigung beinhaltet, den Arbeitnehmer zur Teilnahme an einem Personalgesprächen zu verpflichten, zumindest soweit das Personalgespräch einen Bezug zur Arbeitspflicht oder einer leistungssichernden Nebenpflicht aufweist[105]. Für den Arbeitnehmer enthält zumindest der zweite Abschnitt des BetrVG (§§ 81-86a BetrVG) unmittelbare Mitspracherechte hinsichtlich seines Arbeitsplatzes und der Bedeutung seiner Tätigkeit im Betrieb.

Ob der Arbeitgeber seinerseits ein Betriebsratsmitglied auch gegen den Willen des Arbeitnehmers am Personalgespräch beteiligen kann oder ob dem Betriebsrat ein eigenes Recht auf Anwesenheit zusteht, ergibt sich unmittelbar weder aus der GewO noch dem BetrVG[106]. Eine Beantwortung dieser Frage kann sich daher nur aus einer systematischen und teleologischen Auslegung der im BetrVG enthaltenen Beteiligungsrechte des Betriebsrats ergeben. In diesem Zusammenhang ist sich wieder in Erinnerung zu rufen, dass der Arbeitgeber und der Betriebsrat gemäß § 75 Abs. 2 BetrVG im Rahmen ihrer Tätigkeit das Persönlichkeitsrecht der Arbeitnehmer zu schützen und zu fördern haben. Insofern hat daher bei der Beantwortung der Frage, ob ein Mitglied des Betriebsrats auch gegen den Willen des Arbeitnehmers am Personalgespräch teilnehmen kann, eine Abwägung zwischen den kol-

---

104 LAG Niedersachsen v. 22.1.2007, NZA-RR 2007, 585 (585).
105 Vgl. BAG v. 23.6.2009, NZA 2009, 1011 (1012), wonach eine Pflicht zur Teilnahme an einem Personalgespräch nicht besteht, wenn Ziel des Gesprächs eine vom Arbeitgeber gewünschte Vertragsänderung ist.
106 LAG Niedersachsen v. 22.1.2007, NZA-RR 2007, 585 (586); *Buschmann*, ArbuR 2007, 359 (359).

lektivrechtlich vorgesehenen Beteiligungsrechten des Betriebsrates und dem verfassungsrechtlich gewährleisteten Schutz des Rechts auf informationelle Selbstbestimmung des einzelnen Arbeitnehmers stattzufinden.

Dabei ist von dem Grundsatz auszugehen, dass ein Recht des Betriebsrats auf Teilnahme an Personalgesprächen im BetrVG nicht ausdrücklich enthalten ist und sich dieses auch nicht aus dem Sachzusammenhang mit den betriebsverfassungsrechtlichen Beteiligungsrechten der Mitarbeitervertretung ergibt. Nach der Systematik des BetrVG sind im Bereich der nicht gesetzlich zwingend vorgesehenen Beteiligungsrechte die Interessen des Betriebsrats nämlich darauf beschränkt, vom Arbeitgeber über die diesem zur Verfügung stehenden Informationen unterrichtet zu werden. Nach § 80 Abs. 2 BetrVG ist der Betriebsrat beispielsweise lediglich über bereits vom Arbeitgeber gewonnene Erkenntnis zu unterrichten, soweit diese zur Erfüllung seiner Aufgaben erforderlich sind. In ähnlicher Weise sieht § 102 Abs. 1 Satz 1 BetrVG vor, das der Betriebsrat erst unmittelbar vor Ausspruch einer Kündigung über die aus Sicht des Arbeitgebers die Kündigung rechtfertigenden Gründe zu unterrichten und nicht bereits im Vorfeld der personellen Maßnahme einzubinden ist. Eine sachimmanente Notwendigkeit, dass der Betriebsrat bereits an der Gewinnung derartiger Informationen unmittelbar beteiligt wird, ist daher dem BetrVG nicht zu entnehmen. Eine solche Beteiligung ist auch nicht erforderlich, damit der Betriebsrat die ihm nach dem BetrVG obliegenden Aufgaben ordnungsgemäß erfüllen kann. Hierfür sieht das BetrVG nämlich eine Vielzahl von Unterrichtungspflichten des Arbeitgebers und Informationsansprüchen des Betriebsrats vor[107].

Im Rahmen der gebotenen Interessenabwägung ist es vielmehr anzuerkennen, wenn ein einzelner Arbeitnehmer sich möglicherweise durch den Betriebsrat nicht richtig vertreten fühlt und ein Vertrauensverhältnis zum Betriebsrat als nicht gegeben ansieht und er daher der Teilnahme des Betriebsrats an dem Personalgespräch widerspricht. Angesichts der individualrechtlichen Grundlagen des Rechtsverhältnisses zwischen Arbeitnehmer und Arbeitgeber besteht ein insoweit auch rechtlich geschütztes Interesse des Arbeitnehmers, über personelle Angelegenheiten in vertraulicher Weise ausschließlich mit seinem Vertragspartner, dem Arbeitgeber, zu sprechen[108].

Der gesetzlichen Schweigepflicht, welcher die Mitglieder des Betriebsrats gegebenenfalls aufgrund der Teilnahme am Personalgespräch unterliegen würden, ist darüber hinaus nicht geeignet, diese erforderliche Vertraulichkeit im engeren Sinne zu gewährleisten. Welche Umstände etwa über seine Erkrankung oder andere sensible Informationen in dem Personalgespräch vorgetragen werden, kann der Arbeitgeber zu Beginn des Gesprächs in keiner Weise absehen. In dieser Situation ist

---

107   Siehe oben unter *Kap. C. II.*
108   LAG Niedersachsen v. 22.1.2007, NZA-RR 2007, 585 (586).

das Interesse des Arbeitnehmers an Vertraulichkeit von Informationen und damit sein Recht auf informationelle Selbstbestimmung höher zu gewichten als ein eventuelles Interesse des Arbeitgebers oder des Betriebsrats auf Teilnahme des Betriebsrats am Personalgespräch[109]. Es ist dem Arbeitgeber nämlich ohne weiteres zumutbar, das Einzelgespräch mit dem Arbeitnehmer und das Gespräch mit dem Betriebsrat getrennt zu führen. Ein Recht auf Teilnahme des Betriebsrats an einem Personalgespräch gegen den Willen des Arbeitnehmers ist daher aus Gründen des Persönlichkeitsschutzes abzulehnen.

dd) Analoge Anwendung der Schweigepflicht bei Teilnahme von Betriebsratsmitgliedern an Personalgesprächen außerhalb des § 82 Abs. 2 BetrVG

Entscheidet sich ein Arbeitnehmer, ein Betriebsratsmitglied zu einem anderen als in § 82 Abs. 2 BetrVG genannten Personalgespräch hinzuzuziehen, ist die Schweigepflicht des § 82 Abs. 2 Satz 3 BetrVG nicht unmittelbar anzuwenden. Insoweit könnte daher allenfalls eine analoge Anwendung dieser Schweigepflicht in Betracht kommen. Insoweit bestehen allerdings Zweifel ob insoweit von einer planwidrigen Regelungslücke im BetrVG ausgegangen werden kann. Das BetrVG sieht nämlich neben § 82 Abs. 2 BetrVG auch in einer Reihe anderer Normen ein Recht des Arbeitnehmers vor ein Betriebsratsmitglied zu unterschiedlichen Gesprächen mit dem Arbeitgeber hinzuzuziehen (§ 81 Abs. 4 Satz 3, § 84 Abs. 1 Satz 2). In diesen Fällen ist jedoch eine hiermit korrespondierende Schweigepflicht des hinzugezogenen Betriebsratsmitglieds gerade nicht gesetzlich geregelt worden. Die Schweigepflicht des Betriebsrats, die § 82 Abs. 2 Satz 3 BetrVG für das dort geregelte Personalgespräch vorschreibt, ist daher vielmehr eine Ausnahme und nicht die Regel. Es ist daher aufgrund des Ausnahmecharakters der Norm davon auszugehen, dass der Gesetzgeber die Schweigepflicht des Betriebsrats nur auf die Fälle des § 82 Abs. 2 BetrVG beschränken wollte und nicht planwidrige auf nur ein bestimmtes Personalgespräch beschränkt hat.

Eine Verschwiegenheitspflicht kann sich für das hinzugezogene Betriebsratsmitglied daher lediglich daraus ergeben, dass im Rahmen des Personalgesprächs dem Arbeitnehmer die Berechnung und Zusammensetzung seines Arbeitsentgelts erläutert und mit ihm die Beurteilung seiner Leistungen sowie die Möglichkeit seiner beruflichen Entwicklung im Betrieb erörtert werden (§ 82 Abs. 2 Satz 3 BetrVG) oder er Einsicht in die über ihn geführten Personalakten nimmt und das Betriebsratsmitglied auch insoweit hinzuzieht (§ 83 Abs. 1 Satz 3 BetrVG).

---

109 LAG Niedersachsen v. 22.1.2007, NZA-RR 2007, 585 (586); *Kania*, ErfK, BetrVG, § 82 Rn. 10; *Thüsing*, Richardi, BetrVG, § 82 Rn. 14; a. A. *Buschmann*, ArbuR 2007, 359 (360).

Die Schweigepflicht nach § 82 Abs. 2 Satz 3 BetrVG tritt folglich nicht bei jedem Personalgespräch ein, zu dem das Betriebsratsmitglied hinzugezogen wird. Die Literatur behilft sich insofern mit dem Hinweis, dass es zwar kein Anspruch des Arbeitnehmers auf anonyme Behandlung der Inhalte von Personalgespräche gebe, allerdings Arbeitgeber und Betriebsrat das allgemeine Persönlichkeitsrecht des Arbeitnehmers nicht verletzen dürfen. Diese zutreffende Erkenntnis ist jedoch in der Praxis nur bedingt geeignet das Persönlichkeitsrecht der Arbeitnehmer effektiv zu wahren. Zum einen ergibt sich aus § 75 Abs. 2 BetrVG keine normative Schweigepflicht des Betriebsrats. Zum anderen wird es in der Praxis unter Umständen mit Schwierigkeiten verbunden sein zu erkennen, wann im Falle einer Veröffentlichung der zur Kenntnis genommenen Informationen die Schwelle zur Persönlichkeitsrechtsverletzung überschritten ist.

d) Datenschutzverpflichtung nach § 83 Abs. 1 BetrVG bei Hinzuziehung des Betriebsrats zur Einsicht in die Personalakte

Die Informationsbefugnisse der Mitarbeitervertretung sind mit den Datenschutzbelangen der Beschäftigten abzuwägen und in Ausgleich zu bringen. Dies macht das Betriebsverfassungsrecht auch insoweit deutlich, dass ein Einsichtsrecht des Betriebsrats in die Personalakte des Mitarbeiters nur mit dessen Einwilligung besteht.

aa) Recht des Arbeitnehmers auf Einsicht in seine Personalakte

Der Arbeitnehmer hat gemäß § 83 Abs. 1 Satz 1 BetrVG das Recht, in die über ihn geführte Personalakte Einsicht zu nehmen[110]. Das Recht des Betroffenen, in seine Personalakte Einsicht nehmen zu können, gehört zu den grundlegenden Datenschutzrechten im Beschäftigungsverhältnis. Durch das Recht auf Einsicht in seine Personalakte im materiellen Sinne, d.h. in alle für das Arbeitsverhältnis relevanten Vorgänge, soll der Beschäftigte der Gefahr begegnen können, dass über ihn Unterlagen gesammelt werden, die unzutreffend oder unzulässig sind und die ihm zu Unrecht zum Nachteil gereichen können[111]. Nach § 83 Abs. 1 Satz 2 BetrVG kann er ebenso wie im Rahmen der Personalgespräche nach § 82 Abs. 2 Satz 2 BetrVG hierzu ein beliebiges[112] Mitglied des Betriebsrats hinzuziehen. Macht der Arbeit-

---

110 *Fitting*, BetrVG, § 83 Rn. 10; der Umfang des Akteneinsichtsrechts ist im Einzelnen umstritten, insbesondere die Fragen, ob die Einsicht ohne besonderen Anlass und während der Arbeitszeit erfolgen kann; vgl. hierzu Literaturnachweise bei *Franzen*, GK-BetrVG, § 83 Rn. 22.
111 *Gola/Wronka*, Handbuch zum Arbeitnehmerdatenschutz, Rn. 121.
112 Vgl. amtliche Begründung, BT-Drs. 6/1768, S. 48: „*Betriebsratsmitglied seiner Wahl*"; BAG v. 27.11.2002, NZA 2003, 803 (804).

nehmer von dieser Möglichkeit Gebrauch, ist dem Betriebsratsmitglied in demselben Umfang Einsicht in die Personalakte zu gewähren wie dem Arbeitnehmer[113].

bb) Besondere Schweigepflicht bei Hinzuziehung eines Betriebsratsmitglieds

Im Falle der Hinzuziehung eines Betriebsratsmitglieds resultiert für dieses nach § 83 Abs. 1 Satz 3 BetrVG eine Geheimhaltungsverpflichtung, wonach das beigezogene Mitglied des Betriebsrats über den Inhalt der Personalakte Stillschweigen zu bewahren hat, soweit es vom Arbeitnehmer im Einzelfall nicht von dieser Verpflichtung entbunden wird. Diese Pflicht zur Geheimhaltung der ihm bekanntgewordenen Daten umfasst sämtliche Informationen, die einem Betriebsratsmitglied dadurch bekannt werden, dass es von einem Arbeitnehmer bei der Einsicht in die über ihn geführte Personalakte hinzugezogen wird.

Diese Geheimhaltungsverpflichtung, die sich aus § 83 Abs. 1 Satz 2, 3 BetrVG für das Betriebsratsmitglied ergibt, ist weitreichender, als es auf den ersten Blick erscheint. Der Begriff der Personalakte ist zwar trotz Erwähnung in verschiedenen Rechtsvorschriften gesetzlich nicht definiert. Nach der Rechtsprechung und der Literatur ist unter dem Begriff der Personalakte jedoch jede Sammlung von Urkunden und Vorgängen zu verstehen, die sich auf die persönlichen und dienstlichen Verhältnisse des Arbeitnehmers beziehen und die im Zusammenhang mit dem Arbeitsverhältnis stehen (sog. „materieller Personalaktenbegriff")[114]. Als Personalakte anzusehen ist also nicht nur das, was der Arbeitgeber als Personalakte bezeichnet und was er als solche führt (sog. „formeller Personalaktenbegriff"), sondern der Begriff der Personalakte umfasst jegliche Unterlagen, die das Arbeitsverhältnis betreffen oder mit diesem in einem inneren Zusammenhang stehen. Unerheblich für den Begriff der Personalakte ist daher, ob die Unterlagen in Haupt- und Nebenakten, an verschiedenen Orten des Betriebs oder Unternehmens oder in herkömmlicher Form oder mittels Scanner erfasst und elektronisch in einem Personalinformationssystemen geführt werden und ob die Unterlagen vor oder nach dem Beginn des Arbeitsverhältnisses entstanden sind[115].

---

113 *Kania*, ErfK, BetrVG, § 83 Rn. 7; *Richardi*, Richardi, BetrVG, § 83 Rn. 7; *Buschmann*, DKKW, § 83 Rn. 10; *Fitting*, BetrVG, § 83 Rn. 41. Zu dem (für den Umfang der Schweigepflicht unerheblichen) Streitstand, ob das Betriebsratsmitglied die Einsichtsrecht für den Arbeitnehmer mit dessen Vollmacht auch alleine wahrnehmen kann siehe; (bejahend) ArbG Reutlingen v. 8.5.1981, BB 1981, 1092 (1092); *Buschmann*, DKKW, BetrVG, § 83 Rn. 10; *Fitting*, BetrVG, § 83 Rn. 12; (verneinend) *Franzen*, GK-BetrVG, § 83 Rn. 26; *Thüsing*, Richardi, BetrVG, § 83 Rn. 26.
114 BAG v. 17.3.1970, DB 1970, 886 (886); BAG v. 7.5.1980, ArbuR 1981, 124 (125) mit Anm. von *Herschel*; BVerwG v. 15.10.1970, DÖV 1971, 60 (60); BVerwG v. 8.4.1976, DÖV 1977, 132 (133); BVerwG v. 23.1.1991, NJW 1991, 1628 (1628); *Fitting*, BetrVG, § 83 Rn. 5, m. w. N.
115 *Franzen*, GK-BetrVG, § 83 Rn. 7; *Kossens*, AR-Blattei SD 1250, S. 4; *Gola/Wronka*, Handbuch zum Arbeitnehmerdatenschutz, Rn. 108.

Sobald sich der Arbeitnehmer für den Beistand durch ein Betriebsratsmitglied entscheidet, hat das Betriebsratsmitglied gemäß § 83 Abs. 1 Satz 3 BetrVG über den Inhalt der Personalakte Stillschweigen zu bewahren. Ebenso wie bei der Hinzuziehung eines Betriebsratsmitglied zum Personalgespräch nach § 82 Abs. 2 BetrVG ist diese besondere Verschwiegenheitpflicht erforderlich, weil das Betriebsratsmitglied in den Angelegenheiten des § 83 Abs. 1 BetrVG unmittelbare Kenntnisse über die persönlichen Verhältnisse des Arbeitnehmers erlangt, bezüglich deren der Mitarbeiter ein schutzwürdiges Geheimhaltungsinteresse hat[116]. In diesem Fall hat der Gesetzgeber dem Recht auf informationelle Selbstbestimmung des Arbeitnehmers ausdrücklich Vorrang vor dem Kollektivinteresse des Betriebsrats gegeben. Aufgrund des vorrangigen Zwecks der Normen, das Persönlichkeitsrecht der Arbeitnehmer zu schützen[117], bezieht sich die Schweigepflicht deshalb auch nur auf personenbezogene Daten und Umstände des betroffenen Arbeitnehmers; weitergehende aus den Unterlagen entnommene Informationen etwa über betriebliche- oder geschäftliche Angelegenheiten sowie über andere Mitarbeiter werden von ihr nicht umfasst[118]. Nur der Arbeitnehmer selbst kann das hinzugezogene Betriebsratsmitglied im Einzelfall von dieser Schweigepflicht entbinden. Nach allgemeiner Ansicht gilt diese Verschwiegenheitpflicht gegenüber jedermann, auch gegenüber dem Betriebsrat und den übrigen Betriebsratsmitgliedern, da nicht der Betriebsrat als solcher, sondern das vom Arbeitnehmer ausgesuchte Betriebsratsmitglied persönlich hinzugezogen wird[119].

cc) Auswirkungen auf die Informationsansprüche des Betriebsrats

Die Vorschrift des § 83 Abs. 1 BetrVG dient dem Schutz des Persönlichkeitsrechts des einzelnen Arbeitnehmers. Das Recht auf Einsicht in die Personalakte steht nur dem betroffenen Arbeitnehmer zu. Die Einsicht eines Dritten, z. B. des Betriebsrats, ist nur mit Einwilligung des Arbeitnehmers möglich. Die Regelung des § 83 Abs. 1 BetrVG dient daher allein der Stärkung der individuellen Arbeitnehmerposition und damit dem Schutz des Rechts auf informationelle Selbstbestimmung (Art. 2 Abs. 1 i.V.m. Art. 1 Abs. 1 GG). Aus dieser Beschränkung des originären Einsichtsrechts auf den Arbeitnehmer und der Befugnis zur Hinzuziehung eines Betriebsratsmitglieds ergibt sich, dass dem Betriebsrat kein generelles Informations-

---

116 *Wiese/Franzen*, GK-BetrVG, § 82 Rn. 22.
117 *Oetker*, GK-BetrVG, § 79 Rn. 51; *Buschmann*, DKKW, BetrVG, § 79 Rn. 13; *Hey*, RdA 1995, 298 (302); *Weber*, Die Schweigepflicht des Betriebsrats, S.176.
118 LAG Frankfurt v. 3.11.1992, AiB 1993, 731 (731); *Wiese/Franzen*, GK-BetrVG, § 82 Rn. 22; diesbezüglich kann aus betriebsverfassungsrechtlicher Sicht nur der Schutz der allgemeinen Geheimhaltungspflicht nach § 79 Abs. 1 Satz 1 BetrVG eingreifen.
119 *Fitting*, BetrVG, § 79, Rn. 33; *Buschmann*, DKKW, BetrVG, § 82 Rn. 13; *Wiese/Franzen*, GK-BetrVG, § 82 Rn. 23; *Lorenz*, Düwell, BetrVG, § 82 Rn. 21.

recht über die Mitarbeiter durch Zugriff auf die Personalakten oder ein Personalinformationssystem als solche zusteht[120].

Zwar umfasst der allgemeine Informationsanspruch des Betriebsrats nach § 80 Abs. 2 Satz 2 BetrVG auf jederzeitige Vorlage der zur Durchführung seiner Aufgaben erforderlichen Unterlagen seinem Wortlaut nach auch Informationen, die üblicherweise in Personalakten gespeichert sind. Was die Personalakte betrifft enthält § 83 Abs. 1 BetrVG jedoch eine das allgemeine Persönlichkeitsrecht des Arbeitnehmers schützende Sonderregelung, die einem eigenständigen und jederzeitigen Vorlageanspruch des Betriebsrats entgegensteht[121]. Die Systematik und der Vergleich der Konsequenzen, welche sich für den Betriebsrat aus § 83 Abs. 1 BetrVG und § 80 Abs. 2 BetrVG ergeben, lassen erkennen, dass die originären Befugnisse des Betriebsrats gerade nicht den jederzeitigen Zugang zu den Personalakten einschließen. An die Teilnahme eines Betriebsratsmitglieds an der Einsichtnahme schließt sich nach § 83 Abs. 1 Satz 2 BetrVG nämlich eine Schweigepflicht desselbigen zum Schutz der Individualsphäre des betroffenen Arbeitnehmers an.

Dass die sich hieraus ergebende Datenschutzverpflichtung nach dem Willen des Gesetzgebers von besonderer Bedeutung ist, zeigt sich insbesondere daran, dass diese besondere Schweigepflicht im Gegensatz zur allgemeinen Schweigepflicht des Betriebsrates gemäß § 79 Abs. 1 BetrVG[122] auch gegenüber den anderen Mitgliedern des Betriebsrates besteht. Sie wäre entwertet, wenn der Betriebsrat ohne weiteres im Rahmen seines allgemeinen Unterrichtungs- und Vorlageanspruchs gemäß § 80 Abs. 2 Satz 2 BetrVG ein Vorlagerecht auch hinsichtlich der Personalakten hätte[123]. Denn in § 80 Abs. 2 BetrVG ist, obwohl es sich dabei um den weitreichensten Informationsanspruch des Betriebsrats handelt, keine hiermit korrespondierende Schweigepflicht für dessen Mitglieder vorgesehen. Die Geheimhaltungsbedürfnisse des Arbeitgebers und der Beschäftigten werden nur unter den Voraussetzungen des § 79 Abs. 1 BetrVG berücksichtigt. Zudem könnte die besondere Schweigepflicht nach § 83 Abs. 1 Satz 3 BetrVG leicht dadurch unterlaufen

---

120 BAG v. 20.12.1988, NZA 1989, 393 (395); LAG Frankfurt v. 22.5.1984, NZA 1985, 97 (97); LAG Niedersachsen v. 22.1.2007, NZA-RR 2007, 585 (586); ArbG Reutlingen v. 8.5.1981, BB 1981, 1092 (1092); *Buschmann*, DKKW, BetrVG, § 83 Rn. 10; *Fitting*, BetrVG, § 83 Rn. 41; *Gola*, DuD 1987, 440 (443); ein umfassendes Einsichtsrecht besteht für den Betriebsrat nach § 80 Abs. 2 S. 2 Hs. 2 BetrVG lediglich hinsichtlich der Listen der Bruttolöhne und -gehälter.
121 LAG Frankfurt v. 22.5.1984, NZA 1985, 97 (97); *Franzen*, GK-BetrVG, § 83 Rn. 33; *Kossens*, AR-Blattei SD 1250, S. 24.
122 Gemäß § 79 Abs. 1 Satz 3, 4 BetrVG gilt die allgemeine Geheimhaltungsverpflichtung ausdrücklich nicht gegenüber anderen Mitgliedern des Betriebsrats, dem Gesamt- und Konzernbetriebsrat, der See- und Bordvertretung, den Arbeitnehmervertretern im Aufsichtsrat, der Einigungsstelle, der tariflichen Schlichtungsstelle nach § 76 Abs. 8 BetrVG sowie der betrieblichen Beschwerdestelle nach § 86 BetrVG.
123 LAG Niedersachsen v. 22.1.2007, NZA-RR 2007, 585 (587); *Brill*, ArbuR 1967, 41 (42).

werden, dass das zur Einsicht in die Personalakten hinzugezogene Betriebsratsmitglied ein ohne Darlegung eines besonderen Anlasses zulässiges Vorlageverlangen des Betriebsrates für diese Personalakte anregt.

IV. Zusammenfassung

Arbeitnehmerdatenschutz und somit auch datenschutzrechtliche Verpflichtungen des Betriebsrats hat es bereits vor der Einführung des BDSG gegeben. Das BetrVG enthält eine Vielzahl von Vorschriften, die zum einen dazu dienen, die Preisgabe von personenbezogenen Daten der Beschäftigten an den Betriebsrat zu beschränken, zum anderen die Weitergabe und Veröffentlichung von Arbeitnehmerdaten durch den Betriebsrat zu unterbinden. Ziel dieses betriebsverfassungsrechtlichen Arbeitnehmerdatenschutzes ist somit der Schutz der Persönlichkeitsrechte der Arbeitnehmer. Der Persönlichkeitsschutz des BetrVG geht sogar über den Schutz des informationellen Selbstbestimmungsrechts in seiner speziellen Ausgestaltung in datenschutzrechtlichen Regelungen hinaus und erfasst – u. a. aufgrund seiner speziellen Verpflichtung aus § 75 Abs. 2 BetrVG – auch Tatbestände, die außerhalb des Anwendungsbereichs des BDSG liegen[124].

Der betriebsverfassungsrechtliche Arbeitnehmerdatenschutz innerhalb des BetrVG ist jedoch nicht in konkret datenschützenden Vorschriften ausgestaltet, sondern findet sich in den dort gesetzlich geregelten Geheimhaltungs- und Verschwiegenheitspflichten sowie in Vorschriften wieder, welche die Weitergabe von Informationen über die im Betrieb beschäftigten Arbeitnehmer an den Betriebsrat regeln. Diese Regelungen dienen der Wahrung der Interessen der einzelnen Arbeitnehmer und leisten damit einen bedeutsamen Beitrag zur Verwirklichung des Arbeitnehmerdatenschutzes[125], auch wenn sich die durch sie eröffneten Sanktionsmöglichkeiten der §§ 23 Abs. 1, 120 BetrVG in der Praxis oft als ein stumpfes Schwert erweisen. Des Weiteren dienen die Verschwiegenheitspflichten über Personalangelegenheiten auch der Erhaltung des Betriebsfriedens und eines guten Betriebsklimas, da es, um Spannungen unter den Arbeitnehmern zu vermeiden, notwendig ist, sensible Personaldaten geheim zu halten[126].

Trotz allem wird der Arbeitnehmerdatenschutz im Betriebsverfassungsrecht nur ungenügend gewährleistet. Im Gegensatz zum Personalvertretungsrecht enthält das Betriebsverfassungsrecht keine allgemeine Regelung, welche die Mitglieder des

---

124   *Gola/Wronka*, Handbuch zum Arbeitnehmerdatenschutz, Rn. 8.
125   *Hey*, RdA 1995, 298 (302); *Belling*, Haftung des Betriebsrats, S. 69; *Weber*, Die Schweigepflicht des Betriebsrats, S.176.
126   *Spieker*, NJW 1965, 1937 (1940); *Wolff*, BB 1952, 118 (119).

Betriebsrats verpflichtet, über sämtliche ihnen bekannt gewordenen personenbezogenen Daten der Beschäftigten Stillschweigen zu bewahren. Der betriebsverfassungsrechtliche Arbeitnehmerdatenschutz ist vielmehr nur partiell hinsichtlich bestimmter Personaldaten oder bestimmter Informationsanlässe in zersplitterten Regelungen ausgestaltet. Welche Folgen dies für das Recht auf informationelle Selbstbestimmung der Arbeitnehmer im Betrieb haben kann und ob der Betriebsrat als Folge der fehlenden allgemeinen Verschwiegenheitspflicht mit den Beschäftigtendaten frei verfahren kann, hängt, was nachfolgend zu prüfen sein wird, davon ab, ob und in welchem Umfang die Regelung des allgemeinen Datenschutzrechts nach dem BDSG auch auf den Umgang des Betriebsrats mit den Informationen der von ihm vertretenen Beschäftigten anwendbar ist.

D. Betriebsrat und das allgemeine Datenschutzrecht

Erhebt, verarbeitet oder nutzt der Betriebsrat Personaldaten der Beschäftigten, stellt sich weiterhin die Frage, inwieweit die für die Rechtmäßigkeit der Verwendung dieser Daten maßgebenden Vorschriften des BDSG auf die Datenverarbeitung des Betriebsrats anwendbar sind. Hierfür ist es zunächst erforderlich festzustellen, in welchem Verhältnis die Regelungen des BetrVG zu den Bestimmungen des BDSG stehen.

I. Anwendung des BDSG auf die Datenverarbeitung des Betriebsrats

Die Aufgaben und Befugnisse des Betriebsrats werden grundlegend durch das BetrVG festgelegt. Insoweit handelt es sich um ein Spezialgesetz. Zur Erfüllung seiner vielfältigen Aufgaben und zur Wahrnehmung seiner Informations-, Mitwirkungs- und Mitbestimmungsrechte ist der Betriebsrat unter anderem auf Personalinformationen angewiesen. So hat der Arbeitgeber dem Betriebsrat beispielsweise bei Maßnahmen der Personalplanung nach § 92 BetrVG und bei der Vornahme von personellen Einzelmaßnahmen nach § 99 BetrVG oder § 102 BetrVG anhand von Unterlagen umfassend über die betroffenen Arbeitnehmer zu unterrichten[1]. Darüber hinaus kann der Betriebsrat das Bedürfnis haben, mit Hilfe der ihm zur Verfügung gestellten EDV-Technik eine Mitarbeiterdatei aufzubauen. In welchem Umfang im Rahmen dieses Informationsflusses und dieser Informationsverarbeitung vom Betriebsrat die Bestimmungen des BDSG zu beachten sind, hängt zunächst von der Frage ab, ob das BDSG auf die Datenverarbeitung durch die Mitarbeitervertretung anzuwenden ist.

1. Anwendung des BDSG auf die Datenverarbeitung des Betriebsrats

Der persönliche Anwendungsbereich des BDSG wird durch die Regelung des § 1 Abs. 2 BDSG bestimmt. Danach gilt das Gesetz unter anderem für die Erhebung, Verarbeitung und Nutzung personenbezogener Daten durch nicht-öffentliche Stel-

---

[1] Siehe hierzu *Kap. C. II. 1.*

len soweit die Datenverwendung unter Einsatz von Datenverarbeitungsanlagen erfolgt (§ 1 Abs. 2 Nr. 3 BDSG). Für den Bereich der Beschäftigtendatenverarbeitung erweitert § 32 Abs. 2 BDSG den Geltungsbereich des Gesetzes dahingehend, dass es auch im Falle einer manuellen Datenverarbeitung anwendbar ist. Nicht anwendbar das Gesetz daher lediglich, wenn die Erhebung, Verarbeitung oder Nutzung der Daten ausschließlich für persönliche oder familiäre Tätigkeiten erfolgt (§ 1 Abs. 2 Nr. 3 BDSG). Erhebt, verarbeitet oder nutzt der Betriebsrat personenbezogene Daten der im Betrieb Beschäftigten, ist davon auszugehen, dass dies in einem privatwirtschaftlichen Umfeld und nicht zu persönlichen oder familiären Zwecken erfolgt. Daher ist gemäß der Definition des § 1 Abs. 2 Nr. 3 BDSG das allgemeine Datenschutzrecht grundsätzliche auch auf die Datenverarbeitung des Betriebsrats und seiner Mitglieder anwendbar[2].

2. Stellung der betriebsverfassungsrechtlichen Mitarbeitervertretungen innerhalb des Bundesdatenschutzgesetzes

Nachdem das BDSG auch auf die Datenverarbeitungsvorgänge des Betriebsrats grundsätzlich anwendbar ist, stellt sich hieran anschließend die Frage nach der genauen Stellung sowohl des Betriebsrats als auch der übrigen betriebsverfassungsrechtlichen Mitarbeitervertretungen innerhalb des Normengefüges des BDSG. Insbesondere ist zu klären, ob die unterschiedlichen Mitarbeitervertretungen selbst eine für die Einhaltung der Vorschriften des BDSG „verantwortliche Stelle" gemäß § 3 Abs. 7 BDSG, ein Teil der verantwortlichen Stelle „Unternehmen" oder ein „Dritter" i. S. d. § 3 Abs. 8 Satz 2 BDSG sind.

Die datenschutzrechtliche Einordnung des Betriebsrats in das System des BDSG und damit die Frage, in welchem Verhältnis die Mitarbeitervertretungen zur verantwortlichen Stelle „Unternehmen" stehen, hat Auswirkungen auf die durch das BDSG gestellten Anforderungen an einen rechtmäßigen Datenverarbeitungsvorgang. Das BDSG stellt nämlich an die Übermittlung personenbezogener Daten an einen Dritten teilweise besonders geregelte und damit strengere Rechtmäßigkeitsanforderungen als an eine Nutzung personenbezogener Daten durch einen Teil der verantwortlichen Stelle selbst.

---

2   BAG v. 12.8.2009, NZA 2009, 1218 (1221); BAG, v. 3.6.2003, DB 2003, 2496 (2497); *Kothe*, Düwell, BetrVG, § 80 Rn. 22; wohl auch *Wedde*, DKWW, BDSG, § 28 Rn. 29; *Kort*, NZA 2010, 1267 (1269).

a) Betriebsrat als die für die Datenverarbeitung „verantwortliche Stelle"

aa) Begriff der „verantwortlichen Stelle" im Datenschutzrecht

Die „verantwortliche Stelle"[3] ist gemäß § 3 Abs. 7 BDSG jede Person oder Stelle, die personenbezogene Daten für sich selbst erhebt, verarbeitet oder nutzt oder dies durch andere im Auftrag vornehmen lässt. Auf Grundlage dieser Definition könnte man annehmen, dass auch der Betriebsrat eine für die Datenverarbeitung „verantwortliche Stelle" i. S. d. BDSG ist. Schließlich verarbeitet und nutzt er im Rahmen seiner Aufgabenwahrnehmung vom Arbeitgeber zur Verfügung gestellte personenbezogene Daten oder erhebt Beschäftigtendaten im Einzelfall selbst.

Der Terminus „verantwortliche Stelle" nach § 3 Abs. 7 BDSG kann jedoch nicht isoliert betrachtet werden. Er ist vielmehr ein Sammelbegriff für die in § 2 BDSG als Normadressaten des Gesetzes beschrieben Personen und Stellen und ist daher in einem systematischen Zusammenhang mit weiteren Definitionen des BDSG zu sehen. Für den nicht-öffentlichen, d.h. privatwirtschaftlichen Bereich definiert das BDSG als nicht-öffentliche Stelle in § 2 Abs. 4 BDSG eine natürliche oder juristische Person, Gesellschaft oder Personenvereinigung des privaten Rechts. Dies bedeutet unter Heranziehung des § 3 Abs. 7 BDSG, dass die „verantwortliche Stelle" nur eine natürliche oder juristische Person, Gesellschaft oder Personenvereinigung des privaten Rechts sein kann[4]. „Verantwortliche Stelle" ist somit nicht diejenige Organisationseinheit innerhalb des Unternehmens, welche die Daten tatsächlich erhebt, verarbeitet oder nutzt, z. B. das Rechenzentrum, sondern die juristische Person selbst, der die interne Organisationseinheit angehört[5]. Dies Auslegung entspricht auch den Vorgaben des Art. 2 Buchst. d Satz 1 EU-DSRL, welcher „die für die Verarbeitung Verantwortlichen" als „die natürliche oder juristische Person, Behörde, Einrichtung oder jede andere Stelle, die allein oder gemeinsam mit anderen über die Zwecke und Mittel der Verarbeitung von personenbezogenen Daten entscheidet" definiert.

bb) Keine Anwendung auf den Betriebsrat

Dies zugrunde gelegt können der Betriebsrat und andere Mitarbeitervertretungen des BetrVG, die als Vertreter der Belegschaft Aufgaben im Rahmen der Betriebsverfassung wahrnehmen, nicht als die für die Datenverarbeitung „verantwortliche Stelle" i. S. d. BDSG angesehen werden. Dies gilt auch, wenn der Betriebsrat ei-

---

3   Der ursprünglich verwendete Begriff der „speichernden Stelle" wurde aufgegeben, da Normadressaten des BDSG auch Stellen sind, die keine Speicherung, sondern z. B. nur die Erhebung von Daten durchführen.
4   *Gola/Schomerus*, BDSG, § 3 Rn. 48; *Dammann*, Simitis, BDSG, § 3 Rn. 225.
5   *Gola/Schomerus*, BDSG, § 5 Rn. 48; *Wagner*, BB 1993, 1729 (1732).

genständig im Rahmen der Ausübung seiner Amtsgeschäfte personenbezogene Beschäftigtendaten erhebt oder speichert. Der Wortlaut des BDSG ist insoweit eindeutig. Wenn sowohl § 2 Abs. 4 BDSG als auch § 3 Abs. 7 Satz 2 BDSG den Begriff der „Stelle" benutzen, kann nach dem Willen des Gesetzgebers dieser Begriff nur in gleicher Weise verstanden werden. Die für die Einhaltung des BDSG „verantwortliche Stelle" kann daher gemäß § 2 Abs. 4 BDSG nur eine rechtsfähige, natürliche oder juristische Person sein. Bereits hieran fehlt es beim Betriebsrat, welcher keine generelle Rechts- und Vermögensfähigkeit besitzt und insbesondere keine juristische Person ist[6]. Bei ihm handelt es sich daher trotz seiner betriebsverfassungsrechtlichen Unabhängigkeit nicht um eine natürliche oder juristische Personen, Gesellschaften oder Personenvereinigungen des privaten Rechts i. S. d. § 3 Abs. 7 BDSG. Der Betriebsrat ist insbesondere auch nicht als „andere Personenvereinigungen des privaten Rechts" i. S. d. BDSG zu verstehen, sondern funktionell und existentiell an den jeweiligen Betrieb gebunden[7]. Die verantwortliche Stelle ist daher nur die jeweilige Organisationseinheit, die den Normadressaten des BDSG bildet, als nicht-öffentliche Stelle folglich das Unternehmen als juristische Personen, Gesellschaft oder Personenvereinigung des privaten Rechts bzw. der Arbeitgeber als natürliche Person.

b) Betriebsrat als Teil der verantwortlichen Stelle „Unternehmen"

aa) Herrschende Ansicht in Rechtsprechung und Literatur

Der Betriebsrat ist demzufolge nach mittlerweile herrschender Auffassung in Rechtsprechung und Schrifttum lediglich ein Teil der verantwortlichen Stelle „Unternehmen" i. S. d. § 3 Abs. 7 BDSG[8]. Die Zugehörigkeit des Betriebsrats zur verantwortlichen Stelle ergibt sich nach der herrschenden Ansicht daraus, dass der Betriebsrat ein Organ der Betriebsverfassung und damit als ein Teil der verantwortlichen Stelle dem Unternehmen zugeordnet ist.

---

6   BAG v. 24.4.1986, NZA 1987, 100 (101); BAG v. 24.10.01, NZA 2003, 53 (54); BAG v. 29.9.2004, NZA 2005, 123 (124); *Wedde*, DKKW, BetrVG, Einl. Rn. 122; *Franzen*, GK-BetrVG, § 1 Rn. 74; *Fitting*, BetrVG, § 1 Rn. 194; *Richardi*, Richardi, Einl. Rn. 106; *Wagner*, BB 1993, 1729 (1732).
7   *Dammann*, Simitis, BDSG, § 3 Rn. 240; *Gola/Wronka*, Handbuch zum Arbeitnehmerdatenschutz, Rn. 1794.
8   BAG v. 11.11.1997, NZA 1998, 385 (386); *Buschmann*, DKKW, BetrVG, § 79 Rn. 31; *Fitting*, BetrVG, § 79 Rn. 35 und § 83 Rn. 23; *Franzen*, GK-BetrVG, § 83 Rn. 22; *Blomeyer*, MünchArbR, § 99 Rn. 43; *Dammann*, Simitis, BDSG, § 3 Rn. 240; *Gola/Schomerus*, BDSG, § 3 Rn. 49; *Kort*, NZA 2010, 1267 (1268); *Gola/Wronka*, NZA 1991, 790 (791); *Küpferle*, Arbeitnehmerdatenschutz im Spannungsfeld, S. 366.

bb) Kritik im Schrifttum an der herrschenden Ansicht

Diese von der herrschenden Meinung vorgenommen Qualifizierung des Betriebsrats wird jedoch von einem Teil der Literatur bis heute angezweifelt. Hingewiesen wird insbesondere darauf, dass die Begriffsbestimmungen des § 3 Abs. 7 und 8 BDSG nicht für die herrschende Ansicht herangezogen werden können, da sie auf die Frage der Stellung des Betriebsrats innerhalb der Systematik des BDSG gar keine Antwort geben[9]. Vielmehr sei nur der Arbeitgeber, wenn er Beschäftigtendaten erhebt, verarbeitet oder nutzt, nicht aber der Betriebsrat, die verantwortliche Stelle oder ein Teil davon. Dass der Betriebsrat Organ der betrieblichen Mitbestimmung ist, mache ihn für das BDSG ebenfalls nicht ohne weiteres zum Teil der verantwortlichen Stelle[10]. Ob der Betriebsrat ein Teil der verantwortlichen Stelle oder „Dritter" i. S. d. § 3 Abs. 8 Satz 2 BDSG ist, könne nicht allgemein, sondern vielmehr nur Anhand des konkreten Einzelfalles beurteilt werden. Maßgeblich sei hierbei die Funktionsbezogenheit der Datenverwendung[11]. Der Betriebsrat sei nur solange Teil der verantwortlichen Stelle, solang ihm die Beschäftigtendaten zur Erfüllung seiner sich aus dem BetrVG ergebenden gesetzlichen Aufgaben vom Arbeitgeber zugeleitet werden. Ist eine Auskunft des Arbeitgebers nicht durch das Betriebsverfassungsrecht gedeckt, sei der Betriebsrat daher als „Dritter" i. S. d. § 3 Abs. 8 BDSG einzustufen[12].

cc) Räumliche, organisatorische und rechtliche Einbindung des Betriebsrats in die „verantwortliche Stelle"

Der herrschenden Ansicht ist zunächst darin zuzustimmen, dass der Betriebsrat keine eigenständige „verantwortliche Stelle" i. S. d. BDSG ist. Der Betriebsrat ist aber auch kein außerhalb der verantwortlichen Stelle stehender „Dritter" i. S. d. § 3 Abs. 8 Satz 2 BDSG. Dritter ist nach der Legaldefinition des § 3 Abs. 8 Satz 2 BDSG jede Person oder Stelle außerhalb der verantwortlichen Stelle, nicht aber der Betroffene und der mit der Datenverarbeitung Beauftragte. Das BDSG siedelt den Dritten folglich außerhalb der verantwortlichen Stelle an; dies ist für die Mitarbeitervertretung jedoch weder räumlich noch organisatorisch-funktional noch rechtlich der Fall[13]. Die Räume, welche dem Betriebsrat zur Durchführung seiner Tätigkeiten von der Unternehmensleitung gemäß § 40 Abs. 2 BetrVG zur Verfügung ge-

---

9   *Thüsing*, Richardi, BetrVG, § 80 Rn. 57.
10 *Thüsing*, Richardi, BetrVG, § 80 Rn. 57; *Hesse*, Einfluss des BDSG auf die Betriebsratstätigkeit, S. 135.
11 *Thüsing*, Richardi, BetrVG, § 80 Rn. 57; *Kroll*, DB 1979, 1182 (1183); *Weber*, Die Schweigepflicht des Betriebsrats, S. 214.
12 *Thüsing*, Richardi, § 80 Rn. 57; *Rieble/Gistel*, BB 2004, 2462 (2465); *Weber*, Die Schweigepflicht des Betriebsrats, S. 215.
13 *Gola/Wronka*, NZA 1991, 790 (791).

stellt werden, stehen im Eigentum des Unternehmen und befinden sich in der Regel in den Werksgebäuden auf dem jeweiligen Betriebsgelände und somit räumlich innerhalb der verantwortlichen Stelle.

Der Betriebsrat arbeitet darüber hinaus zwar insoweit organisatorisch-funktional unabhängig, dass er, mit eigenen Rechten ausgestattet, bei der Ausübung seiner Tätigkeit nicht dem Direktionsrecht des Arbeitgebers unterworfen ist. Die bloße Unabhängigkeit einer betrieblichen Institution gegenüber der Unternehmensleitung bedeutet jedoch noch nicht, dass die Institution datenschutzrechtlich außerhalb des Unternehmens anzusiedeln ist[14]. Würde man aus den gesetzlichen Befugnissen des Betriebsrats der Unternehmensleitung gegenüber und dem fehlenden Direktionsrecht der selbigen ableiten, dass der Betriebsrat als Dritter außerhalb des Unternehmens steht, müsste dieses auch für andere unabhängige Institutionen des Unternehmens gelten, wie beispielsweise den Beauftragten für den Datenschutz (§ 4f Abs. 3 Satz 2 BDSG) oder die Betriebsärzte und die Fachkräfte für Arbeitssicherheit (§ 8 Abs. 1 Satz 1 ASiG). Dies wird jedoch von keiner Literaturmeinung angenommen.

Der Betriebsrat bleibt darüber hinaus trotz seiner Unabhängigkeit aber auch deshalb Teil der verantwortlichen Stelle „Unternehmen", da er gerade aufgrund seiner Stellung als Arbeitnehmervertretung einen ihm gesetzlich durch das BetrVG zugeordneten Anteil an der Datenherrschaft des Unternehmens hat. Er kann den Umgang mit Beschäftigtendaten aufgrund seiner Befugnisse nicht nur kontrollieren, sondern über seine Mitwirkungs- und Mitbestimmungsrechte (z. B. §§ 87 Abs. 1 Nr. 6, 94 BetrVG) wirksam einschränken. Der Betriebsrat ist daher funktionell zuständig, mit den Beschäftigtendaten im Unternehmen umzugehen und damit an der Datenverarbeitung der verantwortlichen Stelle beteiligt[15]. Er kann folglich auch im funktionellen Sinne nicht „Dritter" i. S. d. § 3 Abs. 8 Satz 2 BDSG sein.

Schließlich ist der Betriebsrat auch rechtlich nicht außerhalb des Unternehmens angesiedelt. Er ist insbesondere nicht als "andere Personenvereinigung des privaten Rechts" zu verstehen, sondern organisatorisch und existentiell an den jeweiligen Betrieb gebunden. Mag auch die Rechtsnatur des Betriebsrats im Einzelnen umstritten sein, herrscht doch insoweit Einigkeit, als der Betriebsrat nicht als rechtlich verselbständigtes Gebilde gegenüber dem Unternehmen angesehen wird[16]. Der Betriebsrat steht als Betriebsverfassungsorgan genauso wenig außerhalb der konstitutionellen Ordnung des Betriebs wie die Arbeitnehmer, deren Repräsentant er ist. Der Bestand eines Betriebsrats ist nach dem Willen des Gesetzgebers stets vom betreffenden Unternehmen, bei dem er auf gesetzlicher Grundlage gebildet wurde,

---

14 *Gola/Schomerus*, BDSG, § 3 Rn. 49; *Weichert*, DKWW, BDSG, § 3 Rn. 56.
15 *Küpferle*, Arbeitnehmerdatenschutz im Spannungsfeld, S. 377.
16 So bereits *Linnekohl*, NJW 1981, 202 (203); *Küpferle*, Arbeitnehmerdatenschutz im Spannungsfeld, S. 377.

abhängig. Mit dem Ende der Existenz eines Unternehmens ist auch das Ende des betreffenden Betriebsrats untrennbar verbunden[17]. Losgelöst als Dritter außerhalb von Betrieb und Unternehmen könnte er seinen Zweck, die Interessen der Belegschaft gegenüber dem Arbeitgeber zu vertreten und durchzusetzen, überhaupt nicht erreichen[18].

dd) Betriebsratsmitglieder als „Dritte" bei Datenverwendung als „Privatperson"

Der von einem Teil der Literatur in diesem Zusammenhang eingebrachte These, dass es für die Stellung des Betriebsrats innerhalb des BDSG darauf ankomme, ob die Datenweitergabe des Arbeitgebers an den Betriebsrat vom Betriebsverfassungsrecht gedeckt sei[19], kann ebenfalls nicht uneingeschränkt gefolgt werden. Zwar ist es zutreffend, dass in bestimmten Fällen auch ein Arbeitnehmer der verantwortlichen Stelle als Dritter angesehen werden kann, nämlich wenn die Bekanntgabe von personenbezogenen Daten durch die verantwortliche Stelle an den Mitarbeiter als Privatperson und damit ohne unmittelbaren Zusammenhang mit den dienstlichen Funktionen des Empfängers erfolgt[20]. Solang die Bekanntgabe an einen Beschäftigten der verantwortlichen Stelle jedoch funktionsbezogen ist, ist dieser nicht Dritter sondern Teil der verantwortlichen Stelle ohne dass es auf die Rechtmäßigkeit der Datenverarbeitung im konkreten Fall ankommt[21]. Der funktional zuständige Empfänger der personenbezogenen Daten wird nicht dadurch zum außerhalb der verantwortlichen Stelle stehenden „Dritten" i. S. d. § 3 Abs. 8 Satz 2 BDSG, dass er oder die verantwortliche Stelle die ihnen zugewiesenen Aufgaben und Befugnisse überschreitet bzw. der Empfänger mit der Entgegennahme der Daten gegen die Vorgaben des BDSG verstößt.

Für die Einstufung des Betriebsrats als Teil der verantwortlichen Stelle oder als Dritter kann keine abweichende Abgrenzung erfolgen. Auch was diesen betrifft kommt es alleine darauf an, ob der Betriebsrat bzw. seine Mitglieder in ihrer Funktion als Organ der Betriebsverfassung oder aber als Privatpersonen handeln. Handeln sie als Privatpersonen, ergeben sich keine Unterschiede zu anderen Mitarbeitern, so dass sie als „Dritte" i. S. d. § 3 Abs. 8 Satz 2 BDSG anzusehen sind. Der Betriebsrat bzw. dessen Mitglieder werden jedoch nicht dadurch zum „Dritten" i. S. d. § 3 Abs. 8 BDSG, dass der Zugriff auf personenbezogene Beschäftigtenda-

---

17 *Küpferle*, Arbeitnehmerdatenschutz im Spannungsfeld, S. 372.
18 *Weber*, Die Schweigepflicht des Betriebsrats, S. 214; *Küpferle*, Arbeitnehmerdatenschutz im Spannungsfeld, S. 372.
19 *Thüsing*, Richardi, BetrVG, § 80 Rn. 57.
20 *Dammann*, Simitis, BDSG, § 3 Rn. 234; *Gola/Schomerus*, BDSG, § 3 Rn. 54; *Gola/Wronka*, Handbuch zum Arbeitnehmerdatenschutz, Rn. 977.
21 *Dammann*, Simitis, BDSG, § 3 Rn. 235; *Gola/Wronka*, Handbuch zum Arbeitnehmerdatenschutz, Rn. 936.

ten nicht durch das Betriebsverfassungsrecht gedeckt ist. Maßgeblich ist allein, ob die Mitglieder des Betriebsrats den Zugriff auf personenbezogene Daten im Rahmen ihrer Amtsausübung erheben, verarbeiten oder nutzen. Ob jemand als Teil der verantwortlichen Stelle oder als Dritter einzustufen ist, ist vielmehr Voraussetzung für die weitere Beurteilung der Zulässigkeit der Datennutzung und nicht die Folge hieraus.

c) Datenschutzrechtliche Stellung des Gesamt- und Konzernbetriebsrats

Das soeben für den Betriebsrat Gesagte gilt ebenso für den nach § 47 Abs. 1 BetrVG errichteten Gesamtbetriebsrat. Auch der Gesamtbetriebsrat ist als ein Teil der verantwortlichen Stelle und nicht als „Dritter" i. S. d. § 3 Abs. 8 Satz 2 BDSG zu qualifizieren. Betriebsrat und Gesamtbetriebsrat sind zwar betriebsverfassungsrechtlich auf verschiedenen Ebenen angesiedelt, der eine auf der Betriebs-, der andere auf der Unternehmensebene. In datenschutzrechtlicher Hinsicht ist jedoch für die Einordnung der Mitarbeitervertretung allein die Unternehmensebene ausschlaggebend. Beide Mitarbeitervertretungen sind innerhalb der verantwortlichen Stelle „Unternehmen" aktiv, so dass auch der Gesamtbetriebsrat als Teil der verantwortlichen Stelle und nicht als Dritter anzusehen ist[22]. Folglich sind auch die unternehmensangehörigen Betriebsräte untereinander und gegenüber dem Gesamtbetriebsrat datenschutzrechtlich nicht Dritte[23].

Etwas anderes gilt jedoch für einen nach § 54 Abs. 1 BetrVG errichteten Konzernbetriebsrat und dessen informationelle Beziehung zu den konzernangehörigen Unternehmen und den dort gebildeten Betriebsräten und Gesamtbetriebsräten. Das allgemeine Datenschutzrecht des BDSG erfasst das juristisch selbstständige Unternehmen, ignoriert also, im Gegensatz zum BetrVG, sowohl die betriebsverfassungsrechtliche Anknüpfung an den Betrieb als auch die gesellschaftsrechtliche Anknüpfung an den Konzern[24]. Rechtstechnisch geschieht dies durch die Kategorie der „verantwortlichen Stelle" i. S. d. § 3 Abs. 7 BDSG. Im Sinne des BDSG ist die „verantwortliche Stelle" und damit Normadressat, wie bereits dargestellt[25], das rechtlich selbständige Unternehmen. Die Übermittlung an eine Stelle außerhalb der „verantwortlichen Stelle" bedeutet eine Übermittlung an „Dritte" (§ 3 Abs. 8 Abs. 2 BDSG), die einer besonderen Legitimation bedarf. Da in einem Konzern juristisch selbstständige Unternehmen wirtschaftlich verbunden sind, ist die Weitergabe von Daten beispielsweise von einer Konzerntochter an die Konzernmutter eine

---

22 *Dammann*, Simitis, BDSG, § 3 Rn. 240; *Küpferle*, Arbeitnehmerdatenschutz im Spannungsfeld, S. 381.
23 *Dammann*, Simitis, BDSG, § 3 Rn. 240.
24 *Dammann*, Simitis, BDSG, § 3 Rn. 240; *Killian/Heussen*, Computerrechts-Handbuch, Rn. 180.
25 Siehe unter *Kap. D. I. 2. a) aa)*.

Weitergabe an „Dritte"[26]. Selbiges gilt für den Konzernbetriebsrat, welcher auf Ebene des Konzerns besteht, sich aus Vertretern der Gesamtbetriebsräte der selbständigen Unternehmen zusammensetzt und der als Organ einer Mehrheit rechtlich selbstständiger Unternehmen in einem Konzern zugeordnet ist. Er ist folglich sowohl im Verhältnis zu den konzernangehörigen Unternehmen als auch zu den dort gebildeten Gesamtbetriebsräten und Betriebsräten als „Dritter" i. S. d. § 3 Abs. 8 Satz 2 BDSG anzusehen[27].

3. Konsequenzen der Einordnung des Betriebsrats als „Teil der verantwortlichen Stelle"

a) Abgrenzung zwischen „Übermittlung" und „Nutzung" von Beschäftigtendaten

Die Einstufung des Betriebsrats als ein Teil der „verantwortlichen Stelle" gemäß § 3 Abs. 7 BDSG ist deshalb von Bedeutung, weil das BDSG hinsichtlich der Weitergabe von personenbezogenen Daten zwischen der „Übermittlung" und der „Nutzung" von Daten unterscheidet. Gemäß § 3 Abs. 4 Satz 2 Nr. 3 BDSG ist „übermitteln" das Bekanntgeben gespeicherter oder durch Datenverarbeitung gewonnener, personenbezogener Daten an einen Dritten. Der Tatbestand der Übermittlung setzt somit voraus, dass Daten an einen Dritten, d.h. an eine Person oder Stelle außerhalb der verantwortlichen Stelle (§ 3 Abs. 8 Satz 2 BDSG), weitergegeben werden. Eine „Nutzung" ist demgegenüber gemäß § 3 Abs. 5 BDSG jede sonstige Verwendung personenbezogener Daten, die nicht bereits als Verarbeitung definiert ist. Das „Nutzen" ist daher als ein Auffangtatbestand zu verstehen, der immer dann greift, wenn eine Verwendung von personenbezogenen Daten weder der Phase der Erhebung i. S. d. § 3 Abs. 3 BDSG, noch der Verarbeitung (Speichern, Verändern, Übermitteln, Sperren oder Löschen) i. S. d. § 3 Abs. 4 BDSG zugeordnet werden kann. Ein Nutzen von gespeicherten Daten liegt bereits vor, wenn die Daten mit einer bestimmten Zweckbestimmung ausgewertet, zusammengestellt, abgerufen oder ansonsten zielgerichtet zur Kenntnis genommen werden[28]. Ausreichend ist die gezielte Kenntnisnahme von Daten.

---

26 Absolut herrschende Ansicht; vgl. *Gola/Wronka*, Handbuch zum Arbeitnehmerdatenschutz, Rn. 1074; *Gola/Schomerus*, BDSG, § 27 Rn. 4; *Schaffland/Wiltfang*, BDSG, § 27 Rn. 25.
27 *Dammann*, Simitis, BDSG, § 3 Rn. 240; *Schaffland/Wiltfang*, BDSG, § 3 Rn. 53; Killian/Heussen, Computerrechts-Handbuch, Rn. 180; *Küpferle*, Arbeitnehmerdatenschutz im Spannungsfeld, S. 382.
28 *Dammann*, Simitis, BDSG, § 3 Rn. 189; *Gola/Wronka*, Handbuch zum Arbeitnehmerdatenschutz, Rn. 911.

b) Datentransfer zwischen Arbeitgeber und Betriebsrat als „Nutzung" von Beschäftigtendaten

Relevant ist der Begriff der „Nutzung" insbesondere bei der betriebs- und unternehmensinternen Verwendung von Beschäftigtendaten. Werden Daten innerhalb des Betriebs oder des Unternehmens weitergegeben oder durch eine dienstlich bedingte betriebsinterne Bekanntmachung veröffentlicht, erfolgt die Bekanntgabe der Daten nicht an einen Dritten, so dass es sich bei diesem Vorgang nicht um eine Übermittlung im Sinne von § 3 Abs. 5 Satz 2 Nr. 3 BDSG, sondern um eine Nutzung von Daten handelt[29]. Gleiches muss für den Datenaustausch zwischen Arbeitgeber und Betriebsrat gelten. Da der Betriebsrat, wie festgestellt, grundsätzlich[30] kein außerhalb der verantwortlichen Stelle stehender „Dritter" i. S. d. § 3 Abs. 8 Satz 2 BDSG ist, ist der Austausch von personenbezogenen Daten zwischen Arbeitgeber und Betriebsrat nicht als „Übermittlung", sondern als „Nutzung" von Daten innerhalb der verantwortlichen Stelle i. S. d. § 3 Abs. 5 BDSG zu qualifizieren[31]. Dasselbe gilt für den Gesamtbetriebsrat, weil sich die Informationsweitergabe an ihn noch innerhalb des Unternehmens bewegt, auch wenn dieses aus mehreren Betrieben besteht. Gleichermaßen wird man die Ausschüsse des Betriebsrats, insbesondere den Wirtschaftsausschuss (§ 106 BetrVG), sowie die Jugend- und Auszubildendenvertretung (§ 60 BetrVG) und den Wahlvorstand (§§ 16, 17 BetrVG) als Teile der „verantwortlichen Stelle" einzustufen haben. Auch diese Institutionen sind innerhalb des Unternehmens angesiedelt so dass auch der Datenaustausch zwischen ihnen und dem Arbeitgeber als „Nutzung" von personenbezogenen Arbeitnehmerdaten anzusehen ist. Selbst die Weitergabe von personenbezogenen Daten durch den Betriebsrat an Beschäftigte des Unternehmens erfolgt in der Regel innerhalb der verantwortlichen Stelle, so dass auch insoweit keine „Übermittlung" von Daten vorliegt[32].

Soweit eine Einrichtung oder Person sich im Verhältnis zum Arbeitgeber oder Betriebsrat jedoch als „Dritter" i. S. d. § 3 Abs. 8 Satz 2 BDSG darstellt, findet im Falle eines Datenaustausches eine „Übermittlung" von Daten statt mit der Folge, dass im Einzelfall an den Datenaustausch strengere Zulässigkeitsvoraussetzungen geknüpft werden. Darüber hinaus stellt lediglich die unbefugte Übermittlung, nicht jedoch die unbefugte Nutzung von Daten, eine Ordnungswidrigkeit gemäß § 43 BDSG dar.

---

29   *Dammann*, Simitis, BDSG, § 3 Rn. 193; *Gola/Wronka*, Handbuch zum Arbeitnehmerdatenschutz, Rn. 912.
30   Vgl. zu den Ausnahmen oben *Kap. D. I. 2. B) dd)*.
31   *Gola/Wronka*, Handbuch zum Arbeitnehmerdatenschutz, Rn. 912; *Kort*, NZA 2010, 1267 (1268).
32   Eine Übermittlung liegt hingegen dann vor, wenn die Datenweitergabe an den Mitarbeiter als Privatperson und nicht im Rahmen der Ausübung arbeitsrechtlicher Pflichten erfolgt; vgl. *Weber*, Die Schweigepflicht des Betriebsrats, S. 220.

Wie bereits erörtert worden ist[33], sind als Dritte in diesem Sinne insbesondere der Konzernbetriebsrat anzusehen, jedoch auch gewerkschaftliche Vertrauensleute sowie vor allem betriebsfremde Besucher. Aus diesem Grunde kann daher beispielsweise die Veröffentlichung von personenbezogenen Arbeitnehmerdaten am Schwarzen Brett des Betriebsrats datenschutzrechtlich eine Übermittlung von Daten an Dritte sein, wenn davon auszugehen ist, dass auch Betriebsfremde Zugang zum Schwarzen Brett haben[34]. Ist das Schwarze Brett jedoch ausschließlich für Betriebsangehörige zugänglich, liegt in dieser rein internen Verbreitung von Daten demgegenüber eine „Nutzung" vor.

c) Voraussetzung einer zulässigen „Nutzung" von Beschäftigtendaten

Die Einstufung der Datenweitergabe an und durch den Betriebsrat als bloße „Nutzung" von Beschäftigtendaten bedeutet jedoch nicht, dass der Betriebsrat im unternehmensinternen Umgang mit Beschäftigtendaten frei wäre. Nach dem etwas abschätzig anmutenden Wortlaut des § 3 Abs. 5 BDSG ist eine Datenverwendung zwar *nur* dann als Nutzung zu qualifizieren, wenn es sich nicht um eine Verarbeitung von Daten i. S. d. § 3 Abs. 4 BDSG handelt. Das Gesetz nimmt diese definitorische Ausgrenzung der Nutzung jedoch nicht deshalb vor, weil die unternehmensinterne Nutzung von Daten nicht dem Schutz des BDSG unterliegt oder solche Datenverwendungen datenschutzrechtlich weniger relevant wären. Hierdurch soll lediglich eine Konkurrenz zwischen den gesetzlichen Vorschriften zur Zulässigkeit der „Verarbeitung" einerseits und denen der „Nutzung" andererseits vermieden werden[35]. Vielmehr unterliegt auch die Nutzung von personenbezogenen Daten dem in § 4 Abs. 1 BDSG festgelegten grundsätzlichen Verbot mit Erlaubnisvorbehalt. Folglich gelten für eine Nutzung von Arbeitnehmerdaten zunächst die gleichen Rechtmäßigkeitsvoraussetzungen wie für die anderen Formen der Datenverwendung. Die Rechtmäßigkeit einer Nutzung von Arbeitnehmerdaten richtet sich daher grundsätzlich nach den datenschutzrechtlichen Erlaubnistatbeständen, insbesondere nach § 32 Abs. 1 BDSG[36].

Das BDSG ist daher grundsätzlich auch auf die Datenverwendung des Betriebsrats anwendbar[37]. Datenverarbeitende Stelle und damit Adressat des BDSG ist zwar die Unternehmen. Als Teil dieser verantwortlichen Stelle i. S. d. § 3 Abs. 7 BDSG ist der Betriebsrat aber ebenfalls dem Datenschutz verpflichtet[38]. Er hat, unter Be-

---

33   Siehe oben unter *Kap. D I. 2. c)*.
34   *Weber*, Die Schweigepflicht des Betriebsrats, S. 220.
35   *Dammann*, Simitis, BDSG, § 3 Rn. 193.
36   Soweit keine spezialgesetzliche Erlaubnisnorm oder eine Einwilligung des Betroffenen vorliegt; vgl. hierzu unter *Kap. D. III. 3)*.
37   Vgl. hierzu *Kap. D. I.*
38   BAG v. 3.6.2003, DB 2003, 2496 (2497); BAG v. 12.8.2009, NZA 2009, 1218 (1221).

rücksichtigung des Strukturprinzips der Unabhängigkeit in der Betriebsverfassung, eigenständig über Maßnahmen zu beschließen, um einem Missbrauch von Beschäftigtendaten innerhalb seines Verantwortungsbereichs zu begegnen. Außerdem muss der Betriebsrat die jeweils geltenden betrieblichen Datenschutzbestimmungen einhalten und diese soweit wie möglich ergänzen.

II. Regelungsgegenstand des BetrVG und des BDSG

Die Zielsetzungen des BetrVG und des BDSG stimmen nur partiell überein. Der Schutz des Persönlichkeitsrechts der Arbeitnehmer ist, wie § 75 Abs. 2 Satz 1 BetrVG und die in besonderen Mitwirkungstatbeständen enthaltenen Regelungen zum Schutz des Persönlichkeitsrechts deutlich machen, zwar ein wichtiges Ziel des Betriebsverfassungsrechts. Es ist aber nur eine von mehreren Zielsetzungen des BetrVG. Das BDSG hingegen dient zwar dem Wortlaut des § 1 BDSG nach allein dem Schutz des Persönlichkeitsrechts. Aufgrund der ursprünglichen Zielesetzung des BDSG war dieser Schutz jedoch hauptsächlich auf den Schutz vor den Gefahren der automatisierten Datenverarbeitung und der hiermit verbundenen vereinfachten Übermittlung von Daten an Dritte beschränkt[39]. Dies führte dazu, dass nach den früheren Ausgestaltungen des BDSG ein Großteil des Umgangs mit Beschäftigtendaten im Betrieb vom Anwendungsbereich des BDSG ausgeschlossen war, da sich Beschäftigtendaten insbesondere früher in nicht automatisiert geführten Personalakten gespeichert wurden und sie i.d.R. nicht an Dritte außerhalb des Unternehmens übermittelt wurden.

Im Gegensatz zur früheren gesetzlichen Konstruktion hat jedoch die gesetzgeberische Tätigkeit in den letzten Jahren dazu geführt, dass der Arbeitnehmerdatenschutz im BDSG mehr und mehr ausgeweitet und sich die Anwendungsbereiche des BetrVG und des BDSG angenähert haben. So war beispielsweise der Vorgang der Datenerhebung, d.h. der Beschaffung von Arbeitnehmerdaten sowohl durch den Arbeitgeber als auch den Betriebsrat (§ 3 Abs. 3 BDSG), ursprünglich der Kontrolle des allgemeinen Datenschutzrechts entzogen, während das BetrVG die Erhebung von Beschäftigtendaten beispielsweise in § 94 BetrVG ungeachtet der weiteren Verwendungsweise erfasste[40]. Erst mit der Novellierung im Jahr 1990 wurde der Anwendungsbereich des BDSG insofern angepasst und auch auf die Erhebung von Beschäftigtendaten hin erweitert.

Darüber hinaus war auch die Verwendung unternehmensinterner Daten, die nicht automatisiert und nicht zur Übermittlung an Dritte bestimmt waren, lange

---

39   *Hesse*, Der Einfluss des BDSG auf die Betriebsratstätigkeit, S. 34.
40   *Hesse*, Der Einfluss des BDSG auf die Betriebsratstätigkeit, S. 34.

Zeit vom Anwendungsbereich des BDSG ausgenommen (§ 1 Abs. 3 Nr. 2 BDSG a.F.). Insbesondere unterlag daher die unternehmensinterne Nutzung und Weitergabe von Beschäftigtendaten, beispielsweise an den Betriebsrat, nicht dem in § 4 Abs. 1 BDSG normierten Verbot mit Erlaubnisvorbehalt. Diese seinerzeit sehr umstrittene Privilegierung unternehmensinterner Daten[41] wurde erst mit der Reform des BDSG im Jahr 2001 aufgegeben.

Ebenso ist das BDSG erst seit der Novellierung im Jahr 2009 auf den Umgang mit Beschäftigtendaten auch dann anwendbar, wenn die Beschäftigtendaten nicht in einer automatisierten Datei bzw. aus einer derartigen Datei verwendet oder für eine derartige Datei erhoben werden (§ 32 Abs. 2 BDSG). Derartige Beschränkungen spielten im Persönlichkeitsschutz des BetrVG von vornherein keine Rolle. Indem der Gesetzgeber diese und andere Beschränkungen der Anwendbarkeit des BDSG zur Stärkung des Arbeitnehmerdatenschutzes nach und nach aufgegeben hat, ist das BDSG nunmehr auf nahezu jede Form der Verwendung von Beschäftigtendaten anwendbar, unabhängig von der Art der Verarbeitung[42]. Folglich kann man heutzutage sagen, dass sich der Arbeitnehmerdatenschutz des BDSG vollends zu einem allgemeinen Persönlichkeitsschutz hin entwickelt hat. Was den Schutz des Rechts auf informationelle Selbstbestimmung der Beschäftigten angeht, lassen sich kaum noch Unterschiede zwischen dem Schutzbereichen des BetrVG und des BDSG feststellen. Folglich muss sich der Betriebsrat beinahe bei jeder Erhebung, Verarbeitung und Nutzung von personenbezogenen Daten der Beschäftigten die Frage stellen, ob seine Vorgehensweise entweder aufgrund der Regelungen des BetrVG oder des BDSG zulässig bzw. unzulässig ist. Dies setzt jedoch voraus, dass im vornherein festgestellt werden kann, ob sich die Zulässigkeit der Datenverarbeitung durch den Betriebsrat im konkreten Fall nach den Vorgaben des Betriebsverfassungsrechts oder des allgemeinen Datenschutzrechts richtet. Zu klären ist daher, in welchem Verhältnis diese beiden Gesetze zueinander stehen.

III. Umfang der Subsidiarität des allgemeinen Datenschutzrechts gegenüber dem Betriebsverfassungsrecht

Das BetrVG enthält keine Aussage über das Konkurrenzverhältnis zwischen BetrVG und BDSG, was darauf zurückzuführen ist, dass das BetrVG vor dem BDSG in Kraft getreten ist. In diesem Zusammenhang könnte angenommen werden, dass das BetrVG als besonderes, die Aufgaben und Befugnisse des Betriebsrats regelndes Gesetz, was die Datenverarbeitung des Betriebsrats angeht, bereits aus Gründen der allgemeinen Konkurrenzlehre Vorrang vor dem BDSG genießt.

---

41 *Auernhammer*, BDSG, § 1 Rn. 23.
42 *Gola/Schomerus*, BDSG, § 1 Rn. 22a.

Das BDSG enthält jedoch von Anfang an eine Regelung, um das Verhältnis zu anderen Rechtsvorschriften des Bundes zu klären.

1. Subsidiarität des BDSG – Hintergrund und Systematik

a) Hintergrund des Subsidiaritätsgedankens

Bereits bei der Ausarbeitung des ersten BDSG 1977 erkannte die damalige Bundesregierung, dass es sich beim Datenschutzrecht um eine Querschnittsmaterie handelt, die in eine Vielzahl von Rechts- und Fachgebieten mit ganz unterschiedlichen Sachgesetzlichkeiten hineinwirkt[43]. Insbesondere in der heutigen Zeit ist kaum mehr ein Rechtsgebiet denkbar, in dem nicht personenbezogene Daten verarbeitet werden. Im öffentlichen Recht verarbeiten Behörden im Rahmen von Genehmigungsverfahren personenbezogene Daten der Bürger, im Strafrecht verarbeiten die Staatsanwaltschaft, Gerichte und Strafvollzugsbehörden personenbezogene Daten von Straftätern und im Zivilrecht verarbeiten Unternehmen die Daten ihrer Kunden oder, wie im Arbeitsrecht, ihrer Mitarbeiter. Folglich hätte eine umfassende bundesgesetzliche Datenschutzregelung, die den besonderen Bedürfnissen in allen einschlägigen Bereichen in vollem Umfang und abschließend gerecht werden will, zwangsläufig außerordentlich umfangreich, unübersichtlich und perfektionistisch ausfallen müssen[44]. Um dies zu vermeiden musste ein allgemeines Bundesdatenschutzgesetz daher so ausgestaltet werden, dass es nur subsidiär gelten konnte. Das BDSG enthält daher seit jeher unmittelbar geltende, auf den Einzelfall wirkende und die gesamte Datenschutzmaterie umfassende Rechtsnormen. Darüber hinaus lässt es jedoch diejenigen bereits bestehende und zukünftige besondere Rechtsvorschriften mit Datenschutzcharakter unberührt, die den jeweiligen besonderen Bedürfnissen und Voraussetzungen in den Spezialbereichen besser Rechnung tragen können[45].

b) Umsetzung des Subsidiaritätsgedankens in § 45 BDSG 1977

Bereits der erste Entwurf des BDSG enthielt daher Bestimmungen, die gemäß den besonderen Bedürfnissen der jeweiligen Rechtsmaterie für spezielle Datenschutz-

---

43 BT-Drs. 7/1027, S. 13.
44 Amtliche Begründung der Bundesregierung, BT-Drs. 7/1027, S. 16; vgl. auch *Auernhammer*, BDSG, Einführung Rn. 33, der es sogar als unbestritten ansieht, dass eine Kodifikation des Datenschutzrechts, also ein Gesetz, das die Materie zusammenfasst und in allen Bereichen in allen Einzelheiten erschöpfend und abschließend regelt, nicht machbar ist.
45 BT-Drs. 7/1027 S. 16; *Auernhammer*, BDSG, Einl. Rn. 35.

vorschriften in Fachgesetzen Raum ließen. Umgesetzt wurde dieser Gedanke des Vorrangs der bereichsspezifischen Datenschutzregelungen bei Einführung des ersten BDSG in der Weise, dass in § 45 BDSG 1977 eine Auswahl der ausdrücklich gegenüber dem BDSG vorrangigen Rechtsvorschriften enthalten war. Zwar enthielt § 45 Satz 1 BDSG 1977 zunächst einleitend eine allgemeine Regelung, nach welcher besondere Rechtsvorschriften des Bundes dem BDSG vorgehen sollten, soweit sie auf in Dateien[46] gespeicherte personenbezogene Daten anzuwenden sind. Der Satz 2 des § 45 BDSG 1977 enthielt jedoch hieran anknüpfend eine die Ziffern 1 bis 8 umfassende Aufzählung solcher Vorschriften, welche „namentlich" zu den vorrangigen Vorschriften im Sinne des Satz 1 gehörten.
Indem zu den vorrangigen Vorschriften „namentlich", d.h. „insbesondere" die dort aufgeführten Regelungen zählten, stellte der Gesetzgeber klar, dass § 45 Satz 2 BDSG 1977 keine abschließende, sondern eine nur beispielhafte Aufzählung der gegenüber dem BDSG vorrangigen Rechtsvorschriften enthielt[47]. Dass es sich bei den genannten vorrangigen Rechtsvorschriften lediglich um eine beispielhafte Aufzählung handeln sollte, wurde darüber hinaus dadurch bekräftigt, dass innerhalb der Ziffern 1 bis 8 des § 45 Satz 2 BDSG 1977 den einzeln aufgeführten vorrangigen Vorschriften die Abkürzung „z. B." vorangestellt wurde. § 45 Satz 1 BDSG 1977 enthielt folglich bereits damals eine allgemeine Aussage über die Subsidiarität des BDSG gegenüber anderen rechtlichen Regelungen. Wenn in § 45 Satz 2 BDSG 1977 bestimmte datenschutzrechtliche Vorschriften genannt wurden, wurde damit nur klargestellt, dass jedenfalls die dort geregelte Befugnis den Vorschriften des BDSG vorgehen sollte. Eine abschließende Aufzählung vorrangiger Rechtsvorschriften war jedoch zu keiner Zeit beabsichtigt.
Im Hinblick auf die in dieser Arbeit relevante Frage des Umgangs mit Beschäftigtendaten war in § 45 Satz 2 Nr. 5 BDSG 1977 beispielsweise bereits damals ausdrücklich vorgesehen, dass das in § 83 BetrVG geregelte Einsichtsrecht des Arbeitnehmers in seine Personalunterlagen[48] eine dem BDSG vorgehende Regelung sei. Nach § 83 Abs. 1 Satz 1 BetrVG hat ein Arbeitnehmer das Recht, in die über ihn geführten Personalakten Einsicht zu nehmen[49]. Hierzu kann er ein Mitglied des Betriebsrats hinzuziehen (§ 83 Abs. 1 Satz 2 BetrVG). Der Vorrang dieser betriebsverfassungsrechtlichen Regelung hatte zur Folge, dass der Arbeitgeber dem

---

46 Der Dateibezug wurde im Laufe der Jahre schrittweise aufgegeben, um den Datenschutz auszudehnen. Hinsichtlich der Datenverarbeitung in Unternehmen hat § 1 Abs. 3 BDSG durch die Novellierung im Jahr 2001 gegenüber dem BDSG 1990 an praktischer Bedeutung gewonnen; siehe unter *Kap. B. II. 1. b) bb)*.
47 BAG v. 17.3.1983, DB 1983, 1607 (1608); *Hesse*, Der Einfluss des BDSG auf die Betriebsratstätigkeit, S. 43.
48 Ebenso als vorrangige Rechtsvorschrift wurde in diesem Zusammenhang das Einsichtsrecht von Beamten in Personalakten nach § 90 BBG genannt.
49 Eingehend siehe unter *Kap. C. III. 2. d)*.

Betriebsrat, wenn dieser von einem Arbeitnehmer zur Einsicht in die Personalakte hinzugezogen wurde, die Einsicht nicht unter Hinweis auf etwaige sich aus dem BDSG ergebenden Datenschutzbestimmungen verweigern konnte. Als Kehrseite hierzu konnte der Betriebsrat jedoch, wenn er nicht vom Arbeitnehmer zur Einsicht hinzugezogen wurde, die Einsicht in die Personalakte nicht unter Hinweis auf eventuelle sich aus dem BDSG ergebende Zulässigkeitsnormen (§§ 28 f. BDSG) verlangen Das Recht der Beschäftigten und des Betriebsrats zur Einsicht in die Personalakten richtete sich daher nur nach den in § 83 BetrVG festgelegten Bestimmungen. Der allgemeine Datenschutz nach dem BDSG ist aufgrund des Ausschlusses in § 45 Satz 2 Nr. 5 BDSG 1977 in diesem Fall von vornherein nicht anwendbar.

c) Abkehr von der enumerativen Aufzählung durch das BDSG 1990

Eine § 45 BDSG 1977 entsprechende oder vergleichbare Vorschrift enthält das BDSG seit der Reform des Gesetzes im Jahr 1990 nicht mehr. Mit der Novellierung des BDSG im Jahr 1990 wurde die enumerative Aufzählung der gegenüber dem BDSG vorrangigen bundesrechtlichen Vorschriften aufgegeben und der Umfang der Subsidiarität des allgemeinen Datenschutzrechts in § 1 Abs. 4 Satz 1 BDSG 1990 nur noch mit einer Generalklausel umschrieben. Danach gingen andere Rechtsvorschriften des Bundes den Vorschriften des BDSG vor, soweit diese auf personenbezogene Daten einschließlich deren Veröffentlichung anzuwenden sind (Subsidiaritätsprinzip).

Dieser Subsidiaritätsgrundsatz ist in der jetzigen Fassung des Gesetzes wortgleich in § 1 Abs. 3 Satz 1 BDSG festgelegt. Die Norm bestimmt daher heute den Anwendungsbereich des BDSG im Verhältnis zu anderen Rechtsvorschriften. Sie legt fest, in welchem Umfang bereichsspezifische datenschutzrechtliche Vorschriften des Bundes dem BDSG vorgehen[50].

Durch die Abkehr von der enumerativen Aufzählung vorrangiger Rechtsvorschriften hin zu einer Generalklausel sollte zum einen das Verhältnis des BDSG zu anderen Vorschriften über den Datenschutz besser verdeutlicht[51], zum anderen der unter dem BDSG 1977 bisweilen fälschlicherweise entstandene Eindruck vermieden werden, dass der Katalog des § 45 Satz 2 BDSG 1977 eine abschließende Aufzählung der gegenüber dem BDSG vorrangigen Rechtsvorschriften enthalte. Durch diese Novellierung der Subsidiaritätsklausel und der Verschiebung der Norm vom Ende an den Anfang des Gesetzes wurde zudem der Charakter des BDSG als „Auffanggesetz" betont. Die Neufassung hatte jedoch auch pragmatische Gründe. Die in § 45 BDSG 1977 enthaltenen Aufzählungen hätten stets angepasst werden müssen,

---

50 *Gola/Schomerus*, BDSG, § 1 Rn. 23.
51 Amtliche Gesetzesbegründung zum RegE, BT-Drs. 11/4306, S. 39.

wenn eine der dort genannten Vorschriften aufgehoben oder in der Paragraphenbezeichnung geändert worden wäre.

Materielle Unterschiede ergaben sich durch die Abkehr von der enumerativen Aufzählung vorrangiger Rechtsvorschriften jedoch nicht[52]. Der heutige § 1 Abs. 3 Satz 1 BDSG entspricht vielmehr vom Regelungsumfang her dem früheren § 45 BDSG 1977, nur dass heutzutage auf die exemplarische, nicht abschließende Aufzählung der vorrangigen Rechtsvorschriften verzichtet wird[53]. Aus diesem Grund ist die damalige Aufzählung durchaus geeignet, als Anschauungsmaterial für die Auslegung der Reichweite der heutigen Subsidiaritätsklausel des § 1 Abs. 3 Satz 1 BDSG zu dienen. Ebenso kann auch heute noch bei der Auslegung des § 1 Abs. 3 Satz 1 BDSG auf die zu § 45 BDSG 1977 ergangene Rechtsprechung zurückgegriffen werden.

2. Anforderungen an vorrangige Rechtsvorschriften i. S. d. § 1 Abs. 3 Satz 1 BDSG

Der heutige § 1 Abs. 3 Satz 1 BDSG hat somit die Funktion, die Reichweite des Vorrangs bereichsspezifischer Regelungen vor dem BDSG festzulegen[54]. Umgekehrt ausgedrückt geht es darum, die Subsidiarität des BDSG gegenüber spezielleren Bestimmungen zu definieren[55]. Die Konkurrenz von Rechtsvorschriften des Bundes außerhalb des BDSG, welche die Erhebung, Verarbeitung und Nutzung personenbezogener Daten zum Gegenstand haben, wurde vom Gesetzgeber im Sinne der Priorität der spezielleren Norm geklärt („*lex specialis derogat legi generali*"). Hinsichtlich der Beurteilung der datenschutzrechtlichen Verpflichtungen des Betriebsrats nach dem BDSG kommt es daher darauf an, ob das BDSG auf den konkreten Datenverarbeitungsvorgang der Mitarbeitervertretung anwendbar ist oder ob nicht die Datenverarbeitung bereits nach § 1 Abs. 3 Satz 1 BDSG durch eine vorrangige Regelung des Betriebsverfassungsrechts gestattet oder untersagt ist.

Nicht zuletzt seit der Abkehr von der enumerativen Aufzählung vorrangiger Rechtsvorschriften ist jedoch die Frage der Subsidiarität des BDSG sowohl aus der Sicht der betroffenen Arbeitnehmer als auch der die Daten verarbeitenden Stellen mit Ungewissheit verbunden. Dies betrifft auch das Verhältnis des BetrVG zum BDSG. Sowohl das BetrVG als auch das BDSG enthalten Regelungen, welche die

---

52 Amtliche Gesetzesbegründung zum RegE, BT-Drs. 11/4306, S. 39; *Franzen*, GK-BetrVG, § 83 Rn. 66; *Däubler*, CR 1991, 475 (478).
53 *Kort*, RdA 1992, 378 (384); *Weber*, Die Schweigepflicht des Betriebsrats, S. 216 f.
54 Der Vorrang bereichsspezifischer Bundesvorschriften vor dem Datenschutzrecht der Länder ergibt sich nicht aus § 1 Abs. 3 BDSG, sondern bereits aus Art. 31 GG („Bundesrecht bricht Landesrecht"), soweit die Gesetzgebungskompetenz des Bundes eingehalten wird.
55 *Dix*, Simitis, BDSG, § 1 Rn. 158.

Verwendung von personenbezogenen Daten legitimieren und beschränken. Verstärkt wird diese Rechtsunsicherheit dadurch, dass der Wortlaut der Subsidiaritätsnorm des § 1 Abs. 3 Satz 1 BDSG nur in geringem Umfang Aufschluss darüber gibt, welche inhaltlichen Anforderungen an eine bereichsspezifische Vorschrift zu stellen sind, damit sie als eine gegenüber dem BDSG vorrangige Rechtsvorschrift anzusehen ist. Nach dem Wortlaut der Norm muss es sich lediglich um eine Rechtsvorschrift des Bundes handeln, „*welche auf personenbezogene Daten einschließlich ihrer Veröffentlichung anzuwenden*" ist. Auch die Begründung der Bundesregierung zur Vorgängernorm des § 45 BDSG 1977 enthält keine Ausführungen darüber, was sich der Gesetzgeber unter einer vorrangigen Rechtsvorschrift i. S. d. Norm vorgestellt hatte[56]. Daher stellt sich im folgenden die Frage, wie eine vorrangige Rechtsvorschrift i. S. d. § 1 Abs. 3 Satz 1 BDSG beschaffen sein muss, damit ihr der Vorrang vor den allgemeinen datenschutzrechtlichen Regelungen des BDSG eingeräumt werden kann. Nur dann kann herausgearbeitet werden, welche den Umgang mit Beschäftigtendaten durch den Betriebsrat regelnden Vorschriften des BetrVG dem BDSG vorgehen und in welchen Fällen sich die Zulässigkeit der Erhebung, Verarbeitung und Nutzung von Arbeitnehmerdaten durch den Betriebsrat nach den Vorgaben des BDSG richtet.

a) Vorrangige „Rechtsvorschriften des Bundes" i. S. d. § 1 Abs. 3 Satz 1 BDSG

Von der Vorrangigkeit des § 1 Abs. 3 Satz 1 BDSG werden ausschließlich Rechtsvorschriften „des Bundes" erfasst[57]. Diese ergibt sich zum einen aus dem eindeutigen Wortlaut des § 1 Abs. 3 Satz 1 BDSG, welcher ausdrücklich von anderen Rechtsvorschriften „des Bundes" spricht, zum anderen aber auch durch den Rückgriff auf die dem Bund zustehenden Gesetzgebungskompetenzen. Eine ausdrückliche Kompetenz des Bundes zur gesetzlichen Regelung des Datenschutzes enthält das Grundgesetz zwar nicht[58]. Die Regelungskompetenz für bundesrechtliche Datenschutzregelungen ergibt sich allerdings durch einen Rückgriff auf die Gesetzgebungszuständigkeiten für verschiedene Bereiche, die für den Datenschutz von Bedeutung sind. Für die gesetzliche Regelung des Schutzes des Persönlichkeitsrechts in nicht-öffentlichen Bereichen beruht die Gesetzgebungskompetenz des Bundes daher auf der jeweiligen Sachkompetenz, also auf seiner im Grundgesetz festgeleg-

---

56 BT-Drs. 7/1027, S. 32.
57 Demgegenüber bleibt es den Landesgesetzgebern unbenommen, innerhalb ihrer Gesetzgebungskompetenz eigene datenschutzrelevante Vorschriften zu schaffen. Entsprechend verfügen heute alle Bundesländer über eigene Landesdatenschutzgesetze sowie über bereichsspezifische Datenschutzregelungen im öffentlichen Bereich.
58 Dies erkannte die Bundesregierung bereits bei der Ausarbeitung des BDSG 1977, vgl. BT-Drs. 7/1027, S. 16.

ten Zuständigkeit unter anderem für die Gesetzgebung auf dem Gebiet des Wirtschafts-, Arbeits-, Zivil-, Straf-, und Prozessrechts (Art. 74 GG)[59].
Von der Vorrangigkeit nach § 1 Abs. 3 Satz 1 BDSG werden des Weiteren nur „Rechtsvorschriften" des Bundes erfasst. Hierunter fallen zunächst alle Gesetze im formellen Sinn (Parlamentsgesetze), aber auch Rechtsverordnungen und Satzungen bundesunmittelbarer Körperschaften, Anstalten und Stiftungen[60]. Nicht von § 1 Abs. 3 Satz 1 BDSG erfasst werden jedoch Tarifverträge oder Betriebsvereinbarungen, da es sich bei diesen Vereinbarungen trotz der durch bundesrechtliche Regelungen angeordneten zwingenden Wirkung ihres normativen Teils (§ 4 Abs. 1 TVG, § 77 Abs. 4 BetrVG) nicht um eine Rechtsvorschrift des Bundes, sondern um Rechtsvorschriften der Tarifvertrags- bzw. Betriebsparteien handelt[61]. Soweit Tarifverträge oder Betriebsvereinbarungen folglich die Erhebung, Verarbeitung oder Nutzung von personenbezogenen Daten durch den Betriebsrat zum Gegenstand haben, hat dies unabhängig vom Inhalt der kollektivrechtlichen Regelung daher nicht zur Folge, dass der Anwendungsbereich des BDSG von vornherein nach § 1 Abs. 3 Satz 1 BDSG verschlossen ist. Davon zu unterscheiden ist jedoch die Funktion von kollektivrechtlichen Vereinbarungen als andere Rechtsvorschriften im Sinne des § 4 Abs. 1 BDSG und damit als eventuelle Erlaubnistatbestände zur Verarbeitung personenbezogener Daten alternativ zu denen des BDSG[62].

Keine Voraussetzung für den Vorrang einer bereichsspezifischen Norm gegenüber dem allgemeinen Datenschutzrecht nach § 1 Abs. 3 Satz 1 BDSG ist jedoch, dass die gesamte bereichsspezifische Bundesvorschrift die Voraussetzungen einer vorrangigen Anwendung vor dem BDSG erfüllt. Mit vorrangigen „Rechtsvorschriften" im Sinne des § 1 Abs. 3 Satz 1 BDSG sind nicht Gesetze oder Rechtsverordnungen im Ganzen, sondern lediglich Einzelregelungen innerhalb der bundesrechtlichen Vorschrift gemeint[63]. Dies ergibt sich zum einen daraus, dass § 1 Abs. 3 Satz 1 BDSG dem Grunde nach lediglich den allgemeinen Rechtssatz konkretisiert, dass die speziellere Norm, d.h. die einzelne bereichsspezifische Datenschutzregelung, den allgemeineren datenschutzrechtlichen Erlaubnis- und Verbotsnormen des BDSG vorgeht (*„lex specialis derogat legi generali"*)[64]. Zum anderen war die Subsidiarität des allgemeinen Datenschutzrechts bereits im § 45 BDSG 1977, welcher bis zur BDSG-Novelle 1990 den Anwendungsvorrang

---

59 *Auernhammer*, BDSG, Einl. Rn. 32.
60 *Gola/Schomerus*, BDSG, § 1 Rn. 23; *Weichert*, DKWW, BDSG, § 1 Rn. 12; *Auernhammer*, BDSG, § 1 Rn. 25.
61 *Dix*, Simitis, BDSG, § 1 Rn. 166; *Gola/Schomerus*, BDSG § 1 Rn. 23; *Gola/Wronka*, Handbuch zum Arbeitnehmerdatenschutz, Rn. 225.
62 Vgl. unter Kap. E. VI. 1.; *Dix*, Simitis, BDSG, § 1 Rn 166; *Vogelsang*, CR 1992, 163 (164).
63 *Schaffland/Wiltfang*, BDSG, § 1 Rn. 44; *Dix*, Simitis, BDSG, § 1 Rn. 170; *Auernhammer*, BDSG, § 1 Rn. 25; *Hesse*, Der Einfluss des BDSG auf die Betriebsratstätigkeit, S. 38.
64 *Auernhammer*, BDSG, § 1 Rn. 25.

bereichsspezifischer Datenschutzvorschriften enumerativ regelte, derart ausgestaltet, dass dort nicht Gesetze oder Rechtsverordnungen im Ganzen, sondern lediglich einzelne Paragraphen aufgezählt wurden, die namentlich Vorrang vor dem BDSG haben sollten. Aufgrund des bereits erwähnten Umstands, dass der Gesetzgeber mit der Novellierung der Subsidiaritätsklausel von einer enumerativen Aufzählung hin zu einer Generalklausel lediglich eine Klarstellung und keine Änderung der materiellen Rechtslage herbeiführen wollte, ist dieser Grundgedanke des Vorrangs von Einzelvorschriften auch im Rahmen des § 1 Abs. 3 Satz 1 BDSG weiter anwendbar. Ohne Bedeutung ist ebenfalls, wie die vorrangige Vorschrift in der bereichsspezifischen Regelung kategorisiert ist, d.h. unter welchem Oberbegriff die einzelne Spezialvorschrift innerhalb des Bundesgesetzes eingeordnet ist[65].

b) Vorrang nur explizit datenschützender Vorschriften?

aa) Datenschutzcharakter nach herrschender Ansicht keine Voraussetzung für vorrangige Rechtsvorschrift i. S. d. § 1 Abs. 3 Satz 1 BDSG

Hinsichtlich der Qualität einer dem BDSG vorrangigen Rechtsvorschrift des Bundes stellt sich die Frage, ob als solche nur diejenigen Rechtsvorschriften des Bundes in Betracht kommen, die selbst dem Datenschutz dienen, folglich explizit datenschützenden Charakter haben. Bejaht man diese These, würde dies dazu führen, dass an den Inhalt der konkret zu prüfenden vorrangigen Rechtsvorschrift höhere Anforderungen zu stellen sind und der Anwendungsbereich des BDSG ausgeweitet wird. Beispielsweise könnten einige Normen des BetrVG nicht als vorrangige Rechtsvorschriften i. S. d. § 1 Abs. 3 Satz 1 BetrVG angesehen werden, da sie nicht vorrangig auf den Datenschutz abzielen, sondern andere Ziele, z. B. in § 79 BetrVG den Schutz der wirtschaftlichen Interessen des Arbeitgebers, verfolgen.

In der Literatur wird weitgehend ohne jede weitere Begründung die Ansicht vertreten, dass es bei der Frage der Subsidiarität des BDSG gemäß § 1 Abs. 3 Satz 1 BDSG nicht darauf ankomme, ob die bereichsspezifische Norm auf den Datenschutz abzielt[66]. Nach anderer Ansicht soll eine Vorrangregelung jedoch zumindest mittelbar datenschützenden Charakter haben[67]. Wiederum andere vertreten die Auf-

---

65 *Dix*, Simitis, BDSG, § 1 Rn. 164; so finden sich beispielsweise die Übermittlungsnormen des § 16 Abs. 2 bis 9 BStatG, die die Weitergabe von Einzelangaben aus Bundesstatistiken an dritte Personen und Stellen abschließend regeln, unter der Überschrift „Geheimhaltung".
66 *Gola/Schomerus*, BDSG, § 1 Rn. 24; *Gola/Wronka*, Handbuch zum Arbeitnehmerdatenschutz, Rn. 227; *Auernhammer*, BDSG, § 1 Rn. 26; *Franzen*, GK-BetrVG, § 83 Rn. 5; *Wohlgemuth*, Datenschutz für Arbeitnehmer, Rn. 88.
67 *Schaffland/Wiltfang*, BDSG, § 1 Rn. 42.

fassung, dass das Datenschutzniveau des BDSG durch eine vorrangige Regelung i. S. d. § 1 Abs. 3 Satz 1 BDSG grundsätzlich nicht unterschritten werden dürfe[68].

bb) Verzicht auf Datenschutzcharakter im Gesetzgebungsverfahren

Die erforderlichen Hinweise zur Beantwortung der Frage, ob eine bereichsspezifische Rechtsvorschrift i . S. des § 1 Abs. 3 Satz 1 BDSG konkret eine datenschützende Zielrichtung aufweisen muss, gibt die Entstehungsgeschichte der Vorgängernorm des § 45 BDSG 1977. § 37 des Regierungsentwurfs zum BDSG 1977 definierte die dem BDSG vorgehenden bereichsspezifischen Regelungen als „*dem Datenschutz dienende besondere Rechtsvorschriften des Bundes*"[69]. In der Stellungnahme des Bundesrates wurde jedoch sodann angeregt, die Worte „dem Datenschutz dienende" zu streichen um nicht diejenigen Rechtsvorschriften des Bundes von der Vorrangigkeit auszuschließen, die (nur) Geheimhaltungs- und Auskunftspflichten betreffen, aber nicht primär dem Datenschutz i. S. d. BDSG dienen[70]. In ihrer Gegenäußerung stimmte die Bundesregierung der Streichung des Zusatzes ohne nähere Ausführungen zu[71]. Aus der Streichung des zunächst vorgesehenen Zusatzes „dem Datenschutz dienende" kann daher der Wille des Gesetzgebers entnommen werden, dass andere Rechtsvorschriften des Bundes i. S. d. § 1 Abs. 3 Satz 1 BDSG ohne Rücksicht auf den datenschützenden Charakter Vorrang haben sollen.

cc) Vergleich mit enumerativ aufgezählten Vorschriften gemäß § 45 BDSG 1977

Bestätigt wird dies durch einen Rückblick auf die in der Vorgängernorm § 45 BDSG 1977 bis zur Novelle im Jahr 1990 aufgeführte enumerative Aufzählung vorrangiger Rechtsvorschriften des Bundes. Hierunter finden sich einige Regelungen, welche keinen explizit datenschützenden Charakter haben, sondern andere Ziele verfolgen. Dies gilt insbesondere für den damals in § 45 Satz 2 Nr. 3 BDSG 1977 als vorrangige Rechtsvorschrift aufgeführten § 161 StPO, der auch heute noch der Staatsanwaltschaft ein Auskunftsrecht nicht nur gegenüber öffentlichen Behörden, sondern auch gegenüber andere Stellen oder Personen zuspricht und die betroffenen Stellen und Personen zur Auskunft verpflichtet[72]. Soweit die Auskunft an die Staatsanwaltschaft in Dateien gespeicherte, personenbezogene Daten beinhaltet, stellt dies einen Übermittlungsvorgang gemäß § 3 Abs. 4 Nr. 3 BDSG dar.

---

68   *Dix*, Simitis, BDSG, § 1 Rn. 172, welcher jedoch seine Ansicht insoweit relativiert, dass das BDSG nicht mit allen seinen Einzelregelungen den verfassungsrechtlich gebotenen Mindestschutz für das informationelle Selbstbestimmungsrecht bilde.
69   BT-Drs. 7/1027, S. 13.
70   BT-Drs. 7/1027, S. 37; *Hesse*, Der Einfluss des BDSG auf die Betriebsratstätigkeit, S. 46.
71   BT-Drs. 7/1027, S. 41.
72   *Mayer-Goßner*, StPO, § 161 Rn. 1a f.

Auch wenn die Staatsanwaltschaft bei der Ausübung ihres Auskunftsanspruchs an das Übermaßverbot gebunden ist und daher mittelbar die Verhältnismäßigkeit der von ihr geforderten Informationen und Daten prüfen muss, dient § 161 StPO primär kriminaltaktischen Gesichtspunkten und hat keinen datenschützenden Charakter[73].

Als weiteres Beispiel kann der früher in § 45 Satz 2 Nr. 7 BDSG als vorrangige Rechtsvorschrift aufgeführte § 12 GBO herangezogen werde, wonach die Einsicht in das Grundbuch jedermann gestattet ist, der ein berechtigtes Interesse darlegt. Da im Grundbuch u. a. die Namen der Grundstückseigentümer und der Inhaber von beschränkt dinglichen Rechten enthalten sind, stellt auch dieser Vorgang datenschutzrechtlich eine Übermittlung von personenbezogenen Daten an den die Auskunft Ersuchenden als einen privaten Dritten i. S. d. § 3 Abs. 8 Satz 2 BDSG dar. Auch diese Norm möchte jedoch nicht primär dem Datenschutz dienen, sondern die formellen Publizität des Grundbuchs gewährleisten und lediglich eine missbräuchliche Einsichtnahme, durch die die schutzwürdigen Interessen des Eingetragenen verletzt werden können, verhindern[74].

dd) Konsequenzen für Auslegung des § 1 Abs. 3 Satz 1 BDSG

Wie bereits ausgeführt, wollte der Gesetzgeber mit der Abkehr von der enumerativen Aufzählung vorrangiger Rechtsvorschriften hin zu einer reinen Generalklausel in § 1 Abs. 3 Satz 1 BDSG keine Änderung der materiellen Rechtslage herbeiführen[75]. Daher kann zur Auslegung des heutigen § 1 Abs. 3 Satz 1 BDSG auf die Auslegung der früheren Regelung des § 45 BDSG 1977 und deren Entstehungsgeschichte zurückgegriffen werden. Da bereits die Vorgängernorm denjenigen Rechtsvorschriften des Bundes den Vorrang vor dem BDSG zusprach, welche nicht gezielt einen datenschützenden Charakter haben, kann diese auch heute keine Voraussetzung für ein vorrangige Rechtsvorschrift des Bundes gemäß § 1 Abs. 3 Satz 1 BDSG sein.

Es muss folglich nicht Ziel einer nach § 1 Abs. 3 Satz 1 BDSG vorrangigen Rechtsvorschrift sein, den Umgang mit vom BDSG geschützten personenbezogenen Daten, d.h. den Problemkreis „Schutz des Persönlichkeitsrechts", bei der Datenverarbeitung regeln zu wollen. Die verschiedentlich vertretene Aussage, bereichsspezifische Regelungen des Bundes seien nur insoweit vorrangig, als dass sie Regelungen des Datenschutzes enthalten, ist somit zumindest im oben erwähntem Sinne nicht zutreffend. Auf den Schutzzweck der Norm kommt es nicht an, sondern auf ihren Gegenstand, d.h. darauf, ob die Erhebung, Verarbeitung oder Nutzung personenbezogener Daten unmittelbar geregelt wird.

---

73 *Mayer-Goßner*, StPO, § 161 Rn. 8f.; *Hesse*, Der Einfluss des BDSG auf die Betriebsratstätigkeit, S. 48.
74 *Demharter*, GBO, § 12 Rn. 6.
75 Siehe unter *Kap. D. III. 1. c)*.

c) „Besondere" Rechtsvorschriften des Bundes

Zu beachten ist des Weiteren, dass der Wortlaut des § 1 Abs. 3 Satz 1 BDSG den Umfang der Subsidiarität des BDSG deutlich einschränkt. Dieser spricht nämlich davon, dass nur „besondere" Rechtsvorschriften des Bundes den Regelungen des BDSG vorgehen sollen. Folglich ist das BDSG nicht gegenüber jeder, sich mit der Datenverarbeitung beschäftigenden Bundesnorm subsidiär[76]. Spezielle, die Datenverarbeitung regelnde Fachgesetze gehen in ihrem Anwendungsbereich vielmehr nur dann den Regelungen des BDSG vor, wenn sie gerade den besonderen Bedürfnissen der jeweiligen Fachmaterie gerecht werden wollen[77]. Nur dann wird der Zweck der Subsidiaritätsklausel des § 1 Abs. 3 Satz 1 BDSG erfüllt. Durch sie soll die Möglichkeit eröffnet werden, durch bereichsspezifische Sondervorschriften die in ihrem Anwendungsbereich auftretenden Besonderheiten und Interessen zu regeln und in einen Ausgleich zu bringen. Nur dann ist es erforderlich, dass durch Spezialgesetze von den Standards des allgemeinen Datenschutzrechts abgewichen wird. Eine Vorrangigkeit gemäß § 1 Abs. 3 Satz 1 BDSG kommt daher nicht in Betracht, wenn die bereichsspezifische Regelung ebenso wie der von vielen Generalklauseln durchsetzte Tatbestandsaufbau des BDSG durch ähnlich abstrakt gehaltene Vorschriften die Datenverarbeitung regelt. Die bereichsspezifische Regelung muss, damit sie dem BDSG vorgehen kann, vielmehr eine konkretere, präzisere und auf die besonderen Interessen der Fachmaterie abgestimmte Regelung als das BDSG aufweisen[78].

d) „Soweit"-Vorbehalt des § 1 Abs. 3 Satz 1 BDSG

aa) Vorrang nur bei Tatbestandskongruenz

Darüber hinaus gehen nach dem Wortlaut des § 1 Abs. 3 Satz 1 BDSG andere Vorschriften des Bundes dem BDSG nur vor, „soweit" sie auf personenbezogene Daten einschließlich ihrer Verwendung anzuwenden sind. Der „soweit"-Vorbehalt verdeutlicht, dass die Verdrängung des BDSG nur in dem Umfang stattfinden soll, wie die bereichsspezifische Regelung eine bestimmte Frage selbst zum Gegenstand hat[79]. Ein Vorrang der anderweitigen Rechtsvorschrift wird nur dort statuiert, wo und soweit die einzelnen möglicherweise zu berücksichtigenden Vorschriften auf die Konfliktsituation eingehen, die auch Gegenstand der Regelung des BDSG ist[80].

---

76 *Hesse*, Der Einfluss des BDSG auf die Betriebsratstätigkeit, S. 49.
77 So die Begründung zum Regierungsentwurf, BT-Drs. 7/1027, S. 16.
78 *Dix*, Simitis, BDSG, § 1 Rn. 161; *Hesse*, Der Einfluss des BDSG auf die Betriebsratstätigkeit, S. 54.
79 *Franzen*, GK-BetrVG, § 83 Rn. 9.
80 *Wohlgemuth*, Datenschutz für Arbeitnehmer, Rn. 95; *Gola/Wronka*, Handbuch zum Arbeitnehmerdatenschutz, Rn. 231.

Nach einem genauen inhaltlichen Vergleich beider Normen muss eine vom BDSG abweichende Spezialregelung für den exakt gleichen Sachverhalt vorliegen. Erforderlich ist daher eine deckungsgleiche Regelung[81].

bb) Kein absoluter Vorrang der besonderen Rechtsvorschrift

Der „soweit"-Vorbehalt des § 1 Abs. 3 Satz 1 BDSG hat darüber hinaus zur Folge, dass eine die Datenverwendung nur teilweise regelnde bereichsspezifische Vorschrift nicht die Anwendbarkeit des BDSG insgesamt ausschließt. Regelt eine fachspezifische Rechtsvorschrift beispielsweise die Zulässigkeit des Speicherns für bestimmte Zwecke, gilt hinsichtlich der weiteren Phasen der Datenverarbeitung, insbesondere der Weitergabe dieser Daten an Dritte, und der Rechte der Betroffenen, das BDSG, es sei denn, dass das Schweigen des Fachgesetzes zu den anderen Verarbeitungsphasen ausnahmsweise als deren Verbot verstanden werden müsste[82].

Bezogen auf das Verhältnis zwischen BetrVG und BDSG muss daher zunächst anhand der konkret zu prüfenden Normen des BetrVG festgestellt werden, welcher Datenverarbeitungsvorgang des BDSG dem in der Vorschrift des BetrVG festgelegten Vorgang entspricht[83]. Was dies betrifft kann jedoch bereits vorab die Aussage getroffen werden, dass alle den Informationsaustausch zwischen Arbeitgeber und Betriebsrat regelnden Tatbestände des BetrVG den gleichen Datenverarbeitungsvorgang des BDSG entsprechen. Der Datenaustausch zwischen Arbeitgeber und Betriebsrat ist zwar in den Vorschriften des BetrVG in unterschiedlicher Weise vorgesehen. Das BetrVG unterscheidet beispielsweise zwischen der „Unterrichtung" durch den Arbeitgeber (§ 80 Abs. 1 Satz 1 BetrVG), dem „zur Verfügung stellen" (§ 80 Abs. 2 Satz 2 Hs. 2 BetrVG) bzw. der „Vorlage" von Unterlagen (§ 99 Abs. 1 Satz 1 BetrVG) und der „Mitteilung" von Kündigungsgründen (§ 102 Abs. 1 Satz 2 BetrVG). Trotz dieser unterschiedlichen Wortwahl stellen jedoch alle diese Formen der unternehmensinternen Bekanntgabe von Beschäftigtendaten an den Betriebsrat datenschutzrechtlich eine „Nutzung" von personenbezogenen Daten i. S. d. §§ 3 Abs. 5, 32 Abs. 1 Satz 1 BDSG dar. Denn wie bereits festgestellt worden ist[84], ist der Betriebsrat, soweit der Datenaustausch zwischen ihm und dem Arbeitgeber im Rahmen der betriebsverfassungsrechtlichen Aufgaben erfolgt, kein „Dritter" i. S. d. § 3 Abs. 8 Satz 2 BDSG, sondern ein „Teil der verantwortlichen Stelle", so dass der Datenaustausch zwischen Arbeitgeber und Betriebsrat nicht als

---

81 *Dix*, Simitis, BDSG, § 1 Rn. 170; *Gola/Wronka*, Handbuch zum Arbeitnehmerdatenschutz, Rn. 231.
82 *Gola/Wronka*, Handbuch zum Arbeitnehmerdatenschutz, Rn. 234.
83 *Hesse*, Der Einfluss des BDSG auf die Betriebsratstätigkeit, S. 63.
84 Siehe hierzu *Kap. D. I. 2.*

"Übermittlung" von Beschäftigtendaten i. S. d. § 3 Abs. 4 Nr. 3 BDSG einzustufen ist[85].

Gemäß § 32 Abs. 1 Satz 1 BDSG ist die Nutzung von Beschäftigtendaten nur dann zulässig, dass die Nutzung für die Entscheidung über die Begründung eines Beschäftigungsverhältnisses oder nach Begründung des Beschäftigungsverhältnisses für dessen Durchführung oder Beendigung erforderlich ist. Gemäß § 28 Abs. 1 Satz 1 Nr. 2 BDSG kann darüber hinaus die Nutzung von Beschäftigtendaten auch dann zulässig sein, wenn dies zur Wahrung berechtigter Interessen der verantwortlichen Stelle erforderlich ist und kein Grund zu der Annahme besteht, dass das schutzwürdige Interesse des Betroffenen an dem Ausschluss der Verarbeitung oder Nutzung überwiegt. Zur Beurteilung des Vorrangs nach § 1 Abs. 3 Satz 1 BDSG müssen folglich die Tatbestände sowohl des § 32 Abs. 1 Satz 1 BDSG als auch des § 28 Abs. 1 Satz 1 Nr. 2 BDSG denjenigen Tatbeständen des BetrVG gegenübergestellt werden, welche den Datenaustausch zwischen Arbeitgeber und Betriebsrat sowohl unmittelbar als auch mittelbar regeln. Der ebenfalls auf die Nutzung von Beschäftigtendaten grundsätzlich anwendbare § 28 Abs. 1 Satz 1 Nr. 3 BDSG, welcher die Nutzung allgemein zugänglicher personenbezogener Daten zum Gegenstand hat, kann hier unberücksichtigt bleiben, da Beschäftigtendaten i.d.R. nicht allgemein zugänglich sind.

e) Inhaltliche Anforderungen an die vorrangige Rechtsvorschrift i. S. d. § 1 Abs. 3 Satz 1 BDSG

Welche inhaltlichen Anforderungen an eine vorrangige Rechtsvorschrift i. S. d. § 3 Abs. 1 Satz 1 BDSG zu stellen sind, damit sie den Regelungen des BDSG vorgeht, geht aus der Norm nicht hervor. Der Wortlaut setzt lediglich in äußerst knapper Weise voraus, dass die vorrangige Rechtsvorschrift des Bundes auf personenbezogene Daten einschließlich ihrer Veröffentlichung anzuwenden sein muss. Dem Wortlaut nach gilt der Vorrang der konkurrierenden Bundesvorschrift folglich unabhängig davon, ob eine derartige Vorschrift den Betroffenen besser schützt oder hinter dem Schutzniveau des BDSG zurückbleibt oder sich ansonsten in ihrer Anwendung auf die Interessen des Betroffenen auswirkt. Da jedoch das BDSG dem Schutz des Persönlichkeitsrechts dient (§ 1 Abs. 1 BDSG) und die Verarbeitung von personenbezogenen Daten stets einen Eingriff in das Recht auf informationelle Selbstbestimmung gemäß Art. 2 Abs. 1 GG i.V.m. Art. 1 Abs. 1 GG des Betroffenen bedeutet, kann unter Heranziehung der vom BVerfG im Volkszählungsurteil aufgestellten Maßstäbe ermittelt werden, welche inhaltlichen Anforderungen an eine bereichsspezifische Vorschrift zu stellen sind.

---

85   Siehe hierzu *Kap. D. I. 3. b)*.

Wie das BVerfG im Volkszählungsurteil vom 15. Dezember 1983 entschieden hat, bedürfen Beschränkungen des durch Art. 2 Abs. 1 GG i.V.m. Art. 1 Abs. 1 GG gewährleisteten Rechts auf informationelle Selbstbestimmung, also der Befugnis des Einzelnen, grundsätzlich selbst über die Preisgabe und Verwendung seiner persönlichen Daten zu bestimmen, einer gesetzlichen Grundlage, aus der sich die Voraussetzungen und der Umfang der Beschränkungen klar und für den Bürger erkennbar ergeben[86]. Die gesetzliche Regelung muss, um dem rechtsstaatlichen Gebot der Normenklarheit zu genügen, in einer für den Betroffenen nachvollziehbaren Weise den Ablauf des Verarbeitungsprozesses und die Voraussetzungen sowie den Umfang der Einschränkung seines Entscheidungsvorrechts zu erkennen geben[87]. Nur dann wird die bereichsspezifische Ausnahmeregelung den verfassungsrechtlichen Anforderungen und damit dem Grundrecht auf informationelle Selbstbestimmung gerecht.

Damit eine bereichsspezifische Vorschrift i. S. d. § 1 Abs. 3 Satz 1 BDSG den Regelungen des allgemeinen Datenschutzrechts vorgehen kann, muss die bereichsspezifische Vorschrift daher vor allem normenklar sein, d.h. zumindest die zu verarbeitenden Datenarten und den Zweck der Verarbeitung benennen[88]. Die vorrangige bereichsspezifische Vorschrift muss folglich den Umgang mit personenbezogenen Daten in der Form regeln, dass sie eine konkrete Aussage zu einer der in § 3 Abs. 3 bis 5 BDSG genannten Phasen der Datenerhebung, -verarbeitung, oder -nutzung enthält[89]. Keine vorrangige Erlaubnisnorm liegt vor, wenn lediglich eine Aufgabe beschrieben wird, zu deren Erfüllung im Einzelfall personenbezogene Daten verarbeitet werden müssen. Folglich ist die Frage der Subsidiarität des BDSG gegenüber dem BetrVG stets anhand der konkreten, die Verwendung von Beschäftigtendaten behandelnden Vorschrift des BetrVG zu beurteilen und zu prüfen, inwieweit durch sie eine Aussage über die Zulässigkeit von Personaldatenverarbeitungen durch den Betriebsrat getroffen wird. Das BDSG kann daher nicht von Normen verdrängt werden, die zwar Datenverarbeitungsvorgänge wie etwa die Datenweitergabe an den Betriebsrat voraussetzen, aber die personenbezogene Datenverarbeitung nicht ausdrücklich erwähnen[90]. Aus einer Aufgabe allein kann noch nicht auf eine Befugnis zum Grundrechtseingriff geschlossen werden.

Nicht als vorrangige Rechtsvorschriften i. S. d. § 1 Abs. 3 Satz 1 BDSG können folglich solche Vorschriften eingestuft werden, die der verantwortlichen Stelle lediglich die Verwendung bestimmter Informationen vorschreiben, ohne dass sie

---

86 BVerfG v. 15.12.1983, NJW 1984, 419 (422); ebenso BAG v. 3.6.2003, DB 2003, 2496 (2497); *Gurlit*, NJW 2010, 1035 (1038).
87 BVerfG v. 15.12.1983, NJW 1984, 419 (422); *Simitis*, Simitis, BDSG, § 1 Rn. 100.
88 BAG v. 3.6.2003, DB 2003, 2496 (2497); *Gola/Schomerus*, BDSG, § 4 Rn. 8; *Sokol*, Simitis, BDSG, § 4 Rn. 15.
89 *Schierbaum*, CF 2006, 64 (66); *Gola/Wronka*, NZA 1991, 790 (793).
90 *Dix*, Simitis, BDSG, § 1 Rn. 170; *Gola/Schomerus*, BDSG, § 4 Rn. 8.

diese und die Art der Verarbeitung konkret benennen[91]. Diese Normen können jedoch mittelbar zur Ausfüllung der unbestimmten Rechtsbegriffe der Erlaubnistatbestände des BDSG (§§ 28, 32 BDSG) herangezogen werden, da durch sie die im Rahmen der Zweckbestimmung eines Beschäftigungsverhältnisses ergebenden Berechtigungen und ggf. auch Verpflichtungen zur Datenverwendung festgelegt werden.

3. Betriebsverfassungsrechtliche Regelungen als vorrangige Rechtsvorschriften i. S. d. § 1 Abs. 3 Satz 1 BDSG

Nachfolgend soll nun untersucht werden, ob und in welchem Umfang einzelnen Vorschriften des Betriebsverfassungsrechts, die den Austausch von Beschäftigtendaten zwischen Arbeitgeber und Betriebsrat zum Gegenstand haben, gemäß § 1 Abs. 3 Satz 1 BDSG den entsprechenden Regelungen des BDSG zur Nutzung von Beschäftigtendaten vorgehen.

Inwieweit sich der Subsidiaritätsgrundsatz im Verhältnis zum BetrVG auswirkt, bestimmt sich allein nach dem Inhalt der mit dem BDSG konkurrierenden Vorschriften[92]. Als solche Regelungen kommt eine Reihe von Bestimmungen des BetrVG in Betracht, welche unmittelbar oder mittelbar den Austausch von Beschäftigtendaten zwischen dem Arbeitgeber und dem Betriebsrat zum Inhalt haben können. So verpflichtet beispielsweise § 80 Abs. 2 Satz 1 BetrVG den Arbeitgeber in allgemeiner Form, dem Betriebsrat zur Durchführung seiner Aufgaben rechtzeitig zu unterrichten[93]. Gezielt über Bewerber bzw. Beschäftigtendaten hat der Arbeitgeber den Betriebsrats bei personellen Einzelmaßnahmen wie Einstellungen und Versetzungen (§ 99 Abs. 1 BetrVG) sowie Kündigungen (§ 102 Abs. 1 BetrVG) zu unterrichten[94]. Nach § 89 Abs. 2 BetrVG hat der Arbeitgeber den Betriebsrat darüber hinaus in allen mit dem Arbeitsschutz zusammenhängenden Fragen zu beteiligen, was unter Umständen auch die Einsicht in Unterlagen umfassen kann, die personenbezogene Daten enthalten. Des Weiteren hat der Arbeitgeber den Betriebsrat gemäß § 90 Abs. 1 BetrVG unter Vorlage der notwendigen Unterlagen über geplante Maßnahmen zur Gestaltung des Arbeitsplatzes, des Arbeitsablaufs und der Arbeitsumgebung zu unterrichten. Ebenso ergeben sich Unterrichtungspflichten des Arbeitgebers bei der Beteiligung in wirtschaftlichen Angelegenheiten,

---

91 *Dix*, Simitis, BDSG, § 1 Rn. 170.
92 *Dix*, Simitis, BDSG, § 1, Rn. 170; *Gola/Schomerus*, BDSG, § 1 Rn. 24; *Auernhammer*, BDSG, § 1 Rn. 26; *Weichert*, DKWW, BDSG, § 1 Rn. 13; *Gola/Wronka*, Handbuch zum Arbeitnehmerdatenschutz, Rn. 232.
93 Siehe hierzu *Kap. C. II. 1.*
94 Siehe unter *Kap. C. II. 1.*

etwa bei der Unterrichtung des Wirtschaftsausschusses nach § 106 Abs. 2 BetrVG oder des Betriebsrats bei einer Betriebsänderung nach § 111 BetrVG.

a) Allgemeiner Informationsanspruch des Betriebsrats gemäß § 80 Abs. 2 Satz 1 BetrVG

§ 80 Abs. 2 Satz 1 BetrVG regelt die allgemeine Informationspflicht des Arbeitgebers bezüglich sämtlicher Informationen und Unterlagen, die der Betriebsrat zur Durchführung seiner Aufgaben benötigt. Hiermit korrespondiert ein entsprechender Informationsanspruch des Betriebsrats[95]. Aufgrund der Ausgestaltung dieses Informationsrechts als Generalklausel, die sich nicht nur auf die in § 80 Abs. 1 BetrVG genannten, sondern auf sämtliche gesetzlichen Aufgaben des Betriebsrats bezieht, kann die Ausübung des Informationsrechts auch die Bekanntgabe von personenbezogenen Daten der Beschäftigten zum Gegenstand haben[96].

aa) Volkszählungsurteil des BVerfG als Maßstab

Als Rechtsvorschriften des Bundes können die betriebsverfassungsrechtlichen Informationsansprüche des Betriebsrats grundsätzlich vorrangige Rechtsvorschriften i. S. d. § 1 Abs. 3 Satz 1 BDSG sein[97]. Bereits nach der Gesetzesbegründung zum BDSG 1977 sollten jedoch die betriebsverfassungsrechtlichen Normen, die lediglich einen allgemeinen und nicht ausdrücklich einen personenbezogenen Informationsaustausch regeln, datenschutzkonform und damit keineswegs mit grundsätzlichen Vorrang des kollektiven Informationsinteresses vor berechtigten Geheimhaltungswünschen des Betroffenen auszulegen sein[98]. Hinzu kommt, dass die Informationsansprüche heutzutage den durch das BVerfG im Volkszählungsurteil aufgestellten Anforderungen für eine in das Recht auf informationelle Selbstbestimmung eingreifende Norm genügen müssen[99]. Hinsichtlich des allgemeinen Informationsanspruch des Betriebsrats nach § 80 Abs. 2 Satz 1 BetrVG bestehen insofern jedoch nicht unerhebliche Bedenken. Der Wortlaut dieser Generalklausel sieht in der am weitest möglichen Abstraktheit vor, dass der Betriebsrat „*zur Durchführung seiner Aufgaben [...] rechtzeitig und umfassend vom Arbeitgeber zu unterrichten [ist]*". Die Möglichkeit der Erhebung, Verarbeitung oder Nutzung personenbezogener Daten wird in dieser Regelung jedoch nicht erwähnt. Nach der Rechtsprechung des BVerfG kann eine verfassungsrechtliche Rechtfertigung der Verwendung von per-

---

95 *Fitting*, BetrVG, § 80 Rn. 48; *Kania*, ErfK, BetrVG, § 80 Rn. 17; *Thüsing*, Richardi, BetrVG, § 80 Rn. 47.
96 *Wohlgemuth*, CR 1993, 218 (218); *Hesse*, Der Einfluss des BDSG auf die Betriebsratstätigkeit, S. 67.
97 Siehe unter *Kap. D. III. 2. a)*.
98 BT-Drs. 7/1027, S. 18.
99 Siehe unter *Kap. B. I. 2.*

sonenbezogenen Daten allerdings nur durch solchen Rechtsvorschriften erfolgen, die selbst eine konkrete Aussage bezüglich der Datenerhebung, -verarbeitung oder -nutzung treffen[100]. Das BDSG als *lex generalis* tritt nur zurück, wenn durch eine anderweitige Norm in einem bestimmten Bereich unmittelbar der Umgang mit personenbezogenen Daten geregelt ist und insofern eine Erlaubnis zu einer der in § 3 BDSG genannten Phasen der Datenverwendung erteilt wird[101]. Will man diese Rechtsprechung des BVerfG ernst nehmen, kann der sich aus § 80 Abs. 2 Satz 1 BetrVG ergebende allgemeine Unterrichtungs- und Informationsanspruch des Betriebsrats nicht als vorrangige Norm i. S. d. § 1 Abs. 3 Satz 1 BDSG qualifiziert werden[102]. Diese Norm erwähnt die personenbezogenen Daten noch nicht einmal. Sie bezieht sich vielmehr generalklauselartig auf sämtliche vom Betriebsrat eventuell benötigten Informationen und nicht notwendigerweise auf personenbezogene Daten. Der allgemeine Informationsanspruch setzt die Weitergabe von Beschäftigtendaten für eine ordnungsgemäße Unterrichtung des Betriebsrats lediglich voraus und kann daher nicht als vorrangige Rechtsvorschrift i. S. d. § 1 Abs. 3 Satz 1 BDSG eingestuft werden.

Dies zeigt auch ein Vergleich mit anderen arbeitsrechtlichen Bestimmungen, welche Informationspflichten des Arbeitgebers begründen. Gemäß § 1 Abs. 3 KSchG hat der Arbeitgeber im Falle einer betriebsbedingten Kündigung auf Verlangen des Arbeitnehmers diesem die Gründe anzugeben, die zu der getroffenen sozialen Auswahl geführt haben. Dieser Informationsanspruch umfasst auch die Mitteilung der Namen der anderen in die Sozialauswahl mit einbezogenen Arbeitnehmern[103]. Mehr noch als der allgemeine Informationsanspruch des Betriebsrats nach § 80 Abs. 2 Satz 1 BetrVG kann § 1 Abs. 3 KSchG die Verwendung bzw. Offenlegung bestimmter personenbezogenen Daten mit sich bringen, obwohl die Norm selbst die Art der personenbezogenen Daten und ihre Verwendung nicht konkret festlegt. Gleichwohl wird § 1 Abs. 3 KSchG von der datenschutzrechtlichen Literatur allgemein nicht als vorrangige Erlaubnisnormen i. S. d. § 1 Abs. 3 Satz 1 BDSG angesehen[104]. Denn sie beschreibt zwar die gesetzliche Verpflichtung des Arbeitgebers, bestimmte Informationen im Rahmen der Sozialauswahl bei der Kündigung zu verwenden bzw. offenzulegen. Ebenso wie bei der Ausübung der

---

100 *Jordan/Bissels/Löw*, BB 2010, 2889 (2890), *Schierbaum*, CF 2006 64 (66); *Wohlgemuth*, CR 1993, 218 (219); *Gola/Wronka*, NZA 1991, 790 (793).
101 *Jordan/Bissels/Löw*, BB 2010, 2889 (2890); *Gola/Wronka*, Handbuch zum Arbeitnehmerdatenschutz, Rn. 230.
102 LAG Berlin v. 28.6.1984, NZA 1984, 405 (407); *Jordan/Bissels/Löw*, BB 2010, 2889 (2891); *Gola/Wronka*, NZA 1991, 790 (793).
103 BAG v. 17.11.2005, NZA 2006, 661 (664); *Griebeling*, KR, § 1 Rn. 681; *v. Hoyningen-Huene/Linck*, KSchG, § 1 Rn. 1006.
104 *Gola/Schomerus*, BDSG, § 4 Rn. 9; *Sokol*, Simitis, BDSG, § 4 Rn. 13; *Wohlgemuth*, CR 1993, 218 (219); a.A., allerdings zur Rechtslage vor dem Volkszählungsurteil, BAG v. 24.3.1983, NJW 1984, 78 (79).

Informationspflicht des § 80 Abs. 2 Satz 1 BetrVG kann die Pflicht aus § 1 Abs. 3 KSchG daher im Einzelfall nicht ohne die Weitergabe von personenbezogenen Daten erfüllt werden. Jedoch legt die Norm nicht konkret fest, welche Daten insoweit verwendet und in welcher Weise sie verarbeitet werden dürfen. Diese Fragen können nur im Rahmen der nach § 32 Abs. 1 Satz 1 BDSG erforderlichen Abwägungen entschieden werden. Aus diesen Gründen richtet sich die datenschutzrechtliche Zulässigkeit der Datenverwendung nicht unmittelbar nach § 1 Abs. 3 Satz 1 KSchG, sondern nach dem BDSG.

bb) Kritik an der herrschenden Ansicht in der betriebsverfassungsrechtlichen Literatur

Ein Blick in die betriebsverfassungsrechtliche Kommentarliteratur zeigt jedoch, dass die dort vorherrschende Meinung mit nur sehr allgemein gehaltener bzw. ohne jede weitere Begründung davon ausgeht, dass der Informations- und Unterrichtungsanspruch nach § 80 Abs. 2 Satz 1 BetrVG eine gegenüber dem BDSG vorrangige Rechtsvorschrift i. S. d. § 1 Abs. 3 Satz 1 BDSG sei[105]. Dies verwundert deswegen, weil keine dies vertretende Meinung eine hinreichende Begründung für diese These liefert. So vertritt Buschmann[106] die Auffassung, dass die Rechte des Betriebsrats durch das BDSG nicht eingeschränkt werden und verweist in diesem Zusammenhang ohne weitere Begründung auf § 1 Abs. 3 BDSG sowie auf eine Entscheidung des BAG vom 17. März 1983[107]. Auch Weber[108] ist der Ansicht, dass das BDSG das BetrVG nicht einschränke, da gesetzliche Vorschriften wie § 80 Abs. 2 Satz 1 BetrVG, die die Information des Betriebsrats durch den Arbeitgeber vorschreiben, dem BDSG vorgehen. Eine Begründung für diese Ansicht wird auch hier nicht genannt, sondern ebenfalls auf die Entscheidung des BAG vom 17. März 1983 verwiesen. Thüsing[109] wiederum begründet den Vorrang des § 80 Abs. 2 Satz 1 BetrVG lediglich damit, dass das BDSG nicht bezwecke, die Rechte des Betriebsrats einzuschränken.

Abgesehen davon, dass die betriebsverfassungsrechtliche Kommentarliteratur sich inhaltlich nicht mit den materiellen Voraussetzungen für eine Subsidiarität nach § 1 Abs. 3 Satz 1 BDSG auseinandersetzt, ist insbesondere der Verweis auf die Entscheidung des BAG vom 17. März 1983 zur Begründung des Vorrangs des § 80 Abs. 2 Satz 1 BetrVG vor dem BDSG nicht überzeugend. Diese Entscheidung

---

105 Ohne jede Begründung *Weber*, GK-BetrVG, § 80 Rn. 74; ebenso *Kania*, ErfK, BetrVG, § 80 Rn. 22 (verweisend auf *Weber*, GK-BetrVG, § 80 Rn. 74); mit Verweis auf § 1 Abs. 3 Satz 1 BDSG, jedoch ohne weitere Ausführungen *Buschmann*, DKKW, BetrVG, § 80, Rn. 10.
106 *Buschmann*, DKKW; BetrVG, § 80 Rn. 10.
107 BAG v. 17.3.1983, DB 1983, 1282 (1283).
108 *Weber*, GK-BetrVG, § 80 Rn. 74.
109 *Thüsing*, Richardi, BetrVG, § 80 Rn. 57.

des BAG geht nämlich auf die Frage, inwieweit der allgemeine Informationsanspruch des Betriebsrats aus § 80 Abs. 2 Satz 1 BetrVG eine vorrangige Rechtsvorschrift i. S. d. § 1 Abs. 3 Satz 1 BDSG ist, mit keinem Wort ein. Inhalt dieser Entscheidung ist allein die Frage, ob die Regelungen des BDSG dem besonderen Anspruch des Betriebsrats, Einsicht in die Listen über die Bruttolöhne und -gehälter zu nehmen (§ 80 Abs. 2 Satz 2 Hs. 2 BetrVG), entgegenstehen. Das BAG hatte nur hinsichtlich dieses speziellen Informationsanspruchs des Betriebsrats zu entscheiden. Bei dem Einsichtsrecht in die Listen der Bruttolöhne und -gehälter gemäß § 80 Abs. 2 Satz 2 Hs. 2 BetrVG handelt es sich jedoch tatsächlich um eine vorrangige Rechtsvorschrift i. S. d. § 1 Abs. 3 Satz 1 BDSG[110]. Die Entscheidung des BAG zum Einsichtsrecht in die Entgeltlisten lässt sich auch nicht ohne weiteres auf den allgemeinen Informationsanspruch nach § 80 Abs. 2 Satz 1 BetrVG übertragen. Im Gegensatz zum allgemeinen Informationsanspruch des Betriebsrats wird dort explizit auf personenbezogene Daten (Lohn- und Gehaltsdaten) eingegangen. Im Gegensatz zum allgemeinen Informationsanspruch des Betriebsrats wird in dieser Norm, wie vom BVerfG gefordert, ausdrücklich auf eine Phase der Datenverarbeitung i. S. d. BDSG und auf bestimmte personenbezogene Daten Bezug genommen. Die von der betriebsverfassungsrechtlichen Kommentarliteratur zur Begründung ihrer Ansicht herangezogene höchstrichterliche Entscheidung betrifft daher einen nicht vergleichbaren Informationsanspruch des Betriebsrats und kann daher zur Begründung der oben genannten Literaturmeinung nicht herangezogen werden.

Teilweise wird in der Literatur der Vorrang des § 80 Abs. 2 Satz 1 BetrVG auch damit begründet, dass der Betriebsrat ein unselbständiger Teil der verantwortlichen Stelle und kein Dritter i. S. d. BDSG sei, so dass die Vorschriften über die Übermittlung von personenbezogenen Daten im Verhältnis zwischen Arbeitgeber und Betriebsrat nicht anwendbar seien[111]. Dies ist zwar im Hinblick auf die datenschutzrechtliche Einordnung des Betriebsrats zutreffend[112]. Als Begründung für die Subsidiarität des BDSG gegenüber dem Informations- und Unterrichtungsanspruch des Betriebsrats nach § 80 Abs. 2 Satz 1 BetrVG kann diese Feststellung jedoch ebenfalls nicht herangezogen werden. Diese Ansicht übersieht nämlich, dass das BDSG heute im Gegensatz zur früheren Rechtslage auch die betriebsinterne Nutzung von Beschäftigtendaten unter das in § 4 Abs. 1 BDSG normierte Verbot mit Erlaubnisvorbehalt stellt. Daher muss auch der Datenaustausch zwischen Arbeitgeber und Betriebsrat, auch wenn er keine Übermittlung im datenschutzrechtlichen Sinn darstellt, entweder durch eine Regelung des BDSG oder eine bereichsspezifi-

---

110 Siehe unter *Kap. D. III. 3. b)*.
111 *Fitting*, BetrVG, § 80 Rn. 58; ebenso ArbG Berlin v. 29.1.2004, NZA-RR 2004, 642 (643).
112 Siehe unter *Kap. D I. 2.*

sche Erlaubnisnorm legitimiert sein (§§ 4 Abs. 1, 32 Abs. 1 Satz 1 BDSG)[113]. Folglich ist das BDSG heute nicht nur auf die Übermittlung, sondern auch auf die betriebsinterne Nutzung von Beschäftigtendaten uneingeschränkt anwendbar. Die an sich zutreffende Aussage, der Betriebsrat sei grundsätzlich kein Dritter, sondern ein Teil der verantwortliche Stelle „Unternehmen", kann daher heutzutage für die Begründung des Vorrangs von Vorschriften des BDSG nicht mehr herangezogen werden.

Mit § 1 Abs. 3 Satz 1 BDSG ebenfalls unvereinbar ist es, den Vorrang des § 80 Abs. 2 Satz 1 BetrVG vor den Regelungen des BDSG allein damit zu begründen, dass das BDSG nicht bezwecke, die dem Betriebsrat nach dem BetrVG zustehen Rechte einzuschränken[114]. Diese Begründung des Vorrangs der betriebsverfassungsrechtlichen Regelung allein mit dem Gesetzeszweck lässt jegliche inhaltliche Auseinandersetzung mit der die Subsidiarität des BDSG regelnden Vorschrift des § 1 Abs. 3 Satz 1 BDSG vermissen. Der Gesetzgeber hat mit § 1 Abs. 3 Satz 1 BDSG bewusst eine Norm geschaffen, anhand welcher die Subsidiarität des BDSG gegenüber bereichsspezifischen Rechtsvorschriften zu beurteilen ist. Wie bereits festgestellt worden ist[115], enthält diese Norm trotz ihres Charakters als Generalklausel konkrete Tatbestandsmerkmale, die festlegen, unter welchen Voraussetzungen die Anwendbarkeit des BDSG gegeben ist. Nur anhand dieser Tatbestandsmerkmale ist der Vorrang etwaiger Vorschriften des BetrVG zu beurteilen. Eine hiervon losgelöste Beurteilung des Vorrangs betriebsverfassungsrechtlicher Vorschriften allein anhand des Gesetzeszwecks ist mit § 1 Abs. 3 Satz 1 BDSG unvereinbar.

cc) Keine Einschränkung der Kontrollbefugnisse des Betriebsrats

Das Ergebnis, dass der allgemeine Informationsanspruch des Betriebsrats nach § 80 Abs. 2 Satz 1 BetrVG keine vorrangige Rechtsvorschrift i. S. d. § 1 Abs. 3 Satz 1 BDSG ist, führt jedoch nicht dazu, dass hierdurch die Rechte des Betriebsrats und der Informationsfluss zwischen Arbeitgeber und Betriebsrat beschränkt werden. Die Kontrollkompetenz des Betriebsrats gründet sich allein auf dem Betriebsverfassungsrecht und ist im Übrigen von vornherein auf einen ganz bestimmten Ausschnitt der jeweils von der verantwortlichen Stelle verwendeten Daten beschränkt[116]. Ebenso wenig beschränken die Bestellung eines betrieblichen Datenschutzbeauftragten (§ 4f BDSG) oder die Kontrolltätigkeit der Aufsichtsbehörde (§ 38 BDSG) die Befugnisse des Betriebsrats. Der Gesetzgeber wollte weder durch

---

113 *Gola/Wronka*, Handbuch zum Arbeitnehmerdatenschutz, Rn. 1921; *Gola/Wronka*, NZA 1991, 790 (792).
114 So aber *Thüsing*, Richardi, BetrVG, § 80 Rn. 57.
115 Siehe unter *Kap. D. III. 2.*
116 *Seifert*, Simitis, BDSG, § 32 Rn. 151.

den Erlass datenschutzrechtlicher Vorschriften noch durch die Einführung dieser innerbetrieblichen und behördlichen Kontrollinstanzen die Befugnisse des Betriebsrats beschneiden.

Zur Klarstellung sei daher erwähnt, dass sich die dem Betriebsrat gegenüber dem Arbeitgeber zustehenden Ansprüche allein nach dem BetrVG richten. Begehrt der Betriebsrat vom Arbeitgeber beispielsweise eine Information oder die Vorlage von Unterlagen, ist für dieses Begehren allein der allgemeine Informationsanspruch nach § 80 Abs. 2 Satz 1 BetrVG die einschlägige Anspruchsgrundlage, soweit nicht spezielle Anspruchsgrundlagen aus dem BetrVG vorgehen. Es ist daher zunächst nach dem BetrVG zu prüfen, ob dem Betriebsrat ein Anspruch auf die begehrte Information grundsätzlich zusteht. Nur wenn der Betriebsrat im Rahmen dieses Informationsanspruchs auch die Kenntnisnahme von personenbezogenen Daten begehrt, ist in einem zweiten Schritt zu prüfen, ob die Weitergabe der personenbezogenen Daten auch nach den Bestimmungen des BDSG zulässig ist. Unmittelbar nach dem BDSG richtet sich die Zulässigkeit der Datenverwendung des Betriebsrats nur dann, wenn der Arbeitgeber die Beschäftigtendaten freiwillig an den Betriebsrat bekannt gibt oder wenn der Betriebsrat die Beschäftigtendaten eigenständig erhebt, verarbeitet oder nutzt.

Bei der Prüfung der datenschutzrechtlichen Zulässigkeit der Datenweitergabe an den Betriebsrat sind sodann die betriebsverfassungsrechtlichen Regelungen, die dem Betriebsrat bestimmte Aufgaben zuweisen, ohne dass sie selbst die Verwendung von Beschäftigtendaten i. S. d. § 1 Abs. 3 Satz 1 BDSG legitimieren, zur Konkretisierung der Erlaubnistatbestände des BDSG heranzuziehen[117]. Soweit das allgemeine Informationsbegehren des Betriebsrats nach § 80 Abs. 2 Satz 1 BDSG folglich im Einzelfall darauf gerichtet ist, dass der Mitarbeitervertretung Beschäftigtendaten zur Verfügung gestellt werden sollen, ist im Rahmen der Prüfung anhand der Zulässigkeitstatbestände des BDSG (§§ 28, 32 BDSG) festzustellen, ob die Verwendung der personenbezogenen Daten für den Betriebsrat zur Wahrnehmung seiner sich aus dem BetrVG ergebenden Aufgaben im Einzelfall erforderlich ist. Hierauf wird im folgenden Kapitel näher einzugehen sein[118].

Diese Vorgehensweise wird letztendlich in der großen Mehrzahl der Fälle auf dasselbe Ergebnis hinauslaufen, welches auch die betriebsverfassungsrechtliche Kommentarliteratur mit der Qualifizierung des allgemeinen Informationsanspruchs des Betriebsrats (§ 80 Abs. 2 Satz 1 BetrVG) als vorrangige Rechtsvorschrift i. S. d. § 1 Abs. 3 Satz 1 BDSG erreicht, nämlich dass die betriebsverfassungsrechtlichen Rechte des Betriebsrats durch die Regelungen des BDSG nicht eingeschränkt werden. Insoweit ist es zutreffend zu sagen, dass sich die Befugnis des Betriebsrats zur Verwendung von Beschäftigtendaten ausschließlich nach seinen

---

117 Siehe unter *Kap. E. III. 2. b) cc)*.
118 Siehe unter *Kap. E. III. 2.*.

im BetrVG gesetzlich definierten Aufgaben und Funktionsbedingungen richtet. Nur dann ist die Erhebung, Verarbeitung oder Nutzung von Beschäftigtendaten i. S. d. § 32 Abs. 1 Satz 1 BDSG zur Durchführung des Beschäftigungsverhältnisses erforderlich. Systematisch präzise lässt sich dieses Ergebnis daher nur durch eine exakte Anwendung der Voraussetzungen des § 1 Abs. 3 Satz 1 BDSG und eine Prüfung innerhalb der datenschutzrechtlichen Systematik erreichen.

b) Einsichtsrecht in Listen über Bruttolöhne und -gehälter, § 80 Abs. 2 Satz 2 Hs. 2 BetrVG

Zuzustimmen ist der herrschenden Meinung jedoch darin, dass das Einsichtsrecht des Betriebsrats in die Listen über die Bruttolöhne und -gehälter nach § 80 Abs. 2 Satz 2 Hs. 2 BetrVG eine gegenüber dem BDSG vorrangige Rechtsvorschrift i. S. d. § 3 Abs. 1 Satz 1 BDSG ist. Diese Norm regelt eine über den allgemeinen Informationsanspruch des Betriebsrats (§ 80 Abs. 2 Satz 1 BetrVG) hinausgehende Bekanntgabe konkret benannter personenbezogener Daten der Beschäftigten, nämlich der Bruttolöhne und -gehälter. Die Regelung über das Einsichtsrecht des Betriebsrats nach § 80 Abs. 2 Satz 2 Hs. 2 BetrVG hat daher ausdrücklich personenbezogene Daten zum Gegenstand und trifft hinsichtlich der Nutzung dieser Daten eine konkrete Aussage zu einer der in § 3 Abs. 3 bis 5 BDSG genannten Phasen des datenschutzrechtlich relevanten Verhaltens[119]. Folglich liegt die von § 1 Abs. 3 Satz 1 BDSG geforderte Tatbestandskongruenz mit der die Nutzung von Beschäftigtendaten regelnden Vorschrift des § 32 Abs. 1 Satz 1 BDSG vor.

In gleicher Weise sind in § 80 Abs. 2 Satz 2 Hs. 2 BetrVG die Voraussetzungen für eine Datennutzung nach § 28 Abs. 1 Satz 1 Nr. 2 BDSG enthalten, der die Nutzung der personenbezogenen Daten zur *„Wahrung berechtigter Interessen der verantwortlichen Stelle"* für zulässig erklärt. Denn der Arbeitgeber hat gemäß § 80 Abs. 2 Satz 2 Hs. 2 BetrVG die Pflicht, dem Betriebsrat Einblick in die Listen über die Bruttolöhne und -gehälter zu gewähren. Kommt der Arbeitgeber dieser Pflicht nicht nach, kann der Anspruch des Betriebsrats im Beschlussverfahren im Wege eines Leistungsantrags durchgesetzt und im Falle einer groben Pflichtwidrigkeit Sanktionen nach § 23 Abs. 3 BetrVG eingeleitet werden[120]. Hieraus ergibt sich ohne Zweifel ein berechtigtes Interesse des Arbeitgebers, die erforderlichen Beschäftigtendaten an den Betriebsrat zu übergeben.

Im Gegensatz zu den weitergehenden Regelungen der §§ 32 Abs. 1 Satz 1, 28 Abs. 1 Satz 1 Nr. 2 BDSG beschränkt § 80 Abs. 2 Satz 2 Hs. 2 BDSG jedoch darüber hinaus die Art und Weise der Bekanntgabe der Daten aus Gründen des Arbeitnehmerdatenschutzes sowohl auf ein bloßes Einsichtsrecht, als auch auf be-

---

[119] BAG v. 17.3.1983, DB 1983, 1607 (1608); *Jordan/Bissels/Löw*, BB 2010, 2889 (2891).
[120] *Fitting*, BetrVG, § 80 Rn. 92; *Kania*, ErfK, BetrVG, § 80 Rn. 37.

stimmte Personengruppen[121]. Hierdurch trägt sie als *„besondere"* Rechtsvorschrift i. S. d. § 1 Abs. 3 Satz 1 BDSG zusätzlich dem im Umgang mit Entgeltdaten besonderen Schutzbedürfnis der Beschäftigten Rechnung.

c) Informationsansprüche des Betriebsrat in personellen Angelegenheiten, §§ 99 Abs. 1, 102 Abs. 1, 105 BetrVG

Ebenfalls die Nutzung von Beschäftigtendaten in der Form des Datenaustausches zwischen Arbeitgeber und Betriebsrat regeln die Normen der §§ 99 Abs. 1, 102 Abs. 1 Satz 2 und 105 BetrVG[122]. Gemäß § 99 Abs. 1 Satz 1 BetrVG hat der Arbeitgeber den Betriebsrat vor jeder Einstellung, Eingruppierung, Umgruppierung und Versetzung zu unterrichten, ihm die erforderlichen Bewerbungsunterlagen vorzulegen und Auskunft über die betroffenen Person zu geben. Im Falle der Kündigung eines Arbeitnehmers hat der Arbeitgeber gemäß § 102 Abs. 1 Satz 2 BetrVG dem Betriebsrat die Gründe für die Kündigung mitzuteilen. Bezogen auf die in § 5 Abs. 3 BetrVG genannten leitenden Angestellten hat der Arbeitgeber schließlich gemäß § 105 BetrVG von ihm beabsichtigte Einstellungen oder personelle Veränderungen dem Betriebsrat rechtzeitig mitzuteilen.

Dass die genannten Vorschriften nach den Grundsätzen des BDSG konkret auf personenbezogene Daten Bezug nehmen und zwingend die Nutzung personenbezogener Daten i. S. d. §§ 32 Abs. 1 Satz 1, 28 Abs. 1 Satz 1 Nr. 2 BDSG zum Gegenstand haben, bedarf keiner weiteren Begründung. Im Gegensatz zu den Regelungen des BDSG haben diese Vorschriften darüber hinaus besondere Informationspflichten bzw. Mitteilungstatbestände zum Inhalt, die nur bei konkreten betrieblichen Anlässen, nämlich der Einstellung, Eingruppierung, Versetzung und Kündigung eines Beschäftigten einschlägig sind. Im Vergleich zu den allgemeinen Zulässigkeitstatbeständen des BDSG knüpfen sie daher an deutlich konkreter gefasste Tatbestände an. Sie tragen folglich den besonderen betrieblichen Bedürfnissen der Beschäftigten hinsichtlich der Beteiligung des Betriebsrats bei personellen Einzelmaßnahmen Rechnung und sind daher ebenfalls besondere vorrangige Rechtsvorschriften i. S. d. § 1 Abs. 3 Satz 1 BDSG.

---

121 Das Einsichtsrecht in die Listen über Bruttolöhne und -gehälter steht in größeren Betrieben nur dem Betriebsausschuss (§ 27 BetrVG) oder einem nach § 28 BetrVG gebildeten Ausschuss, in kleineren Betrieben dem Betriebsratsvorsitzenden bzw. dem nach § 27 Abs. 3 BetrVG anderweitig bestimmten Betriebsratsmitglied zu; siehe unter *Kap. C. II. 2. a)*.
122 Siehe näheres hierzu unter *Kap. C. II. 1*.

d) Mittelbar die Verarbeitung von Beschäftigtendaten betreffende Regelungen des BetrVG (§§ 90, 92, 96 bis 98, 111 BetrVG)

Über die Regelungen hinaus, die den Austausch von Beschäftigtendaten zwischen Arbeitgeber und Betriebsrat unmittelbar zum Gegenstand habenden, enthält das BetrVG eine Reihe von Vorschriften, in denen zwar ebenfalls Informationspflichten des Arbeitgebers und Unterrichtungsansprüche des Betriebsrats festgehalten werden, welche jedoch die Mitteilung personenbezogener Daten an den Betriebsrat nicht unmittelbar vorsehen. Beispielsweise verpflichtet § 90 Abs. 1 BetrVG den Arbeitgeber, den Betriebsrat über Planungen im Bereich der technischen und organisatorischen Gestaltung der Arbeitsplätze, des Arbeitsablaufs und der Arbeitsumgebung rechtzeitig und unter Vorlage der erforderlichen Unterlagen zu unterrichten. Darüber hinaus hat er gemäß § 90 Abs. 2 Satz 1 BetrVG mit dem Betriebsrat die vorgesehenen Maßnahmen und ihre Auswirkungen auf die Arbeitnehmer, insbesondere auf die Art ihrer Arbeit sowie die sich daraus ergebenden Anforderungen an die Arbeitnehmer rechtzeitig zu beraten. Vordringliches Ziel dieser Normen ist folglich nicht der Austausch von personenbezogenen Daten, sondern vielmehr die Auswirkungen technischer und organisatorischer Maßnahmen auf die menschliche Arbeit durch den betrieblichen Arbeitsschutz zu beeinflussen und durch präventiven Schutz die Belastungen der Arbeitnehmer möglichst von vornherein zu vermeiden oder zu begrenzen[123].

Insbesondere die in diesem Zusammenhang zu beratenden Auswirkungen auf die Arbeitnehmer können es jedoch im Einzelfall mit sich bringen, dass die Information durch den Arbeitgeber und die zur Unterrichtung dem Betriebsrat übergebenen Unterlagen personenbezogene Daten der von der organisatorischen Planung betroffenen Arbeitnehmer enthalten. Gerade bei der Planung der Ausgestaltung konkreter Arbeitsverfahren, Arbeitsabläufe und Arbeitsplätze kann die Person des einzelnen Arbeitnehmers eine entscheidende Rolle spielen und seine Situation, soweit möglich, in die Planung mit einzubeziehen sein[124].

Deutlicher wird diese Form der lediglich mittelbaren Bezugnahme auf personenbezogene Daten bei der Betrachtung des § 92 Abs. 1 BetrVG. Danach hat der Arbeitgeber den Betriebsrat über die Personalplanung, insbesondere über den gegenwärtigen und künftigen Personalbedarf sowie über die sich daraus ergebenden personellen Maßnahmen und Maßnahmen der Berufsbildung anhand von Unterlagen rechtzeitig und umfassend zu unterrichten[125]. Auch wenn die Planung des konkreten Arbeitseinsatzes einzelner Arbeitnehmer nicht unter § 92 BetrVG fällt, kann

---

123 *Weber*, GK-BetrVG, § 80 Rn. 1; *Fitting*, BetrVG, § 90 Rn. 1; *Klebe*, DKKW, § 90 Rn. 1; *Kania*, ErfK, BetrVG, § 90 Rn. 1.
124 *Hesse*, Der Einfluss des BDSG auf die Betriebsratstätigkeit, S. 73.
125 BAG v. 19.6.1984, NZA 1984, 329 (330); *Raab*, GK-BetrVG, § 92 Rn. 25; *Fitting*, BetrVG, § 92 Rn. 31; *Thüsing*, Richardi, BetrVG, § 92 Rn. 28; *Schneider*, DKKW, § 92 Rn. 41.

es jedoch hinsichtlich der Personaleinsatzplanung zur Weitergabe von personalrelevanten Daten und Statistiken an den Betriebsrat kommen.

Gleiches gilt für die Ausübung der Mitwirkungs- und Mitbestimmungsrechte des Betriebsrats bei betrieblichen Bildungsmaßnahmen nach §§ 96 bis 98 BetrVG. Beispielsweise benötigt der Betriebsrat personenbezogene Daten, um über die Auswahl der Teilnehmer an Bildungsmaßnahmen gemäß § 97 Abs. 1 BetrVG zu beraten bzw. dem Arbeitgeber Teilnehmer nach § 98 Abs. 3 BetrVG vorzuschlagen[126].

Schließlich kann es auch im Rahmen der Beteiligung des Betriebsrats bei Betriebsänderungen nach § 111 Satz 1 BetrVG zur Bekanntgabe personenbezogener Daten kommen, da sich die Mitwirkung des Betriebsrats auch auf die sozialen und personellen Auswirkungen der Entscheidung des Arbeitgebers erstreckt[127]. Nur auf Grundlage dieser Informationen ist der Betriebsrat in der Lage, in eine Beratung mit dem Unternehmer über die Betriebsänderung als solche sowie über Ausgleich und Milderung der Nachteile einzutreten.

In allen diesen Vorschriften ist jedoch die Bekanntgabe von Beschäftigtendaten an den Betriebsrat nicht ausdrücklich vorgesehen. Vielmehr umfassen die Beratungs- und Unterrichtungspflichten unmittelbar nur die vom Arbeitgeber geplanten organisatorischen Maßnahme (Arbeitsorganisation, Personalplanung, betriebliche Bildung, Betriebsänderung). Wie die soeben aufgezählten Beispiele zeigen, kann lediglich im Einzelfall zur ordnungsgemäßen Ausübung der Mitwirkungsrechte des Betriebsrats auch die Bekanntgabe personenbezogener Daten der Arbeitnehmer erforderlich sein. Damit eine Regelung des BetrVG als vorrangige Erlaubnisnormen i. S. d. § 1 Abs. 3 Satz 1 BDSG qualifiziert werden kann, ist jedoch erforderlich, dass die betreffende Norm die Verarbeitung und Nutzung von Personaldaten konkret anspricht, d.h. für bestimmte Daten und bestimmte Verwendungszwecke Erlaubnis- oder Verbotsregelungen aufstellt. Es genügt nicht, dass die Verarbeitung bestimmter Informationen stillschweigend vorausgesetzt wird bzw. zur Erfüllung von in der Norm aufgestellten Verpflichtungen sinnvoll ist[128]. Diese Anforderungen erfüllen die nur mittelbar auf die Verwendung Bezug nehmenden Normen des BetrVG nicht. Sie enthalten lediglich generalklauselartig eine an Arbeitgeber und Betriebsrat gerichtete Aufgabenzuweisung, ohne den dafür notwendigen Umgang mit personenbezogenen Daten in Art und Umfang näher zu beschreiben. Bei diesen Vorschriften handelt es sich daher nicht um vorrangige Rechtsvorschriften i. S. d.

---

126 *Raab*, GK-BetrVG, § 97, Rn.10; *Buschmann*, DKKW, BetrVG, § 97 Rn. 6; *Hesse*, Der Einfluss des BDSG auf die Betriebsratstätigkeit, S. 73.
127 BAG v. 30.3.2004, NZA 2004, 931 (933); BAG v. 18.11.2003, NZA 2004, 741 (742); *Oetker*, GK-BetrVG, § 111 Rn. 177; *Däubler*, DKKW, BetrVG, § 111, Rn. 133; *Kania*, ErfK, BetrVG, § 111 Rn. 21; *Annuß*, Richardi, BetrVG, § 111 Rn. 150.
128 Vgl. *Gola/Wronka*, Handbuch zum Arbeitnehmerdatenschutz, Rn. 249 für den insoweit dieselben Anforderungen stellenden § 4 Abs. 1 BDSG.

§ 1 Abs. 3 Satz 1 BDSG. Sie sind bei der Auslegung der datenschutzrechtlichen Erlaubnistatbestände des BDSG mit zu berücksichtigen.

IV. Zusammenfassung

Das BDSG ist auch auf die Datenverarbeitung des Betriebsrats anwendbar. Folglich muss sich die Datenverarbeitung des Betriebsrats an den Maßstäben des BDSG messen lassen, sofern nicht eine vorrangige Rechtsvorschrift des BetrVG i. S. d. § 1 Abs. 3 Satz 1 BDSG den allgemeinen Datenschutzbestimmungen vorgeht. In diesem Zusammenhang kann allerdings nicht, wie es insbesondere in der betriebsverfassungsrechtlichen Kommentarliteratur verbreitet ist, allgemein davon ausgegangen werden, dass sich die Zulässigkeit der Arbeitnehmerdatenverarbeitung durch den Betriebsrat allein nach dem BetrVG richtet. Das Verhältnis von Datenschutzrecht und Betriebsverfassungsrecht ist vielmehr durch den Grundsatz geprägt, dass der Schutz des Persönlichkeitsrechts von Arbeitnehmern zweigleisig, sowohl durch das BDSG als auch durch das BetrVG erreicht werden soll. Dabei fungiert das BDSG mehr als nur als ein bloßes „Auffanggesetz"[129]. Eine solche vereinfachte Charakterisierung wird dem komplexen Verhältnis zwischen den allgemeinen Vorschriften des BDSG und den spezialgesetzlichen Bestimmungen des BetrVG nicht gerecht. Dies liegt insbesondere daran, dass die Schutzbereiche des BDSG und des BetrVG nicht deckungsgleich sind. Betriebsverfassungsrechtliche Schweigepflichten und das sich aus dem BDSG ergebende Datengeheimnis stehen vielmehr in einem Ergänzungsverhältnis[130].

Soweit also die betriebsverfassungsrechtlichen Bestimmungen nicht als vorrangige Rechtsvorschriften i. S. d. 1 Abs. 3 Satz 1 BDSG zu qualifizieren sind, unterliegt auch der Betriebsrat dem allgemeinen Datenschutzrecht. Bestehen hingegen bereits nach dem BetrVG Beschränkungen für die Erhebung, Verarbeitung oder Nutzung von personenbezogenen Daten durch den Betriebsrat, bleibt kein Raum für die Anwendung von Vorschriften des Bundesdatenschutzgesetzes. In diesen Fällen lässt sich eine Zulässigkeit der Datenverarbeitung durch den Betriebsrat nicht mit den Vorschriften des BDSG begründen.

---

129 So aber *Gola/Schomerus*, BDSG, § 1 Rn. 23 f.; *Wohlgemuth/Gerloff*, Datenschutzrecht, S. 7.
130 *Weber*, Die Schweigepflicht des Betriebsrats, S. 218.

E. Pflichten des Betriebsrats nach dem Bundesdatenschutzgesetz

Im folgenden Kapitel ist nun näher darauf einzugehen, welchen datenschutzrechtlichen Pflichten der Betriebsrat und seine Mitglieder nach dem BDSG unterliegen und welche Voraussetzungen die Zulässigkeitstatbestände des BDSG an eine rechtmäßige Verwendung von Beschäftigtendaten durch den Betriebsrat stellen.

I. Datengeheimnis gemäß § 5 Satz 1 BDSG

1. Historie und Funktion der Vorschrift

§ 5 Satz 1 BDSG regelt das allgemeine Datengeheimnis im Datenschutzrecht. Im ursprünglichen Regierungsentwurf noch nicht enthalten, wurde es auf Vorschlag des Innenausschusses des Bundestages bereits in das erste BDSG 1977 eingefügt und im Laufe der Jahre mehrmals sprachlich an die Entwicklungen des BDSG angepasst[1]. Nach der aktuellen Fassung der Norm ist es *„den bei der Datenverarbeitung beschäftigten Personen [...] untersagt, personenbezogene Daten unbefugt zu erheben, zu verarbeiten oder zu nutzen (Datengeheimnis)"*.

Ausgangspunkt für die Notwendigkeit eines ausdrücklichen Datengeheimnisses für die bei der Datenverarbeitung Beschäftigten ist, dass Normadressat des BDSG zunächst allein die verantwortliche Stelle i. S. d. § 3 Abs. 7 BDSG, folglich die Leitung des Unternehmens, ist[2]. Die Datenverarbeitung im Unternehmen erfolgt zwar in der Regel nicht durch die Unternehmensleitung selbst, sondern in deren Auftrag durch die bei der verantwortlichen Stelle beschäftigten Personen, so dass letztere für die Einhaltung des BDSG ohnehin mittelbar verantwortlich sind. In Ergänzung zu dieser mittelbaren Verantwortung besteht die Funktion des Datengeheimnisses nach § 5 Satz 1 BDSG jedoch darin, zusätzlich zu der Verantwortung der verantwortlichen Stelle eine eigene, unmittelbare Verantwortung der Beschäftigten selbst zu begründen, die Grundlage für eine zivil- und arbeitsrechtliche sowie strafrechtliche Verantwortlichkeit nach §§ 43, 44 BDSG sein kann[3]. § 5 Satz 1

---

1 BT-Drs. 7/5277, S. 6.
2 Dazu *Dammann*, Simitis, BDSG, § 3 Rn. 225, *Mester*, Arbeitnehmerdatenschutz, S. 277.
3 *Ehmann*, Simitis, § 5 Rn. 5; *Gola/Schomerus*, BDSG, § 5 Rn. 1; *Auernhammer*, BDSG, § 5 Rn. 1; *Küpferle*, Arbeitnehmerdatenschutz im Spannungsfeld, S. 384.

BDSG normiert folglich ein unmittelbar an die bei der Datenverarbeitung Beschäftigten, also an natürliche Personen, gerichtetes gesetzliches Verbot der unbefugten Datenverwendung. Damit soll gewährleistet werden, dass die Einhaltung der materiellen Datenschutzverpflichtungen des BDSG zu einer Rechtspflicht wird, die von den handelnden Personen persönlich zu erfüllen ist[4].

Die Bedeutung des Datengeheimnisses nach § 5 Satz 1 BDSG im Regelungssystem des Datenschutzrechts ist in der Literatur jedoch umstritten. Während die einen der Ansicht sind, dass der Stellenwert dieser Vorschrift aufgrund von Änderungen und Ergänzungen in anderen Vorschriften, die den erlaubten Verarbeitungsrahmen genauer definieren und eingrenzen, mit jeder Novellierung des BDSG größer geworden sei[5], bescheinigen andere dem Datengeheimnis nach § 5 Satz 1 BDSG lediglich eine verhältnismäßig geringe praktische Bedeutung, da das BDSG als Ganzes ein Schutzgesetz sei, das die missbräuchliche Datenverarbeitung gemäß § 44 BDSG unter Strafe stelle[6]. Letztere Ansicht weist jedoch in diesem Zusammenhang selbst darauf hin, dass die in § 44 BDSG genannten Tatbestände nicht alle Missbrauchsmöglichkeiten umfassen, insbesondere nicht die Nutzung der im Rahmen der betrieblichen Tätigkeit bekannt gewordenen Daten zu privaten Zwecken.

Wie letzteres Beispiel zeigt, hat § 5 Satz 1 BDSG daher, wie andere Verbotsvorschriften des BDSG, insbesondere eine Auffang- und Ergänzungsfunktion und soll den Schutz der Betroffenen bei der Verarbeitung ihrer personenbezogenen Daten abrunden. Der Stellenwert der Norm ist daher nicht zu unterschätzen. Um sein Ziel zu erreichen, untersagt diese Regelung in einer weitestmöglich abstrakten Weise alle unzulässigen Verhaltensweisen beim Umgang mit personenbezogenen Daten. Anders als es der Begriff „Datengeheimnis" suggeriert, bezieht sich die Vorschrift dabei nicht nur auf die interne Weitergabe bzw. Offenbarung und die externe Übermittlung von Beschäftigtendaten. Bereits der erste Regierungsentwurf des BDSG stellte klar, dass unbefugt in diesem Sinne vielmehr jede Person handelt, die weder aus Gesetz, Verordnung, Anordnung, Vertrag oder Einzelanweisung eine Erlaubnis für die von ihr durchgeführte Datenverwendung ableiten kann[7]. Die Vorschrift statuiert folglich ein umfassendes Verbot normwidrigen Datenumgangs und betrifft alle Phasen der Datenverarbeitung. Sie verbietet auch die unberechtigte Erhebung,

---

4   *Ehmann*, Simitis, BDSG, § 5 Rn. 5.
5   *Ehmann*, Simitis, BDSG, § 5 Rn. 3, mit Verweis auf verschiedene Regelungen des BDSG, wie z. B. § 6b (Zulässigkeit der Videoüberwachung) oder die in den §§ 13, 14, 28 und 29 BDSG enthaltenen Vorschriften über die Verarbeitung sensibler Daten i. S. d. § 3 Abs. 9 BDSG.
6   *Gola/Schomerus*, BDSG, § 5 Rn. 2.
7   BT-Drs 11/4306, S. 41.

Speicherung, Veränderung, Sperrung oder Löschung sowie jede andere Art und Weise unzulässiger Datennutzung[8].

2. Bindung der Betriebsratsmitglieder an das Datengeheimnis des § 5 Satz 1 BDSG

a) Weite Auslegung des persönlichen Anwendungsbereichs

Ausgangspunkt für die Prüfung der Anwendbarkeit des Datengeheimnisses auf die Mitglieder des Betriebsrats ist der Wortlaut des § 5 Satz 1 BDSG. Nach dieser das Datengeheimnis legal definierenden Regelung ist es den bei der Datenverarbeitung beschäftigten Personen untersagt, personenbezogene Daten unbefugt zu erheben, zu verarbeiten oder zu nutzen. In den Anfangsjahren der automatisierten Datenverarbeitung war die Zielgruppe des § 5 Satz 1 BDSG insbesondere die unmittelbar mit der Datenverarbeitung beschäftigten Arbeitnehmer im Rechenzentrum eines Unternehmens. Entsprechend wurde in der früheren Literatur verbreitet die Auffassung vertreten, dass der Adressatenkreis des § 5 Satz 1 BDSG auf diejenigen Personen begrenzt sei, welche unmittelbar mit der Datenverarbeitung befasst sind[9].

Nach der heute vorherrschenden Ansicht ist der persönliche Anwendungsbereich des § 5 Satz 1 BDSG jedoch weit auszulegen. Dieser ist bereits dann eröffnet, wenn unabhängig vom zugewiesenen Beschäftigungsinhalt die faktische Möglichkeit des Zugangs zu und der Verwendung von personenbezogenen Daten der verantwortlichen Stelle besteht[10]. Begründet wird diese extensive Auslegung des § 5 Satz 1 BDSG zunächst mit dem Wortlaut der Norm, in welchem nicht etwa von den „mit", sondern lediglich von den „bei" der Datenverarbeitung Beschäftigten die Rede ist[11].

Der weite persönliche Anwendungsbereich des Datengeheimnisses folgt darüber hinaus insbesondere aus dem Schutzzweck der Norm[12]. Die früher vertretene, den Anwendungsbereich des § 5 Satz 1 BDSG einschränkende Auslegung übersah, dass ein erhebliches Missbrauchspotential hinsichtlich des Umgangs mit personenbezogenen Daten auch dann bestehen kann, wenn ein Beschäftigter nur mittelbar mit der Datenverarbeitung in Berührung kommt. Die mit der fortschreitenden Entwick-

---

8   *Ehmann*, Simitis, BDSG, § 5 Rn. 19; *Klebe*, DKWW, BDSG, § 5 Rn. 1; *Gola/Schomerus*, BDSG, § 5 Rn. 1; *Auernhammer*, BDSG, § 5 Rn. 4; *Gola/Wronka*, Handbuch zum Arbeitnehmerdatenschutz, Rn. 1295.
9   *Schaffland/Wiltfang*, BDSG, § 5 Rn. 3 (Stand Oktober 1984).
10 *Ehmann*, Simitis, BDSG, § 5 Rn. 13; *Schaffland/Wiltfang*, BDSG, § 5 Rn. 5; *Klebe*, DKWW, BDSG, § 5 Rn. 5; enger *Auernhammer*, BDSG, § 5 Rn. 3.
11 *Küpferle*, Arbeitnehmerdatenschutz im Spannungsfeld, S. 286.
12 *Ehmann*, Simitis, BDSG, § 5 Rn. 13.

lung der Informations- und Kommunikationstechnologie verbundene Verbreitung der automatisierten Datenverarbeitung hat daher zu der allgemeinen Auffassung geführt, dass das BDSG heutzutage auch auf alle anderen Mitarbeiter der verantwortlichen Stelle anwendbar ist, die, in welcher Form auch immer, mit personenbezogenen Daten arbeiten. „Bei der Datenverarbeitung beschäftigt" ist eine Person daher immer dann, wenn das ihr übertragene oder von ihr wahrgenommene Aufgabengebiet die in § 3 Abs. 3 bis 5 BDSG beschriebenen Tätigkeiten umfasst, sie also mit personenbezogenen Daten dauernd oder regelmäßig in der Weise in Verbindung kommt, dass sie diese zur Kenntnis nehmen, verarbeiten oder in sonstiger Weise nutzen kann[13].

Diese am Schutzzweck der Norm orientierte, weite Auslegung des persönlichen Anwendungsbereichs des § 5 Satz 1 BDSG wird auch nicht durch den neuen § 3 Abs. 11 BDSG, welcher erstmals eine Definition des Begriffs „Beschäftigter" enthält, beeinflusst. Ausweislich der amtlichen Begründung zur BDSG-Novelle 2009[14] beabsichtigte der Gesetzgeber hiermit lediglich den in § 32 BDSG verwendeten Begriffs des Beschäftigten legal zu definieren. Auswirkungen auf die Auslegung des Begriffs des „bei der Datenverarbeitung beschäftigten Personen" i. S. d. § 5 Satz 1 BDSG hat diese Regelung daher nicht.

b) Erstreckung des Anwendungsbereichs auf die Mitglieder des Betriebsrats

Dieser weit gezogene Anwendungsbereich spiegelt sich auch in der Antwort auf die Frage wider, ob die Mitglieder des Betriebsrats dem Datengeheimnis nach § 5 Satz 1 BDSG unterliegen. Entgegen früher noch vereinzelt vertretenen Ansichten[15] werden zu diesem Personenkreis nach heute einhelliger Meinung auch die Mitglieder des Betriebsrats gezählt, da sie im Zuge ihrer Funktionsausübung Personaldaten erheben, verarbeiten oder nutzen[16]. Der Betriebsrat arbeitet zwar vom Arbeitgeber funktionell unabhängig. Er hat jedoch aufgrund seiner betriebsverfassungsrechtlich gesicherten Informationsrechte einen Anspruch auf Unterrichtung auch über vom BDSG geschützte personenbezogene Daten. Die Mitglieder des Betriebsrats erheben, verarbeiten und nutzen im Rahmen ihrer Amtsführung zielgerichtet eine Vielzahl von Arbeitnehmerdaten. Dies ist bereits dann der Fall, wenn ihnen vom Ar-

---

13 *Ehmann*, Simitis, BDSG, § 5 Rn. 13; *Gola/Schomerus*, BDSG, § 5 Rn. 8; *Klebe*, DKWW, BDSG, § 5 Rn. 4.
14 BT-Drs. 16/13647, S. 27; so auch *Klebe*, DKWW, BDSG, § 5 Rn. 4.
15 *Linnekohl*, NJW 1981, 202 (207); *Küpferle*, Arbeitnehmerdatenschutz im Spannungsfeld, S. 392.
16 BAG v. 3.6.2003; DB 2003, 2496 (2497); *Buschmann*, DKKW, BetrVG, § 79 Rn. 31; *Thüsing*, Richardi, BetrVG, § 79 Rn. 33; *Oetker*, GK-BetrVG, § 79 Rn. 59; *Gola/Schomerus*, BDSG, § 5 Rn. 15; *Auernhammer*, BDSG, § 5 Rn. 3; *Gola/Wronka*, Handbuch zum Arbeitnehmerdatenschutz, Rn. 1185 ff; *Kort*, NZA 2010, 1267 (1269); auch für den Personalrat bejahend *Battis/Bleckmann*, CR 1989, 532 (534).

beitgeber Computerausdrucke mit Personaldaten zur Kenntnis gegeben werden. Sie sind daher ebenfalls als „bei der Datenverarbeitung beschäftigte Personen" zu qualifizieren und unterliegen damit auch im Rahmen ihrer Amtsführung dem Datengeheimnis des § 5 Satz 1 BDSG[17].

Der Betriebsrat wird durch die Geheimnispflicht des § 5 Satz 1 BDSG in seiner betriebsverfassungsrechtlichen Unabhängigkeit auch nicht unverhältnismäßig eingeschränkt[18]. Dies ergibt sich zum einen daraus, dass der Betriebsrat bereits nach dem BetrVG einer Vielzahl von Geheimhaltungs- und Verschwiegenheitspflichten unterliegt (§§ 79 Abs. 1, 82 Abs. 2 Satz 3, 83 Abs. 1 Satz 2, 99 Abs. 1 Satz 3, 102 Abs. 2 Satz 5 BetrVG). Diese bedeutet, dass Geheimhaltungsverpflichtungen im Rahmen der Betriebsratsarbeit für sich genommen nicht unüblich sind. Zum anderen untersagt das Datengeheimnis des § 5 Satz 1 BDSG lediglich die „unbefugte" Datenverwendung. Die Verwendung von Beschäftigtendaten zur Erfüllung der umfassenden Betriebsratsaufgaben ist jedoch in der Regel nicht unbefugt. Solange sich die Betriebsratsmitglieder daher beim Umgang mit Beschäftigtendaten im Rahmen ihrer vom BetrVG erlaubten Amtstätigkeit bewegen, wird dieser Umgang mit Beschäftigtendaten von § 5 Satz 1 BDSG nicht weiter tangiert[19]. Auch aus betriebsverfassungsrechtlicher Sicht kann es kein schützenswertes Interesse des Betriebsrats daran geben, Beschäftigtendaten unter Verstoß gegen das BDSG zu verarbeiten.

3. Verhältnis des Datengeheimnisses nach § 5 Satz 1 BDSG zu den betriebsverfassungsrechtlichen Schweigepflichten der Betriebsratsmitglieder

a) Betriebsverfassungsrechtliche Schweigepflichten als vorrangige Rechtsvorschriften i. S. d. § 1 Abs. 3 Satz 1 BDSG

Bejaht man die grundsätzliche Anwendbarkeit des Datengeheimnisses nach § 5 Satz 1 BDSG auf die Mitglieder des Betriebsrats, stellt sich hieran anschließend allerdings die Frage, ob und wenn ja, in welchem Umfang die Anwendbarkeit dieser Norm durch die bereichsspezifischen Verschwiegenheitsvorschriften des BetrVG durch den Subsidiaritätsgrundsatz des § 1 Abs. 3 Satz 1 BDSG ausgeschlossen ist. Unter Heranziehung der Anforderungen, welche § 1 Abs. 3 Satz 1 BDSG an eine die Anwendung des BDSG ausschließende besondere Rechtsvor-

---

17 BAG v. 3.6.2003, DB 2003, 2496 (2497), *Simitis*, Anm. zu BAG v. 3.6.2003, AP Nr. 1 zu § 89 BetrVG 1972; *Reichold*, SAE 2004 287 (287); *Oetker*, GK-BetrVG, § 79 Rn. 59; für den Personalrat siehe *Battis/Bleckmann*, CR 1989, 532 (534).
18 *Ehmann*, Simitis, BDSG, § 5 Rn. 18; *Fitting*, BetrVG, § 79 Rn. 37.
19 Hierzu unter *Kap. E. III. 2. b) bb)*.

schrift stellt, lässt sich feststellen, dass die Anwendbarkeit des § 5 Satz 1 BDSG auf die Mitglieder des Betriebsrats durch die besonderen Verschwiegenheitspflichten des BetrVG nur teilweise ausgeschlossen ist[20]. Die bisweilen vertretene Ansicht[21], die Verschwiegenheitspflichten des BetrVG (§§ 79 Abs. 1, 82 Abs. 2 Satz 3, 83 Abs. 1 Satz 2, 99 Abs. 1 Satz 3 und 102 Abs. 2 Satz 5 BetrVG) gingen als besondere Rechtsvorschriften i. S. d. § 1 Abs. 3 Satz 1 BDSG dem Datengeheimnis des § 5 Satz 1 BDSG vor und führt zur Unanwendbarkeit desselbigen, ist in dieser Form unzutreffend. Wie bereits dargestellt worden ist[22], findet durch die Subsidiaritätsregelung des § 1 Abs. 3 Satz 1 BDSG eine Verdrängung des BDSG nur in dem Umfang statt, in dem nach einem genauen inhaltlichen Vergleich eine abweichende Regelung für den exakt gleichen Sachverhalt vorliegt. Nur eine deckungsgleiche, d.h. tatbestandskongruente bereichsspezifische Spezialnorm geht dem BDSG vor. Mangels dieser Deckungsgleichheit verdrängen die bereits erörterten betriebsverfassungsrechtlichen Verschwiegenheitspflichten des Betriebsrats das Datengeheimnis aus § 5 Satz 1 BDSG jedoch nicht in vollem Umfang[23].

b) Keine Tatbestandskongruenz hinsichtlich der geschützten Daten

Die betriebsverfassungsrechtlichen Verschwiegenheitspflichten betreffen im Wesentlichen nur Betriebs- und Geschäftsgeheimnisse (§ 79 Abs. 1 Satz 1 BetrVG) und nur solche Beschäftigtendaten, welche einen gewissen Vertraulichkeitscharakter besitzen. Demgegenüber schützt § 5 Satz 1 BDSG wegen der allgemeinen Gefährdung, die mit der Verarbeitung personenbezogener Daten verbunden ist, alle personenbezogenen Daten i. S. d. § 3 Abs. 1 BDSG. Im Gegensatz zu § 79 Abs. 1 Satz 1 BetrVG erfasst das BDSG folglich sämtliche Einzelangaben über persönliche und sachliche Verhältnisse des Betroffenen ohne Rücksicht auf den Grad ihrer Vertraulichkeit. Das Datengeheimnis des § 5 Satz 1 BDSG trägt hierdurch dem Volkszählungsurteil des BVerfG Rechnung, wonach es unter den Bedingungen der modernen Datenverarbeitung kein „belangloses" Datum mehr gibt[24]. Die besonderen Verschwiegenheitspflichten des BetrVG sind demgegenüber regelmäßig nur in besonderen Situationen anwendbar. So sieht das Betriebsverfassungsrecht eine Schweigepflicht der Betriebsratsmitglieder nur vor, wenn ihnen die personenbezogenen Daten im Rahmen der Beteiligung bei personellen Einzelmaßnahmen wie der Einstellung (§ 99 Abs. 1 Satz 3 BetrVG) oder dem Ausspruch einer Kündigung (§ 102 Abs. 2 Satz 5 BetrVG) bekannt werden oder wenn der Betroffene ein Mit-

---

20 BAG v. 3.6.2003, DB 2003, 2496 (2497); *Bizer*, DuD 1997, 653 (655).
21 *Linnekohl*, NJW 1981, 202 (207).
22 Siehe unter *Kap. D. III. 2. d)*.
23 *Fitting*, BetrVG, § 79 Rn. 36; *Bizer* DuD 1997, 653 (655); *Gola*, DuD 1987, 440 (444); *Wohlgemuth*, Datenschutz für Arbeitnehmer, Rn. 766.
24 BVerfG v. 15.12.1983, NJW 1984, 419 (422).

glied des Betriebsrats gemäß § 83 BetrVG zur Einsicht in seine Personalakte oder gemäß § 82 Abs. 2 BetrVG zum Personalgespräch hinzuzieht. Die allgemeine Schweigepflicht nach § 79 Abs. 1 Satz 1 BetrVG ist demgegenüber zwar nicht an eine konkrete Beteiligungsform gebunden, sie setzt allerdings voraus, dass es sich bei den personenbezogenen Daten um Betriebs- oder Geschäftsgeheimnisse handelt. Soweit die personenbezogenen Daten jedoch nicht Informationen über einen Großteil der Beschäftigten enthalten oder aus anderen Gründen Auskunft über die Kostenkalkulation des Unternehmens geben können, werden Beschäftigtendaten diese Eigenschaft nur selten aufweisen[25]. Darüber hinaus unterfallen die Beschäftigtendaten nur dann dem Schutz des § 79 Abs. 1 Satz 1 BetrVG, wenn der Arbeitgeber den Betriebsrat auf die besondere Geheimhaltungsbedürftigkeit der Daten hingewiesen hat. Dies wird in der Regel aber nur dann der Fall sein, wenn der Betriebsrat die personenbezogenen Daten direkt vom Arbeitgeber und nicht auf anderem Wege erhält. Das Datengeheimnis nach § 5 Satz 1 BDSG ist hingegen für sein Wirken an keine dieser besonderen Voraussetzungen gebunden und geht in seinem sachlichen Anwendungsbereich daher weit über die Verschwiegenheitspflichten des BetrVG hinaus.

c) Keine Tatbestandskongruenz hinsichtlich der untersagten Verhaltensweisen

Die mangelnde Deckungsgleichheit wird darüber hinaus auch dann besonders deutlichen, wenn man betrachtet, welche Arten der Datenverwendung den Betriebsratsmitgliedern von den unterschiedlichen Verschwiegenheitspflichten des BetrVG und des BDSG untersagt werden. Die betriebsverfassungsrechtlichen Verschwiegenheitsvorschriften untersagen den Betriebsratsmitgliedern lediglich bestimmte Formen der Datenverwendung. So verhindert § 79 Abs. 1 Satz 1 BetrVG lediglich die Weitergabe der Betriebs- oder Geschäftsgeheimnisse an Dritte (Offenbarung) bzw. die Nutzung der Geheimnisse zu eigenen wirtschaftlichen Zwecken (Verwertung)[26]. Die im Rahmen der Beteiligung bei personellen Einzelmaßnahmen des Arbeitgebers einschlägigen Verschwiegenheitspflichten (§§ 99 Abs. 1 Satz 3, 102 Abs. 3 Satz 5 BetrVG) haben demgegenüber sogar eine noch engeren Anwendungsbereich, indem sie den Betriebsratsmitgliedern lediglich vorschreiben, über die ihnen bekannt gewordenen persönlichen Verhältnisse und Angelegenheiten der Arbeitnehmer, die ihrer Bedeutung oder ihrem Inhalt nach einer vertraulichen Behandlung bedürfen, Stillschweigen zu bewahren[27]. Erfasst wird von diesen Ver-

---

25 Siehe unter *Kap. C. III. 2. a)*; BAG v. 26.2.1987, NZA 1988, 63 (64); *Kania*, ErfK, BetrVG, § 79 Rn. 5; *Fitting*, BetrVG, § 79 Rn. 4; *Oetker*, GK-BetrVG, § 79 Rn. 11; a. A. ArbG Mannheim v. 6.2.2007, AiB 2007, 542 (543); *Buschmann*, DKKW, BetrVG, § 79 Rn. 10.
26 *Fitting*, BetrVG, § 79 Rn. 16; *Oetker*, GK-BetrVG, § 79 Rn. 29; *Buschmann*, DKKW, BetrVG, § 79 Rn. 18.
27 BAG v. 12.8.2009, NZA 2009, 1218 (1221); *Fitting*, BetrVG, § 79 Rn. 32.

schwiegenheitspflichten folglich nur die Weitergabe der Beschäftigtendaten, nicht jedoch andere Formen der unzulässigen Datenverwendung.

Das Datengeheimnis des § 5 Satz 1 BDSG hat hingegen einen darüber hinaus gehenden, deutlich weiteren Anwendungsbereich. Es untersagt den Mitgliedern des Betriebsrats nicht nur die Bekanntgabe oder das Zugänglichmachen von personenbezogenen Daten, sondern jegliche unbefugte Datenverwendung für andere Zwecke als die der Betriebsratstätigkeit[28]. Nur § 5 Satz 1 BDSG erfasst neben der unbefugten Weitergabe der Beschäftigtendaten an Dritte auch die unbefugte Erhebung, Speicherung und interne Nutzung von Beschäftigtendaten durch die Betriebsratsmitglieder. So würde es beispielsweise gegen das Datengeheimnis des § 5 Satz 1 BDSG, nicht jedoch gegen die betriebsverfassungsrechtlichen Verschwiegenheitspflichten verstoßen, wenn ein Betriebsratsmitglied in seiner Eigenschaft als Gewerkschaftsmitglied Beschäftigtendaten für gewerkschaftliche Zwecke nutzt, ohne dass diese Daten anderen Gewerkschaftmitgliedern außerhalb des Betriebsrats bekannt gegeben würden[29]. Gleiches gilt für private Vereinstätigkeiten von Betriebsratsmitgliedern, wenn diese selbst für ihren Verein ihnen durch ihre Betriebsratstätigkeit bekannt gewordenen Anschriften von Beschäftigten zu Werbezwecken nutzen.

Mangels Deckungsgleichheit wird § 5 Satz 1 BDSG folglich nicht durch § 1 Abs. 3 Satz 1 BDSG ausgeschlossen, sondern ist neben den betriebsverfassungsrechtlichen Verschwiegenheitspflichten der Betriebsratsmitglieder anzuwenden. Ein Vorrang kann nur in dem Umfang bestehen, in dem tatsächlich eine Deckungsgleichheit zwischen den in den betriebsverfassungsrechtlichen und den datenschutzrechtlichen Normen enthaltenen Tatbeständen besteht.

4. Fortgeltung des Datengeheimnisses nach Beendigung des Betriebsratsamtes

§ 5 Satz 3 BDSG bestimmt die Geltungsdauer des Datengeheimnisses. Danach besteht das Datengeheimnis auch noch nach der Beendigung der mit dem personenbezogenen Datenumgang verbundenen Tätigkeit fort. Hinsichtlich der Datenschutzverpflichtung der Betriebsratsmitglieder ist insoweit auf den Zeitpunkt des Ausscheidens aus dem Betriebsrat abzustellen. Ebenso wie den betriebsverfassungsrechtlichen Verschwiegenheitspflichten bleiben die Betriebsratsmitglieder daher auch dem Datengeheimnis des § 5 Satz 1 BDSG über das Ende ihrer Be-

---

28 *Ehmann*, Simitis, BDSG, § 5 Rn. 18; *Buschmann*, DKKW, BetrVG, § 79 Rn. 31; *Bizer*, DuD 1997, 653 (655); *Küpferle*, Arbeitnehmerdatenschutz im Spannungsfeld, S. 389.
29 *Küpferle*, Arbeitnehmerdatenschutz im Spannungsfeld, S. 389.

triebsratstätigkeit hinaus unterworfen[30]. Da die Betriebsratsmitglieder jedoch nach dem Ende ihrer Amtszeit nicht mehr mit den vom Betriebsrat verwendeten Beschäftigtendaten in Berührung kommen, bezieht sich das Verbot des § 5 Satz 1 BDSG ab diesem Zeitpunkt nur noch auf eine unzulässige Offenbarung oder Weitergabe der personenbezogenen Daten[31]. Die anderen unzulässigen Verarbeitungsformen, z. B. Speicherung und Veränderung von Beschäftigtendaten, spielen dann keine Rolle mehr, da kein Zugang mehr zu den Datenbeständen des Betriebsrats oder der verantwortlichen Stelle besteht.

II. Formelle Verpflichtung der Betriebsratsmitglieder auf das Datengeheimnis, § 5 Satz 2 BDSG

Gemäß § 5 Satz 2 BDSG sind die bei der Datenverarbeitung beschäftigten Personen, soweit sie bei nicht-öffentlichen Stellen beschäftigt werden, bei der Aufnahme ihrer Tätigkeit auf das Datengeheimnis zu verpflichten. Zur Vornahme dieser formellen Verpflichtung ist die verantwortliche Stelle aufgerufen. Ob auch die Mitglieder des Betriebsrats nach § 5 Satz 2 BDSG auf das Datengeheimnis zu verpflichten sind, ist stark umstritten. Relevant wird diese Frage insbesondere, wenn ein Arbeitnehmer zur ersten Mal in den Betriebsrat gewählt wird und zuvor im Rahmen seiner bisherigen Tätigkeit nicht mit der Datenverarbeitung in Kontakt gekommen ist. War das neu gewählte Betriebsratsmitglied hingegen bereits zuvor im Rahmen seiner arbeitsvertraglichen Tätigkeit bei der Datenverarbeitung i. S. d. § 5 Satz 1 BDSG beschäftigt, bedarf es keiner zusätzlichen Datenschutzverpflichtung für die Betriebsratstätigkeit. Die Verpflichtung auf das Datengeheimnis ist nämlich nicht auf bestimmte Tätigkeiten oder Aufgaben innerhalb der verantwortlichen Stelle beschränkt, sondern bezieht sich allgemein auf das von jeder bei der Datenverarbeitung beschäftigten Person einzuhaltende Datengeheimnis des § 5 Satz 1 BDSG. Entsprechend bedarf es auch keiner erneuten Verpflichtung auf das Datengeheimnis, wenn ein Arbeitnehmer innerhalb der verantwortlichen Stelle eine neue Funktion übernimmt, aufgrund welcher er mit anderen personenbezogenen Daten als bisher in Kontakt kommt[32]. Eine einmal bei Aufnahme einer datenverarbeitenden Tätigkeit unterzeichnete Verpflichtung wirkt weiter fort.

---

30 *Weber*, Die Schweigepflicht des Betriebsrats, S. 222.
31 *Schaffland/Wiltfang*, BDSG, § 5 Rn. 16; *Ehmann*, Simitis, BDSG, § 5 Rn. 31; *Weber*, Die Schweigepflicht des Betriebsrats, S. 222.
32 *Schaffland/Wiltfang*, BDSG, § 5 Rn. 18; *Auernhammer*, BDSG, § 5 Rn. 9.

1. Unabhängigkeit des Betriebsrats als Argument gegen eine formelle Verpflichtung auf das Datengeheimnis

Ein Teil in der Literatur vertritt die Auffassung, dass eine formale Verpflichtung der Mitglieder des Betriebsrats durch den Arbeitgeber auf das Datengeheimnis nicht in Betracht kommt[33]. Eine Verpflichtung auf das Datengeheimnis sei in diesem Fall weder erforderlich noch erzwingbar. Es widerspreche dem dualistischen System der Betriebsverfassung[34]. Der Betriebsrat erfülle seine Aufgaben unabhängig und in eigener Kompetenz und das Betriebsverfassungsrecht sichere dem Betriebsrat eine eigenständige und unabhängige Geschäftsführung zur Wahrnehmung seiner Aufgaben zu. Eine formelle Verpflichtung der Betriebsratsmitglieder auf das Datengeheimnis stehe dieser organisatorischen Unabhängigkeit entgegen[35]. Dem Arbeitgeber stehen daher keinerlei Überwachungs- und Kontrollrechte zu[36]. Im Falle einer erzwungenen Verpflichtung der Betriebsratsmitglieder auf das Datengeheimnis könne der Eindruck der Überordnung des Arbeitgebers gegenüber dem Betriebsrat entstehen[37]. Darüber hinaus sei die betriebsverfassungsrechtlichen Verschwiegenheitspflichten *lex specialis* und den Mitgliedern des Betriebsrats ohnehin bekannt[38].

2. Gründe für eine formelle Verpflichtung der Betriebsratsmitglieder auf das Datengeheimnis

Die dieser Ansicht entgegenstehende Literaturmeinung vertritt hingegen die Auffassung, dass auch die Mitglieder des Betriebsrats formell nach § 5 Satz 2 BDSG auf das Datengeheimnis zu verpflichten seien, da sie wie andere Mitarbeiter der verantwortlichen Stelle Personaldaten im Rahmen ihrer Funktionsausübung im Geltungsbereich des BDSG verarbeiten bzw. nutzen[39]. Die sich aus dem BetrVG

33　*Buschmann*, DKKW, BetrVG, § 79 Rn. 31; *Klebe*, DKKW, BetrVG, § 94 Rn. 42; *Fitting*, BetrVG, § 79 Rn. 38; *Linnekohl*, NJW 1981, 202 (207); *Küpferle*, Arbeitnehmerdatenschutz im Spannungsfeld, S. 391; *Wohlgemuth*, Datenschutz für Arbeitnehmer, Rn. 533 und 771.
34　*Linnekohl*, NJW 1981, 202 (207).
35　*Fitting*, BetrVG, § 79 Rn. 38; *Buschmann*, DKKW, BetrVG, § 79 Rn. 31; *Küpferle*, Arbeitnehmerdatenschutz im Spannungsfeld, S. 392, der im Übrigen aber die Geltung des Datengeheimnisses für Betriebsratsmitglieder bejaht.
36　*Klebe*, DKWW, BDSG, § 5 Rn. 13.
37　*Wohlgemuth*, Datenschutz für Arbeitnehmer, Rn. 771.
38　*Klebe*, DKKW, BetrVG, § 94 Rn. 42.
39　*Ehmann*, Simitis, § 5 Rn. 18; *Schaffland/Wiltfang*, BDSG, § 5 Rn. 9; *Gola/Schomerus*, BDSG, § 5 Rn. 15; *Bizer*, DuD 1997, 653 (655); *Gola/Wronka*, Handbuch zum Arbeitnehmerdatenschutz, Rn. 704; *Weber*, Die Schweigepflicht des Betriebsrats, S. 223.

ergebenden Befugnisse und die Unabhängigkeit des Betriebsrats würden durch die Abgabe der förmlichen Verpflichtungserklärung nach § 5 Satz 2 BDSG nicht tangiert[40]. Die Frage der Unabhängigkeit des Betriebsrats stelle sich eher dort, wo es um die Kontrollbefugnisse des Arbeitgebers oder des betrieblichen Datenschutzbeauftragten gegenüber der Mitarbeitervertretung gehe, nicht jedoch bei der Abgabe einer vom Gesetz vorgeschriebenen Verpflichtungserklärung. Da der Betriebsrat nicht Dritter, sondern ein unselbständiger Teil der verantwortlichen Stelle ist, seien seine Mitglieder ebenfalls wie andere, personenbezogene Daten verarbeitende Mitarbeiter der verantwortlichen Stelle zu verpflichten[41]. Dass durch die förmliche Verpflichtung eventuell der Anschein entstehe, dass der Arbeitgeber dem Betriebsrat übergeordnet sei, könne nicht als Begründung dafür ausreichen, auf die gesetzlich Verpflichtung der Betriebsratsmitglieder insgesamt zu verzichten. Zumal bleibe offen, wem gegenüber der Eindruck eine Über- bzw. Unterordnung überhaupt erweckt werden sollte[42].

3. Rechtliches und praktisches Bedürfnis einer Datenschutzverpflichtung

a) Wortlaut des § 5 Satz 2 BDSG umfasst auch Betriebsratsmitglieder

Letzter Meinung ist zuzustimmen. Auch die Mitglieder des Betriebsrats sind gemäß § 5 Satz 2 BDSG auf das Datengeheimnis zu verpflichten, da sie im Rahmen ihrer Amtsausübung personenbezogene Daten der Beschäftigten erheben, verarbeiten oder nutzen. Nach dem Wortlaut der Norm hat die Verpflichtung auf das Datengeheimnis bereits dann zu erfolgen, wenn jemand bei der Datenverarbeitung einer nicht-öffentlichen Stelle beschäftigt ist. Dies trifft auf Mitglieder des Betriebsrats ohne weiteres zu, da ihnen im Rahmen ihrer Amtsausübung in einer Vielzahl von Fällen Beschäftigtendaten i. S. d. BDSG bekannt werde. Dies gilt nicht zuletzt seit es gemäß § 32 Abs. 2 BDSG für die Anwendung des BDSG auf Beschäftigtendaten nicht mehr darauf ankommt, dass die Datenverwendung in automatisierter Form erfolgt.

---

40 *Ehmann*, Simitis, § 5 Rn. 18; *Battis/Bleckmann*, CR 1989, 532 (534); *Gola*, DuD 1987, 440 (444).
41 *Schaffland/Wiltfang*, BDSG, § 5 Rn. 9.
42 *Weber*, Die Schweigepflicht des Betriebsrats, S. 223.

b) Keine Beeinträchtigung der Unabhängigkeit des Betriebsrats durch die formelle Verpflichtung auf das Datengeheimnis

Die Unabhängigkeit des Betriebsrats, sich aus dem BetrVG ergibt, steht der Verpflichtung seiner Mitglieder auf das Datengeheimnis nach § 5 Satz 2 BDSG nicht entgegen. Wie bereits festgestellt[43], sind die grundsätzlich auch für den Betriebsrat einschlägigen Bestimmungen des BDSG für diesen lediglich dann nicht anwendbar, wenn hierdurch die sich aus dem BetrVG ergebenden Aufgaben und Befugnisse des Betriebsrats eingeschränkt würden. Zu einer Beschränkung der Kompetenzen der Mitarbeitervertretung und einem Eingriff in die unabhängige Stellung des Betriebsrats kommt es durch die formale Verpflichtungserklärung nach § 5 Satz 2 BDSG jedoch gerade nicht, da diese keine Auswirkungen auf die materielle Rechtslage nach sich zieht. Vielmehr sind die Mitglieder des Betriebsrats auch dann dem Datengeheimnis des § 5 Satz 1 BDSG unterworfen, wenn sie die Verpflichtungserklärung nach Satz 2 nicht unterzeichnen[44]. Die Verpflichtung auf das Datengeheimnis nach § 5 Satz 2 BDSG hat keine konstitutive Wirkung. Entgegen dem insoweit missverständlichen Wortlaut der Norm („verpflichten") ist Zweck der Verpflichtungserklärung nicht, das Datengeheimnis i. S. d. § 5 Satz 1 BDSG der bei der Datenverarbeitung beschäftigten Personen zu begründen[45]. Durch die Verpflichtung soll bei diesen Personen lediglich ein Bewusstsein für die sich aus dem BDSG ergebenden datenschutzrechtlichen Pflichten geschaffen werden. Dieser Bedarf besteht jedoch auch bei den Mitgliedern des Betriebsrates, insbesondere wenn sie durch ihre Amtstätigkeit das erste Mal mit der Verarbeitung und Nutzung von Beschäftigtendaten in Berührung kommen, etwa weil sie zuvor ausschließlich im Produktionsbereich tätig waren. Es liegt daher auch im besonderen Interesse der Arbeitnehmer, deren Persönlichkeitsrecht durch das BDSG geschützt werden soll, dass auch die Mitglieder des Betriebsrats als ihre Repräsentanten auf das Datengeheimnis ausdrücklich hingewiesen werden.

c) Praktisches Bedürfnis für eine formelle Verpflichtung der Betriebsratsmitglieder auf das Datengeheimnis

Der Hinweis der eine Verpflichtung ablehnenden Meinung, den Mitgliedern des Betriebsrats seien die datenschutzrechtlichen Verschwiegenheits- und Geheimhaltungspflichten ohnehin bekannt[46], ist darüber hinaus in dieser allgemeinen Form unzutreffend. Zum einen kann diese Aussage nur auf diejenigen Betriebsratsmitglieder zutreffen, die bereits Erfahrung mit der Betriebsratsarbeit gesammelt oder

---

43 Siehe unter *Kap. D. III. 3. a) cc)*.
44 *Bizer*, DuD 1997, 653 (655); *Battis/Bleckmann*, CR 1989, 532 (534).
45 Ehmann, Simitis, BDSG, § 5 Rn. 26; *Weber*, Die Schweigepflicht des Betriebsrats, S. 224.
46 So *Klebe*, DKKW, BetrVG, § 94 Rn. 42.

an einer entsprechenden datenschutzrechtlichen Schulung teilgenommen haben. Auf neu in den Betriebsrat gewählte Mitglieder, den ab dem ersten Tag ihrer Amtszeit die betriebsverfassungsrechtlichen Informationsrechte in vollem Umfang zustehen und die damit auch dem Datengeheimnis des § 5 Satz 1 BDSG unterliegen, trifft sie jedenfalls nicht zu. Darüber hinaus hat der Gesetzgeber gerade für die nicht-öffentlichen Stellen ausdrücklich an der formellen Verpflichtung auf das Datengeheimnis festgehalten und lediglich im öffentlichen Bereich hierauf verzichtet[47]. Mangels sachlicher Rechtfertigung wäre der Verzicht auf die Verpflichtung auf das Datengeheimnis vielmehr eine nach § 78 Satz 2 BetrVG unzulässige Begünstigung der Betriebsratsmitglieder.

Nicht zuletzt kann in der Verpflichtung der Betriebsratsmitglieder auf das Datengeheimnis aber auch eine Maßnahme gesehen werden, die im Eigeninteresse der Betriebsratsmitglieder erfolgt. Durch die Verpflichtung auf das Datengeheimnis wird ihnen vor Augen geführt, wie sie mit den personenbezogenen Daten der von ihnen repräsentierten Beschäftigten umzugehen haben. Indem ihnen die Pflichten aus dem Datengeheimnis verdeutlicht und sie über die gesetzliche Lage aufgeklärt werden, trägt die Verpflichtung zur wirksamen Umsetzung des Datenschutzes auch innerhalb des Betriebsrats bei. Dies beugt fahrlässigen Verstößen gegen das Datenschutzrecht durch die Mitglieder des Betriebsrats vor und führt somit dazu, dass das Vertrauen der Beschäftigten in ihre Repräsentanten nicht durch Persönlichkeitsrechtsverletzungen beschädigt wird.

4. Folgen einer unterlassenen Verpflichtung der Betriebsratsmitglieder auf das Datengeheimnis

Die Verpflichtung auf das Datengeheimnis ist nach allgemeiner Ansicht nicht konstitutiv für die Geltung des Datengeheimnisses, so dass § 5 Satz 1 BDSG auch dann anwendbar ist, wenn eine Verpflichtung nicht vorgenommen wurde oder mangelhaft war[48]. Folglich kann der Arbeitgeber den Austausch von Beschäftigtendaten mit dem Betriebsrat nicht einstellen, wenn die Mitglieder des Betriebsrats es ableh-

---

47 *Auernhammer*, BDSG, § 5 Rn. 8; in BT-Drs. 11/4306, S. 74 hat der Bundesrat diesen Schritt damit begründet, dass im öffentlichen Bereich förmliche Verpflichtungen auf das Datengeheimnis entbehrlich seien, da die Angehörigen des öffentlichen Dienstes schon aufgrund dienst- oder arbeitsrechtlicher Vorschriften (z. B. über die Verschwiegenheitspflicht nach § 67 BBG und § 3 Abs. 1 TVöD) Verschwiegenheit über die ihnen bei ihrer Tätigkeit bekannt gewordenen Angelegenheiten zu wahren haben. Sie seien entweder als Amtsträger vereidigt und über ihre Schweigepflicht belehrt oder nach dem Verpflichtungsgesetz vom 2.3.1974, geändert durch § 1 Nr. 4 des Gesetzes vom 15.8.1974 (BGBl. I, S. 1942), verpflichtet worden.
48 *Ehmann*, Simitis, BDSG, § 5 Rn. 26; *Weber*, Die Schweigepflicht des Betriebsrats, S. 224.

nen, eine formelle Verpflichtung auf das Datengeheimnis zu unterzeichnen. Erfolgt die Verpflichtung auf das Datengeheimnis nicht oder nur in unzureichender Form, kann dies jedoch zur Folge haben, dass sich die Betriebsratsmitglieder bei etwaigen Verstößen gegen das Datenschutzrecht in einem unvermeidbaren Verbotsirrtum befinden und ohne Schuld handeln[49]. Für die verantwortliche Stelle kann die unterlassene Verpflichtung darüber hinaus mit sich bringen, dass diese Unterlassung von der Aufsichtsbehörde als eine mangelhafte Organisationsgestaltung nach Satz 1 der Anlage zu § 9 angesehen wird[50]. Als Folge könnte die Datenschutzbehörde dem Arbeitgeber gegenüber gemäß § 38 Abs. 5 Satz 1 BDSG die Verpflichtung der Betriebsratsmitglieder nach § 5 Satz 2 BDSG anordnen. Verweigert daher ein Betriebsratsmitglied seine Unterschrift unter eine Verpflichtungserklärung, kann diese Ablehnung Grundlage für betriebsverfassungsrechtliche Sanktionen des Arbeitgebers sein.

III. Bereichsunabhängiger Datenschutz – Zulässigkeit der Verwendung von Beschäftigtendaten durch den Betriebsrat nach dem BDSG

Der mit einer Erhebung, Verarbeitung und Nutzung personenbezogener Daten des Betriebsrats verbundene Eingriff in das Recht auf informationelle Selbstbestimmung der Beschäftigten bedarf der Rechtfertigung durch eine gesetzliche Grundlage. Der Zugriff auf personenbezogene Daten ist nur bei Vorliegen eines entsprechenden Erlaubnistatbestandes zulässig, unabhängig davon, wer die personenbezogenen Daten erhebt, verarbeitet oder nutzt[51]. Ist die Datenverwendung des Betriebsrats nicht bereits durch eine vorrangige Rechtsvorschrift des BetrVG legitimiert, richtet sich deren Zulässigkeit nach dem BDSG.

---

49 *Klebe*, DKWW, BDSG, § 5 Rn. 15; *Gola/Schomerus*, BDSG, § 5 Rn. 4; Bizer, DuD 1997, 653 (655); *Küpferle*, Arbeitnehmerdatenschutz im Spannungsfeld, S. 393.
50 Siehe hierzu unter *Kap. E. IV. 5.*; *Ehmann*, Simitis, BDSG, § 5 Rn. 36.
51 BVerfG v. 15.12.1983, NJW 1984, 419 (422).

1. Grundsatz des „Verbots mit Erlaubnisvorbehalt" nach § 4 Abs. 1 BDSG

a) „Verbot mit Erlaubnisvorbehalt" als einfachgesetzliche Ausprägung des informationellen Selbstbestimmungsrechts

Das sich aus Art. 2 Abs. 1 i.V.m. Art. 1 Abs. 1 GG ergebende Recht auf informationelle Selbstbestimmung räumt jeder Person die Möglichkeit ein, grundsätzlich selbst darüber zu entscheiden, zu welchem Zweck und in welchem Umfang seine personenbezogenen Daten verwendet werden. Dieser Verfassungsgrundsatz hat seine einfachgesetzliche Ausprägung in der Vorschrift des § 4 Abs. 1 BDSG gefunden. Danach ist die Erhebung, Verarbeitung und Nutzung von personenbezogenen Daten nur erlaubt, sofern das BDSG oder eine andere Rechtsvorschrift dies erlaubt oder der Betroffene in die Verwendung seiner Daten eingewilligt hat. Diese als „Verbot mit Erlaubnisvorbehalt"[52] bezeichnete Vorschrift stellt die zentrale Norm des BDSG zur Sicherung des informationellen Selbstbestimmungsrechts dar[53].

Neben dem Prinzip des „Verbots mit Erlaubnisvorbehalt" wiederholt § 4 Abs. 1 BDSG auch das zweite grundlegende Prinzip des allgemeinen Datenschutzrechts, nämlich das bereits in § 1 Abs. 3 BDSG zum Ausdruck gekommene Prinzip der Subsidiarität des BDSG[54]. Denn es wird klargestellt, dass andere Rechtsvorschriften, welche die Datenverarbeitung gestatten, gegenüber den Erlaubnistatbeständen des BDSG vorrangig sind. Im Unterschied zu der Regelung des § 1 Abs. 3 Satz 1 BDSG enthält § 4 Abs. 1 BDSG jedoch keine Vorrangregelung, welche die Anwendbarkeit des BDSG bei Vorliegen einer „anderen Rechtsvorschrift" in diesem Sinne ausschließt. Die Norm lässt vielmehr trotz eröffnetem Anwendungsbereich des BDSG zu, dass Erlaubnistatbestände aus anderen Rechtsvorschriften die Erhebung, Verarbeitung oder Nutzung von personenbezogenen Daten gestatten.

b) „Andere Rechtsvorschriften" i. S. d. § 4 Abs. 1 BDSG als Erlaubnisnormen außerhalb des allgemeinen Datenschutzrechts

Die Erhebung, Verarbeitung oder Nutzung von personenbezogenen Daten ist nach § 4 Abs. 1 BDSG unter anderem dann zulässig, wenn eine „andere Rechtsvorschrift" außerhalb des BDSG die Datenverwendung legitimiert. Als solche Rechtsvorschriften kommen insbesondere Regelungen in Betracht, die keine Rechtsvorschriften des Bundes sind. Die Verwendung von Arbeitnehmerdaten aufgrund von

---

52 *Gola/Schomerus*, BDSG, § 4 Rn. 3; *Sokol*, Simitis, BDSG, § 4 Rn. 3.
53 *Sokol*, Simitis, BDSG, § 4 Rn. 2; *Tuchbreiter*, Beteiligungsrechte des Betriebsrats bei modernen Kommunikationsmitteln, S. 154.
54 *Dix*, Simitis, BDSG, §1 Rn. 158; *Gola/Wronka*, Handbuch zum Arbeitnehmerdatenschutz, Rn. 189.

Rechtsnormen des Bundes verdrängt nämlich die Anwendung des BDSG – und damit auch des § 4 Abs. 1 BDSG – bereits aufgrund ihrer Vorrangigkeit nach § 1 Abs. 3 Satz 1 BDSG. Der Hinweis auf „andere Rechtsvorschriften" kann daher nur noch relevant werden für Zulässigkeitsregelungen, die von § 1 Abs. 3 Satz 1 BDSG nicht erfasst werden[55]. Für die Verarbeitung von Arbeitnehmerdaten spielen in diesem Zusammenhang insbesondere Normen in Betriebsvereinbarungen eine Rolle[56]. Ebenso wie § 1 Abs. 3 Satz 1 BDSG ist für eine die Datenverarbeitung legitimierende „andere Rechtsvorschrift" i. S. d. § 4 Abs. 1 BDSG eine Norm erforderlich, welche die Verarbeitung personenbezogener Daten konkret, d.h. unter Nennung zumindest der Art der Daten und des Zwecks der Verarbeitung, für zulässig erklärt[57]. Denn auch durch diese Rechtsvorschriften soll ein Eingriff in das Recht auf informationelle Selbstbestimmung gerechtfertigt werden. Erforderlich ist aber, dass die betreffende Norm die Verarbeitung und Nutzung von Personaldaten konkret anspricht, d.h. für bestimmte Daten und bestimmte Verwendungszwecke Erlaubnis- oder Verbotsregelungen aufstellt. Es genügt daher nicht, dass die Verarbeitung bestimmter Informationen stillschweigend vorausgesetzt wird bzw. zur Erfüllung von in der Norm aufgestellten Verpflichtungen sinnvoll ist oder dass lediglich eine bestimmte Aufgabe beschrieben wird, deren Verwirklichung die Kenntnis bestimmter Informationen voraussetzt[58]. Ebenso wie bei § 1 Abs. 3 BDSG vermag auch im Rahmen des § 4 Abs. 1 BDSG eine "andere Rechtsvorschrift" die Verarbeitung personenbezogener Daten daher nur dann zu rechtfertigen, wenn sie den Anforderungen des Volkszählungsurteils des BVerfG genügt, also u. a. normenklar formuliert ist. Dies setzt zumindest voraus, dass die zu verarbeitenden Datenarten und der Zweck der Verarbeitung benannt werden[59]. Kann auf derartige Bestimmungen zurückgegriffen werden, bestimmt sich die Zulässigkeit der Verwendung der Daten ausschließlich hiernach. Das BDSG entfaltet insofern keine unmittelbare Wirkung mehr.

---

55 *Gola/Wronka*, Handbuch zum Arbeitnehmerdatenschutz, Rn. 238.
56 Zu den Möglichkeiten, die Verwendung von Beschäftigtendaten durch eine Betriebsvereinbarung zu legitimieren, siehe unter *Kap. E. VI. 1.*
57 *Sokol*, Simitis, BDSG, § 4 Rn. 15; *Gola/Schomerus*, BDSG, § 4 Rn. 8; *Gola/Wronka*, Handbuch zum Arbeitnehmerdatenschutz, Rn. 239.
58 *Gola/Wronka*, Handbuch zum Arbeitnehmerdatenschutz, Rn. 249.
59 *Sokol*, Simitis, BDSG, § 4 Rn. 14.

2. Legitimation der Datenverwendung des Betriebsrats durch den Erlaubnistatbestand des § 32 Abs. 1 Satz 1 BDSG

a) Regelungsinhalt des § 32 Abs. 1 Satz 1 BDSG

Greifen vorrangige bereichsspezifische Datenschutzregelung, etwa aus dem BetrVG, im konkreten Fall nicht ein, kommt als allgemeine Erlaubnisnorm für die Datenverarbeitung des Betriebsrats zunächst die Norm des § 32 Abs. 1 Satz 1 BDSG in Betracht. Diese im Jahr 2009 neu in das BDSG eingefügte „Grundnorm des Beschäftigtendatenschutzes"[60] soll nach dem Willen des Gesetzgebers der Maßstab für jede Art der Verarbeitung von personenbezogenen Daten im Beschäftigungsverhältnis sein. Sie ist somit *lex specialis* gegenüber dem allgemeinen Erlaubnistatbestand des § 28 Abs. 1 Satz 1 Nr. 1 BDSG. Die für eine zulässige Datenverwendung nach § 28 Abs. 1 Satz 1 Nr. 1 BDSG maßgebende Zweckbestimmung eines rechtsgeschäftlichen Schuldverhältnisses wird für das Arbeitsverhältnis in § 32 Abs. 1 Satz 1 BDSG hinsichtlich der Beschäftigtendaten konkretisiert. Folglich ist nachfolgend zu prüfen in welchem Umfang sich auch die Zulässigkeit der Datenverarbeitung von Beschäftigtendaten durch die Mitarbeitervertretung nach den dort aufgestellten Grundsätzen richtet[61].

Gemäß § 32 Abs. 1 Satz 1 BDSG dürfen personenbezogene Daten eines Beschäftigten zum Zwecke des Beschäftigungsverhältnisses erhoben, verarbeitet oder genutzt werden, wenn dies für die Entscheidung über die Begründung des Beschäftigungsverhältnisses, für dessen Durchführung oder Beendigung erforderlich ist. Satz 2 des § 32 Abs. 1 BDSG enthält eine Sonderregelung bei Maßnahmen zur Aufdeckung von konkreten, bereits begangenen Straftaten, welche jedoch im Hinblick auf die hier untersuchte Frage der datenschutzrechtlichen Pflichten des Betriebsrats nicht von Bedeutung ist.

b) Betriebsrat als Beteiligter im Beschäftigungsverhältnis i. S. d. § 32 Abs. 1 Satz 1 BDSG

aa) Einfluss der Betriebsratstätigkeit auf die Zweckbestimmung des Beschäftigungsverhältnisses

Grundlage für die Zulässigkeit der Datenverarbeitung nach § 32 Abs. 1 Satz 1 BDSG stellt die Zweckbestimmung des Beschäftigungsverhältnisses dar. An die-

---

60 Zu den Hintergründen der Einführung des § 32 BDSG siehe unter *Kap. B. II. 1. c)*; sowie *Thüsing*, NZA 2009, 865 (865).
61 Vgl. hierzu auch *Franzen*, BetrVG, § 83 Rn. 50, wonach der Betriebsrat in Bezug auf die Personaldaten der Arbeitnehmer denselben Vorgaben wie der Arbeitgeber unterliegt.

sem Beschäftigungsverhältnis ist aufgrund der sich aus dem BetrVG ergebenden Aufgaben und Befugnisse auch der Betriebsrat als ein Teil der arbeitsrechtlichen Beziehung beteiligt. Die Zweckbestimmung des Beschäftigungsverhältnisses i. S. d. § 32 Abs. 1 Satz 1 BDSG wird nicht nur durch die gegenseitigen Rechte und Pflichten der Arbeitsvertragsparteien bestimmt, sondern auch durch den sachlichen Zusammenhang der Datenverarbeitung mit dem Vertragszweck[62]. Was dies betrifft entspricht es den gesetzlich festgelegten arbeitsrechtlichen Beziehungen, dass auch der Betriebsrat aufgrund der sich aus dem BetrVG ergebenden Aufgaben und Befugnisse bei der Begründung und weiteren Ausgestaltung dieser arbeitsvertraglichen Beziehungen als Teil der verantwortlichen Stelle beteiligt ist[63]. Insoweit kann auf Grundlage der Zweckbestimmung des Beschäftigungsverhältnisses mit dem darin einzubeziehenden Schutzauftrag des Betriebsrats und der Beachtung seiner gesetzlich normierten Aufgaben die Rechtfertigung für eine Datenverarbeitung nach § 32 Abs. 1 Satz 1 BDSG gesehen werden.

Allein die Feststellung, dass der Betriebsrat zumindest mittelbar an der Ausgestaltung des Beschäftigungsverhältnisses beteiligt ist und somit die Zulässigkeit seiner Datenverarbeitung durch die Zweckbestimmung des Beschäftigungsverhältnisses i. S. d. § 32 Abs. 1 Satz 1 BDSG legitimiert werden kann, gibt jedoch noch keine Auskunft über die Reichweite der sich aus der Zweckbestimmung des Beschäftigungsverhältnisses ergebenden zulässigen Datenverarbeitung des Betriebsrats.

bb) Kein Rückgriff auf die arbeitsvertragliche Zweckbestimmung bei der Datenverwendung des Betriebsrats

In diesem Zusammenhang stellt sich die Frage, ob nicht die Weitergabe von Beschäftigtendaten durch den Arbeitgeber an den Betriebsrat bereits aus dem Grund generell zulässig ist. Insoweit könnte angenommen werden, dass die vom Arbeitgeber erhobenen und gespeicherten Beschäftigtendaten zumindest auch dem Zweck dienen, sie dem Betriebsrat zur Erfüllung seiner Aufgaben zukommen zu lassen. Diese Frage ist jedoch zu verneinen. Hauptzweck einer nach § 32 Abs. 1 Satz 1 BDSG vom Arbeitgeber durchgeführten Datenerhebung und -speicherung ist die Begründung und Durchführung des Beschäftigungsverhältnisses und nicht die potentielle Weitergabe der Daten an den Betriebsrat. Die pauschale Bejahung der generellen Zulässigkeit einer Datenweitergabe an den Betriebsrat würde die nach dem BDSG notwendige Zweckbindung der Datenverarbeitung aufgeben und eine Prüfung jeder einzelnen Datenverarbeitung anhand des § 32 Abs. 1 Satz 1 BDSG ent-

---

62 *Gola/Schomerus*, BDSG, § 32 Rn. 10.
63 *Jordan/Bissels/Löw*, BB 2010, 2889 (2891); *Gola/Wronka*, Handbuch zum Arbeitnehmerdatenschutz, Rn. 1960; *Wohlgemuth*, Datenschutz für Arbeitnehmer, Rn. 767; *Mester*, Arbeitnehmerdatenschutz, S. 278.

fallen lassen. Eine derartige Lösung wäre weder mit dem Recht auf informationellen Selbstbestimmung des Betroffenen noch mit dem Zweck des § 32 Abs. 1 Satz 1 BDSG vereinbar.

Ein unmittelbarer Rückgriff auf die Zweckbestimmung des Beschäftigungsverhältnisses wie bei der Datenverarbeitung des Arbeitgebers kommt daher nicht in Betracht. Bei der Frage, wann eine Datenverarbeitung des Arbeitgebers zur Erfüllung der Zwecke des Beschäftigungsverhältnisses erforderlich ist, wird nämlich nur deshalb auf den Arbeitsvertrag zurückgegriffen, weil Arbeitnehmer und Arbeitgeber an diesem beteiligt sind. Die Zweckbestimmung ergibt sich folglich aus den übereinstimmenden Willenserklärungen der Vertragsparteien. Der Betriebsrat ist jedoch am Abschluss des Arbeitsvertrages nicht beteiligt. Verarbeitungen und Nutzungen von Personaldaten durch Arbeitgeber und Mitarbeitervertretung dienen zwar im weiteren Sinne einer einheitlichen arbeitsrechtlichen Zweckbestimmung. Nach der Rechtsprechung des BVerfG muss jedoch bei der Beurteilung der Zulässigkeit einer Datenverwendung stets auf den konkreten Zweck für die Datenverendung im Einzelfall abgestellt werden. Insofern sind aber die Arbeitgeberzwecke, die auf der Ausgestaltung des Arbeitsvertrages basieren, in der Regel andere als solche, die der Erfüllung der Aufgaben der Mitarbeitervertretung dienen[64].

cc) Betriebsverfassungsrechtliche Aufgabenzuweisung als Zweckbestimmung des Beschäftigungsverhältnisses

Bei der Beurteilung der Frage, ob eine Datenverarbeitung des Betriebsrats nach dem BDSG zulässig sein kann, ist vielmehr von zwei Prämissen auszugehen. Zunächst ist davon auszugehen, dass die Möglichkeit der Verwendung von Arbeitnehmerdaten nach der Zweckbestimmung des Beschäftigungsverhältnisses nur deshalb auch für den Betriebsrat anzuerkennen ist, da dieser aufgrund der sich aus dem BetrVG ergebenden Aufgaben und Befugnisse mittelbar auf den Inhalt des Beschäftigungsverhältnisses einwirkt. Der Zweckbestimmung des Beschäftigungsverhältnisses ist es kraft dieser betriebsverfassungsrechtlichen Ausgestaltung unabhängig von dem Willen des Beschäftigten immanent, dass der Betriebsrat im kollektiven Interesse seine sich aus dem BetrVG ergebenden Aufgaben und Befugnisse wahrnimmt. Daraus ergibt sich jedoch, dass eine eigene Datenverarbeitung des Betriebsrats nur dann dem Zwecke des Beschäftigungsverhältnisses i. S. d. § 32 Abs. 1 Satz 1 BDSG dienen kann, wenn diese zur Erfüllung der Aufgaben nach dem BetrVG erforderlich ist[65]. Jede Personaldatenverarbeitung durch den Betriebsrat muss sich folglich im Rahmen des für die konkrete vorgesehenen Aufgabener-

---

64   *Jordan/Bissels/Löw*, BB 2010, 2889 (2890); *Gola/Wronka*, NZA 1991, 790 (792).
65   *Wank*, ErfK, BDSG, § 32 Rn. 5; *Schierbaum*, CF 2006, 64 (66).

füllung nach dem BetrVG Erforderlichen bewegen[66]. Der rechtfertigende Zweck des Beschäftigungsverhältnisses, auf den nach § 32 Abs. 1 Satz 1 BDSG im Zusammenhang mit der Erhebung, Verarbeitung und Nutzung von Beschäftigtendaten abzustellen ist, kann im Verhältnis zwischen Arbeitgeber und Betriebsrat allenfalls in der Informationsweitergabe mit dem Ziel bestehen, die Durchführung des Beschäftigungsverhältnisses durch die Beachtung der betriebsverfassungsrechtlichen Notwendigkeiten sicherzustellen. Die Norm des § 32 Abs. 1 Satz 1 BDSG ist daher hinsichtlich der datenschutzrechtlichen Zulässigkeit der Datenverwendung des Betriebsrats dahingehend auszulegen, dass es für die Zulässigkeit der Datenverarbeitung nicht darauf ankommt, ob sie zum Zwecke des Beschäftigungsverhältnisses erforderlich ist. Vielmehr kommt es in der Dreiecksbeziehung zwischen Arbeitgeber, Betriebsrat und Beschäftigten darauf an, ob die Erhebung, Verarbeitung oder Nutzung der Beschäftigtendaten durch den Betriebsrat im konkreten Fall für die Zwecke der Betriebsratstätigkeit erforderlich ist.

Darüber hinaus kann eine Datenverarbeitung des Betriebsrats dann nicht nach § 32 Abs. 1 Satz 1 BDSG zulässig sein, wenn sie bereits nach dem BetrVG unzulässig ist. Verbietet das Betriebsverfassungsrecht dem Arbeitgeber, der Mitarbeitervertretung bestimmte Informationen zur Verfügung zu stellen, darf diese die gleichwohl erlangten Informationen nicht verarbeiten oder nutzen[67]. Dem Arbeitgeber ist es infolgedessen beispielsweise nicht gestattet, dem Betriebsrat Daten zur Speicherung zu überlassen, sofern gesetzlich lediglich eine Einsichtnahme vorgesehen ist[68]. Die betriebsverfassungsrechtlichen Beschränkungen der personenbezogenen Informationsansprüche des Betriebsrats sollen dem Schutz des Persönlichkeitsrechts der Beschäftigten dienen. Der Arbeitgeber ist daher auch nach § 32 Abs. 1 Satz 1 BDSG nicht befugt, freiwillig Informationen an den Betriebsrat zu geben oder Unterlagen in einer Art und Weise zur Verfügung zu stellen, die das Betriebsverfassungsrecht in dieser Form nicht vorsieht.

Konkret bedeutet dies, dass vor der Verwendung von Beschäftigtendaten durch den Betriebsrat in jedem Einzelfall zu prüfen ist, ob diese zur Durchführung seiner Aufgaben erforderlich ist. Ebenso wie im Rahmen der betriebsverfassungsrechtlichen Informationsansprüche des Betriebsrats muss daher auch bei der Beurteilung der Frage, ob eine Erhebung, Verarbeitung oder Nutzung von Beschäftigtendaten durch diesen nach § 32 Abs. 1 Satz 1 BDSG zulässig ist, zunächst ein konkreter Aufgabenbezug vorliegen. Die betriebsverfassungsrechtlichen Aufgabenzuweisungen sind daher zur Konkretisierung der in dem Erlaubnistatbestand des § 32 Abs. 1

---

66 *Gola*, DuD 1987, 440 (443).
67 *Gola/Wronka*, Handbuch zum Arbeitnehmerdatenschutz, Rn. 1923.
68 BAG v. 16.8.1995, NZA 1996, 330 (331); *Gola/Wronka*, Handbuch zum Arbeitnehmerdatenschutz, Rn. 1924; *Mester*, Arbeitnehmerdatenschutz, S. 280; siehe hierzu unter *Kap. C. II. 2. c)*.

Satz 1 BDSG enthaltenen unbestimmten Rechtsbegriffe heranzuziehen. Macht daher der Betriebsrat gegen den Arbeitgeber seinen allgemeinen Informationsanspruch nach § 80 Abs. 2 Satz 1 BetrVG geltend und begehrt er in diesem Zusammenhang auch die Weitergabe von Beschäftigtendaten, dient diese Form der Datenverwendung nur dann der Durchführung eines Beschäftigungsverhältnisses i. S. d. § 32 Abs. 1 Satz 1 BDSG, wenn sie der Erfüllung einer sich aus dem BetrVG ergebenden Aufgabe des Betriebsrats erforderlich ist. Ebenso kann eine Weitergabe von Beschäftigtendaten durch den Betriebsrat beispielsweise an einen Dritten nur dann zulässig sein, wenn der Betriebsrat durch die Weitergabe der Daten seiner aus § 80 Abs. 1 Nr. 1 BetrVG abgeleiteten Pflicht zur Stärkung der individualrechtlichen Position der Beschäftigten nachkommt[69]. Die Prüfung des konkreten Aufgabenbezuges des Betriebsrats erfolgt daher inzident. Besteht jedoch kein Aufgabenbezug nach dem BetrVG, ist der Arbeitgeber nicht befugt, auf freiwilliger Basis personenbezogene Daten ohne eine konkrete Aufgabe des Betriebsrats an diesen weiterzuleiten. Der Eingriff in das Recht der informationellen Selbstbestimmung der Beschäftigten ist nur im Rahmen der normierten Aufgabenbeziehungen legitimiert.

c) Erforderlichkeit der Datenverwendung des Betriebsrats nach § 32 Abs. 1 Satz 1 BDSG

Nach § 32 Abs. 1 Satz 1 BDSG dürfen personenbezogene Daten eines Beschäftigten für Zwecke des Beschäftigungsverhältnisses darüber hinaus nur erhoben, verarbeitet oder genutzt werden, wenn dies für die Entscheidung über die Begründung oder Beendigung oder für die Durchführung eines Beschäftigungsverhältnisses „erforderlich" ist. Auch nach der neuesten Novellierung des BDSG liefert das Gesetz keine näheren Anhaltspunkte, welche Vorgehensweise im Einzelnen erforderlich sind und welche nicht. Als erforderliche Handlungen nennt die Gesetzesbegründung lediglich beispielhaft Fragen im Bewerbungsgespräch nach fachlichen Fähigkeiten, Kenntnissen und Erfahrungen[70]. Ebenso erforderlich sein soll nach dem Willen des Gesetzgebers die Datenverwendung durch den Arbeitgeber, um arbeitsvertragliche Pflichten zu erfüllen, z. B. bei der Personalverwaltung und der Lohn- und Gehaltsabrechnung[71].

Laut der Gesetzesbegründung entspricht die gesetzliche Regelung des § 32 Abs. 1 Satz 1 BDSG jedoch den bereits zuvor von der Rechtsprechung aus dem verfassungsrechtlich geschützten allgemeinen Persönlichkeitsrecht (Art. 2 Abs. 1 i.V.m. Art. 1 Abs. 1 GG) abgeleiteten allgemeinen Grundsätzen zum Datenschutz im Be-

---

69 BAG v. 7.8.1986, NZA 1987, 134 (134); *Wohlgemuth*, Datenschutz für Arbeitnehmer, Rn. 767.
70 BT-Drs. 16/13657, S. 21.
71 BT-Drs. 16/13657, S. 21.

schäftigungsverhältnis[72]. Folglich kann bei der Auslegung des Begriffs „erforderlich" auch weiterhin auf die einschlägige Rechtsprechung zurückgegriffen werden. Nach der Rechtsprechung des BAG hält sich der Maßstab der Erforderlichkeit im Rahmen des vom BVerfG entwickelten Rechts auf informationelle Selbstbestimmung[73]. Maßgebend für die bei der Datenverarbeitung im Rahmen der Zweckbestimmung des Beschäftigungsverhältnisses vorzunehmende Interessenabwägung ist demnach der Grundsatz der Verhältnismäßigkeit[74]. Danach besteht keine Erforderlichkeit für die Datenverwendung, wenn von mehreren gleichermaßen wirksamen Maßnahmen die den Arbeitnehmer stärker belastende gewählt wird, wobei insoweit auch das Gebot der Datensparsamkeit des § 3a BDSG zum Tragen kommt[75]. Die Voraussetzung der Erforderlichkeit im vorgenannten Sinne bedeutet also nicht, dass die Speicherung oder weitere Verwendung der Beschäftigtendaten aus technischen, wirtschaftlichen, organisatorischen oder sonstigen Gründen schlechterdings unverzichtbar sein müsste. Ein solcher Sachverhalt wäre vermutlich nahezu nie gegeben, und die betreffende Regelung des BDSG hätte keine praktische Bedeutung.

3. Datenschutzrechtliche Erlaubnis nach § 28 Abs. 1 Satz 1 Nr. 2 BDSG

a) Abgrenzung zwischen § 32 Abs. 1 Satz 1 BDSG und § 28 Abs. 1 Satz 1 BDSG

Obwohl der Wortlaut dies nicht unmittelbar kenntlich macht, ist § 32 Abs. 1 BDSG keine abschließende Regelung für die Verarbeitung von Beschäftigtendaten[76]. § 32 Abs. 1 Satz 1 BDSG verdrängt nur die allgemeinere Norm des § 28 Abs. 1 Satz 1 Nr. 1 BDSG. Der Tatbestand der Interessenabwägung des § 28 Abs. 1 Satz 1 Nr. 2 BDSG bleibt daher neben § 32 BDSG anwendbar[77]. Nach § 28 Abs. 1 Satz 1 Nr. 2 BDSG ist das Erheben, Verarbeiten und Nutzen personenbezogener Daten zulässig, soweit es zur Wahrung berechtigter Interessen der verantwortliche Stelle erforderlich ist und kein Grund zur Annahme besteht, dass das schutzwürdige Interesse des Betroffenen an dem Ausschluss der Verarbeitung oder Nutzung überwiegt. Somit können Beschäftigtendaten grundsätzlich auch für sich außerhalb ei-

---

72   BT-Drs. 16/13657, S. 21; *Wybitul*, BB 2010, 1085 (1085).
73   BAG v. 22.10.1986, NZA 1987, 415 (416).
74   BAG v. 22.10.1986, NZA 1987, 415 (417).
75   *Gola/Wronka*, Handbuch zum Arbeitnehmerdatenschutz, Rn. 398; *Gola/Schomerus*, BDSG, § 28 Rn. 13.
76   Gesetzesbegründung, BT-Drs. 16/13657, S. 20 zu § 32 BDSG.
77   *Gola/Schomerus*, BDSG, § 32 Rn. 32; *Erfurth*, NJOZ 2009, 2914 (2922); *Gola/Wronka*, Handbuch zum Arbeitnehmerdatenschutz, Rn. 404.

ner für das Beschäftigungsverhältnis unmittelbaren Erforderlichkeit ergebenden Interessen des Betriebsrats verarbeitet werden.

Die Zulässigkeitsalternative des § 28 Abs. 1 Satz 2 Nr. 2 BDSG, die nicht auf die Erforderlichkeit zur Durchführung des Beschäftigungsverhältnisses abstellt kann jedoch allenfalls als Ausnahmefall greifen. Er ist lediglich dann einschlägig, wenn es um gleichfalls mit dem Beschäftigungsverhältnis in Bezug stehende Vorgänge geht, die allerdings bei enger Interpretation nicht mehr der Zweckbestimmung des Beschäftigungsverhältnisses i. S. d. § 32 Abs. 1 Satz 1 BDSG zuzuordnen sind. § 28 Abs. 1 Satz 1 Nr. 2 BDSG ist folglich kein Auffangtatbestand, der es der verantwortlichen Stelle erlaubt, ihre Verarbeitungsabsichten auch dann zu verwirklichen, wenn sie mit § 32 Abs. 1 Satz 1 BDSG nicht vereinbar sind. Ein Rückgriff auf § 28 Abs. 1 Satz 1 Nr. 2 BDSG ist hinsichtlich der Erhebung, Verarbeitung und Nutzung von Beschäftigtendaten vielmehr nur zu anderen Zwecken als denen des Beschäftigungsverhältnisses möglich[78]. Für den Betriebsrat bedeutet dies, dass auch dieser sich grundsätzlich auf den Zulässigkeitstatbestand des § 28 Abs. 1 Satz 1 Nr. 2 BDSG berufen kann, wenn er Beschäftigtendaten zu anderen Zwecken als denen zur Durchführung seiner betriebsverfassungsrechtlichen Aufgaben verwenden möchte. Hierbei hat er jedoch die Interessen an der Datenverwendung mit den Interessen der betroffenen Mitarbeiter abzuwägen.

b) Interessenabwägung nach § 28 Abs. 1 Satz 1 Nr. 2 BDSG

Die Verwendung der Daten nach § 28 Abs. 1 Satz 1 Nr. 2 BDSG steht unter dem Vorbehalt einer Abwägung zwischen den berechtigten Interessen der verantwortlichen Stelle – vorliegend also des Betriebsrats – und den entgegenstehenden schutzwürdigen Interessen der Betroffenen – vorliegend der Beschäftigten. Weder der eine noch die anderen können einen unbedingten Vorrang ihrer Interessen für sich beanspruchen, sondern es hat stets eine am konkreten Verarbeitungsvorgang orientierte Abwägung zu erfolgen[79]. Wann ein berechtigtes Interesse des Betriebsrats zur Datenverwendung nach § 28 Abs. 1 Satz 1 Nr. 2 BDSG zu bejahen ist, wird im Schrifttum nicht einheitlich beantwortet. Die überwiegende Literaturmeinung und die Rechtsprechung definieren das berechtigte Interesse als „ein nach vernünftiger Erwägung durch die Sachlage gerechtfertigtes, also ein tatsächliches Interesse, das wirtschaftlicher oder ideeller Natur sein kann"[80]. Demnach muss Gegenstand des berechtigten Interesses ein Zweck sein, dessen Verfolgung vom gesunden Rechtsempfinden gebilligt wird. Ein berechtigtes Interesse kann daher jedes

---

78 *Hanloser*, MMR 2009, 594 (596).
79 *Simitis*, Simitis, BDSG, § 28 Rn. 125; *Gola/Schomerus*, BDSG, § 28 Rn. 27. *Leuze*, ZTR 2002, 558 (560).
80 *Gola/Schomerus*, BDSG, § 28 Rn. 24; *Simitis*, Simitis, BDSG, § 28 Rn. 104; *Wedde*, DKWW, BDSG, § 28 Rn. 48.

von der Rechtsordnung gebilligte Interesse sein[81]. Im berechtigten Interesse ist eine Datenverwendung insbesondere dann, wenn die verantwortliche Stelle ohne die Datenverwendung einen nicht zumutbaren Nachteil erleiden würde. Mit dem Begriff des „schutzwürdigen Interesses" stellt das Gesetz zunächst, seinem Schutzziel nach § 1 Abs. 1 BDSG entsprechend, auf Begriffe wie „Privat-, Intim- oder Vertraulichkeitssphäre" ab, die Synonyme für das auf Art. 1 Abs. 1 und Art. 2 Abs. 1 GG beruhende „informationelle Selbstbestimmungsrecht" des einzelnen Betroffenen bilden[82]. Jedoch können auch andere Gesichtspunkte wie z. B. mit der Verarbeitung zu befürchtende wirtschaftliche oder berufliche Nachteile ein solches – der Verarbeitung entgegenstehendes – schutzwürdiges Interesse begründen. Das allgemeine Persönlichkeitsrecht umfasst auch den wirtschaftlichen Ruf und die freie Lebensgestaltung in beruflicher Beziehung.

c) Grundsatz der Erforderlichkeit

Darüber hinaus ist auch nach § 28 Abs. 1 Satz 1 Nr. 2 BDSG das Verwenden personenbezogener Daten nicht schon deshalb zulässig, weil dies aus der Sicht der verantwortlichen Stelle geeignet oder zweckmäßig ist. Die Verwendung der personenbezogenen Daten muss nach dem Wortlaut zur Wahrung der berechtigten Interessen der verantwortlichen Stelle zusätzlich „erforderlich" sein. Ebenso wie im Rahmen des § 32 Abs. 1 Satz 1 BDSG kann also nicht entscheidend sein, ob die Verarbeitung der Daten lediglich geeignet oder zweckmäßig ist. Die Erforderlichkeit ist dann nicht gegeben, wenn die Interessen auch ohne die Kenntnis der personenbezogenen Informationen gewahrt werden können. Jedoch würde es auch eine Überinterpretation bedeuten, wenn der Grundsatz der Erforderlichkeit im Sinne einer „zwingenden Notwendigkeit" verstanden würde. Vielmehr geht es um ein bei vernünftiger Betrachtung zu bejahendes Angewiesen sein auf das in Frage stehende Mittel. Erforderlich sind daher nur Verwendungen, zu denen es keine objektiv zumutbare Alternative gibt[83].

4. Einwilligung der Beschäftigten in die Datenverarbeitung des Betriebsrats

Ist die Verwendung personenbezogener Daten durch den Betriebsrat nicht aufgrund einer bereichsspezifischen Vorschrift oder durch das BDSG zugelassen, bedarf diese einer Einwilligung, d.h. einer vorherigen Einverständniserklärung des Betrof-

---

81 *Schaffland/Wiltfang*, BDSG, § 28 Rn. 85.
82 *Gola/Schomerus*, BDSG, § 28 Rn. 26; *Schaffland/Wiltfang*, BDSG, § 28 Rn. 88.
83 *Simitis, Simitis*, BDSG, § 28 Rn. 108; *Schaffland/Wiltfang*, BDSG, § 28 Rn. 110.

fenen (§ 4a BDSG). Rechtssystematisch hätte im Hinblick auf die vom BDSG zu schützende informationelle Selbstbestimmung die Einwilligung an erster Stelle der Zulässigkeitstatbestände genannt werden müssen. In der Praxis spielt die Einwilligung jedoch nur eine untergeordnete Rolle, nämlich dann, wenn kein sonstiger Rechtfertigungsgrund einschlägig ist. Unter Umständen wird auch der Betriebsrat mit der Einwilligung der Beschäftigten arbeiten müssen, zum Beispiel wenn es um die Erstellung von Geburtstags- oder Jubiläumslisten geht. Eine Einwilligung der Betroffenen ist ebenfalls erforderlich, wenn der Betriebsrat eine eigene Website im Intranet betreiben möchte und dort persönliche Daten von Betriebsratsmitgliedern eingestellt werden sollen[84].

Gemäß § 4a Abs. 1 Satz 1 BDSG ist die Einwilligung nur wirksam, wenn sie auf der freien Entscheidung des Betroffenen beruht. Dieser ist darüber hinaus auf den vorgesehenen Zweck der Erhebung, Verarbeitung oder Nutzung sowie, soweit nach den Umständen des Einzelfalles erforderlich oder auf sein Verlangen, auf die Folgen der Verweigerung der Einwilligung hinzuweisen (§ 4a Abs. 1 Satz 2 BDSG). Die Einwilligung bedarf regelmäßig der Schriftform, soweit nicht wegen besonderer Umstände eine andere Form angemessen ist[85]. Soll die Einwilligung zusammen mit anderen Erklärungen schriftlich erteilt werden, ist sie besonders hervorzuheben. Soweit besondere Arten personenbezogener Daten (§ 3 Abs. 9 BDSG) erhoben, verarbeitet oder genutzt werden, muss sich die Einwilligung darüber hinaus ausdrücklich auf diese Daten beziehen.

Im Beschäftigungsverhältnis wird die Möglichkeit einer Einwilligung in die Datenverarbeitung insbesondere aufgrund des Merkmals der „freien Entscheidung" des Betroffenen teilweise sehr kritisch gesehen[86]. Insoweit stellt sich nämlich die Frage, wann bzw. ob im Arbeitsverhältnis eine Einwilligung auf der freien Entscheidung des Arbeitnehmers beruhen kann, da dem Arbeitnehmer in der Regel keine andere Wahl bleibt, als dem Arbeitgeber die geforderten Daten zur Verfügung zu stellen. Diese Problematik hat jedoch bei der Verwendung von Einwilligungen durch den Betriebsrat keine vergleichbar große Bedeutung. Das Verhältnis des Arbeitnehmers zum Betriebsrat ist nicht wie das Verhältnis zum Arbeitgeber von einem Über- und Unterordnungsverhältnis geprägt. Dem Betriebsrat bleibt es daher grundsätzlich nicht verwehrt, Beschäftigtendaten mittels Einholung einer Einwilligungserklärung zu erheben, zu verarbeiten oder zu nutzen[87]. Entscheidend ist allein, dass der Arbeitnehmer sich für die Abgabe der Einwilligungserklärung

---

84   *Schierbaum*, CF 2006, 64 (66).
85   *Gola/Schomerus*, BDSG, § 4a Rn. 13; *Simitis*, Simitis, BDSG, § 4a Rn. 45.
86   *Däubler*, DKWW, BDSG, § 4a Rn. 20; *Gola/Wronka*, Handbuch zum Arbeitnehmerdatenschutz, Rn. 258; *Wohlgemuth*, Datenschutz für Arbeitnehmer, Rn. 120; *Der Hamburgische Beauftragte für Datenschutz und Informationsfreiheit*, 18. TB, S. 197.
87   *Jordan/Bissels/Löw*, BB 2010, 2889 (2893).

frei, d.h. ohne Zwang auch anders entscheiden kann[88]. Auch dann unterliegt die Datenverwendung jedoch einer konkreten Zweckbindung, die den Arbeitnehmern im Rahmen der Erhebung und vor Abgabe der Einwilligungserklärung mitgeteilt werden muss. Nach Zweckerreichung sind die Daten folglich zu löschen. Dies gilt insbesondere unter Beachtung der Grundsätze der Datenvermeidung und -sparsamkeit, denen auch der Betriebsrat unterliegt (§ 3a BDSG).

IV. Zulässigkeit der unternehmensinternen Verwendung von Beschäftigtendaten durch den Betriebsrat – Praxisbeispiele unter Anwendung der Grundsätze des BetrVG und des BDSG

Nachfolgend sollen die Konsequenzen der zuvor dargestellten Grundsätze für das Verhältnis zwischen den Bestimmungen des BetrVG und des BDSG und den hieraus resultierenden Vorgaben für die Verwendung von Beschäftigtendaten durch den Betriebsrat an Beispielsfällen veranschaulicht werden.

1. Eigenständiges Erheben von Beschäftigtendaten durch den Betriebsrat

a) Zugriff des Betriebsrats auf das Personalinformationssystem des Arbeitgebers

Durch die Ausweitung der Datenverarbeitungsmöglichkeiten der Betriebsräte insbesondere in großen Unternehmen sind in den letzten Jahren vermehrt Fälle aufgetreten, in denen Betriebsräte einen direkten Zugriff auf die Personaldatenverarbeitungssysteme des Arbeitgebers verlangt haben. Während die Instanzgerichte ein entsprechendes Recht des Betriebsrats bislang abgelehnt haben[89], wird in der Literatur ein Recht des Betriebsrats auf einen Online-Zugriff auf das Personalinformationssystem des Arbeitgebers vereinzelt befürwortet[90]. So soll es möglich sein, dem Betriebsrat zumindest eine direkte Leseberechtigung für Teile des vom Arbeitgeber genutzten Personalinformationssystems zu eröffnen. Andere gehen sogar darüber hinaus und fordern gestützt auf das allgemeine Zugangsrecht des Betriebsrats zu

---

88   *Simitis*, Simitis, BDSG, § 4a Rn. 62; vgl. auch Art. 2 lit. h) der EU-Datenschutzrichtlinie.
89   LAG Nürnberg v. 2.12.2009, – Az.: 4 TaBV 61/07 –, zitiert nach Juris, anhängig beim BAG unter Az.: 1 ABR 22/10; LAG Nürnberg v. 4.8.2004, RDV 2006, 84 (84); LAG Hessen v. 18.3.1993, CR 1994, 482 (483).
90   *Däubler*, Gläserne Belegschaften, Rn. 642; *Der Hessische Datenschutzbeauftragte*, 22. TB, Ziff. 10.3, im Internet abrufbar unter http://www.datenschutz.hessen.de/_old_content/tb22/k10p3.htm, letzter Abruf am 20. März 2011.

den Arbeitsplätzen, dass der Arbeitgeber den Betriebsratsmitgliedern sowohl einen physisches Zugang zu allen Datenverarbeitungsanlagen, als auch einen elektronischen Zugriff auf alle Datenverarbeitungssysteme zu gewähren hat[91]. Nur so sei sichergestellt, dass der Betriebsrat seiner gesetzlichen Kontrollaufgabe effektiv nachkommen könne. Aus den nachfolgenden Ausführungen wird jedoch deutlich, dass ein direktes Zugriffsrecht des Betriebsrats auf das Personalinformationssystem des Arbeitgebers abzulehnen ist. Eine anlasslose Erhebung von Beschäftigtendaten durch den Betriebsrat ist zur Durchführung der dem Betriebsrat obliegenden Aufgaben nicht erforderlich.

aa) Kein Zugriffsrecht auf das Personalinformationssystem des Arbeitgebers aus § 80 Abs. 2 Satz 1 BetrVG

Die Instanzgerichte gehen zu Recht davon aus, dass ein derartiger Anspruch des Betriebsrats nicht erforderlich ist, um den allgemeinen Informationsanspruch nach § 80 Abs. 2 Satz 1 BetrVG zu erfüllen. Ein unmittelbares Zugriffsrecht des Betriebsrats würde dem Regelungszweck der Norm widersprechen. Nach der systematischen Ausgestaltung der betriebsverfassungsrechtlichen Informationsansprüche wird dem Betriebsrat eine passive Rolle zugewiesen. Der Betriebsrat ist grundsätzlich nicht befugt, sich die vom Arbeitgeber begehrten Informationen selbst zu besorgen, sondern er hat lediglich einen Anspruch gegen den Arbeitgeber, dass ihm die zur Erfüllung seiner Aufgaben erforderlichen Informationen zur Verfügung gestellt werden[92].

Allein aus der technischen Möglichkeit, dass sich die vom Arbeitgeber geschuldeten Informationen auch direkt durch einem Online-Zugriff auf das Personalinformationssystem entnehmen lassen, folgt noch nicht, dass der Betriebsrat hierauf Zugriff nehmen darf. Der Informationsanspruch des Betriebsrats nach § 80 Abs. 2 Satz 1 BetrVG ist lediglich auf die Abgabe einer Wissenserklärung durch den Arbeitgeber gerichtet, nicht aber auf die Eröffnung eines eigenständigen Zugangs des Betriebsrats zu den begehrten Informationen[93]. Das BetrVG schreibt nicht vor, in welcher Art und Weise die Information zu erteilen ist, so dass der Arbeitgeber in der Wahl seiner Informationsmittel grundsätzlich frei ist[94]. Die von ihm gewählte Art und Weise der Information muss lediglich geeignet sein, den Informationsanspruch des Betriebsrats zu erfüllen. Zur Erfüllung des Informationsanspruchs reicht

---

91 *Wedde*, DKWW, BDSG, § 9 Rn. 109.
92 *Thüsing*, Richardi, BetrVG, § 80 Rn. 60.
93 BAG v. 10.10.2006, NZA 2007, 99 (101); *Kort*, NZA 2010, 1038 (1039); *Mester*, Arbeitnehmerdatenschutz, S. 280.
94 BAG v. 10.10.2006, NZA 2007, 99 (101); *Weber*, GK-BetrVG, § 80 Rn. 67; *Buschmann*, DKKW, BetrVG, § 80 Rn. 87; *Kort*, NZA 2010, 1267 (1269).

es daher in der Regel aus, dass der Arbeitgeber den Betriebsrat im Wege einer schriftlichen Auskunft informiert.

Darüber hinaus würde ein allgemeines, unbeschränktes Zugriffsrecht des Betriebsrats dem in § 80 Abs. 2 Satz 1 BetrVG enthaltenen Grundsatz widersprechen, dass der Betriebsrat lediglich einen Anspruch darauf hat, die zur Erfüllung seiner betriebsverfassungsrechtlichen Aufgaben *erforderlichen* Informationen zu erhalten. Zu den Aufgaben des Betriebsrats gehört es zwar auch, fortdauernd zu prüfen, ob die zu Gunsten der Arbeitnehmer geltenden rechtlichen Bestimmungen eingehalten werden. Die hierfür benötigten Beschäftigtendaten können vom Arbeitgeber aber auch auf Anfrage des Betriebsrats zur Verfügung gestellt werden. Der Betriebsrat ist für den Fall, dass die Kenntnis der entsprechenden Daten notwendig ist, ohnehin berechtigt, den Arbeitgeber um entsprechende Auskunft zu ersuchen[95]. Es ist daher ausreichend, wenn der Betriebsrat die jeweils erforderlichen Daten etwa in Form einer aktuellen Liste vom Arbeitgeber erhält[96]. Auf diese Weise lässt sich sowohl dem Recht des einzelnen Beschäftigten auf informationelle Selbstbestimmung als auch dem aufgabenbezogenen Informationsrecht des Betriebsrats im Rahmen der in diesem Zusammenhang erforderlichen Interessenabwägung bestmöglich Rechnung tragen.

Letztendlich ist sich im Rahmen des § 80 Abs. 2 Satz 1 BetrVG immer wieder in Erinnerung zu rufen, dass das Informationsrecht des Betriebsrates nicht um seiner selbst willen besteht. Es erfüllt eine Hilfsfunktion für die Durchführung von Betriebsratsaufgaben. Der Aufgabenbezug ist daher Grund und Grenze für die Unterrichtungspflicht und die Verpflichtung des Arbeitgebers, dem Betriebsrat die zur Durchführung seiner Aufgaben erforderlichen Informationen zur Verfügung zu stellen[97]. Eine ständige Zugriffsmöglichkeit des Betriebsrats auf die Personalinformationssystems des Arbeitgebers losgelöst von einem sich aus etwaigen Mitwirkungs- und Mitbestimmungsrechten ergebenden Anlass bzw. einer Erforderlichkeit zur Wahrnehmung von Betriebsratsaufgaben würde dementsprechend gegen das Recht auf informationelle Selbstbestimmung der Beschäftigten verstoßen.

Ein direkter Online-Zugriff des Betriebsrats auf das Personalinformationssystem des Arbeitgebers ist auch nicht deshalb erforderlich, damit der Betriebsrat überprüfen kann, ob der Arbeitgeber bei der Nutzung des Systems die datenschutzrechtlichen Bestimmungen einhält. Der Betriebsrat ist zwar grundsätzlich befugt, die Einhaltung des BDSG durch den Arbeitgeber zu kontrollieren (§ 80 Abs. 1 Nr. 1 BetrVG). Hierzu kann der Betriebsrat vom Arbeitgeber beispielsweise Informationen über die Art der gespeicherten Beschäftigtendaten, den vom Arbeitgeber

---

95 *Jordan/Bissels/Löw*, BB 2010, 2889 (2891).
96 BVerwG v. 4.9.1990, NJW 1991, 375 (376); *Jordan/Bissels/Löw*, BB 2010, 2889 (2891).
97 LAG Hamburg v. 26.11.2009, – 7 TaBV 2/09 –, zitiert nach Juris; *Weber*, GK-BetrVG, § 80 Rn. 57; *Fitting*, BetrVG, § 80 Rn. 51; *Thüsing*, Richardi, BetrVG, § 80 Rn. 49.

verfolgten Zweckbezug, die Namen der Datenverarbeitungsprogramme sowie Auskünfte über eine Vernetzung mit anderen Programmen erhalten[98]. Ein Online-Zugriffsrecht ist zur Durchführung dieser Kontrolle jedoch nicht erforderlich. Insofern genügt es normalerweise, dem Betriebsrat Einsicht in einzelne Daten zu geben. Es kann sich immer nur um Stichprobenkontrollen handeln, die es jedenfalls nicht rechtfertigen, dem Betriebsrat einen eigenen, dauerhaften Zugriff auf das Personalinformationssystem des Arbeitgebers zu gewähren.

Schließlich räumt das Betriebsverfassungsrecht allein dem einzelnen Beschäftigten das Recht ein darüber zu bestimmen, ob dem Betriebsrat bzw. einem seiner Mitglieder Einsicht in seine Personalakte gewährt werden soll (§ 83 BetrVG). Aus diesem Verfügungsrecht des Betroffenen bezüglich der materiellen Personalakte ergibt sich gleichzeitig, dass der Betriebsrat auch im Rahmen seiner Kontrollrechte nicht die Vorlage der gesamten Personalakte verlangen kann[99]. Dieser Grundsatz muss auch dann seine Wirksamkeit entfalten können, wenn die materielle Personalakte nicht in Papierform, sondern vom Arbeitgeber in der Form der automatisierten Datenverarbeitung geführt wird. Denn auch bei der automatisierten Personalaktenführung bleibt es bei der dem Betroffenen insoweit eingeräumten informationellen Selbstbestimmung. Hieraus verbietet es sich, dem Betriebsrat ein Zugriffsrecht auf die automatisiert geführten Personaldateien oder Teile hiervon zu gewähren[100].

bb) Kein Zugriffsrecht auf das Personalinformationssystem des Arbeitgebers aus § 40 Abs. 2 BetrVG

Der Arbeitgeber ist auch nicht aufgrund § 40 Abs. 2 BetrVG verpflichtet, dem Betriebsrat einen direkten Zugriff auf das Personalinformationssystems zu ermöglichen[101]. § 40 Abs. 2 BetrVG sieht die Pflicht des Arbeitgebers vor, dem Betriebsrat die für seine Arbeit erforderliche Informations- und Kommunikationstechnik zur Verfügung zu stellen. Wie sowohl ein Vergleich mit den weiteren in § 40 Abs. 2 BetrVG genannten Ansprüchen, als auch die Verwendung des Wortes „Technik" zeigt, soll dem Betriebsrat durch § 40 Abs. 2 BetrVG nicht der Zugang zu bestimmten Informationen ermöglicht, sondern ihm die zur Erfüllung seiner Aufgaben erforderlichen „Werkzeuge" zur Verfügung gestellt werden[102]. Aus der inzwischen sehr umfangreichen Rechtsprechung zu der Frage, in welchem Umfang dem

---

98 BAG v. 17.3.1987, NZA 1987, 747 (749); *Kort*, NZA 2010, 1038 (1039); *Gola/Wronka*, Handbuch zum Arbeitnehmerdatenschutz, Rn. 1628.
99 Siehe unter *Kap. C. III. 2. d) aa)*.
100 *Gola/Wronka*, Handbuch zum Arbeitnehmerdatenschutz, Rn. 1937.
101 So aber die Rechtsansicht des beschwerdeführenden Betriebsrats in LAG Nürnberg v. 24.8.2004, BeckRS 2010, 71976.
102 *Kort*, NZA 2010, 1038 (1038); *Fitting*, BetrVG, § 40 Rn. 104.

Betriebsrat bestimmte Informations- und Kommunikationsmittel zu gewähren ist[103], lässt sich nicht entnehmen, dass mit dem zur Verfügung stellen von Kommunikationsmitteln ein entsprechender Informationsanspruch des Betriebsrat korrespondiert. Insbesondere ist der Arbeitgeber nicht verpflichtet, dem Betriebsrat einen Zugriff auf sämtliche Informationen zu eröffnen, die mittels dieser Kommunikationsmittel technisch zugänglich gemacht werden können. Weder die grundlegende Entscheidung des BAG zum Zugangsrecht des Betriebsrats zum Internet[104], noch die Gesetzesbegründung zu § 40 Abs. 2 BetrVG enthalten Hinweise darauf[105], dass § 40 Abs. 2 BetrVG ein Recht auf einen Online-Zugriff auf beim Arbeitgeber elektronisch gespeicherte Daten impliziert. Zweck der Ausweitung des § 40 Abs. 2 BetrVG auf Informations- und Kommunikationstechniken ist allein, die dem Betriebsrat zur Verfügung stehenden Arbeitsmittel an die technischen Entwicklungen anzupassen. Eine Ausweitung der Informationsbefugnisse des Betriebsrats war mit der Aufnahme der modernen Technologien in § 40 Abs. 2 BetrVG jedoch nicht beabsichtigt.

cc) Kein Zugriffsrecht auf das Personalinformationssystem des Arbeitgebers aus anderen Gründen

Abzulehnen ist ebenfalls die in der Literatur teilweise vertretene Meinung, dass sich ein Zugangsrecht des Betriebsrats zu den Datenverarbeitungsbereichen des Arbeitgebers aus dem Recht des Betriebsrats auf freien Zugang zu den Arbeitsplätzen ableiten lasse[106]. Das Recht des Betriebsrats auf freien Zugang zu den Arbeitsplätzen der von ihm vertretenen Arbeitnehmer kann nicht gleichgesetzt werden mit einem Recht des Betriebsrats, sich frei in den Datenverarbeitungsanlagen des Arbeitgebers zu bewegen.

Schon nach dem allgemeinen Sprachgebrauch bedeutet die Gewährung eines Zugangs lediglich, dass damit einer Person ein Recht eingeräumt wird, einen bestimmten Ort aufzusuchen. Hiervon zu unterscheiden ist jedoch der Begriff des „Zugriffs" auf bestimmte Informationen. Auch der Gesetzgeber unterscheidet in der Anlage zu § 9 BDSG zwischen den Begriffen „Zugang" (Nr. 2 der Anlage zu § 9 BDSG) und dem Begriff „Zugriff" (Nr. 3 der Anlage zu § 9 BDSG). Während „Zugang" das Eindringen in das EDV-System bedeutet, ist unter „Zugriff" die Benutzung des Datenverarbeitungssystems zu verstehen.

---

103 Etwa BAG v. 3.9.2003, NZA 2004, 280 (281); BAG v. 23.8.2006, NZA 2007, 337 (338); BAG v. 17.2.2010, NZA-RR 2010, 413 (414).
104 BAG v. 3.9.2003, NZA 2004, 280 (281); ausführliche Besprechung der Entscheidung bei *Jansen*, Die elektronische Kommunikation in der Betriebsverfassung, S. 135.
105 BT-Drs. 14/5741, S. 41.
106 So aber *Wedde*, DKWW, BDSG, § 9 Rn. 109.

Auch dem Sinn und Zweck des Zugangsrechts kann kein elektronisches Zugriffsrecht des Betriebsrats entnommen werden. Ebenso wie der allgemeine Informationsanspruch aus § 80 Abs. 2 Satz 1 BetrVG korrespondiert das Zugangsrecht des Betriebsrats zu den Arbeitsplätzen mit der Wahrnehmung betriebsverfassungsrechtlicher Aufgaben. Auch hierzu ist es jedoch nicht erforderlich, dass dem Betriebsrat die personenbezogenen Daten jedes Beschäftigten anlasslos zugänglich gemacht werden muss.

b) Freiwillige Weitergabe von Beschäftigtendaten an den Betriebsrat durch den Arbeitgeber

Jede Verwendung von Beschäftigtendaten bedeutet einen Eingriff in das informationelle Selbstbestimmungsrecht der Betroffenen und ist ohne den Willen des Beschäftigten nur im Rahmen der gesetzlich festgelegten Informationsbeziehungen zwischen Arbeitgeber und Mitarbeitervertretung legitimiert. Stellt der Arbeitgeber dem Betriebsrat daher freiwillig Beschäftigtendaten zur Verfügung, stellt dieser Umgang mit Beschäftigtendaten eine grundsätzlich gemäß § 4 Abs. 1 BDSG unter das Verbot mit Erlaubnisvorbehalt stehende Nutzung von Beschäftigtendaten dar. Diese Datennutzung des Arbeitgebers kann jedoch unter den Voraussetzungen des § 32 Abs. 1 Satz 1 BDSG zulässig sein, wenn sie zur Durchführung des Beschäftigungsverhältnisses erforderlich ist. Im Verhältnis zwischen Arbeitgeber und Betriebsrat ist ein Datenaustausch zur Durchführung des Beschäftigungsverhältnisses erforderlich, wenn er zur Aufgabenerfüllung des Betriebsrats erforderlich ist[107].

In diesem Zusammenhang ist jedoch zu berücksichtigen, dass die zur Durchführung seiner Aufgaben notwendigen Informationsansprüche des Betriebsrats im BetrVG abschließend festgelegt und an bestimmte Voraussetzungen gebunden sind. Soweit ein Informationsbegehren des Betriebsrats auch Beschäftigtendaten zum Inhalt hat, tragen die Beschränkungen der personenbezogenen Informationsansprüche des Betriebsrats auch dem Datenschutz der Beschäftigten Rechnung. Diesem Umstand hat der Arbeitgeber auch bei der freiwilligen Weitergabe von Beschäftigtendaten an den Betriebsrat im Rahmen des § 32 Abs. 1 Satz 1 BDSG Rechnung zu tragen. Demgemäß ist er nicht befugt, an den Betriebsrat freiwillig Beschäftigtendaten weiterzuleiten, ohne dass dem Betriebsrat zugleich insoweit ein Anspruch zusteht, oder ihm Personalunterlagen in einer Art und Weise zur Verfügung zu stellen, die das Betriebsverfassungsrecht nicht vorsieht[108]. Gibt der Arbeitgeber folglich Beschäftigtendaten an den Betriebsrat weiter, obwohl dieser keinen Anspruch hierauf hat, kann dieses Vorgehen nicht zur Erfüllung der betriebsverfas-

---

107 Siehe unter *Kap. E. III. 2. b)*.
108 *Gola/Wronka*, NZA 1991, 790 (794); *Gola/Wronka*, Handbuch zum Arbeitnehmerdatenschutz, Rn. 1926.

sungsrechtlichen Aufgaben erforderlich sein. Diese Nutzung der Beschäftigtendaten durch den Arbeitgeber ist daher nicht nach § 32 Abs.1 Satz 1 BDSG legitimiert und damit datenschutzrechtlich unzulässig. Zulässig wäre dies nur mit Einwilligung der betroffenen Bediensteten.

c) Eigenständiges Erheben von Beschäftigtendaten durch den Betriebsrat aus anderen Quellen

Der Informationsanspruch des Betriebsrats nach § 80 Abs. 2 Satz 1 BetrVG ist auf diejenigen Informationen beschränkt, die der Arbeitgeber selbst im Besitz hat[109]. Der Betriebsrat kann daher nicht verlangen, dass der Arbeitgeber für ihn andere Unterlagen erstellt oder beschafft. Zusätzlich zu den sich aus dem BetrVG gegenüber dem Arbeitgeber ergebenden Informationsansprüchen kann der Betriebsrat daher die Notwendigkeit sehen, eigenständig Beschäftigtendaten aus anderen Quellen zu erheben.

aa) Zulässige Erhebung von Beschäftigtendaten mit Einverständnis der Betroffenen

Die eigenständige Erhebung von Beschäftigtendaten durch den Betriebsrat ist zunächst bei einem Einverständnis des betroffenen Beschäftigten zulässig (§ 4a BDSG). In diesem Fall steht es der Mitarbeitervertretung frei, als Informationsquelle die Beschäftigten selbst zu nutzen, etwa während der Sprechstunde der Mitarbeitervertretung[110]. Auch Fragebogenaktionen des Betriebsrats sind zulässig, da es sich dabei um eine Form der freiwilligen Datenpreisgabe der Beschäftigten handelt[111]. Er darf den Beschäftigten allerdings nicht dazu veranlassen, Angaben zu machen, die nicht ihn, sondern seine Kollegen betreffen[112]. Fehlt jedoch eine entsprechende Einwilligung des Betroffenen, ist die eigenständige Erhebung von Beschäftigtendaten durch den Betriebsrat gemäß § 32 Abs. 1 Satz 1 BDSG nur zulässig, wenn sie zur Erfüllung der sich aus dem BetrVG ergebenden Aufgaben erforderlich ist.

---

109 BAG v. 17.3.1983, DB 1983, 1607 (1608); *Kania*, ErfK, BetrVG, § 80 Rn. 19; *Thüsing, Richardi*, BetrVG, § 80 Rn. 56.
110 *Gola/Wronka*, Handbuch zum Arbeitnehmerdatenschutz, Rn. 1949; *Mester*, Arbeitnehmerdatenschutz, S. 283; zur Frage, inwieweit eine Mitarbeitervertretung dazu die Beschäftigten am Arbeitsplatz besuchen darf, siehe BVerwG v. 9.3.1990, NJW 1990, 2483 (2484).
111 *Buschmann*, DKKW, BetrVG, § 80 Rn. 99.
112 *Gola/Wronka*, Handbuch zum Arbeitnehmerdatenschutz, Rn. 1952.

bb) Zweckbestimmung bei der eigenständigen Erhebung von Beschäftigtendaten

Unter Datenerhebung ist nach der Definition des BDSG gemäß § 3 Abs. 3 BDSG „das Beschaffen von Daten über den Betroffenen" zu verstehen. Im Gegensatz zu einer Reihe von Landesdatenschutzgesetzen und der EG-Datenschutzrichtlinie ordnet das BDSG das Erheben von Daten noch nicht dem Verarbeiten der Daten zu[113]. Das Beschaffen der Daten über den Betroffenen wird vielmehr als Vorphase, d.h. Voraussetzung für die nachfolgenden Verarbeitungen angesehen[114]. Gleichgültig ist, ob die Daten mündlich, schriftlich oder per Einsicht- bzw. Augenscheinnahme beschafft werden, ob der Betroffene befragt wird bzw. die Daten beibringen soll oder ob Dritte befragt werden[115]. Erforderlich ist jedoch eine gezielte Form der Datenerhebung, so dass bei zufälligen Beobachtungen gewonnene Daten oder solche, die der verantwortlichen Stelle unaufgefordert zugeleitet werden, nicht im Sinne des § 3 Abs. 3 BDSG erhoben werden.[116]

Das BDSG ist auf die Erhebung von Beschäftigtendaten durch private Stellen jedoch nur dann anwendbar, wenn die Erhebung der Daten zum Zweck einer späteren Verarbeitung, insbesondere einer Speicherung, oder Nutzung erfolgt (§ 1 Abs. 2 Nr. 3 BDSG). Aufgrund dieses Abhängigkeitsverhältnisses zwischen Erhebung und Speicherung ist bei der Beurteilung der Rechtmäßigkeit der Erhebung von Beschäftigtendaten durch den Betriebsrat zwingend der spätere Verarbeitungs- und Nutzungszweck zu berücksichtigen. Zum einen kann die Zulässigkeit der Erhebung nur in Wertung des nachfolgenden Verwendungszwecks der Daten beurteilt werden und zum anderen ist die nachfolgende Verwendung der Daten ggf. unzulässig, wenn diese in rechtswidriger Weise erhoben wurden[117]. Maßgeblich für die Beurteilung der datenschutzrechtlichen Zulässigkeit einer eigenständigen Erhebung von Beschäftigtendaten durch den Betriebsrat ist daher der spätere Nutzungszweck.

cc) Erhebung von Beschäftigtendaten zur Aufgabenerfüllung nach dem BetrVG

Ein entsprechender allgemeiner Ermächtigungstatbestand für die eigenständige Datenerhebung ist im BetrVG nicht enthalten. Die Regelungen des Betriebsverfassungsrechts nehmen nur mittelbar auf die eigenständige Erhebung von Informatio-

---

113 *Gola/Schomerus*, BDSG, § 3 Rn. 24; *Gola/Wronka*, Handbuch zum Arbeitnehmerdatenschutz, Rn. 386.
114 Vgl. den Wortlaut des § 1 Abs. 2 Nr. 3 BDSG: *„dafür erheben"*; *Gola/Schomerus*, BDSG, § 3 Rn. 24; Dammann, Simitis, BDSG, § 3 Rn. 101.
115 *Dammann*, Simitis, BDSG, § 3 Rn. 105; *Gola/Schomerus*, BDSG, § 3 Rn. 24; *Gola/Wronka*, Handbuch zum Arbeitnehmerdatenschutz, Rn. 386.
116 *Weichert*, DKKW, BDSG, § 3 Rn. 23; *Gola/Schomerus*, BDSG, § 3 Rn. 24; *Mester*, Arbeitnehmerdatenschutz, S. 97.
117 BAG v. 22.10.1986, NZA 1987, 415 (415); *Gola/Wronka*, Handbuch zum Arbeitnehmerdatenschutz, Rn. 388.

nen durch den Betriebsrat Bezug. Beschwert sich etwa ein Arbeitnehmer beim Betriebsrat, weil er sich im Betrieb benachteiligt, ungerecht behandelt oder in anderer Weise beeinträchtigt fühlt, hat der Betriebsrat gemäß § 85 Abs. 1 BetrVG dieser Beschwerde nachzugehen und gegebenenfalls beim Arbeitgeber auf Abhilfe zu drängen[118]. Insbesondere wenn der Arbeitnehmer von Problemen mit seinem Vorgesetzten oder mit Kollegen berichtet, wird der Betriebsrat bei der Erfassung des der Beschwerde zugrunde liegenden Sachverhalts zwangsläufige personenbezogene Daten nicht nur des sich beschwerenden Mitarbeiters aufnehmen müssen.

Diese allgemeine Aufgabennorm des § 85 Abs. 1 BetrVG erfüllt jedoch mangels konkreter Bezugnahme auf die Verwendung von personenbezogenen Daten nicht die Voraussetzungen einer vorrangigen Rechtsvorschrift i. S. d. § 1 Abs. 3 Satz 1 BDSG[119]. Trotzdem ist die Erhebung von Daten in diesem Zusammenhang zulässig, da die Erhebung der konkreten Daten gemäß § 32 Abs. 1 Satz 1 BDSG erforderlich ist, damit der Betriebsrat der Beschwerde das Arbeitnehmers nachgehen und somit seine betriebsverfassungsrechtlichen Aufgabe aus § 85 Abs. 1 BetrVG erfüllen kann[120].

Darüber hinaus ist jedoch umstritten, wann und in welchem Umfang der Betriebsrat selbst Beschäftigtendaten erheben darf. Nach einer Ansicht steht dem Betriebsrat kein allgemeines Recht zu, Informationen und Beschäftigtendaten zu sammeln[121]. Dies folge aus der Hilfsfunktion des § 80 Abs. 2 Satz 1 BetrVG, nach welcher dem Betriebsrat die zur Durchführung seiner Aufgaben nach dem BetrVG erforderlichen Informationen und Unterlagen vom Arbeitgeber zur Verfügung zu stellen sind. Andernfalls würde dem Betriebsrat die Befugnis einer allgemeinen Kontrollinstanz eingeräumt, die er nicht sei. Demgegenüber vertritt ein anderer Teil der Literatur die Auffassung, der Betriebsrat könne unabhängig von seinem allgemeinen Informationsanspruch andere Informationsquellen erschließen und solche Informationen unmittelbar bei den Beschäftigten erheben[122].

Richtig ist, dass die sich aus dem BetrVG ergebenden Begrenzungen des Informationsanspruchs des Betriebsrats einer eigenständigen Datenerhebung der Mitarbeitervertretung nicht von vornherein entgegenstehen. Zwar steht dem Betriebsrat kein Selbsthilferecht zu, wenn der Arbeitgeber seiner Informationsverpflichtung nach § 80 Abs. 2 Satz 1 BetrVG nicht nachkommt[123]. Das gebietet das berechtigte

---

118 *Fitting*, BetrVG, § 85 Rn. 3; *Wiese/Franzen*, GK-BetrVG, § 85 Rn. 7; *Küpferle*, Arbeitnehmerdatenschutz im Spannungsfeld, S. 353.
119 Siehe zu den Voraussetzungen des § 1 Abs. 3 Satz 1 BDSG unter *Kap. D. III. 2. d)*.
120 Siehe hierzu *Kap. E. III. 2. c)*.
121 *Löwisch/Kaiser*, BetrVG, § 80 Rn. 24; *Nicolai*, HSWGNR, BetrVG, § 80 Rn. 53; *Kort*, RdA 1992, 378 (383); *Vogelsang*, CR 1992, 163 (166).
122 *Weber*, GK-BetrVG, § 80 Rn. 71; *Buschmann*, DKKW, BetrVG, § 80 Rn. 99; *Fitting*, BetrVG, § 80 Rn. 79; *Thüsing*, Richardi, BetrVG, § 80 Rn. 60; *Gola/Wronka*, NZA 1991, 790 (795).
123 *Weber*, GK-BetrVG, § 80 Rn. 71; *Thüsing*, Richardi, BetrVG, § 80 Rn. 94.

Interesse des Arbeitgebers, welcher ebenso das Recht auf informationelle Selbstbestimmung der Beschäftigten zu schützen hat, selbst zu entscheiden, wann welche Daten so aufbereitet sind, dass sie im Rahmen der gesetzlichen Informationspflicht weitergegeben werden können. Der Betriebsrat muss daher seinen Auskunftsanspruch im Beschlussverfahren durchsetzen[124].

§ 80 Abs. 2 BetrVG enthält jedoch keine abschließende Regelung zu den Möglichkeiten der Informationsbeschaffung durch den Betriebsrat[125]. Nach der Rechtsprechung des BAG ist der Informationsaustausch zwischen den Arbeitnehmern und dem Betriebsrat nicht in der Form kanalisiert und eingeschränkt, dass er lediglich in den im BetrVG ausdrücklich als Institution vorgesehenen Formen, z. B. bei Sprechstunden oder Betriebsversammlungen, erfolgen müsse[126]. Der Betriebsrat kann auch sich selbst die erforderlichen Informationen beschaffen, sofern ihm ein Informationsanspruch nach § 80 Abs. 2 BetrVG zusteht und er nicht durch die gewählte Art der Informationsbeschaffung in die Rechtssphäre des Arbeitgebers eingreift[127]. Dabei hat der Betriebsrat jedoch dieselben Grundsätze zu beachten wie bei der Geltendmachung eines Informationsanspruchs gegen den Arbeitgeber[128].

Bei einer eigenständigen Erhebung von Beschäftigtendaten hat der Betriebsrat allerdings nach § 32 Abs. 1 Satz 1 BDSG eine Prüfung daraufhin durchzuführen, ob eine Aufgabe des Betriebsrats gegeben und ob im Einzelfall die begehrte Information zur Aufgabenwahrnehmung erforderlich ist. Richtschnur für die Zulässigkeit einer eigenständigen Erhebung personenbezogener Arbeitnehmerdaten durch den Betriebsrat ist daher der Aufgabenbezug. Deshalb ist es etwa ausgeschlossen, dass der Betriebsrat bei den Mitarbeitern Daten erhebt, um sich ein allgemeines Bild zu verschaffen[129]. Würde dies anderes gesehen werden, wäre der Betriebsrat in der Lage, sich abseits seines allgemeinen Informationsanspruchs eine eigene Personaldatei anzulegen. Zudem könne der Betriebsrat die vom Arbeitgeber zur Erfüllung des Informationsanspruchs nach § 80 Abs. 2 Satz 1 BetrVG gemachten Angaben nach seinem Belieben kontrollieren und sich als eine allgemeine Kontrollinstanz etablieren.

---

124 *Weber*, GK-BetrVG, § 80 Rn. 71; *Nicolai*, HSWGNR, BetrVG, § 80 Rn. 45; *Thüsing*, Richardi, BetrVG, § 80 Rn. 94.
125 BAG v. 6.5.2003, NZA 2003, 1348 (1352); *Fitting*, BetrVG, § 80 Rn. 79; *Weber*, GK-BetrVG, § 80 Rn. 71.
126 BAG v. 8.2.1977, DB 1977, 914 (915); *Vogelsang*, CR 1992, 163 (166).
127 BAG v. 8.2.1977, DB 1977, 914 (915); LAG Hamburg, Beschluss v. 26.11.2009, - Az.: 7 TaBV 2/09 –, zitiert nach Juris.
128 *Leuze*, ZTR 2002, 558 (563).
129 *Leuze*, ZTR 2002, 558 (563); für die Datenerhebung des Personalrats *Kersten*, PersV 2001, 307 (312).

2. Speicherung von Beschäftigtendaten durch den Betriebsrat

Die umfangreichen Informations- und Unterrichtungsansprüche des Betriebsrats gegen den Arbeitgeber führen dazu, dass dem Betriebsrat im Rahmen seiner Beteiligungsrechte insbesondere in personellen Angelegenheiten eine Vielzahl von Beschäftigtendaten zugeleitet werden und dieser damit die Möglichkeit erhält, diese Daten aufzuzeichnen und zu speichern. Ein Recht zur Speicherung von personenbezogenen Daten durch den Betriebsrat sieht das BetrVG nur in der Regelung des § 34 Abs. 1 Satz 1 BetrVG ausdrücklich vor. Danach hat der Betriebsrat über jede seiner Verhandlungen eine Sitzungsniederschrift aufzunehmen. Nach § 34 Abs. 1 Satz 3 BetrVG ist der Niederschrift eine Anwesenheitsliste beizufügen, in die sich jeder Teilnehmer eigenhändig einzutragen hat. Diese Sitzungsniederschrift ist aufzubewahren, solange ihr Inhalt von rechtlicher Bedeutung ist[130]. Aus datenschutzrechtlicher Sicht erfüllt die Sitzungsniederschrift den Begriff der Akte bzw. Aktensammlung[131]. Andere Vorschriften, nach denen der Betriebsrat ausdrücklich dazu ermächtigt wird, personenbezogene Daten zu speichern, enthält das BetrVG jedoch nicht. Daher stellt sich im Folgenden die Frage, unter welchen Umständen und in welchem Umfang der Betriebsrat berechtigt ist, die ihm zur Verfügung gestellten Beschäftigtendaten zu speichern.

a) Speicherung von Grundstammdaten der Beschäftigten beim Betriebsrat

Einigkeit besteht darin, dass der Betriebsrat nicht berechtigt ist, sich anhand der für konkrete, aufgabenbezogene Anlässe mitgeteilten Personaldaten eigene Personalakten anzulegen oder alle diese Daten in einer betriebsratsinternen Personaldatei zu speichern[132]. Umstritten ist allerdings die Frage, ob der Betriebsrat zumindest die Grundstammdaten der Beschäftigten (z. B. Name, Vorname, Personalnummer, Arbeitsplatz, Vergütungs- bzw. Entgeltgruppe, Beginn des Beschäftigungsverhältnisses, Vollzeit- oder Teilzeitbeschäftigung) speichern darf.

Nach einer Ansicht sollen diese Daten dem ständigen Zugriff der Mitarbeitervertretung durch entsprechende Speicherung innerhalb des Betriebsrats zur Verfügung stehen dürfen[133]. Diese weitgehende Verwendungsmöglichkeit des Betriebs-

---

130 *Fitting*, BetrVG, § 34 Rn. 17; *Raab*, GK-BetrVG, § 34 Rn. 36; *Wedde*, DKKW, BetrVG, § 34 Rn. 12; *Thüsing*, Richardi, BetrVG, § 34 Rn. 23.
131 *Dammann*, Simitis, § 46 Rn. 33; *Hesse*, Der Einfluss des BDSG auf die Betriebsratstätigkeit, S. 162.
132 *Vogelsang*, CR 1992, 163 (166); *Gola/Wronka*, NZA 1991, 790 (794); *Gola*, DuD 1987, 440 (443); *Gola/Wronka*, Handbuch zum Arbeitnehmerdatenschutz, Rn. 359.
133 *Gola/Wronka*, Handbuch zum Arbeitnehmerdatenschutz, Rn. 1961; *Hesse*, Der Einfluss des BDSG auf die Betriebsratstätigkeit, S. 169; *Der Landesbeauftragte für Datenschutz und Informationsfreiheit Saarland*, 17. TB, S. 101 ff., mit dem Hinweis, dass, wenn die Mitarbei-

rats sei durch den mit der Zweckbestimmung des Beschäftigungsverhältnisses verbundenen Schutzauftrag der Mitarbeitervertretung gerechtfertigt. Dieser mache es erforderlich, dass der Betriebsrat mit der durch die elektronische Datenverarbeitung ermöglichten Aktualität und Schnelligkeit in Erfahrung bringen können muss, wen er vertritt[134]. Vorrangige schutzwürdige Interessen der Beschäftigten würden einer derartigen Speicherung auch deswegen nicht entgegenstehen, da diese Grunddaten betriebsintern durch Personalnachrichten, Geschäftsverteilungsplan und ähnlichen Medien ohnehin weitgehend bekannt seien[135]. Allenfalls Datensammlungen, die in Quantität und Qualität der verarbeiteten Daten ein Personalinformationssystem darstellen und damit einer Personalakte gleichkommen, seien unzulässig[136].

Ein derartig weitreichender und pauschaler Zugriff auf personenbezogene Daten von Beschäftigten durch den Betriebsrat ist jedoch abzulehnen[137]. Die Zulässigkeit der Erhebung, Verarbeitung oder Nutzung von Beschäftigtendaten durch die Mitarbeitervertretung kann sich nur nach den Maßstäben des BetrVG und des BDSG richten und nicht, wie es die soeben dargestellte Ansicht vertritt, aus Zweckmäßigkeitsgesichtspunkten gerechtfertigt sein. Gemäß § 32 Abs. 1 Satz 1 BDSG muss die Datenspeicherung des Betriebsrats zur Wahrnehmung der betriebsverfassungsrechtlichen Aufgaben erforderlich sein, d.h. der Betriebsrat muss zur ordnungsgemäßen Erfüllung seiner Aufgaben die gespeicherten Daten benötigen[138]. Insoweit muss die Wahrscheinlichkeit einer anstehenden betriebsverfassungsrechtlichen Aufgabe bestehen. Möchte der Betriebsrat Beschäftigtendaten speichern, hat er daher nachzuweisen, für welche wahrscheinlich anstehenden Betriebsratsaufgaben er die personenbezogenen Daten der Arbeitnehmer des Betriebes benötigt. Dabei reicht es nicht aus allein darauf zu verweisen, dass der Großteil der begehrten Informationen sich unmittelbar gesetzlichen Aufgaben des Betriebsrates zuordnen lassen oder dass er ständig darüber informiert sein müsse, welcher Arbeitnehmer auf welcher Stelle mit welchen Arbeiten und Aufgaben im Betrieb beschäftigt ist[139]. Eine anlasslose „Vorratsdatenspeicherung" beim Betriebsrat ist durch § 32

---

tervertretung darauf angewiesen sei, sich die Daten aus den Unterlagen zusammenzusuchen, die sie im Rahmen ihrer Beteiligung in Einzelfällen erhalten hat, die Gefahr bestünde, dass eine Datei mit unvollständigen Datensätzen entstehe, deren Richtigkeit und Aktualität nicht gewährleistet sei. Es sollte daher angestrebt werden, dass die Personalabteilung der Mitarbeitervertretung einen Bestand von „Grunddaten" der Beschäftigten zur Verfügung stellt, die der Personalrat zu seiner Aufgabenerfüllung ständig benötigt.

134 *Gola/Wronka*, Handbuch zum Arbeitnehmerdatenschutz, Rn. 1960; eine ausdrückliche Befugnis zur dauerhaften Speicherung von Grunddaten enthält § 65 Abs. 3 LPersVG B-W.
135 *Gola/Wronka*, Handbuch zum Arbeitnehmerdatenschutz, Rn. 1961.
136 *Gola/Wronka*, Handbuch zum Arbeitnehmerdatenschutz, Rn. 1964; *Hesse*, Der Einfluss des BDSG auf die Betriebsratstätigkeit, S. 169.
137 Für den Personalrat siehe VG Meiningen v. 15.1.1998, PersV 1998, 567 (569); *Mester*, Arbeitnehmerdatenschutz, S. 279; *Kort* NZA 2010, 1267 (1269).
138 *Kort*, NZA 2010, 1267 (1269).
139 LAG Hamburg v. 26.11.2009, Az.: 7 TaBV 2/09, zitiert nach Juris.

Abs. 1 Satz 1 BDSG ausgeschlossen. Soweit der Betriebsrat die Beschäftigtendaten im Einzelfall für einen längeren Zeitraum benötigen sollte, bleibt es ihm unbenommen, die Erforderlichkeit gegenüber dem Arbeitgeber darzulegen.

b) Zulässigkeit der Speicherung von Grundstammdaten ab einer bestimmten Betriebsgröße?

Entgegen der vereinzelt vertretenen Ansicht hängt die Befugnis des Betriebsrats, Grundinformationen über die Belegschaft auch auf Dauer zu speichern, um einen Gesamtüberblick zu gewinnen und zu behalten, auch nicht von der Betriebsgröße ab[140]. Unklar ist bereits, wie viele Arbeitnehmer in einem Betrieb beschäftigt sein müssten, damit dieser als groß genug angesehen werden kann, dass der Betriebsrat die Beschäftigtendaten auf Dauer speichern darf. Unabhängig davon ist der Betriebsrat aber auch in einem Großbetrieb nicht auf die dauernde Verfügbarkeit der personenbezogenen Daten sämtlicher Arbeitnehmer angewiesen, um deren Interessen angemessen und vollumfänglich vertreten zu können[141]. Auch in großen Betrieben kann er seine Rechte ohne Weiteres durch Einsicht oder die befristete Überlassung von Unterlagen wahrnehmen. Darüber hinaus kann die Größe des Betriebes heutzutage kein taugliches Abgrenzungskriterium mehr sein. Im Zeitalter der elektronischen Datenübermittlung spielt die Betriebsgröße keine derart gewichtige Rolle mehr. Große Datenmengen können ebenso gut wie kleine in kürzester Zeit elektronisch zusammengestellt und kurzfristig an den Betriebsrat versendet werden[142].

3. Unternehmensinterne Nutzung von Beschäftigtendaten durch den Betriebsrat

a) Veröffentlichung von Beschäftigtendaten am „Schwarzen Brett" des Betriebsrats

Betriebsräte pflegen die Beschäftigten eines Betriebes in regelmäßigen Zeitabständen über ihre Tätigkeiten zu informieren. Zusätzlich zu den vierteljährlich stattfindenden Betriebsversammlungen erfolgt dies insbesondere durch Aushänge am

---

140 Vgl. BVerwG v. 4.9.1990, NJW 1991, 375 (376), das dies als mögliches Abgrenzungskriterium für eine zulässige Speicherung von Personaldaten durch den Personalrat angedeutet, für eine Dienststelle von der Größe einer Hundertschaft des Bundesgrenzschutzes jedoch abgelehnt hat; dem folgend *Wunder*, NZA 2010, 1109 (1110); *Gola/Wronka*, Handbuch zum Arbeitnehmerdatenschutz, Rn. 1958.
141 LAG Hamburg v. 26.11.2009, Az.: 7 TaBV 2/09, zitiert nach Juris; OVG Münster v. 22.1.1986, ZBR 1987, 26 (26); *Jordan/Bissels/Löw*, BB 2010, 2889 (2892); *Schierbaum*, PersR 2002, 499, (505).
142 *Jordan/Bissels/Löw*, BB 2010, 2889 (2892).

Schwarzen Brett[143] des Betriebsrats. Dabei kann es vorkommen, dass die Aushänge des Betriebsrats auch personenbezogene Daten enthalten. So hatte das LAG Berlin[144] über einen Fall zu entscheiden, in welchem der Betriebsrat regelmäßig am Schwarzen Brett die Protokolle seiner Sitzungen veröffentlichte. Zu den ausgehängten Angaben gehörten unter anderem die Zustimmungen zu bzw. die Versagungen von Anträgen des Arbeitgebers auf Einstellungen oder tarifliche Eingruppierungen unter Nennung der entsprechenden personenbezogenen Daten wie Name, Stellenbezeichnung, Gehaltsgruppe und Stundenlohn. Es stellt sich daher die Frage, ob und in welchem Umfang in diesen Veröffentlichungen am Schwarzen Brett eine Verletzung von Datenschutzverpflichtungen durch den Betriebsrat liegt.

aa) Betriebsverfassungsrechtliche Grenzen der Veröffentlichung von Beschäftigtendaten

Handelt es sich bei den veröffentlichten Informationen um Beschäftigtendaten, welche der Betriebsrat im Rahmen der Ausübung seiner betriebsverfassungsrechtlichen Mitwirkungsrechte erlangt hat, können sich die Grenzen für eine Veröffentlichung dieser Daten am Schwarzen Brett unmittelbar aus dem BetrVG ergeben. Wie bereits dargelegt worden ist[145], entstehen besondere betriebsverfassungsrechtliche Schweigepflichten, wenn ein Betriebsratsmitglied von einem Arbeitnehmer im Rahmen eines Personalgesprächs nach § 82 Abs. 2 BetrVG oder bei der Einsicht in dessen Personalakte (§ 83 Abs. 2 BetrVG) hinzugezogen wird. Darüber hinaus ergeben sich besondere Schweigepflichten, wenn der Betriebsrat im Rahmen der Beteiligung bei personellen Einzelmaßnahmen nach §§ 99 Abs. 1, 102 Abs. 1 BetrVG Informationen über persönliche Verhältnisse und Angelegenheiten der Arbeitnehmer erlangt. Die Bekanntgabe der in diesen Fällen erlangten Beschäftigtendaten am Schwarzen Brett des Betriebsrats ist folglich bereits durch die betriebsverfassungsrechtlichen Verschwiegenheitspflichten untersagt. Eine Veröffentlichung dieser den betriebsverfassungsrechtlichen Schweigepflichten unterliegenden Informationen wäre nur dann zulässig, wenn das BetrVG gesonderte Offenbarungstatbestände enthalten würde[146]. Ein betriebsverfassungsrechtliche Regelung, welche es dem Betriebsrat ermöglicht, ohne Zustimmung des Betroffen dessen per-

---

143 Insbesondere in größeren Unternehmen verfügt der Betriebsrat darüber hinaus zusätzlich über eine eigene Homepage im Intranet sowie eine eigene E-Mail-Adresse, durch welche die Information der Belegschaft auch in elektronischer Form erfolgen kann.
144 LAG Berlin v. 26.6.1986, RDV 1987, 252 (254).
145 Siehe unter *Kap. C. III. 2. c) und d)*.
146 Selbstverständlich können die betroffenen Beschäftigten den Betriebsrat und dessen Mitglieder auch von der Schweigepflicht entbinden.

sonenbezogene Daten am Schwarzen Brett des Betriebes zu veröffentlichen, besteht jedoch nicht[147].

Dies gilt insbesondere auch für die im Beispielsfall erwähnte Veröffentlichung der Ergebnisse von Betriebsratssitzungen. Obwohl der Betriebsrat in seinen Sitzungen über Angelegenheiten entscheidet, welche die Beschäftigten betreffen, geht das BetrVG auch was diese Fallkonstellation betrifft von einem vertraulichen Umgang des Betriebsrats mit sensiblen Informationen aus. So sind die Sitzungen des Betriebsrats gemäß § 30 Abs. 4 BetrVG nicht öffentlich. Die Vorgabe des BetrVG, dass über die Sitzungen des Betriebsrats eine Niederschrift anzufertigen ist (§ 34 Abs. 1 BetrVG), enthält ebenfalls keine Bestimmung, die es ermöglicht, dass die Niederschrift Dritten offenbart werden kann. Vielmehr haben gemäß § 34 Abs. 3 BetrVG nur die Mitglieder des Betriebsrats das Recht, die Unterlagen und Beschlüsse des Betriebsrats einzusehen. Das BetrVG geht folglich hinsichtlich des Umgangs mit den betriebsratsintern behandelten Themen und Informationen vom Grundsatz der Vertraulichkeit aus. Der Aushang von Personaldaten am Schwarzen Brett des Betriebsrats durch den selbigen ist daher durch das Betriebsverfassungsrecht nicht zugelassen[148].

bb) Datenschutzrechtliche Grenzen der Veröffentlichung von Beschäftigtendaten

Liegen die Voraussetzungen der betriebsverfassungsrechtlichen Schweigepflichten nicht vor, weil der Betriebsrat die Beschäftigtendaten nicht im Rahmen der §§ 79, 82, 83, 99, 102 BetrVG erlangt hat, richtet sich die datenschutzrechtliche Zulässigkeit der Veröffentlichung von Beschäftigtendaten am Schwarzen Brett nach § 32 Abs. 1 Satz 1 BDSG und § 28 Abs. 1 Satz 1 Nr. 2 BDSG. In diesem Zusammenhang ist jedoch zu berücksichtigen, dass die Verbreitung von Angaben über Arbeitnehmer am Schwarzen Brett des Betriebsrats datenschutzrechtlich nur dann als „Nutzung" von Daten i. S. d. § 3 Abs. 5 BDSG angesehen werden kann, wenn das Schwarze Brett nur Betriebsangehörigen zugänglich ist. Soweit auch betriebsfremde Personen Zugang zum Schwarzen Brett haben, stellt der Aushang der Daten eine „Übermittlung" i. S. d. § 3 Abs. 4 Nr. 3 BDSG dar, da sich der Aushang in diesem Fall auch an „Dritte" i. S. d. § 3 Abs. 8 Satz 2 BDSG richtet.

Unabhängig davon, ob die Bekanntgabe von Arbeitnehmerdaten im Einzelfall als Nutzung oder Übermittlung von Daten zu qualifizieren ist, ist die Veröffentlichung von Personaldaten am Schwarzen Brett des Betriebsrats allerdings auch datenschutzrechtlich unzulässig. Die sich aus dem BetrVG ergebenden Aufgaben des Betriebsrats erfordern in der Regel keine öffentliche Bekanntgabe beispielsweise

---

147 *Bizer*, DuD 1997, 653 (654).
148 LAG Berlin v. 26.6.1986, RDV 1987, 252 (253); AG Regensburg v. 28.7.1989, AiB 1989, 354 (355); *Bizer*, DuD 1997, 653 (654).

von Vergütungsdaten oder sonstigen Beschäftigtendaten, so dass diese Form der Datenverwendung nicht nach § 32 Abs. 1 Satz 1 BDSG zur Durchführung des Beschäftigungsverhältnisses erforderlich ist. Darüber hinaus würde regelmäßig das schutzwürdige Interesse der Betroffenen an einer Geheimhaltung ihrer Daten entgegenstehen, so dass dieses Vorgehens auch nicht nach § 28 Abs. 1 Satz 1 Nr. 2 BDSG zulässig ist.

b) Datenschutzrechtliche Verpflichtung im Rahmen von Betriebsratssitzungen

Die Mitglieder des Betriebsrats erhalten insbesondere in den regelmäßig stattfindenden Betriebsratssitzungen Kenntnis von den vom Arbeitgeber zur Verfügung gestellten Informationen und Beschäftigtendaten. Daher hat der Betriebsrat insbesondere in diesem Zusammenhang dafür zu sorgen, dass die ihm obliegenden Datenschutzverpflichtungen eingehalten werden.

aa) Arbeitnehmerdatenschutz bei der Einladung zu Sitzungen des Betriebsrats

Ein Problem aus Sicht des Arbeitnehmerdatenschutzes stellt sich bereits im Vorfeld einer Betriebsratssitzung. In der Praxis ist zu beobachten, dass mit der Einladung zu den Betriebsratssitzungen nach § 29 Abs. 2 Satz 3 BetrVG neben der Tagesordnung häufig auch Unterlagen übersandt werden, welche für die Sitzung relevante Informationen enthalten. Diese Vorabinformationen haben durch den Einsatz moderner Kommunikationsmittel enorm zugenommen. Enthalten diese Vorabinformationen personenbezogene Daten, stellt sich die Frage nach der datenschutzrechtlichen Zulässigkeit eines solchen Vorgehens. Freilich steht es grundsätzlich im pflichtgemäßen Ermessen des Betriebsratsvorsitzenden, zur Sicherstellung eines zügigen Ablaufes einer umfangreichen Betriebsratssitzung Vorabinformationen zu versenden. Enthalten diese Unterlagen jedoch Beschäftigtendaten, sind insoweit die Grenzen des BDSG zu beachten.

Das BetrVG enthält keine ausdrückliche Befugnis, im Vorfeld von Betriebsratssitzungen Beschäftigtendaten an die Mitglieder zu versenden. § 29 Abs. 2 Satz 3 BetrVG spricht lediglich davon, dass den Mitgliedern die Tagesordnung vorab zu übersenden ist. Entsprechend hat das BVerwG für die wortgleiche Regelung des § 34 Abs. 2 Satz 3 BPersVG einen Anspruch der Personalratsmitglieder auf Vorabinformation verneint und darauf abgestellt, dass im Regelfall allein die Sitzung der Mitarbeitervertretung die Informationsquelle für die einfachen Mitglieder darstelle[149].

Grundsätzlich ist eine solche Vorabinformation der Betriebsratsmitglieder mit Beschäftigtendaten für die Aufgabenwahrnehmung des Betriebsrats auch weder

---

149 BVerwG v. 29.8.1975, ZBR 1976, 124 (124).

nach § 32 Abs. 1 Satz 1 BDSG erforderlich, noch durch übergeordnete berechtigte Interessen des Betriebsrats nach § 28 Abs. 1 Satz 1 Nr. 2 BDSG gerechtfertigt. Die Mitglieder des Betriebsrats sind nach § 29 Abs. 2 Satz 3 BetrVG lediglich unter Mitteilung der Tagesordnung einzuladen. Die Tagesordnung selbst soll ihnen ein genaues Bild darüber geben, was zur Beratung und Beschlussfassung in der Betriebsratssitzung ansteht. Bereits der Gesetzgeber geht folglich davon aus, dass die Versendung von Vorabinformationen an die einfachen Betriebsratsmitglieder grundsätzlich nicht erforderlich ist. Folglich kann auch keine „Erforderlichkeit" i. S. d. Erlaubnistatbestände des BDSG gegeben sein. Um eine unnötige Streuung von Personaldaten zu vermeiden, ist daher gemäß dem Grundsatz der Datensparsamkeit und Datenvermeidung (§ 3a BDSG) auf die Versendung von Kopien der Personaldaten zu verzichten[150]. So ist es beispielsweise unzulässig, Vorlagen des Arbeitgebers, z. B. für eine Höhergruppierung, der Einladung zur Betriebsratssitzung beizufügen und an alle Betriebsratsmitglieder zu versenden.

Auch wenn die Versendung von Vorabinformation mit Beschäftigtendaten an die Betriebsratsmitglieder normalerweise nicht erforderlich ist, kann im Einzelfall auch die nach § 29 Abs. 2 Satz 3 BetrVG zu versendende Tagesordnung selbst Beschäftigtendaten enthalten. Da Arbeitnehmerdatenschutz auch die Aufgabe eines jeden Betriebsratsmitglieds ist, ist der Datenschutz auch bei der Kenntnisnahme der Tagesordnung zu wahren. So hat das Betriebsratsmitglied sicherzustellen, dass es unbeobachtet während der Arbeitszeit von der Tagesordnung Kenntnis erlangen kann[151]. Ist dies am jeweiligen Arbeitsplatz nicht möglich, muss dem Betriebsratsmitglied die Möglichkeit eingeräumt werden, diese Vorbereitung auf die Sitzung an einem unbeobachteten Ort zu erledigen. Muss es hierzu beispielsweise das Betriebsratsbüro aufsuchen, ist die dafür aufgewendete Zeit zur Vorbereitung der Betriebsratssitzung erforderlich, so dass es gemäß § 37 Abs. 2 BetrVG für diese Zeit von der Arbeit befreit ist[152].

bb) Arbeitnehmerdatenschutz bei der Erstellung der Sitzungsniederschrift nach § 34 Abs. 2 BetrVG

Der Betriebsrat hat den Arbeitnehmerdatenschutz auch bei der Erstellung der Niederschrift über die Betriebsratssitzungen zu beachten. Obwohl das BetrVG in § 34 Abs. 2 Satz 1 eindeutig definiert, dass eine Abschrift lediglich dem Arbeitgeber sowie dem Gewerkschaftsbeauftragten entsprechend dem Umfang ihrer Teilnahme zuzuleiten ist, entspricht es häufig der gängigen Praxis, die Niederschrift an alle Betriebsratsmitglieder zu versenden. Begründet wird dies zumeist mit der Mög-

---

150 Landesbeauftragter für Datenschutz und Informationsfreiheit Saarland, 17. TB, S. 102.
151 *Knorz*, ZfPR 2009, 115 (117).
152 *Fitting*, BetrVG, § 37 Rn. 23.

lichkeit, auf diese Weise die Niederschrift bereits in der nächsten Betriebsratssitzung von allen Mitgliedern genehmigen lassen zu können[153].
Wenn die Sitzungsniederschrift personenbezogene Daten der Beschäftigten enthält, ist ein solches Vorgehen jedoch gemäß § 4 Abs. 1 BDSG datenschutzrechtlich unzulässig. Insbesondere bei Beschlussfassungen in personellen Angelegenheiten enthalten die Niederschriften eine Vielzahl von personenbezogenen Daten der Beschäftigten. § 34 BetrVG enthält selbst keine Befugnis des Betriebsrats, die personenbezogenen Daten über die Verwendung in der Betriebsratssitzung hinaus an die Betriebsratsmitglieder weiterzugeben. Vielmehr spricht die Norm nicht ohne Grund von der Fertigung „einer" Niederschrift. Das Erstellen von mehr als einer Ausfertigung birgt nämlich die Gefahr des Entstehens von Personalnebenakten bei den jeweiligen Betriebsratsmitgliedern.

Die vollständige oder teilweise Überlassung der Beschäftigtendaten ist auch nicht zur Erfüllung der Betriebsratsaufgaben i. S. d. § 32 Abs. 1 Satz 1 BDSG erforderlich. Die Erforderlichkeit, die Sitzungsniederschrift weiterzuleiten, ergibt sich insbesondere nicht aus der Möglichkeit einer beschleunigten Genehmigung der Niederschrift durch die Betriebsratsmitglieder. Die Genehmigung der Niederschrift durch die Betriebsratsmitglieder ist nämlich keine Voraussetzung für ihre Gültigkeit. Vielmehr lässt es das Gesetz in § 34 Abs. 2 Satz 2 BetrVG lediglich zu, Einwendungen gegen die Niederschrift zu erheben, die der Niederschrift anzufügen sind. Eine solche Erhebung von Einwendungen ist auch ohne eine vorherige Verteilung des Sitzungsprotokolls möglich, da die Mitglieder die Niederschrift gemäß § 34 Abs. 3 BetrVG jederzeit beim Betriebsrat einsehen können. Die Versendung der Sitzungsniederschrift an die Mitglieder des Betriebsrats mag die Arbeit des Betriebsrats zwar beschleunigen. Die bloße Arbeitserleichterung reicht allerdings weder nach § 32 Abs. 1 Satz 1 BDSG noch nach § 28 Abs. 1 Satz 1 Nr. 2 BDSG aus, um die Nutzung der Beschäftigtendaten zu rechtfertigen.

c) Einschränkung der Nutzung von Beschäftigtendaten durch den Betriebsrat bei besonders sensiblen Daten

aa) Umgang mit „besonderen Arten personenbezogener Daten" i. S. d. § 3 Abs. 9 BDSG im Beschäftigungsverhältnis

Das Recht auf informationelle Selbstbestimmung der Beschäftigten wird durch die Nutzung unterschiedlicher personenbezogener Daten durch den Betriebsrat nicht in gleicher Weise berührt. So gehören beispielsweise Informationen über die Gesund-

---

153 *Fitting*, BetrVG, § 34 Rn. 24; *Wedde*, DKKW, BetrVG, § 34 Rn. 16; *Blanke*, Düwell, BetrVG, § 34 Rn. 7; für die vergleichbare Situation beim Personalrat *Altvater*, BPersVG, § 41 Rn. 7.

heit zu den sensibelsten Informationen des Arbeitnehmers, die dieser in der Regel nicht ohne weiteres preisgeben möchte. Im Gegensatz hierzu ist es möglich, dass er die Kenntniserlangung hinsichtlich seiner beruflichen Qualifikationen durch Arbeitskollegen weit weniger missbilligt. Aus diesem Grund werden besonders sensible Daten durch das BDSG in besonderer Weise geschützt.

Das BDSG bezeichnet diese sensiblen Daten als „besondere Arten personenbezogener Daten" und definiert sie in § 3 Abs. 9 BDSG legal als Angaben über die rassische und ethnische Herkunft, politische Meinung, religiöse und philosophische Überzeugung, Gewerkschaftszugehörigkeit, Gesundheit oder das Sexualleben. Das Erheben, Verarbeiten und Nutzen von besonderen Arten personenbezogener Daten ist grundsätzlich dann erlaubt, wenn der Betroffen hierein nach § 4a Abs. 3 BDSG ausdrücklich eingewilligt hat. Liegt eine entsprechende Einwilligung nicht vor, bestimmt sich die Zulässigkeit der Datenverwendung nach den besonders restriktiven Vorschriften des § 28 Abs. 6 bis 8 BDSG. Eine dieser restriktiven Erlaubnistatbestände ist § 28 Abs. 6 Nr. 3 BDSG. Hiernach ist das Erheben, Verarbeiten und Nutzen von besonderen personenbezogenen Daten für eigene Geschäftszwecke zulässig, wenn dies zur Geltendmachung, Ausübung oder Verteidigung rechtlicher Ansprüche erforderlich ist und kein Grund zu der Annahme besteht, dass das schutzwürdige Interesse des Betroffenen an dem Ausschluss der Erhebung, Verarbeitung oder Nutzung überwiegt.

Es besteht Einigkeit darüber, dass über § 28 Abs. 6 Nr. 3 BDSG auch die Speicherung und Verwendung sensitiver Daten im Beschäftigungsverhältnis erfasst wird[154]. Auch nach Einführung des § 32 Abs. 1 Satz 1 BDSG ist daher die Zulässigkeit der Speicherung und Verwendung besonderer Arten personenbezogener Daten i. S. d. § 3 Abs. 9 BDSG im Beschäftigungsverhältnis an der Vorschrift des § 28 Abs. 6 Nr. 3 BDSG zu messen. Zwar soll nach dem Willen des Gesetzgebers § 32 Abs. 1 Satz 1 BDSG die maßgebliche Norm für die Beurteilung einer zulässigen Verarbeitung von Beschäftigtendaten sein. Die besonderen Arten personenbezogener Daten werden in § 32 BDSG jedoch nicht erwähnt. Daher ist anzunehmen, dass trotz Einführung dieser auf Beschäftigungsverhältnisse zugeschnittenen Sondernorm bei der Erhebung, Verarbeitung und Nutzung sensibler Daten weiterhin auf § 28 Abs. 6 BDSG zurückgegriffen werden muss. § 28 Abs. 6 BDSG ist im Verhältnis zu § 32 Abs. 1 Satz 1 BDSG die restriktivere Norm und es kann nicht davon ausgegangen werden, dass der Gesetzgeber den Schutz dieser besonders sensiblen Daten durch die Einführung des § 32 BDSG abschwächen wollte[155].

---

154 *Gola/Schomerus*, BDSG, § 28 Rn. 70; *Iraschko-Luscher/Kiekenbeck*, NZA 2009, 1239 (1240).
155 *Iraschko-Luscher/Kiekenbeck*, NZA 2009, 1239 (1240).

bb) Umgang mit besonders sensiblen Beschäftigtendaten in der Betriebsverfassung

Insoweit stellt sich jedoch die Frage, ob und in welchem Umfang der Arbeitgeber den Informationsansprüchen des Betriebsrats etwaige Geheimhaltungswünsche der betroffenen Beschäftigten entgegenhalten kann oder muss. Nach Ansicht des BAG müssen derartige Geheimhaltungswünsche der Beschäftigten grundsätzlich zurückstehen, wenn es um die Erfüllung im Interesse der Gesamtbelegschaft bestehender Informationsansprüche geht[156]. So ist beispielsweise der Wunsch eines Beschäftigten, dass dem Betriebsrat im Rahmen des Einsichtsrechts in Bruttolohn- und Gehaltslisten seine Daten nicht offen gelegt werden, vom Arbeitgeber nach dieser Rechtsprechung nicht zu berücksichtigen. Das kollektivrechtliche Einsichtsrecht geht den Individualinteressen der betroffenen Beschäftigten vor.[157]

Andererseits stellt sich jedoch die Frage, ob die Rechtsprechung bei der Ausgestaltung des Umfangs der Informationspflichten im Einzelfall den Datenschutzinteressen der einzelnen Beschäftigten immer hinreichend Rechnung getragen hat. Deutlich wird dies bei der Frage, ob der Arbeitgeber den Betriebsrat über die Schwangerschaft einer Arbeitnehmerin zu unterrichten hat.

Nach einer Ansicht ist der Arbeitgeber verpflichtet, den Betriebsrat über eine ihm bekannt gewordene Schwangerschaft einer Arbeitnehmerin zu informieren, selbst wenn diese ihren Arbeitgeber was dies betrifft um Vertraulichkeit gebeten hat[158]. Der Arbeitgeber könne sich gegenüber einem Auskunftsverlangen des Betriebsrats nicht auf den Schutz des Persönlichkeitsrechts des Arbeitnehmers berufen. Der Betriebsrat sei aufgrund § 80 Abs. 1 Nr. 1 BetrVG gehalten, die Einhaltung des MuSchG zu überwachen. Deshalb müsse ein Arbeitgeber den Betriebsrat auch über ihm bekannt gewordene Schwangerschaften informieren. Dies gelte auch in den Fällen, in denen die Betroffene die Weitergabe der Tatsachen untersagt habe.

Nach anderer Ansicht ist jedoch eine solche unbeschränkte Informationspflicht des Arbeitgebers gegenüber dem Betriebsrat aus Gründen des Persönlichkeitsschutzes der Arbeitnehmerin abzulehnen[159]. Die Mitteilung einer bestehenden Schwangerschaft durch den Arbeitgeber an den Betriebsrat gegen den Willen der werdenden Mutter stelle eine nicht unerhebliche Beeinträchtigung ihrer Persönlichkeitsrechte, insbesondere ihrer Intimsphäre dar. Ein solcher Eingriff müsse sachlich gerechtfertigt und verhältnismäßig sein. Zwar diene die Überwachung der zugunsten der Arbeitnehmer geltenden Gesetze der Einhaltung von Arbeitnehmer-

---

156 BAG v. 17.2.1983, BB 1983, 1214 (1215); vgl. auch VG München v. 6.10.1986, RDV 1987, 84 (85) für das Personalvertretungsrecht.
157 BAG v. 10.2.1987, DB 1987, 1152 (1152).
158 BAG v. 27.2.1986, DB 1968, 1224 (1224); *Weber*, GK-BetrVG, § 80 Rn. 73; *Buschmann*, DKKW, BetrVG, § 80 Rn. 76; *Fitting*, BetrVG, § 80 Rn. 61.
159 BVerwG v. 29.8.1990, NJW 1991, 373 (374); ArbG Berlin v. 19.12.2007, NJ 2008, 239 (240); *Nicolai*, HSWGNR, BetrVG, § 80 Rn. 49; *Meisel*, SAE 1968, 230 (231).

schutzvorschriften und der Unterstützung der einzelnen Arbeitnehmer bei der Durchsetzung solcher Pflichten. Es könne jedoch nicht davon ausgegangen werden, dass der Arbeitgeber diese Vorschriften im Zusammenhang mit dem Mutterschutz grundsätzlich missachte. Darüber hinaus bestehe bereits keine Verpflichtung für die Arbeitnehmerin, den Arbeitsgeber von einer bestehenden Schwangerschaft zu unterrichten. Daher sei eine Arbeitnehmerin auch berechtigt, dem Arbeitgeber die Weitergabe der Mitteilung an den Betriebsrat zu untersagen[160].

Letzterer Ansicht ist zuzustimmen. Der Schutz des Persönlichkeitsrechts einer Schwangeren verbietet es dem Arbeitgeber grundsätzlich, ohne Einwilligung der betroffenen Mitarbeiterin das Bestehen einer Schwangerschaft dem Betriebsrat bekannt zu geben. Eine unbeschränkte und anlasslose Informationspflicht des Arbeitgebers ist weder mit der Systematik der betriebsverfassungsrechtlichen Informationsansprüche des Betriebsrats noch mit dem Recht auf informationelle Selbstbestimmung der betroffenen Arbeitnehmerinnen vereinbar. Im konkreten Einzelfall kann von diesem Grundsatz allerdings eine Ausnahme gemacht werden. Hierfür muss ein sachlich berechtigender Anlass für das Informationsbegehren des Betriebsrats vorliegen, wie z. B. Erkenntnisse darüber, dass der Arbeitgeber mutterschutzrechtliche Bestimmungen nicht beachtet.

Dadurch werden die Mitbestimmungsrechte des Betriebsrats auch nicht unverhältnismäßig eingeschränkt. Der Betriebsrat hat stets die Möglichkeit, in anderer Weise – z. B. durch regelmäßige Mitteilungen an die weiblichen Beschäftigten und ein entsprechendes Beratungsangebot – dafür zu sorgen, dass die Mutterschutzbestimmungen in Anspruch genommen und beachtet werden. Darüber hinaus wird der Unterrichtungsanspruch des Betriebsrats dem Grunde nach nicht beseitigt, sondern lediglich in bestimmten Fällen begrenzt. Eine solche Beschränkung ist aber unter dem Gesichtspunkt der Verhältnismäßigkeit gerechtfertigt, da die Unterrichtung der Mitarbeitervertretung entgegen dem erklärten Willen einer werdenden Mutter einen besonders intensiven Eingriff in das allgemeine Persönlichkeitsrecht darstellt.

Hat daher die Arbeitnehmerin hinsichtlich ihrer Schwangerschaft um Verschwiegenheit auch gegenüber dem Betriebsrat gebeten, hat der Arbeitgeber dem Betriebsrat lediglich auf Anfrage bestimmte oder alle Schwangerschaften mitzuteilen, wenn dieser hierzu einen begründeten Anlass schlüssig darlegt.

---

160 *Meisel*, SAE 1968, 230 (230).

4. Umgang mit Beschäftigtendaten im Rahmen von Betriebsratswahlen

a) *Mitteilung der Privatadressen der Beschäftigten an den Wahlvorstand*
Finden in einem Betrieb Betriebsratswahlen statt, stellt sich die Frage, in welchem Umfang der Arbeitgeber berechtigt ist, dem Wahlvorstand die Privatadressen der Beschäftigten zur Verfügung zu stellen, damit dieser die Beschäftigten im Rahmen des § 24 Abs. 2 der Wahlordnung zum BetrVG (WO) über die anstehende Betriebsratswahl informieren und die Wahlunterlagen den Arbeitnehmern nach Hause zusenden kann.

aa) Datenschutzrechtliche Einordnung des Wahlvorstandes
Die datenschutzrechtliche Einordnung des Wahlvorstands entspricht dabei der Einordnung des Betriebsrats. Der zur Durchführung der Betriebsratswahl vom Betriebsrat nach § 16 BetrVG gebildete Wahlvorstand ist zwar nicht Teil des Betriebsrats, sondern ein selbständiges Organ der Betriebsverfassung. Der Wahlvorstand nimmt jedoch in gleicher Weise wie der Betriebsrat Aufgaben der Betriebsverfassung wahr, indem er die Betriebsratswahl durchführt und damit die demokratische Legitimation des Betriebsrats sichert[161]. Da er im Rahmen dieser Aufgabenerfüllung ebenso wie der Betriebsrat innerhalb der verantwortlichen Stelle angesiedelt ist, kann er in datenschutzrechtlicher Hinsicht nicht anders als der Betriebsrat behandelt werden[162]. Aus diesem Grund ist auch der Wahlvorstand als unselbständiger Teil der verantwortlichen Stelle im Sinne des BDSG anzusehen. Es handelt sich insofern bei der Weiterleitung von Privatadressen an den Wahlvorstand nicht um eine Übermittlung von personenbezogenen Daten an einen „Dritten" i. S. d. § 3 Abs. 4 Nr. 3 BDSG, sondern um eine Nutzung personenbezogener Daten.

bb) Grundsätzlich keine Verpflichtung der Versendung der Wahlunterlagen an Privatadressen der Arbeitnehmer

Gemäß § 24 Abs. 2 WO ist der Wahlvorstand verpflichtet, Arbeitnehmern, die nach der Eigenart ihres Beschäftigungsverhältnisses zum Zeitpunkt der Wahl voraussichtlich nicht im Betrieb anwesend sein werden (insbesondere Mitarbeiter im Außendienst oder Beschäftigte in Heimarbeit oder Telearbeit), auch ohne vorherige Aufforderung durch den betroffenen Arbeitnehmer die Wahlunterlagen an dessen Privatadresse zu übersenden. In diesen Fällen sind die Wahlunterlagen „von Amts wegen" zu versenden. Zur Wahrnehmung dieser sich aus § 24 Abs. 2 WO ergebenden Aufgabe ist anerkannt, dass der Arbeitgeber insoweit verpflichtet ist, dem

---

161 *Kreutz*, GK-BetrVG, § 1 WO Rn. 4.
162 Siehe hierzu unter *Kap. D. I. 2. b) aa)*.

Wahlvorstand mitzuteilen, um welche Arbeitnehmer es sich handelt und an welche Adressen dieser Beschäftigten die Wahlunterlagen zu versenden sind[163]. Die Kenntnis der Namen der abwesenden Arbeitnehmer und deren Privatadressen ist nämlich erforderlich, damit der Wahlvorstand seine ihm nach § 24 Abs. 2 WO obliegenden Aufgaben erfüllen kann.

Alle übrigen Arbeitnehmer erhalten die Briefwahlunterlagen allerdings nur auf Anforderung und unter bestimmte Voraussetzungen. Der Wahlvorstand ist gemäß § 24 Abs. 1 WO verpflichtet, wahlberechtigten Arbeitnehmern, die zum Zeitpunkt der Wahl wegen Abwesenheit vom Betrieb verhindert sind, ihre Stimme persönlich abzugeben, auf deren Verlangen hin die Wahlunterlagen auszuhändigen oder zu übersenden. Im Umkehrschluss ergibt sich hieraus, dass der Wahlvorstand insbesondere ohne entsprechenden Antrag eines Arbeitnehmers nicht berechtigt ist, an diesen die Briefwahlunterlagen zu versenden.

Die Weitergabe aller Privatadressen an den Wahlvorstand ist daher datenschutzrechtlich unzulässig, da dieser nicht sämtliche Privatadressen zur Durchführung der Betriebsratswahl benötigt und die Nutzung der personenbezogenen Daten zu diesem Zweck daher nicht erforderlich i. S. d. § 32 Abs. 1 Satz 1 BDSG ist. Aufgrund der sich aus § 24 Abs. 2 WO ergebenden Verpflichtung des Betriebsrats ist lediglich eine Weitergabe der privaten Adressen derjenigen Arbeitnehmer erforderlich und damit datenschutzrechtlich zulässig, denen nach § 24 Abs. 2 WO der Wahlvorstand von Amts wegen die Briefwahlunterlagen zuzusenden hat. Bei allen übrigen Arbeitnehmern kann der Wahlvorstand die Privatanschriften beim Arbeitgeber in dem Moment anfordern, in dem das Briefwahlverlangen nach § 24 Abs. 1 WO vorliegt. Die bloße Arbeitserleichterung, welche durch die einmalige Weitergabe aller Privatadressen sowohl für den Wahlvorstand als auch für den Arbeitgeber mit sich bringt, begründen die „Erforderlichkeit" der Datenweitergabe i. S. d. § 32 Abs. 1 Satz 1 BDSG nicht.

cc) Erforderlichkeit der Mitteilung der Privatadressen wegen kurzfristiger Beantragung der Wahlunterlagen?

Die zur Verfügung Stellung der Privatadressen sämtlicher wahlberechtigter Arbeitnehmer könnte jedoch aus dem Umstand erforderlich sein, dass in der Wahlordnung keine Fristen vorgegeben sind, bis wann vor der Betriebsratswahl ein Briefwahlantrag nach § 24 Abs. 1 WO gestellt sein muss. In diesem Zusammenhang wird sogar angenommen, dass der Arbeitnehmer sein Briefwahlverlangen grundsätzlich auch erst während der Wahltage äußern kann[164]. Es könnte daher argumentiert werden, dass die Weitergabe sämtlicher Privatadressen an den Wahlvorstand

---

163 *Fitting*, BetrVG, § 24 WO Rn. 14; *Kreutz*, GK-BetrVG, § 24 WO Rn. 11.
164 *Schneider/Homburg*, DKKW, BetrVG, § 24 WO, Rn. 6.

deshalb erforderlich ist, damit dieser ggf. sehr kurzfristig die Wahlunterlagen an den beantragenden Arbeitnehmer versenden kann. Hiergegen spricht jedoch, dass der Arbeitgeber die in der Regel elektronisch gespeicherten Adressdaten ohne größeren Aufwand heraussuchen und dem Wahlvorstand kurzfristig zur Verfügung stellen kann, sofern der Arbeitnehmer, der kurzfristig Briefwahl beantragt, nicht bereits selber seine Anschrift mitgeteilt hat. Auch aus diesem Grund muss der Wahlvorstand sämtliche Privatadressen nicht vorrätig haben.

dd) Erforderlichkeit der zur Verfügung Stellung der Privatadressen aufgrund des Grundsatzes der geheimen Wahl?

Eine Erforderlichkeit, dem Wahlvorstand vor der Wahl die Privatadressen aller wahlberechtigten Arbeitnehmer zu überlassen, könnte sich jedoch aus dem in § 14 Abs. 1 BetrVG aufgestellten Grundsatz ergeben, dass der Betriebsrat geheim gewählt werden soll. In einer Entscheidung zum Einsichtsrecht des Arbeitgebers in Wahlakten nach § 19 WO hat das BAG aus dem Grundsatz der geheimen Wahl des § 14 Abs. 1 BetrVG abgeleitet, dass der Arbeitgeber keine Einsicht in diejenigen Bestandteile der Wahlakten der Betriebsratswahl nehmen darf, aus denen Rückschlüsse auf das Wahlverhalten einzelner Arbeitnehmer gezogen werden können[165]. Bezugnehmend auf diese Entscheidung lässt sich folglich aus § 14 Abs. 1 BetrVG ableiten, dass die Betriebsratswahl vom Wahlvorstand so zu organisieren ist, dass der Arbeitgeber keine Rückschlüsse auf das Wahlverhalten der Arbeitnehmer ziehen kann. Soweit der Wahlvorstand jedoch darauf verwiesen wird, in jedem Fall der Briefwahlbeantragung den Arbeitgeber um die Herausgabe der Privatadresse des beantragenden Arbeitnehmers zu bitten, könnte der Arbeitgeber hierdurch Rückschlüsse auf das Wahlverhalten des Arbeitnehmers ziehen, da er erfährt, welche Arbeitnehmer an der Betriebsratswahl teilnehmen möchten.

In seinem Beschluss vom 27. Juli 2007 hat das BAG jedoch keine Aussage darüber getroffen, inwieweit dem Wahlvorstand vor der Wahl die Privatadressen der wahlberechtigten Arbeitnehmer zur Verfügung zu stellen sind. Das BAG hat sich in dieser Entscheidung ebenso nicht darüber geäußert, ob der Arbeitgeber Kenntnis darüber haben darf, welche Arbeitnehmer Unterlagen für eine Stimmabgabe per Briefwahl verlangen. Inhalt der Entscheidung ist lediglich, dass Unterlagen, aus denen sich die Stimmabgabe einzelner Arbeitnehmer ergibt, wie etwa die mit Stimmabgabevermerken des Wahlvorstandes versehene Wählerliste oder die von Briefwählern zurückgesandten Briefwahlunterlagen, schützenswerte Belange der wahlberechtigten Arbeitnehmer berühren, weil hieraus geschlossen werden kann, wer sich an der Wahl beteiligt hat[166].

---

165 BAG v. 27.7.2005, NZA 2006, 59 (61).
166 BAG v. 27.7.2005, NZA 2006, 59 (61).

Durch die anlassbezogene Anfrage des Wahlvorstandes nach den Privatadressen erhält der Arbeitgeber jedoch keine Informationen über das Wahlverhalten einzelner Arbeitnehmer. Er erhält lediglich Kenntnis darüber, welche Arbeitnehmer eine Stimmabgabe per Briefwahl beantragt haben, nicht jedoch, wer an der Wahl teilgenommen hat. Denn ob der einzelne Arbeitnehmer tatsächlich von seinem Wahlrecht Gebrauch gemacht hat, ergibt sich erst aus den zurückgesandten Briefwahlunterlagen und nicht bereits aus dem Verlangen auf Zusendung der selbigen. Vielmehr steht es dem Arbeitnehmer der Briefwahl beantragt hat weiterhin frei, doch im Wahllokal zu wählen oder von seinem Wahlrecht keinen Gebrauch zu machen. Die bloße Kenntnis des Arbeitgebers von der Absicht eines Arbeitnehmers von seinem Wahlrecht (eventuell) durch Briefwahl Gebrauch zu machen, kann daher noch nicht als Verletzung des Wahlgeheimnisses im Sinne des § 14 Abs. 1 BetrVG angesehen werden.

b) Bereichsspezifischer Arbeitnehmerdatenschutz bei der Durchführung der Betriebsratswahl

Schließlich enthält die WO selbst Vorgaben, die dem Schutz des Rechts auf informationelle Selbstbestimmung der Mitarbeiter im Rahmen der Durchführung einer Betriebsratswahl dienen.

aa) Schutz der personenbezogenen Daten der Wahlberechtigten

Gemäß § 2 Abs. 1 Satz 1 WO hat der Wahlvorstand für jede Betriebsratswahl eine Liste der nach § 7 BetrVG wahlberechtigten Arbeitnehmer aufzustellen. Nach § 2 Abs. 4 Satz 1 WO ist eine Kopie der Wählerliste vom Tage der Einleitung der Betriebsratswahl an bis zum Abschluss der Stimmabgabe an geeigneter Stelle im Betrieb zur Einsicht auszulegen. Die hiermit verbundene Nutzung von Beschäftigtendaten durch den Wahlvorstand wird durch die WO hinreichend bestimmt vorgegeben und legitimiert. Bei diesen Regelungen der WO handelt es sich daher um bereichsspezifische Regelungen über den Umgang mit personenbezogenen Daten, welche den Bestimmungen des allgemeinen Datenschutzrechts nach § 1 Abs. 3 Satz 1 BDSG vorgehen.

Die in der Liste enthaltenen personenbezogenen Daten sind aufgrund der öffentlichen Auslage für alle Beschäftigten des Betriebes einsehbar. Dies stellt einen nicht unerheblichen Eingriff in das Recht auf informationelle Selbstbestimmung der Beschäftigten dar. Die WO enthält daher eigene Bestimmungen, welche dem Datenschutzbedürfnis der Beschäftigten bei der Aufstellung dieser Wählerlisten Rechnung tragen. So soll die Wählerliste gemäß § 2 Abs. 1 Satz 2 WO neben dem Familiennamen, dem Vornamen und dem Geburtsdatum keine weiteren Informationen über die Wahlberechtigten enthalten. Der öffentlich ausliegende Abdruck der

Wählerliste soll darüber hinaus gemäß § 2 Abs. 4 Satz 2 WO sogar nur den Familiennamen und den Vornamen der Wahlberechtigten enthalten, nicht jedoch das Geburtsdatum oder andere personenbezogene Angaben. Durch diese Regelung soll dem Datenschutz bei der Aufstellung und der Auslegung der Wählerliste verstärkt Rechnung getragen werden. Lediglich in Einzelfällen, wenn es zur eindeutigen Identifizierung der Wahlberechtigten erforderlich ist, kann das Geburtsdatum auch bei der Auslage der Wählerliste hinzugefügt werden[167]. Die zusätzliche Bekanntgabe beispielsweise der Privatanschrift oder Abteilung, in welcher der Betroffene im Unternehmen tätig ist, wäre daher datenschutzrechtlich unzulässig, da sie bei der Beurteilung der Wahlberechtigung keine Rolle spielt[168].

Der Arbeitnehmerdatenschutz ist ebenso bei der Wahl des Ortes, an dem die Wählerverzeichnisse auszulegen sind, zu berücksichtigen. Nach § 2 Abs. 4 Satz 1 WO ist das Wählerverzeichnis an „geeigneter Stelle" im Betrieb zur Einsicht auszulegen. Der Zweck dieser Regelung zielt darauf ab, dass jeder Wahlberechtigte jederzeit ungehinderten Zugang zur Wählerliste zur Überprüfung ihrer Richtigkeit haben soll[169]. Jeder Wahlberechtigte muss es folglich ohne besondere Umstände innerhalb seines normalen betrieblichen Bewegungsfeldes erreichen können. Dabei ist allerding in Betrieben mit Publikumsverkehr der Arbeitnehmerdatenschutz besonders zu berücksichtigen. Bei der Auslage der Wählerverzeichnisse ist in diesen Betrieben ein Ort zu wählen, an dem die betriebsfremden Personen keinen Zugang zu den Informationen haben.

bb) Verwendung personenbezogener Daten bei der Bekanntgabe des Wahlergebnisses

§ 18 Abs. 3 BetrVG und § 18 WO enthalten weitere Beispiele für Vorschriften, welche im Ergebnis eine Nutzung und eine Übermittlung von Beschäftigtendaten im Rahmen einer Betriebsratswahl erlauben. Danach ist unverzüglich nach Abschluss der Wahl das Ergebnis den Arbeitnehmern des Betriebes bekannt zu geben. Ebenso ist dem Arbeitgeber und den im Betrieb vertretenen Gewerkschaften ein Abschnitt der das Wahlergebnis festhaltenden Wahlniederschrift zu übersenden (§ 18 Abs. 3 BetrVG). Darüber hinaus hat der Wahlvorstand die Namen der gewählten Betriebsratsmitglieder durch zweiwöchigen Aushang bekannt zu machen (§ 18 Satz 1 WO BetrVG).

Je nachdem, ob die Mitteilung des Wahlergebnisses an interne Stellen (Arbeitgeber oder Belegschaft) oder an externe Stellen (Gewerkschaft, Aushang an einem auch nicht betriebszugehörigen Personen zugänglichen Schwarzen Brett) erfolgt,

---

167 *Fitting*, BetrVG, § 2 WO Rn. 7; *Schneider/Homburg*, DKKW, BetrVG, § 2 WO Rn. 12.
168 Der Bundesbeauftragte für Datenschutz und Informationsfreiheit, 7. TB, S. 22.
169 *Kreutz*, GK-BetrVG, § 2 WO Rn. 13; Der Bundesbeauftragte für Datenschutz und Informationsfreiheit, 7. TB, S. 22.

stellt diese Form der Verarbeitung von Beschäftigtendaten datenschutzrechtlich eine Nutzung oder Übermittlung von personenbezogenen Daten dar. Die datenschutzrechtliche Zulässigkeiten dieser Nutzung bzw. Übermittlung richtet sich jedoch nicht nach § 32 BDSG, sondern nach den bereichsspezifischen Vorschriften der § 18 Abs. 3 BetrVG und § 18 Satz 1 WO BetrVG. Diese Bestimmungen bilden als vorrangige Rechtsvorschrift i. S. d. § 1 Abs. 3 BDSG die Grundlage für den zulässigen Gebrauch der Beschäftigtendaten[170]. Die Verwendung der Beschäftigtendatendaten ist daher im Rahmen des § 18 Abs. 3 BetrVG und § 18 Abs. Satz 1 WO BetrVG zulässig.

5. Technische und organisatorische Datenschutzmaßnahmen des Betriebsrats

Der technische und organisatorische Datenschutz stellt eine Hauptaufgabe jeder personenbezogene Daten verarbeitenden Stelle dar. So hat auch der Betriebsrat als Teil der verantwortlichen Stelle gemäß § 9 BDSG die Verpflichtung, alle angemessenen technischen und organisatorischen Maßnahmen zu treffen, um den Schutz der Beschäftigtendaten zu gewährleisten[171]. Einige zu treffende Maßnahmen sind in der Anlage zu § 9 BDSG näher ausgeführt. Die Grundaussage jedoch, dass die Vertraulichkeit der Daten zu gewährleisten ist und diese vor Zerstörung, Verlust und unbefugtem Zugriff zu schützen sind, gilt für sämtliche vom Betriebsrat verwendete Beschäftigtendaten, gleichgültig in welcher Form die Daten vorgehalten werden.

a) Vorgaben des technischen und organisatorischen Datenschutzes in § 9 Satz 1 BDSG

aa) Inhalt der gesetzlichen Regelung

§ 9 Satz 1 BDSG normiert die Pflicht für öffentliche und nicht-öffentliche Stellen, die selbst oder im Auftrag personenbezogene Daten erheben, verarbeiten oder nutzen, die technischen und organisatorischen Maßnahmen zu treffen, die erforderlich sind, um die Ausführung der datenschutzrechtlichen Vorschriften, insbesondere die in der Anlage zu § 9 Satz 1 BDSG genannten Anforderungen, zu gewährleisten. Der Oberbegriff „technische und organisatorische Maßnahme" ist dabei weit auszulegen. Gemeint sind alle Maßnahmen, die im Umfeld der Erhebung, Verarbei-

---

170 *Wohlgemuth*, Datenschutz für Arbeitnehmer, Rn. 390.
171 *Wedde*, DKWW, BDSG, § 9 Rn. 13; *Schaffland/Wiltfang*, BDGS, § 9 Rn. 24a; *Kort*, NZA 2010, 1267 (1269; *Knorz*, ZfPR 2009, 115 (117).

tung und Nutzung personenbezogener Daten notwendig sind, um eine datenschutzgerechte und sichere Erhebung, Verarbeitung und Nutzung i. S. d. § 9 BDSG zu erreichen[172]. Der Begriff umfasst daher nicht nur technische und organisatorische Maßnahmen im engeren Sinn, sondern z. B. ebenfalls personelle Maßnahmen[173].

Besteht in einem Unternehmen ein Betriebsrat, sind die Vorgaben des § 9 Satz 1 BDSG ebenfalls anwendbar, wenn die Mitarbeitervertretung zur Wahrnehmung ihrer gesetzlichen Mitwirkungs- und Mitbestimmungsrechte Daten von Arbeitnehmern erhebt, verarbeitet oder nutzt[174]. Das BetrVG enthält derartige Bestimmungen, ebenso wie das BPersVG, nicht. Es ist jedoch anerkannt, dass der Betriebsrat als Teil der verantwortlichen Stelle auch innerbetriebliche Regelungen zum Datenschutz einzuhalten und erforderlichenfalls selbst ergänzende Regelungen zu treffen hat, um einen ausreichenden Datenschutz sicherzustellen[175]. Anders ließe sich der Arbeitnehmerdatenschutz bei der Mitarbeitervertretung nicht gewährleisten, da aufgrund ihrer betriebsverfassungsrechtlichen Unabhängigkeit weder der Arbeitgeber noch der betriebliche Datenschutzbeauftragte die Möglichkeit hat, die Einhaltung des Datenschutzes beim Betriebsrat zu kontrollieren[176].

Der Betriebsrat hat daher beim Umgang mit Beschäftigtendaten i. S. d. § 3 Abs. 1 BDSG zur Sicherstellung der gesetzlichen Vorgaben in seinem Bereich eigene Sicherheitsstandards zu definieren und umzusetzen. Dies gilt auch für die technisch-organisatorischen Datenschutzmaßnahmen i. S. d. § 9 BDSG. Die Betriebsratsmitglieder sind in diesem Zusammenhang verpflichtet, die ihnen zur Kenntnis gelangten Informationen wirksam gegen die Zugriffe Dritter zu schützen[177]. Darüber hinaus kommen etwa betriebsratsinterne Regelungen darüber in Betracht, welche Mitglieder des Betriebsrats auf welche Daten in Personaldateien des Unternehmens Zugriff nehmen dürfen. Ebenso sollte der Betriebsrat Richtlinien darüber erstellen, in welchen besonderen Einzelfällen und auf welche Weise Mitgliedern des Betriebsrats vor Sitzungen Unterlagen mit besonders schutzbedürftigen Daten, etwa über gesundheitliche Verhältnisse von Mitarbeitern oder spezielle Kündigungsgründe, zugeleitet werden, oder ob solche Unterlagen nur in der Sitzung ausgeteilt, zur Einsicht bereitgehalten oder mündlich bekanntgegeben werden[178]. So-

---

172 *Ernestus*, Simitis, BDSG, § 9 Rn. 20; *Wedde*, DKWW, BDSG, § 9 Rn. 17.
173 *Ernestus*, Simitis, BDSG, § 9 Rn. 20.
174 *Wedde*, DKWW, BDSG, § 9 Rn. 13; *Schaffland/Wiltfang*, BDGS, § 9 Rn. 24a; *Kort*, NZA 2010, 1267 (1269); *Knorz*, ZfPR 2009, 115 (117).
175 *Aufsichtsbehörde Baden-Württembergs für die private Wirtschaft*, Hinweis Nr. 33 Ziff. 2, Staatsanzeiger für B-W v. 4. Januar 1995; *Schierbaum*, CF 2006, 64 (66).
176 Zu den Kontrollbefugnissen des betrieblichen Datenschutzbeauftragten gegenüber dem Betriebsrat siehe unter Kap. F. II. 4.
177 *Schaffland/Wiltfang*, BDSG, § 9 Rn. 7.
178 Die Vorabinformation der Betriebsratsmitglieder mit Beschäftigtendaten kann nur im Ausnahmefall erforderlich sein, siehe unter Kap. E. IV. 3. b) aa); *Aufsichtsbehörde Baden-*

fern den Mitgliedern des Betriebsrats entsprechende Unterlagen überlassen werden, hat der Betriebsrat ebenso festzulegen, dass solche Unterlagen nach der Sitzung nicht bei den Mitgliedern verbleiben, sondern an den Vorsitzenden des Betriebsrats zurückzugeben und zu vernichten sind.

bb) Technisch-organisatorische Maßnahmen des Betriebsrats zur Sicherstellung des Arbeitnehmerdatenschutzes

Gemäß Nr. 1 der Anlage zu § 9 BDSG besteht auch für den Betriebsrat in erster Linie die Verpflichtung, Unbefugten den Zutritt und den Zugang zu den Daten des Betriebsrats zu verwehren[179]. In der Praxis bedeutet dies, dass dem Betriebsrat auch aus datenschutzrechtlichen Gründen für seine Tätigkeit grundsätzlich Räume zur alleinigen Nutzung zur Verfügung zu stellen sind[180]. Nur in Einzelfällen ist eine gemeinsame Nutzung des Büroraumes beispielsweise mit der Vertretung der schwerbehinderten Mitarbeiter zulässig, wobei in dieser Konstellation sicherzustellen ist, dass jede einzelne Interessenvertretung jeweils abschließbare Schränke nutzt.

Hat ein Betriebsrat Anspruch auf die alleinige Nutzung eines Büroraums oder mehrerer Büroräume, muss er diese auch verschließen können. Es ist allerdings unschädlich, wenn die dem Betriebsrat zur Verfügung gestellten Schlüssel in das allgemeine Schlüsselsystem des Betriebes integriert sind und somit durch einen Generalschlüssel im Notfall geöffnet werden können[181]. In diesen Fällen ist es notwendig, aber auch ausreichend, wenn die Besitzer der Generalschlüssel auf die entsprechenden Schutzvorschriften verpflichtet worden sind. Darüber hinaus muss beispielsweise das Betriebsratsbüro verschlossen werden, auch wenn die Betriebsratsmitglieder die Räume nur für kurze Zeit verlassen[182]. Unbefugte dürfen keinen Zugang zu den beim Betriebsrat vorhandenen Beschäftigtendaten bekommen. Zudem wird der Betriebsrat ein Zugriffsberechtigungskonzept entwickeln und mit Passwörtern und Protokollierungen arbeiten müssen.

Ebenso hat der Betriebsrat nach Ziff. 3 der Anlage zu § 9 BDSG zu gewährleisten, dass personenbezogene Daten bei der Verarbeitung, Nutzung und nach der Speicherung nicht unbefugt gelesen, kopiert, verändert oder entfernt werden können. Hinsichtlich der Zugriffsberechtigung ist dabei jedoch zu berücksichtigen,

---

Württembergs für die private Wirtschaft, Hinweis Nr. 33 Ziff. 2, Staatsanzeiger für B-W v. 4. Januar 1995.
179 Vgl. für den Personalrat *Knorz*, ZfPR 2009, 115 (117).
180 *Knorz*, ZfPR 2009, 115 (117).
181 *Knorz*, ZfPR 2009, 115 (117); a.A. allerdings ohne Begründung *Landesbeauftragter für Datenschutz und Informationsfreiheit NRW*, Orientierungshilfe Datenschutz im Personalrat, S. 3.
182 *Schierbaum*, CF 2006, 64 (66).

dass die Mitglieder des Betriebsrats gemäß § 34 Abs. 3 BetrVG das Recht haben, die Unterlagen des Betriebsrats und seiner Ausschüsse jederzeit einzusehen. Etwaige Beschränkungen des Zugriffsrechts können sich innerhalb des Systems der Mitarbeitervertretung daher lediglich auf Mitglieder anderer Betriebsräte des Unternehmens beziehen.

Gibt der Betriebsrat Beschäftigtendaten intern an die Betriebsratsmitglieder oder an den Arbeitgeber weiter oder übermittelt er sie zulässigerweise an eine Aufsichtsbehörde[183], hat er zur Sicherstellung eines ausreichenden Arbeitnehmerdatenschutzes auch dafür zu sorgen, dass die personenbezogenen Daten bei der elektronischen Übertragung oder während ihres Transports oder ihrer Speicherung auf Datenträger nicht unbefugt gelesen, verändert oder entfernt werden können, und dass überprüft und festgestellt werden kann, an welche Stellen eine Übermittlung personenbezogener Daten durch Einrichtungen zur Datenübertragung vorgesehen ist (Ziff. 4 der Anlage zu § 9 BDSG). Schließlich hat er auch zu gewährleisten, dass die bei ihm gespeicherten Beschäftigtendaten gegen zufällige Zerstörung oder Verlust geschützt sind (Ziff. 7 der Anlage zu § 9 BDSG).

cc) Gewährleistung des Zweckbindungsgebots durch organisatorische Maßnahmen des Betriebsrats

Werden personenbezogene Daten automatisiert verarbeitet oder genutzt, ist gemäß Satz 1 der Anlage i. S. d. § 9 Satz 1 BDSG die innerbetriebliche Organisation so auszugestalten, dass sie den besonderen Anforderungen des Datenschutzes gerecht wird. Nach Nr. 8 dieser Anlage sind dabei insbesondere Maßnahmen zu treffen, die je nach der Art der zu schützenden personenbezogenen Daten oder Datenkategorien geeignet sind, zu gewährleisten, dass zu unterschiedlichen Zwecken erhobene Daten getrennt verarbeitet werden können. Diese durch die Novelle des Jahres 2001 in das BDSG eingeführte Regelung zum Systemdatenschutz beinhaltet in Anlehnung an die frühere Regelung des § 13 Abs. 4 Nr. 4 TMG ein grundsätzliches Trennungsgebot, wenn Daten von einer verantwortlichen Stelle zu unterschiedlichen Zwecken erhoben worden sind[184].

Unabhängig von der technischen Ausgestaltung muss durch eine entsprechende Gestaltung von Berechtigungskonzepten sichergestellt werden, dass das Trennungsgebot auch auf der Ebene der persönlichen Zugriffsberechtigungen nachvollzogen wird. Eine die Zweckbindung realisierende, rein technische Trennung der personenbezogenen Daten würde das mit § 9 Satz 1 BDSG und Nr. 8 der Anlage zu § 9 Satz 1 BDSG verfolgte Ziel der präventiven Gewährleistung der Zweckbindung

---

183 Zur Übermittlung von Beschäftigtendaten an Aufsichtsbehörden durch den Betriebsrat siehe unter *Kap. E. V. 1.*
184 *Wedde*, DKWW, BDSG, § 9 Rn. 97; *Ernestus*, Simitis, BDSG, § 9 Rn. 160.

nicht erfüllen können, wenn zwar eine technische Trennung in unterschiedlichen Systemen, etwa Datenbanken, erfolgt, jedoch eine mit der Datenverarbeitung beschäftigten Person auf beide Systeme zugreifen kann. Es muss daher insoweit ausgeschlossen werden, dass getrennt zu verarbeitende Datenbestände zusammengeführt werden können und dass Nutzer über Berechtigungen in unterschiedlichen Bereichen verfügen und deshalb an sich unzulässige Verarbeitungsvorgänge anstoßen können[185].

Durch geeignete organisatorische Maßnahmen hat auch der Betriebsrat die Einhaltung des Prinzips der Zweckbindung personenbezogener Daten zu gewährleisten. Daher sind Regelungen zu treffen, um zu gewährleisten, dass die Daten, die das Unternehmen dem Betriebsrat im Zusammenhang mit der Ausübung von Mitwirkungs- und Mitbestimmungsrechten zur Verfügung gestellt hat, auch nur für diese konkret bestimmten Zwecke genutzt und dem Arbeitgeber nach Ausübung des Beteiligungsrechts wieder zurückgegeben oder vernichtet bzw. gelöscht werden.

Um sicherzustellen, dass die Beschäftigtendaten beim Betriebsrat in datenschutzgerechter Weise verarbeitet und genutzt werden, könnten beispielsweise auch Regelungen darüber getroffen werden, welche Arbeitnehmerdaten der Betriebsrat zur Erfüllung seiner allgemeinen Aufgaben längerfristig speichert, in welchem Umfang der Betriebsrat den Arbeitnehmern Auskünfte über die bei ihm gespeicherten Daten erteilt und in welchen Fällen die Berichtigung, Sperrung und Löschung von Arbeitnehmerdaten zu erfolgen hat. Entsprechende Vereinbarungen mit dem Arbeitgeber können in einer freiwilligen Betriebsvereinbarung getroffen werden.

b) Bereitstellung eines Verfahrensverzeichnisses durch den Betriebsrat

Da der Betriebsrat zum einen die Datenverarbeitung in eigener Verantwortung durchführt, zum anderen auch ein Teil der verantwortlichen Stelle ist, obliegt der Mitarbeitervertretung die insofern eigenständige Pflicht, die gesetzlich vorgesehene Transparenz ihrer internen Datenverarbeitung sicherzustellen. Dies gilt auch gegenüber der interessierten Allgemeinheit in Form der Erstellung eines Verfahrensverzeichnisses nach § 4e Satz 1 BDSG.

Dem betrieblichen Datenschutzbeauftragten ist von der verantwortlichen Stelle eine Übersicht über die in § 4e Satz 1 BDSG genannten Angaben sowie über zugriffsberechtigte Personen zur Verfügung zu stellen. Da der Betriebsrat der Kontrolle des Betriebsrats durch den betrieblichen Datenschutzbeauftragten nicht unterliegt, wird er diese Übersichten für seinen Bereich selber erstellen und führen müs-

---

185 *Wedde*, DKWW, BDSG, § 9 Rn. 98.

sen[186]. Nach den in § 4e BDSG genannten Informationen, welche in die Übersicht aufzunehmen sind, hat der Betriebsrat insbesondere Auskunft zu geben über die Zweckbestimmungen seiner Datenerhebung, -verarbeitung oder -nutzung, die betroffenen Personengruppen und die diesbezüglichen Daten oder Datenkategorien, die Empfänger oder Kategorien von Empfängern, denen die Daten mitgeteilt werden können, die Regelfristen für die Löschung der Daten sowie eine allgemeine Beschreibung, die es ermöglicht, vorläufig zu beurteilen, ob die Maßnahmen nach § 9 BDSG zur Gewährleistung der Sicherheit der Verarbeitung angemessen sind.

c) Auswirkungen des Funktionstrennungsgebots auf die arbeitsvertragliche Tätigkeiten eines Betriebsratsmitglieds

aa) Funktionstrennung zur Gewährleistung der zweckbestimmten Nutzung personenbezogener Daten

Eine der wichtigsten organisatorischen Datenschutzgrundsätze ist das Funktionstrennungsgebot. Es fordert von der verantwortlichen Stelle, die unterschiedlichen Arbeitsprozesse der Datenverarbeitung auf unterschiedliche Personen und Arbeitsbereiche zu verteilen, um die Möglichkeiten des Einzelnen zur unbefugten Datenverarbeitung zu minimieren[187]. Ziel des Funktionstrennungsgebots ist, die Zweckbindung der personenbezogenen Daten dadurch zu gewährleisten, dass ein Funktionsträger den zweckgebundenen Zugriff auf personenbezogene Daten nicht für andere ihm obliegende Funktionen verwerten kann[188]. Diese Gefahr besteht insbesondere dann, wenn ein Mitarbeiter in einer Doppelfunktion tätig ist, bei der die für eine Funktion benötigten personenbezogenen Daten in der anderen keine Verwendung finden dürfen. Ein derartiges Problem stellt sich beispielsweise, wenn ein Personalsachbearbeiter gleichzeitig nebenamtlich Vertreter einer Krankenversicherung oder Bausparkasse oder wenn der Personalchef zugleich Geschäftsführer der Betriebskrankenkasse ist[189]. In beiden Fällen liegt es nahe, dass im Rahmen der einen Funktion bekannt gewordene Personaldaten auch im Rahmen der anderen Tätigkeit genutzt werden können.

Der vom BVerfG im Volkszählungsurteil aufgestellte und sich in den §§ 28, 32 BDSG wiederfindende Grundsatz der zweckgebundenen Nutzung von personenbezogenen Daten schließt daher die Verpflichtung der verantwortlichen Stelle mit ein, die Beschäftigtendaten auch durch geeignete personelle Vorkehrungen zu schützen,

---

186   Es sei denn, der Betriebsrat hätte dem betrieblichen Datenschutzbeauftragten die Kontrollbefugnis freiwillig zugebilligt; *Schierbaum*, CF 2006, 64 (67).
187   *Ernestus*, Simitis, BDSG, § 9 Rn. 51; *Gola/Schomerus*, BDSG, § 9 Rn. 14.
188   *Gola*, DuD 1994, 684 (684).
189   *Gola*, DuD 1994, 684 (684); *Der Bundesbeauftragte für Datenschutz und Informationsfreiheit*, 7. TB, S. 48; *Gola/Wronka*, Handbuch zum Arbeitnehmerdatenschutz, Rn. 963.

um zu verhindern, dass Personaldaten unbefugt und zweckwidrig verwendet werden können[190]. Zu den nach § 9 BDSG zu treffenden organisatorischen Maßnahmen gehört es daher auch, das Zweckentfremdungsgebot durch geeignete organisatorische Maßnahmen, d.h. konkret durch Funktionstrennung, zu gewährleisten. Folglich sind Doppelfunktionen von Arbeitnehmern, welche eine entsprechende personelle Inkompatibilitäten mit sich bringen, vom Arbeitgeber zu vermeiden[191].

bb) Durch Betriebsratsmitgliedschaft bedingte Inkompatibilität

Die Tätigkeiten der nicht freigestellten Betriebsratsmitglieder in der Mitarbeitervertretung und die Tätigkeiten im Rahmen ihrer bisherigen Beschäftigung als Arbeitnehmer sind in der Regel räumlich und zeitlich voneinander getrennt. Räumlich erfolgt die Erfüllung der Aufgaben in der Mitarbeitervertretung üblicherweise im Betriebsratsbüro oder bei der Zusammenkunft des Betriebsrats bzw. von Bereichsausschüssen in Konferenzräumen des Unternehmens. Zeitlich ergibt sich aus der Regelung des § 37 Abs. 2 BetrVG, dass die Mitglieder des Betriebsrats für die Erfüllung ihrer Betriebsratsaufgaben von ihrer beruflichen Tätigkeit ohne Minderung des Arbeitsentgelts zu befreien sind, so dass insoweit auch eine zeitliche Überschneidung mit den Tätigkeiten im Rahmen des Arbeitsverhältnisses nach der gesetzlichen Wertung ausscheidet.

Über diese räumliche und zeitliche Trennung zwischen Betriebsrats- und Arbeitsvertragstätigkeit hinaus muss hinsichtlich der nicht freigestellten Betriebsratsmitglieder auch das datenschutzrechtliche Funktionstrennungsgebot beachtet werden. Mit dem Grundsatz der zweckbestimmten Nutzung von Personaldaten wäre eine Doppelfunktion unvereinbar, aufgrund welcher ein Betriebsratsmitglied im Rahmen seiner arbeitsvertraglichen Tätigkeit zugleich einen umfangreichen Zugriff auf Personaldaten hat. Auch Betriebsratsmitglieder wirken an Personalentscheidungen mit, so dass sie nicht die Möglichkeit haben dürfen, über die vom Arbeitgeber im Rahmen der Unterrichtung in personellen Angelegenheiten hinaus auf Personaldaten des betroffenen Arbeitnehmers zuzugreifen, die nur mit einer anderen Zweckbestimmung gespeichert und genutzt werden dürfen[192]. Daher sollten ihnen diese Informationen nicht zugänglich sein.

---

190 Gola, DuD 1994, 684 (684); *Der Bundesbeauftragte für Datenschutz und Informationsfreiheit*, 7. TB, S. 48.
191 Für einige Bereiche der Verarbeitung besonders sensibler Daten ist das Funktionstrennungsgebot spezialgesetzlich normiert; vgl. § 35 Abs. 1 Satz 3 SGB I, wonach Sozialdaten der Beschäftigten und ihrer Angehörigen Personen, die Personalentscheidungen treffen oder daran mitwirken können, weder zugänglich sein noch von Zugriffsberechtigten weitergegeben werden dürfen. Nach § 108 Abs. 1 Satz 3 BBG sollen Beihilfeakten in einer von der übrigen Personalverwaltung getrennten Organisationseinheit bearbeitet werden.
192 *Gola*, DuD 1994, 684 (685).

Dies bedeutet jedoch nicht, dass Arbeitnehmer, die Zugriff auf Personaldaten haben, nicht in den Betriebsrat gewählt werden können. Nach §§ 7, 8 BetrVG ist grundsätzlich jeder volljährige Beschäftigte nach einer Mindestdauer der Betriebszugehörigkeit berechtigt, sich zum Mitglied des Betriebsrats wählen zu lassen. Abgesehen von den in § 5 Abs. 3 und 4 BetrVG genannten Inhabern leitender Funktionen spielt es für die Wählbarkeit keine Rolle, welcher arbeitsvertraglichen Tätigkeit der Beschäftigte nachgeht. Liegen die Voraussetzungen der §§ 7, 8 BetrVG vor, untersagt das Gesetz ausdrücklich eine Beschränkung des aktiven und passiven Wahlrechts (§ 20 Abs. 1 Satz 1, Abs. 2 BetrVG).

Vielmehr muss der Arbeitgeber prüfen, ob er dem in den Betriebsrat gewählten Mitarbeiter nun eine andere Tätigkeit übertragen kann[193]. Nach § 9 Satz 2 BDSG hat der Arbeitgeber eine grundsätzlich erforderliche Datenschutzmaßnahmen nur zu treffen, wenn ihr Aufwand in einem angemessenen Verhältnis zu dem angestrebten Schutzzweck steht. Die nach § 9 Satz 1 BDSG vom Arbeitgeber zu treffenden technischen und organisatorischen Datenschutzmaßnahmen sind daher unter dem Verhältnismäßigkeitsprinzip zu treffen[194]. Soweit das Funktionstrennungsgebot nicht ausdrücklich gesetzlich vorschrieben ist (wie z. B. in § 35 Abs. 1 Satz 3 SGB I), wird der Arbeitgeber dem Arbeitnehmer daher in seinem bisherigen Aufgabenbereich belassen müssen, wenn eine angemessene, benachteiligungsfreie Auflösung der Inkompatibilität nicht möglich ist. Es ist daher anhand der ausgeübten Funktion zu prüfen, welche Gefährdungen sich konkret ergeben können, wenn bestimmte im Zugriff des Betriebsratsmitglieds stehende Beschäftigtendaten missbräuchlich dazu verwendet werden können, um Entscheidungen des Betriebsrats zu beeinflussen. Ebenso ist zu berücksichtigen, ob der vollständige oder teilweise Entzug der bisherigen Tätigkeit bzw. eine Versetzung das Betriebsratsmitglied auch unter Beachtung des Schutzanspruchs des Betroffenen unverhältnismäßig benachteiligen würde[195].

---

193 *Der Landesbeauftragte für Datenschutz Rheinland-Pfalz*, 14. TB, S. 80; *Gola*, DuD 1984, 684 (685).
194 *Ernestus*, Simitis, BDSG, § 9 Rn. 23; *Schaffland/Wiltfang*, BDSG, § 9 Rn. 4; *Gola/Schomerus*, BDSG, § 9 Rn. 7; *Gola/Wronka*, Handbuch zum Arbeitnehmerdatenschutz, Rn. 297.
195 *Gola*, DuD 1994, 684 (685).

V. Zulässigkeit der Übermittlung von personenbezogenen Daten durch den Betriebsrat an externe Stellen

Betriebsräte und ihre Mitglieder können in bestimmten Situationen ein Interesse daran haben, sich außerhalb von Betrieb, Unternehmen und Konzern, also außerhalb der durch das BetrVG geregelten Kommunikation zwischen den Organen der Betriebsverfassung oder gegenüber externen Dritten zu äußern[196].

1. Übermittlung von Beschäftigtendaten an Aufsichtsbehörden durch den Betriebsrat

a) Befugnis des Betriebsrats zur Zusammenarbeit mit Behörden im Bereich des Arbeits- und Gesundheitsschutzes

aa) Aufgabenzuweisung für den Arbeits- und Gesundheitsschutz, § 89 Abs. 1 Satz 2 BetrVG

Die Befugnis des Betriebsrats, mit behördlichen Stellen in Kontakt zu treten, folgt aus den entsprechenden Aufgabennormen des BetrVG. Relevant ist in diesem Zusammenhang insbesondere das sich aus § 89 Abs. 1 Satz 2 BetrVG ergebende Recht des Betriebsrats, zur Bekämpfung von Unfall- und Gesundheitsgefahren mit den zuständigen behördlichen Stellen zusammenzuarbeiten. Danach hat der Betriebsrat bei der Bekämpfung von Unfall- und Gesundheitsgefahren die für den Arbeitsschutz zuständigen Behörden, die Träger der gesetzlichen Unfallversicherung und sonstige in Betracht kommende Stellen durch Anregung, Beratung und Auskunft zu unterstützen. Zusammen mit § 89 Abs. 1 Satz 1 BetrVG, wonach sich der Betriebsrat für die Durchführung der Vorschriften über den Arbeitsschutz und die Unfallverhütung im Betrieb sowie über den betrieblichen Umweltschutz[197] einzusetzen hat, konkretisiert und verstärkt diese Bestimmung für die genannten Bereiche die bereits nach § 80 Abs. 1 Nr.1 BetrVG bestehende allgemeine Überwachungspflicht des Betriebsrats sowie die in § 80 Abs. 1 Nr. 9 BetrVG normierte Pflicht, Maßnahmen des Arbeitsschutzes und des betrieblichen Umweltschutzes zu

---

196 Zur allgemeinen Problematik der Meinungsäußerung des Betriebsrats im Außenverhältnis siehe *Wiese*, 50 Jahre Bundesarbeitsgericht, S. 1125 ff.
197 Umstritten ist, ob § 89 Abs. 1 Satz 2 BetrVG auch den Umweltschutz umfasst: zustimmend *Fitting*, BetrVG, § 89 Rn. 16; *Kothe*, HaKo, BetrVG, § 89 Rn. 25; ablehnend *Wiese*, GK-BetrVG, § 89 Rn. 57, *Annuß*, Richardi, BetrVG, § 89 Rn. 15.

fördern[198]. Der Begriff des Arbeitsschutzes im Sinne des § 89 BetrVG ist dabei weit zu verstehen[199]. Gemeint sind nicht nur die Unfallverhütung im engeren Sinne, sondern alle der Erhaltung der Gesundheit der Arbeitnehmer dienenden Vorschriften, wie etwa des Mutterschutzes, Jugendarbeitsschutzes oder Arbeitszeitschutzes.

Der Betriebsrat hat daher das Recht und auch die Pflicht, die Arbeitsschutzbehörden auf Gefahrenquellen und Mängel im betrieblichen Arbeitsschutz hinzuweisen. Hierzu kann es erforderlich sein, den Aufsichtsbehörden nähere innerbetriebliche Informationen zur Verfügung zu stellen, damit diese auf Verletzungen von Arbeitsschutzbestimmungen reagieren können[200]. Soweit es beispielsweise um die Einhaltung der Höchstarbeitszeiten nach dem ArbZG geht, können zu den für ein Einschreiten der nach § 17 ArbZG zuständigen Aufsichtsbehörde erforderlichen Informationen die im Betrieb tatsächlich geleisteten und im automatisierten Verfahren aufgezeichneten Arbeitszeiten gehören. So lassen sich insbesondere Überschreitungen der nach § 3 ArbZG zulässigen Höchstarbeitszeit oder die Nichtbeachtung der nach § 4 ArbZG einzuhaltenden Ruhepausen sowie der in § 5 ArbZG vorgeschriebenen Ruhezeit zuverlässig erst anhand der konkret von den einzelnen Arbeitnehmern geleisteten Arbeitszeiten beurteilen.

bb) Konflikt zwischen Datenschutz- und Kontrollinteressen

Der hierdurch entstehende Konflikt zwischen den datenschutzrechtlichen Interessen des Arbeitgebers bzw. der betroffenen Arbeitnehmer und den Kontrollinteressen des Betriebsrats bzw. der Aufsichtsbehörde ist offensichtlich. Weitere Beispiele, die deutlich sensiblere Arbeitnehmerdaten als die genannten Arbeitszeitaufzeichnungen betreffen, lassen sich in anderen dem Arbeits- und Gesundheitsschutz dienenden Vorschriften finden. So hat die nach § 20 MuSchG zuständige Aufsichtsbehörde unter anderem über die schwangerschaftsgerechte Ausgestaltung des Arbeitsplatzes (§ 2 MuSchG), die Einhaltung der Beschäftigungsverbote für schwangere Arbeitnehmerinnen (§§ 3 ff. MuSchG) und die im Zusammenhang mit der Schwangerschaft stehenden Freistellungsverpflichtungen (§ 16 MuSchG) zu wachen. Weitere Beispiele können genannt werden aus den Bereichen des Jugendarbeitsschutzes, des Arbeitsschutzes sowie des Schwerbehindertenschutzes. Es stellt sich daher die Frage, ob und in welchem Umfang der Betriebsrat berechtigt ist, bei von ihm festgestellten Verstößen gegen diese Arbeits- und Gesundheitsschutzvorschriften auch Beschäftigtendaten an die Arbeitsschutzbehörden zu übermitteln,

---

198 BAG v. 3.6.2003, DB 2003, 2496 (2497); *Fitting*, BetrVG, § 89 Rn. 11; *Wiese*, GK-BetrVG, § 89 Rn. 7.
199 *Wiese*, GK-BetrVG, § 89 Rn. 8; *Fitting*, BetrVG, § 89, Rn. 3; *Buschmann*, DKKW, BetrVG, § 89, Rn. 3.
200 BAG v. 3.6.2003, DB 2003, 2496 (2497); *Kania*, ErfK, BetrVG, § 89 Rn.2; *Wiese*, GK-BetrVG, § 89 Rn. 57; *Reichold*, SAE 2004, 293 (294).

damit diese ihrer Kontrollfunktion gegenüber dem Arbeitgeber effektiv wahrnehmen können.

b) BAG: Keine einschränkungslose Übermittlung von Arbeitnehmerdaten

Die bisher einzige Aussage zu den datenschutzrechtlichen Außenschranken der Betriebsratstätigkeit im Rahmen des Kontakts mit behördlichen Stellen hat der Erste Senat des BAG in einem Beschluss vom 3. Juni 2003 getroffen[201]. In einem Großbetrieb in Frankfurt am Main war es zu Überschreitungen der zulässigen Höchstarbeitszeit gekommen. Aus diesem Grund leitete der Betriebsrat Listen, aus denen sich die Namen der Beschäftigten und deren Arbeitszeiten ergaben, an das Amt für Arbeitsschutz weiter, damit dieses ein Aufsichtsverfahren gegen den Arbeitgeber einleiten konnte. Nachdem es hieran anschließend zum Streit zwischen den Betriebsparteien über die Zulässigkeit dieses Vorgehens des Betriebsrats kam, begehrte der Betriebsrat in einem arbeitsgerichtlichen Beschlussverfahren die Feststellung der Berechtigung der Datenweitergabe. Der Arbeitgeber stellte hingegen den Widerantrag festzustellen, dass dem Betriebsrat ein solches Recht zur Datenweitergabe an die Aufsichtsbehörde nicht zustehe.

aa) Grundsätzlich keine Einschränkung der Zusammenarbeit mit Behörden durch die allgemeine Geheimhaltungspflicht des § 79 Abs. 1 BetrVG

Das BAG stellte in seinem Beschluss zunächst klar, dass sich die grundsätzliche Befugnis des Betriebsrats zur Zusammenarbeit mit den Arbeitsschutzbehörden aus § 89 Abs. 1 Satz 2 BetrVG ergibt. In diesem Zusammenhang wies es zu Recht darauf hin, dass die allgemeine Geheimhaltungspflicht des Betriebsrats nach § 79 Abs. 1 Satz 1 BetrVG einer Unterrichtung der Aufsichtsbehörden über etwaige Verstöße gegen Arbeitsschutzvorschriften im Betrieb nicht entgegensteht[202]. Da dem Betriebsrat durch § 89 Abs. 1 Satz 2 BetrVG ausdrücklich die Pflicht zur Auskunft gegenüber den Aufsichtsbehörden auferlegt ist, stellt sich diese Norm als *lex specialis* gegenüber § 79 Abs. 1 Satz 1 BetrVG dar mit der Folge, dass die allgemeine Geheimhaltungspflicht grundsätzlich zurücktritt[203]. Zwar kann es im Einzelfall Ausnahmesituationen geben, in denen die Kollision zwischen den Pflichten des Betriebsrats nach § 89 Abs. 1 Satz 2 BetrVG und nach § 79 Abs. 1 Satz 1 BetrVG anders zu lösen und der Betriebsrat auch einer Aufsichtsbehörde gegenüber zur

---

201 BAG v. 3.6.2003, DB 2003, 2496 (2497).
202 BAG v. 3.6.2003, DB 2003, 2496 (2497); ganz herrschende Auffassung im Schrifttum, vgl. etwa *Fitting*, BetrVG, § 89 Rn. 18; *Wiese*, GK-BetrVG, § 89 Rn. 60; *Buschmann*, DKKW, BetrVG, § 89 Rn. 23; *Reichold*, SAE 2004, 293 (295).
203 BAG v. 3.6.2003, DB 2003, 2496 (2497); ganz überwiegende Auffassung: *Buschmann*, DKKW, BetrVG, § 89 Rn. 23; *Kania*, ErfK, BetrVG, § 89 Rn. 2; *Fitting*, BetrVG, § 89 Rn. 18; *Annuß*, Richardi, BetrVG, § 89 Rn. 18; *Wiese*, GK-BetrVG, § 89 Rn. 60.

Wahrung eines besonders sensiblen Betriebs- oder Geschäftsgeheimnisses verpflichtet ist. Bei den tatsächlich im Betrieb geleisteten Arbeitszeiten ist dies nach der zutreffenden Ansicht des BAG jedoch nicht der Fall[204].

bb) Verstoß gegen §§ 4 Abs. 1, 5 Satz 1 BDSG bei einschränkungsloser Übermittlung von Beschäftigtendaten an Aufsichtsbehörden

Dem Betriebsrat ist jedoch nach Ansicht der Rechtsprechung eine vom Einzelfall unabhängige und einschränkungslose Übermittlung der auf die einzelnen Arbeitnehmer bezogenen Arbeitszeiten an die Aufsichtsbehörde durch §§ 4 Abs. 1, 5 Satz 1 BDSG verwehrt. Diese Bestimmungen sind auf den Datenfluss zwischen Betriebsrat und Arbeitsschutzbehörde anwendbar[205]. Nach Ansicht des BAG ist die Datenübermittlung weder durch § 89 Abs. 1 Satz 2 BetrVG noch durch das BDSG generell gestattet. Insbesondere stelle § 89 Abs. 1 Satz 2 BetrVG keine bereichsspezifische Regelung des Bundes dar, welche die Anwendbarkeit des BDSG gemäß § 1 Abs. 3 Satz 1 BDSG von vornherein ausschließe[206].

Eine generelle Befugnis des Betriebsrats, den Arbeitsschutzbehörden zum Nachweis für Verstöße im Unternehmen gegen Arbeitsschutzvorschriften personenbezogene Daten der Arbeitnehmer zu übermitteln, könne auch nicht aus den datenschutzrechtlichen Erlaubnistatbeständen des § 28 Abs. 1 Nr. 1 BDSG (heutzutage: § 32 Abs. 1 Satz 1 BDSG) und § 28 Abs. 1 Nr. 2 BDSG abgeleitet werden. Vielmehr komme es darauf an, ob die Datenübermittlung im Einzelfall zur Wahrung der berechtigten Interessen des Betriebsrats oder des Amtes für Arbeitsschutz erforderlich ist und schutzwürdige Interessen der betroffenen Arbeitnehmer nicht entgegenstehen[207]. Das kollektive Interesse des Betriebsrats an einer effektiven Wahrnehmung seiner Kontrollbefugnisse muss nach dieser Rechtsprechung folglich grundsätzlich hinter dem datenschutzrechtlichen Interesse der Arbeitnehmer zurücktreten[208].

Die in dem Beschlussverfahren interessierende Frage, wann der Betriebsrat befugt ist, zur Wahrnehmung seiner sich aus dem BetrVG ergebenden Aufgaben Arbeitnehmerdaten an die Arbeitsschutzbehörde zu übermitteln, wurde durch das BAG mit dieser Entscheidung jedoch nicht beantwortet. Da die Parteien im Verfahren im Wege von Globalanträgen beantragten festzustellen, dass die Übermittlung von Beschäftigtendaten an die Arbeitsschutzbehörde generell zulässig (so der An-

---

204 BAG v. 3.6.2003, DB 2003, 2496 (2497).
205 Der Betriebsrat ist ein Teil der verantwortlichen Stelle i. S. d. § 3 Abs. 7 BDSG; damit gilt für seine Mitglieder das Datengeheimnis des § 5 Satz 1 BDSG. Die Arbeitsschutzbehörde ist Dritter i. S. d. § 3 Abs. 8 Satz 2 BDSG.
206 BAG v. 3.6.2003, DB 2003, 2496 (2498).
207 BAG v. 3.6.2003, DB 2003, 2496 (2497).
208 *Reichold*, SAE, 2003, 293 (293).

trag des Betriebsrats) bzw. unzulässig (so der Antrag des Arbeitgebers) sei, konnte sich das BAG mit der Feststellung begnügen, dass beide Ansichten derart pauschal nicht zutreffen, sondern es vielmehr stets auf den Einzelfall ankomme.

c) Übermittlung von Arbeitnehmerdaten an Behörden nur eingeschränkt zulässig

Die Entscheidung des BAG hat in der Literatur weitgehende Zustimmung erfahren[209], und ihr ist in der Tat durchweg zuzustimmen. Die entscheidende Aussage des Beschlusses liegt zunächst in der Ablehnung einer allgemeingültigen Antwort[210]. Indem das BAG die Zulässigkeit der Übermittlung personenbezogener Arbeitnehmerdaten an die Arbeitsschutzbehörden anhand den konkreten Umständen des Einzelfalls misst, um die schutzwürdigen Interessen des Betriebsrats, der Aufsichtsbehörden, des Arbeitgebers und der betroffenen Arbeitnehmer in Ausgleich zu bringen, fordert es einen für die Systematik des Datenschutzrechts typischen Ausgleich dieser Interessen im Wege einer praktischen Konkordanz im konkreten Einzelfall[211]. Diese weichen Feststellungen des BAG führen allerdings zu der unbefriedigenden Situation, dass auf die interessante Frage der datenschutzrechtlichen Berechtigungen des Betriebsrats keine Antwort gegeben und der Interessenkonflikt zwischen Arbeitgeber und Betriebsrat nicht eindeutig entschieden wurde, sondern nur vorsichtig gewisse Frontlinien abgesteckt wurden[212]. Im Folgenden ist daher genauer darauf einzugehen, in welchen Fällen eine Datenübermittlung des Betriebsrats an eine Aufsichtsbehörde zulässig bzw. unzulässig ist.

aa) Kein Vorrang des § 89 Abs. 1 Satz 2 BetrVG gemäß § 1 Abs. 3 Satz 1 BDSG

Die Entscheidung des BAG hat insoweit zur Rechtsklarheit beigetragen, dass der die Befugnis des Betriebsrats zur Zusammenarbeit mit den Arbeitsschutzbehörden regelnde § 89 Abs. 1 Satz 2 BetrVG die Anwendbarkeit des BDSG nicht von vornherein ausschließt. § 89 Abs. 1 Satz 2 BetrVG ist keine bereichsspezifische Vorschrift gemäß § 1 Abs. 3 Satz 1 BDSG. Wie bereits dargestellt worden ist[213], bedürfen Beschränkungen des durch Art. 2 Abs. 1 i.V.m. Art. 1 Abs. 1 GG gewährleisteten Rechts auf informationelle Selbstbestimmung, also der Befugnis des Einzelnen, grundsätzlich selbst über die Preisgabe und Verwendung seiner persönlichen Daten zu bestimmen, nach der Rechtsprechung des BVerfG einer gesetzlichen Grundlage, aus der sich die Voraussetzungen und der Umfang der Beschränkungen klar und

---

209 *Fitting*, BetrVG, § 89 Rn. 23; *Buschmann*, DKKW; BetrVG, § 89 Rn. 23; *Simitis*, Anm. zu BAG v. 3.6.2003, AP Nr. 1 zu § 89 BetrVG 1972; *Thüsing/Bodenstedt*, EWiR 2004, 317 (317); *Reichold*, SAE 2004, 293 (293).
210 *Thüsing/Bodenstedt*, EWiR 2004, 317 (318).
211 *Thüsing/Bodenstedt*, EWiR 2004, 317 (318).
212 *Reichold*, SAE 2003, 293.
213 Siehe unter *Kap. B. I. 2. a)*.

für den Betroffenen erkennbar ergeben[214]. Diese Vorgabe des BVerfG ist auch Maßstab für eine bereichsspezifische Vorschrift des § 1 Abs. 3 Satz 1 BDSG, dessen Anwendung zu einer Einschränkung des durch das BDSG gewährleisteten Schutzes des Rechts auf informationelle Selbstbestimmung führen würde. Eine gesetzliche Regelung i. S. d. § 1 Abs. 3 Satz 1 BDSG muss daher, um dem rechtsstaatlichen Gebot der Normenklarheit zu genügen, in einer für den Betroffenen nachvollziehbaren Weise den Ablauf des Verarbeitungsprozesses sowie die Voraussetzungen und den Umfang der Einschränkung seines Entscheidungsvorrechts zu erkennen geben[215]. Dies ist bei § 89 Abs. 1 Satz 2 BetrVG nicht der Fall. Die Vorschrift regelt vielmehr lediglich generalklauselartig die Unterstützung der zuständigen Behörden durch den Betriebsrat, ohne die spezifischen Voraussetzungen für eine Übermittlung von personenbezogenen Daten zu nennen[216].

bb) Grundsätzlich keine Erforderlichkeit der Übermittlung von Beschäftigtendaten an Aufsichtsbehörden durch den Betriebsrat

Die Befugnis des Betriebsrats zur Übermittlung von Beschäftigtendaten an die Arbeitsschutzbehörden richtet sich daher nach den allgemeinen Zulässigkeitstatbeständen des BDSG (§§ 28, 32 BDSG). Diese sehen jedoch eine allgemeine Befugnis des Betriebsrats, im Rahmen der Erfüllung seiner betriebsverfassungsrechtlichen Aufgaben Beschäftigtendaten an die Behörden zu übermitteln, nicht vor.

Gemäß § 32 Abs. 1 Satz 1 BDSG dürfen Beschäftigtendaten unter anderem dann an Dritte übermittelt werden, wenn dies zur Durchführung des Beschäftigungsverhältnisses erforderlich ist. Wie bereits festgestellt worden ist[217], ist diese Erlaubnisnorm insoweit auch auf die Datenverarbeitung des Betriebsrats mit der Maßgabe anwendbar, dass die Übermittlung der personenbezogenen Daten zur Durchführung der sich für den Betriebsrat aus dem BetrVG ergebenden Aufgaben und Befugnisse erforderlich sein muss. Nach dieser Bestimmung ist das Übermitteln personenbezogener Daten jedoch nicht schon deshalb zulässig, weil deren Verwendung aus der Sicht des Betriebsrats geeignet oder zweckmäßig ist, seine Aufgabe zu erfüllen. Die Verwendung muss vielmehr erforderlich sein. Dieses Erfordernis besteht nicht, wenn von mehreren gleichermaßen wirksamen Maßnahmen, die den Arbeitnehmer stärker belastende gewählt wurde, wobei insoweit auch das Gebot der Datensparsamkeit des § 3a BDSG zum Tragen kommt[218]. Die Erforderlichkeit einer Datenübermittlung an die Aufsichtsbehörden setzt folglich voraus, dass es zu ihr keine

---

214 BVerfG v. 15.12.1983, NJW 1984, 419 (422), siehe unter *Kap. B. I. 2. a)*.
215 BVerfG v. 15.12.1983, NJW 1984, 419 (422); BAG v. 3.6.2003, DB 2003, 2496 (2498); *Simitis*, Simitis, BDSG, § 1 Rn. 100.
216 *Reichold*, SAE 2004, 293 (296).
217 Siehe unter *Kap. E. III. 2. b)*.
218 *Gola/Schomerus*, BDSG, § 32 Rn. 12.

objektiv zumutbare Alternative gibt, weil die berechtigten Interessen auf andere Weise nicht oder nicht angemessen gewahrt werden können[219]. Der Betriebsrat hat daher zunächst nach Mitteln und Wegen zu suchen, wie er das von ihm verfolgte Ziel der Kontrolle des Arbeitsschutzes erreichen kann, ohne Beschäftigtendaten an die Aufsichtsbehörde zu übermitteln. In dem vom BAG entschiedenen Fall hätte der Betriebsrat folglich zunächst prüfen müssen, ob die Ausübung seiner Unterstützungspflicht die Weitergabe der Beschäftigtendaten zwingend erfordert oder ob der Zweck der Einschaltung der Aufsichtsbehörde auch mittels anonymisierter oder pseudonymisierter Daten (§ 3a BDSG) Rechnung getragen werden kann, etwa indem er auf den Listen mit den Arbeitszeiten der einzelnen Beschäftigten die Namen der Personen schwärzt[220]. Dies wäre eine objektiv zumutbare Alternative gewesen, welche das Persönlichkeitsrecht der Beschäftigten gewahrt und zugleich der Arbeitsschutzbehörde einen Anlass gegeben hätte, ein Prüfverfahren gegen den Arbeitgeber einzuleiten. In dessen Rahmen hätte die Behörde dann die für die weiteren Ermittlungen erforderlichen, eventuell auch namensbezogenen Informationen selber auf der Basis des § 17 Abs. 4 Satz 1 ArbZG vom Arbeitgeber verlangen können[221]. Außerdem kann der Betriebsrat in einem solchen Fall, um rechtliche Abwägungsprobleme zu vermeiden, auch mit der schriftlichen Einwilligung der betroffenen Personen arbeiten (§§ 4 Abs. 1, 4a BDSG). Bezüglich der Kontrolle der Einhaltung des ArbZG ist daher wohl kaum eine Fallkonstellation denkbar, in welcher die Übermittlung nicht anonymisierter Beschäftigtendaten an die Aufsichtsbehörde ohne eine Einwilligung des Betroffenen datenschutzrechtlich zulässig sein könnte[222]. Dies könnte lediglich in einer Ausnahmesituation der Fall sein, in der der Betriebsrat die Aufsichtsbehörde über die gesetzeswidrige Behandlung eines konkreten Arbeitnehmers informieren möchte, zu dessen Identifizierung die Aufsichtsbehörde den Namen benötigt.

cc) Interessenabwägung bei ausnahmsweiser Erforderlichkeit der Datenübermittlung an Aufsichtsbehörden

Sollte die Hürde der Erforderlichkeit der Übermittlung personenbezogener Daten an die Behörde im Ausnahmefall doch genommen werden, müsste als nächster Schritt eine Abwägung zwischen den berechtigten Interessen des Betriebsrats und den entgegenstehenden schutzwürdigen Interessen der Beschäftigten vorgenommen werden[223]. Was dies betrifft ist jedoch schwerlich erkennbar, welches rechtlich be-

---

219 *Gola/Wronka*, Handbuch zum Arbeitnehmerdatenschutz, Rn. 398.
220 *Fitting*, BetrVG, § 89 Rn. 23; *Thüsing/Bodenstedt*, EWiR 204, 317 (318); *Schierbaum*, CF 2004, 20 (23).
221 *Gola/Schomerus*, BDSG, § 28 Rn. 34; *Schierbaum*, CF 2004, 20 (23).
222 *Thüsing/Bodenstedt*, EWiR 2004, 317 (318).
223 BAG v. 3.6.2003, DB 2003, 2496 (2498).

achtliche Interesse ein Arbeitnehmer haben kann, dass die Einhaltung und aus grundrechtlicher Schutzpflicht geschuldete Überwachung der ihm zustehenden Höchstarbeitszeiten nicht erfolgt. Ihm gegenüber droht weder eine Anordnung nach § 17 Abs. 2 ArbZG noch ein Bußgeldverfahren nach § 22 ArbZG. Wenn daher in einem Ausnahmefall die Erforderlichkeit der Datenweitergabe zu bejahen sein sollte, kann bei der Abwägung mangels rechtlich beachtlicher entgegenstehender Interessen der betroffenen Arbeitnehmer eine Datenübermittlung zu legitimieren sein.

2. *Übermittlung von Beschäftigtendaten durch den Betriebsrat an Gewerkschaften*

a) Zusammenarbeit von Betriebsrat und Gewerkschaften nach dem BetrVG

Das BetrVG geht von der grundsätzlichen Trennung der Aufgaben des Betriebsrats und der Gewerkschaften aus[224]. Der Betriebsrat wird von der gesamten Belegschaft und nicht nur von den organisierten Arbeitnehmern gewählt. Er ist von den Gewerkschaften unabhängig und nicht ihre Weisungen unterworfen. Trotzdem sieht das BetrVG in einzelnen Bestimmungen eine Zusammenarbeit zwischen dem Betriebsrat und den in Betrieb vertretenen Gewerkschaften vor. Gemäß § 2 Abs. 1 BetrVG haben Betriebsrat und Arbeitgeber mit den im Betrieb vertretenen Gewerkschaften zum Wohl der Arbeitnehmer und zum Wohl des Betriebes zusammenzuarbeiten, sofern diesen durch das BetrVG betriebsverfassungsrechtliche Aufgaben zugewiesen werden.

Darüber hinaus stehen den Gewerkschaften verschiedene Befugnisse bei der Begründung der betrieblichen Interessenvertretung zu. So können sie auf eine Betriebsratswahl hinwirken (§§ 16 Abs. 3, 17 Abs. 3 und 4, 17a Nr. 3 und 4 BetrVG) und bei Zweifeln über das Bestehen einer betriebsratsfähigen Organisationseinheit eine Entscheidung des Arbeitsgerichts beantragen (§ 18 Abs. 2 BetrVG). Jede Gewerkschaft kann auch einen Beobachter in den Wahlvorstand entsenden, sofern sie dort nicht schon mit einem stimmberechtigten Mitglied vertreten ist (§ 16 Abs. 1 Satz 6 BetrVG). Eine deutliche Einflussnahmemöglichkeit der Gewerkschaften kommt auch in der Befugnis zum Ausdruck, an Betriebsratssitzungen (§ 31 BetrVG) und an Betriebsversammlungen (§ 46 Abs. 1 BetrVG) durch einen Beauftragten beratend teilzunehmen.

---

[224] *Fitting*, BetrVG, § 2 Rn. 45; *Franzen*, GK-BetrVG, § 2 Rn. 20; *Koch*, ErfK, BetrVG, § 2 Rn. 2.

b) Austausch von Beschäftigtendaten zwischen Betriebsrat und Gewerkschaft

Im Rahmen der vom BetrVG vorgegebenen Möglichkeiten der Zusammenarbeit kann sowohl für den Betriebsrat, als auch für die Gewerkschaft das Bedürfnis bestehen, dass der Betriebsrat der Gewerkschaft personenbezogene Daten der im Betrieb tätigen Arbeitnehmer zugänglich macht. So könnte die Gewerkschaft den Betriebsrat darum bitten, ihr Gehalts- oder Eingruppierungsdaten der Beschäftigten zur Verfügung zu stellen, um die Beitragsehrlichkeit der Arbeitnehmer überprüfen zu können. Der Betriebsrat wiederum könnte der Gewerkschaft von sich aus Beschäftigtendaten übermitteln, damit diese ihn bei der Durchführung seiner Aufgaben unterstützt. Insofern stellt sich die Frage, ob dies eine zulässige Verwendung personenbezogener Daten darstellt. Da die Gewerkschaft ebenso wie die Arbeitsschutzbehörden Dritter i. S. d. § 3 Abs. 8 Satz 2 BDSG ist, kann die Weitergabe dieser Informationen nur über die Vorschriften zur Übermittlung von personenbezogenen Daten gerechtfertigt sein.

aa) Zulässigkeit der Übermittlung von Daten nach § 32 Abs. 1 Satz 1 BDSG

Das BetrVG enthält keine bereichsspezifischen Regelungen hinsichtlich des Austausches von Beschäftigtendaten zwischen Betriebsrat und Gewerkschaft, welche dem BDSG nach § 1 Abs. 3 Satz 1 BDSG vorgehen könnten. Insbesondere § 2 Abs. 1 BetrVG weist dem Betriebsrat lediglich die allgemeine Aufgabe zu, mit den Gewerkschaften vertrauensvoll zusammenzuarbeiten. Ebenso wie bei der Zusammenarbeit des Betriebsrats mit behördlichen Stellen nach § 89 Abs. 1 Satz 2 BetrVG enthält § 2 Abs. 1 BetrVG allerdings lediglich eine generalklauselartige Aufgabenzuweisung und keine auf personenbezogene Daten Bezug nehmende Regelung i. S. d. § 1 Abs. 3 Satz 1 BDSG[225].

Die Übermittlung von Beschäftigtendaten des Betriebsrats an Gewerkschaften richtet sich daher nach dem datenschutzrechtlichen Erlaubnistatbestand des § 32 Abs. 1 Satz 1 BDSG. Gemessen an dessen Maßstab ist die Datenübermittlung von Arbeitnehmerdaten an die Gewerkschaft jedoch in der Regel unzulässig, da sie nicht erforderlich ist, damit der Betriebsrat seine ihm nach dem BetrVG obliegenden Aufgaben erfüllen kann. Das BetrVG sieht zwar, wie dargestellt[226], an einigen Stellen eine gewisse Form der Zusammenarbeit zwischen dem Betriebsrat und den im Betrieb vertretenen Gewerkschaften vor. Diese Zusammenarbeit erfordert jedoch an keiner Stelle die Übermittlung von Beschäftigtendaten an die Gewerkschaft, so dass ein solches Vorgehen nicht nach § 32 Abs. 1 Satz 1 BDSG legitimiert ist.

---

225 Siehe unter *Kap. E. V. 1. c) aa)*.
226 Siehe unter *Kap. E. V. 2. a)*.

So kann insbesondere die Bekanntgabe von Entgeltdaten der Beschäftigten an die Gewerkschaft auch im Rahmen des § 32 Abs. 1 Satz 1 BDSG nicht mit dem aus § 2 Abs. 1 BetrVG folgenden Grundsatz der vertrauensvollen Zusammenarbeit gerechtfertigt werden[227]. Danach sollen die Mitarbeitervertretung und die im Betrieb vertretenen Gewerkschaften zwar zusammenzuarbeiten. Nach dem eindeutigen Wortlaut der Norm erfolgt dieses Zusammenwirken allerdings nur zum Wohl der Arbeitnehmer und des Betriebes. Es bezieht sich daher nicht auf das Wohl der Gewerkschaft. Auch der Versuch, als Legitimation für die Weitergabe der Personaldaten das zwischen dem Arbeitgeber und den Beschäftigten bestehende Arbeitsverhältnis heranzuziehen, scheitert, da die Gewerkschaftszugehörigkeit außerhalb der Zweckbestimmung des Arbeitsverhältnisses liegt[228]. Die jeweiligen Arbeitsbedingungen sind zwar Gegenstand der gewerkschaftlichen Aktivität, sie vollziehen sich aber außerhalb des Arbeitsverhältnisses und gehören daher grundsätzlich nicht zu den Zwecken eines Beschäftigungsverhältnisses gemäß § 32 Abs. 1 Satz 1 BDSG[229].

Eine Weitergabe von Arbeitnehmerdaten an eine Gewerkschaft könnte daher nur im Ausnahmefall zulässig sein, wenn es um die Unterstützung durch die Gewerkschaft zur Wahrung eigener Rechte der Mitarbeitervertretung geht und die Übermittlung der Beschäftigtendaten für die Hilfe der Gewerkschaft erforderlich wird[230]. Denkbar wäre in diesem Zusammenhang etwa die Prozessvertretung eines Betriebsrats durch eine Gewerkschaft in einem Beschlussverfahren nach §§ 99, 100 BetrVG. In diesem Fall wäre es wohl zulässig, wenn der Betriebsrat der Gewerkschaft die Daten des einzustellenden Arbeitnehmers mitteilt. In der Regel wird es jedoch genügen, den mit dem Arbeitgeber strittigen Personalfall zunächst in anonymisierter Form zu beraten.

Bisweilen wird jedoch aus dem Recht der Gewerkschaften, betriebliche E-Mail-Adressen zu Werbezwecken zu nutzen[231], geschlossen, dass der Betriebsrat zumindest berechtigt ist, der Gewerkschaft diese E-Mail-Adressen zur Verfügung zu stellen. Auch dies ist jedoch abzulehnen. Wenn der Betriebsrat die E-Mail-Adressen der Mitarbeiter für Informationszwecke nutzen darf, gibt ihm das nicht die Befugnis zur Weitergabe der Adressen zwecks gewerkschaftlicher Werbung[232]. Obwohl der Arbeitgeber nach der Rechtsprechung des BAG verpflichtet ist, die Versendung

---

227 BAG v. 22.5.1959, BB 1959, 848 (848); *Fitting*, BetrVG, § 2 Rn. 51; *Koch*, ErfK, BetrVG, § 2 Rn. 2; *Seifert*, Simitis, BDSG, § 32 Rn. 172; *Gola/Wronka*, Handbuch zum Arbeitnehmerdatenschutz, Rn. 1972.
228 *Seifert*, Simitis, BDSG, § 32 Rn. 172; *Griese*, Datenrechtlicher Persönlichkeitsschutz im Arbeitsrecht, S. 90.
229 Wedde, DKWW, BDSG, § 32 Rn. 157.
230 So *Gola/Wronka*, Handbuch zum Arbeitnehmerdatenschutz, Rn. 1850.
231 Vgl. hierzu BAG v. 20.1.2009, NZA 2009, 615 (616).
232 *Gola/Wronka*, Handbuch zum Arbeitnehmerdatenschutz, Rn. 1241.

von gewerkschaftlichen E-Mails an die betrieblichen E-Mail-Adressen hinzunehmen, falls keine unzumutbaren Nachteile im konkreten Fall entstehen[233], bedeutet dies noch nicht, dass der Betriebsrat der Gewerkschaft auch die hierfür erforderlichen E-Mail-Adressen zur Verfügung stellen darf. Nach der Entscheidung des BAG ist nur die Gewerkschaft selbst im Verhältnis zu ihren Mitgliedern innerhalb der Belegschaft als verantwortliche Stelle zur Verwendung der betrieblichen E-Mail-Adressen nach § 28 Abs. 1 Nr. 1 BDSG berechtigt[234]. Eine entsprechende Befugnis des Betriebsrats, die E-Mail-Adressen an die Gewerkschaft zu übermitteln, korrespondiert hiermit jedoch nicht.

bb) Zulässigkeit der Übermittlung von Daten nach § 28 Abs. 1 Satz 1 Nr. 2, Abs. 2 Nr. 2 a) BDSG

Die Übermittlung von Beschäftigtendaten an Gewerkschaften ist auch nicht als Übermittlung für andere Zwecke zur Wahrung berechtigter Interessen des Betriebsrats gemäß § 28 Abs. 1 Satz 1 Nr. 2 BDSG oder der Gewerkschaft als Dritten gemäß § 28 Abs. 2 Nr. 2 a) BDSG zulässig. Zum einen ist kaum eine Fallkonstellation denkbar, in der die Übermittlung von Beschäftigtendaten durch berechtigte Interessen des Betriebsrats, welche außerhalb des BetrVG liegen, gerechtfertigt sein könnte. Zum anderen ist aber auch davon auszugehen, dass die betroffenen Arbeitnehmer ein schutzwürdiges Interesse an der Verhinderung derartiger Informationsflüsse haben, insbesondere wenn sie kein Gewerkschaftsmitglied sind.

Ist eine Austausch von Beschäftigtendaten zwischen dem Betriebsrat und einer Gewerkschaft darüber hinaus mit der Verwendung von Angaben zur Gewerkschaftszugehörigkeit verbunden, wäre diese Datenverwendung zugleich eine Übermittlung von besonders geschützten personenbezogenen Daten i. S. d. § 3 Abs. 9 BDSG. Eine Übermittlung des personenbezogenen Datums der Gewerkschaftszugehörigkeit lässt sich nur unter den Voraussetzungen des § 28 Abs. 6, 8 und 9 BDSG rechtfertigen. Insbesondere nach § 28 Abs. 6 Nr. 3 BDSG kann der Betriebsrat nur auf sie zurückgreifen, wenn sich die Betroffenen ausdrücklich damit einverstanden erklärt haben oder wenn die Datenübermittlung an die Gewerkschaft zur Geltendmachung, Ausübung oder Verteidigung rechtlicher Ansprüche erforderlich ist. Hinsichtlich letzterer Voraussetzung könnte man zwar vertreten, dass die Mitteilung von Entgeltdaten an die Gewerkschaft deshalb erforderlich ist, damit diese ihre Beitragsansprüche in der richtigen Höhe gegenüber den organisierten Arbeitnehmern geltend machen kann. Hierzu müsste dem Betriebsrat jedoch zuvor die Namen der organisierten Arbeitnehmer von der Gewerkschaft bekannt gegeben werden. Bereits dem Empfang dieser Daten durch den Betriebsrat würden aller-

---

233 BAG v. 20.1.2009, NZA 2009, 615 (616).
234 BAG v. 20.1.2009, NZA 2009, 615 (622).

dings gemäß § 28 Abs. 6 Nr. 3 BDSG die schutzwürdigen Interessen der Arbeitnehmer entgegenstehen. Es ist nämlich davon auszugehen, dass diese in der Regel nicht damit einverstanden sind, dass die Betriebsratsmitglieder erfahren, ob und wo sie gewerkschaftlich organisiert sind. Dies gilt umso mehr, wenn ein Arbeitnehmer nicht der den Betriebsrat beherrschenden Gewerkschaft, sondern einer Konkurrenzgewerkschaft angehört. Die Gewerkschaft kann daher die von ihr gewünschten Informationen nur von den Beschäftigten selbst erhalten. Sie muss sich also an die Beschäftigten wenden und sich ihres Einverständnisses versichern[235].

Vorliegend greift auch nicht die Ausnahmevorschrift des § 28 Abs. 9 BDSG zugunsten der Gewerkschaft ein. Danach dürfen Organisationen, die u. a. gewerkschaftlich ausgerichtet sind und keinen Erwerbszweck verfolgen, besondere Arten personenbezogener Daten erheben, verarbeiten oder nutzen, soweit dies für ihre Tätigkeit erforderlich ist. Dies gilt jedoch nur für personenbezogene Daten ihrer Mitglieder[236]. Die gewerkschaftliche Vertrauensperson als Teil der Gewerkschaft darf also in dieser Funktion Daten der Mitglieder dieser Gewerkschaft in dem Unternehmen erheben und an die Gewerkschaft weitergeben. Daten von Mitgliedern anderer Gewerkschaften darf sie hingegen nicht erheben, da dies weder für „ihre" Gewerkschaft noch für ihre Arbeit als Vertrauensperson dieser Gewerkschaft erforderlich ist[237]. Die Betriebsratsmitglieder können sich jedoch, soweit sie keine gewerkschaftlichen Vertrauensleute sind, nicht auf § 29 Abs. 9 BDSG berufen.

---

[235] *Seifert*, Simitis, BDSG, § 32 Rn. 172.
[236] *Gola/Schomerus*, BDSG, § 28 Rn. 82.
[237] *Innenministerium B-W*, TB 2005 – Datenschutz im nichtöffentlichen Bereich, Ziff. 9.5.; im Internet abrufbar unter: http://www.im.baden-wuerttemberg.de/fm7/1227/TKB%202005.pdf; zuletzt abgerufen am 19. Juni 2012.

VI. Möglichkeiten der Einschränkung und Erweiterung der datenschutzrechtlichen Standards durch kollektivrechtliche Regelungen

1. Erweiterung und Begrenzung der datenschutzrechtlichen Befugnisse des Betriebsrats durch Betriebsvereinbarung

a) Betriebsvereinbarung als „andere Rechtsvorschrift" i. S. d. § 4 Abs. 1 BDSG

aa) Rechtliche Rahmenbedingungen für einen kollektivrechtlichen Datenschutz

Die Zulässigkeit der Verwendung von Beschäftigtendaten ist zunächst auf zwei Säulen aufgebaut: auf den gesetzlichen Erlaubnistatbeständen des BDSG bzw. bereichsspezifischen Regelungen und auf der Einwilligung des Betroffenen selbst. § 4 Abs. 1 BDSG erweitert die zulässige Verarbeitung von Beschäftigtendaten auf eine dritte Säule, nämlich auf spezifisch arbeitsrechtliche Erlaubnistatbestände in Tarifverträgen und Betriebsvereinbarungen. In der Rechtsprechung[238] und im Schrifttum[239] ist weitgehend anerkannt, dass eine den Umgang mit Beschäftigtendaten erlaubende „andere Rechtsvorschrift" i. S. d. § 4 Abs. 1 BDSG auch die normativen Bestimmungen eines Tarifvertrages oder einer Betriebsvereinbarung[240] sein können. Ihre normative Wirkung ergibt sich aus § 4 Abs. 1 TVG bzw. § 77 Abs. 4 Satz 1 BetrVG, wonach diesen kollektivrechtlichen Regelungen eine unmittelbare und zwingende Wirkung zukommt.

Auch diese kollektivrechtlichen Regelungen können daher eine Datenverarbeitung in Ausnahme vom grundsätzlichen Datenverarbeitungsverbot legitimieren[241]. Dies ergibt sich zunächst aus dem in § 4 Abs. 1 BDSG verwendeten Begriff „andere Rechtsvorschrift". Dieser Terminus ist denkbar weit gefasst. Darüber hinaus

---

238   BAG v. 20.12.1995, NZA 1996, 945 (947); BAG v. 30.8.1995, NZA 1996, 218 (221); BAG v. 27.5.1986, NZA 1986, 643 (646) zur Vorgängervorschrift § 3 Satz 1 Nr. 1 BDSG 1977.
239   *Gola/Schomerus*, BDSG, § 4 Rn. 7 und 10; *Kort*, RdA 1992, 378 (381); *Kania*, ErfK, BetrVG, § 87 Rn. 61; *Sokol*, Simitis, BDSG, § 4 Rn. 11; *Tinnefeld/Ehmann/Gerling*, Einführung in das Datenschutzrecht, S. 221; unklar *Richardi*, Richardi, BetrVG, § 87 Rn. 530 wonach Arbeitgeber und Betriebsrat an die Vorschriften des BDSG gebunden sind, wenn man „*in der Betriebsvereinbarung keine Rechtsvorschrift im Sinne des § 4 Abs. 1 BDSG sieht*"; a. A. *Ernst*, NZA 2002, 585 (588) der bezüglich Arbeitnehmerdaten eine Betriebsvereinbarung nicht für eine „*andere Rechtsvorschrift*" i. S. d. § 4 Abs. 1 BDSG hält.
240   Sowie ein die Betriebsvereinbarung ersetzender Spruch der Einigungsstelle, vgl. *Wiese*, GK-BetrVG, § 87 Rn. 493.
241   BAG v. 30.8.1995, NZA 1996, 218 (221); BAG v. 27.5.1986, NZA 1986, 643 (646); *Sokol*, Simitis, BDSG, § 4 Rn. 11; *Wiese*, GK-BetrVG, § 87 Rn. 493; *Matthes*, MünchArbR, § 338 Rn. 49; *Gola/Schomerus*, BDSG, § 4 Rn. 7.

lassen die Materialien zum BDSG an keiner Stelle erkennen, dass der Gesetzgeber damit nur Rechtsvorschriften gemeint hat, die von staatlicher Stelle erlassen worden sind[242]. Die Geltung staatlicher Vorschriften neben dem BDSG wird bereits weitgehend durch § 1 Abs. 3 BDSG geregelt, in welchem explizit auf vorrangige Rechtsvorschriften des Bundes verwiesen wird. Diese explizite Verweisung auf Rechtsvorschriften des Bundes wäre überflüssig, würde § 4 Abs. 1 BDSG als andere Rechtsvorschriften nicht solche im Range unterhalb des Gesetzesrechtes mit einbeziehen. Dies entspricht auch dem Charakter des BDSG, welches sich als eine subsidiäre Regelung des Datenschutzes versteht, die hinter spezielleren, bereichsspezifischen Regelungen zurücktritt[243]. Obwohl es bislang folglich unstreitig war, dass auch kollektivrechtliche Regelungen „andere Rechtsschriften" i. S. d. § 4 Abs. 1 BDSG sind, hat es der Gesetzgeber in seinem „*Entwurf eines Gesetzes zur Regelung des Beschäftigtendatenschutzes*" für erforderlich angesehen, in einem neu einzufügenden § 4 Abs. 1 Satz 2 BDSG klarzustellen, dass „*andere Rechtsvorschriften im Sinne dieses Gesetzes [...] auch Betriebs- und Dienstvereinbarungen [sind]*"[244].

Diese Vorrangigkeit der Betriebsvereinbarung betrifft aber nur die Erlaubnisregelungen des BDSG. Soweit das Betriebsverfassungsrecht selbst die Informationsbefugnisse der Mitarbeitervertretung aus datenschutzrechtlichen Gesichtspunkten begrenzt, kann auch eine Betriebsvereinbarung keine neuen Erlaubnistatbestände schaffen. Dies ergibt sich aus § 87 Abs. 1 BetrVG, wonach den Betriebsparteien eine Regelungsmaterie entzogen ist, soweit hierfür bereits eine gesetzliche Regelung besteht.

bb) Praktisches Bedürfnis für die Regelung des Datenschutzes durch Betriebsvereinbarung

Die Einbeziehung von Betriebsvereinbarungen in den Kreis der „anderen Rechtsvorschriften" nach § 4 Abs. 1 BDSG ist aus betrieblichen Gesichtspunkten sinnvoll. Aufgrund der Komplexität des Arbeitnehmerdatenschutzrechts besteht seit jeher eine erhebliche Unsicherheit darüber, wann Beschäftigtendaten erhoben, verarbeitet oder genutzt werden können. In der Praxis wird daher nicht selten auf die Möglichkeit zurückgegriffen, eventuell auftretende datenschutzrechtliche Unklar-

---

242 BT-Drs. 7/1027, S. 32.
243 *Sokol*, Simitis, BDSG, § 4 Rn. 12.
244 Vgl. die Gesetzesbegründung der Bundesregierung in *BR-Drs. 535/10, S. 25*, wonach die herrschende Rechtsauffassung in Rechtsprechung und Literatur ausdrücklich gesetzlich geregelt werden soll. Mit dieser Klarstellung soll weder eine Einschränkung noch eine Erweiterung der Möglichkeiten und Grenzen, durch Betriebs- oder Dienstvereinbarungen abweichende Regelungen zu treffen, gegenüber der jetzigen, durch die Rechtsprechung geprägten Rechtslage erfolgen.

heiten durch den Abschluss entsprechender Betriebsvereinbarungen zu lösen und dadurch Rechtssicherheit zu erhalten[245].

Insbesondere in Unternehmen mit einer Vielzahl von Beschäftigten ist es darüber hinaus erforderlich, einen gegenüber allen Arbeitnehmern einheitlichen datenschutzrechtlichen Standard zu schaffen. In diesen Betrieben kann eine sinnvolle Verarbeitung von personenbezogenen Arbeitnehmerdaten, soll sie praktikabel sein, nur einheitlich erfolgen. Würde man die Möglichkeit der Festlegung von datenschutzrechtlichen Standards im Wege von Betriebsvereinbarungen verneinen, würde sich die Zulässigkeit der Verarbeitung von Arbeitnehmerdaten alleine nach den Erlaubnistatbeständen des BDSG richten[246]. Die Erlaubnistatbestände des BDSG knüpfen jedoch bei der Beurteilung der Frage der Zulässigkeit der Datenverarbeitung stets an den konkreten Einzelfall, d.h. an den konkret Betroffenen, an. Die Zulässigkeit der Verarbeitung personenbezogener Daten im Arbeitsverhältnis müsste in der Folge an Wertungen anknüpfen, die die konkreten Umstände des Einzelfalls berücksichtigen und das Interesse des Arbeitgebers an der Datenverarbeitung gegen das Interesse des jeweils konkret betroffenen Arbeitnehmers gegeneinander abwägen. Die Interessen können jedoch von unterschiedlichem Gewicht sein. Ein derartiges Vorgehen könnte folglich in Betrieb und Unternehmen zu der Situation führen, dass eine bestimmte Datenverarbeitung dem einen Arbeitnehmer gegenüber zulässig, dem anderen gegenüber jedoch unzulässig wäre[247]. Einer derartigen Aufspaltung der Datenverarbeitung kann sinnvoll nur durch kollektivrechtliche Regelungen begegnet werden[248].

Datenschutzrechtliche Regelungen mittels Betriebsvereinbarung sind im Verhältnis der Betriebsparteien auch deswegen besonders interessant, da hierdurch der Konflikt zwischen Datenschutz und Informationsfreiheit innerbetrieblich zwischen den Beteiligten autonom aushandelbar ist. Das primäre Regelungsinstrument hierfür, die Einwilligung des Betroffenen, kommt, insbesondere wenn es um die Rechte und Pflichten der Mitarbeitervertretungen geht, außer bei Kleinbetrieben faktisch nicht in Betracht[249].

---

245 *Brandt*, DuD 2010, 213 (213); *Wybitul*, BB 2009, 1582 (1584f.); *Braun/Wybitul*, BB 2008, 782 (784).
246 Die Einwilligung aller Arbeitnehmer für jeden Einzelfall der Datenverarbeitung ist praktisch kaum durchführbar.
247 So auch BAG v. 27.5.1986, NZA 1986, 643 (646).
248 *Diller/Schuster*, DB 2008, 928 (929).
249 *Buchner*, FS Buchner, 153 (162).

b) Legitimierung einer grundsätzlich unzulässigen Datenverarbeitung durch den Betriebsrat durch Betriebsvereinbarung

Nachdem in den vorhergehenden Ausführungen festgestellt worden ist, dass eine Betriebsvereinbarung von ihrem rechtlichen Charakter her den formalen Kriterien einer Erlaubnisvorschrift im Sinne des § 4 Abs. 1 BDSG entsprechen kann, ist nunmehr auf die inhaltliche Seite einer Betriebsvereinbarung einzugehen. Der Abschluss derartiger den Datenschutz betreffender Betriebsvereinbarungen kann zum einen im Falle der zwingenden Mitbestimmung (insbesondere § 87 Abs. 1 Nr. 6 BetrVG), zum anderen aber auch aufgrund einer freiwilligen Übereinkunft zwischen Arbeitgeber und Betriebsrat nach § 88 BetrVG erfolgen.

Sehr umstritten, sowohl zwischen Rechtsprechung und Literatur als auch innerhalb des Schrifttums, war lange Zeit die Frage, ob die Betriebsparteien auch die Möglichkeit haben, im Wege einer Betriebsvereinbarung die durch das BDSG vorgegebenen datenschutzrechtlichen Mindeststandards zu unterschreiten. Praktisch bedeutsam sind in diesem Zusammenhang insbesondere Fallgestaltungen, in denen im Wege einer Betriebsvereinbarung zugunsten des Arbeitgebers oder des Betriebsrats zusätzliche Erlaubnistatbestände für die Erhebung, Verarbeitung und Nutzung von personenbezogenen Arbeitnehmerdaten geschaffen werden und diese damit an die Stelle der ansonsten einschlägigen Zulässigkeitsnormen der §§ 28, 32 BDSG treten.

aa) Akzeptanz zuungunsten der Arbeitnehmer wirkender Betriebsvereinbarungen durch die Rechtsprechung

Nach Ansicht des BAG konnte durch eine Betriebsvereinbarung bisher auch zuungunsten der Arbeitnehmer von den Standards des BDSG abgewichen werden[250]. Betriebsvereinbarungen seien keineswegs darauf beschränkt, nur unbestimmte Rechtsbegriffe des BDSG näher zu konkretisieren, den Datenschutz der Arbeitnehmer zu verstärken oder betriebliche Besonderheiten näher zu beschreiben. Da es sich bei Betriebsvereinbarungen um Rechtsvorschriften im Sinne des § 4 Abs. 1 BDSG handelt, seien diese hinsichtlich ihres zulässigen Inhalts nicht an den Vorschriften des BDSG zu messen und könnten daher auch solche Datenverarbeitungsvorgänge legitimieren, die sich nicht auf einen Erlaubnistatbestand im BDSG oder eine bereichsspezifische Erlaubnisnorm stützen lassen. Das BDSG normiert laut BAG keinen unabdingbaren Mindeststandard an Datenschutz, der durch Betriebsvereinbarungen nur zugunsten der Arbeitnehmer verbessert werden könne[251]. Die Möglichkeit einer Verbesserung des Datenschutzstandards durch kollektive

---

250 BAG v. 27.5.1986, NZA 1986, 643 (646) zur datenschutzrechtlichen Zulässigkeit der Telefondatenerfassung.
251 BAG v. 27.5.1986, NZA 1986, 643 (646).

Regelungen ergebe sich bereits aus dem Günstigkeitsprinzip und habe keiner ausdrücklichen Regelung im BDSG bedurft. Vielmehr könne der Datenschutzstandard durch eine Betriebsvereinbarung auch unterschritten werden[252]. Letztendlich seien die Betriebsparteien jedoch nicht gänzlich frei in ihrem Gestaltungsrecht, da sie bei der Ausgestaltung der Betriebsvereinbarung zwingendes Gesetzesrecht, grundgesetzliche Wertungen und die Beschränkungen des allgemeinen Arbeitsrechts zu beachten hätten.

Teile der Literatur[253] sind der Auffassung des BAG gefolgt. Voraussetzung für die Unterschreitung des Schutzstandards des BDSG durch eine Betriebsvereinbarung sei jedoch, dass die Betriebsparteien den sich aus § 75 Abs. 2 BetrVG ergebenden Schutzauftrag, wonach sie unter anderem die freie Entfaltung der Persönlichkeit der im Betrieb beschäftigten Arbeitnehmer zu schützen und zu fördern haben, berücksichtigten. Sie müssten sich des Weiteren im Rahmen der Regelungskompetenz der Betriebsparteien und den Grundsätzen über den Persönlichkeitsrechtsschutz des Arbeitnehmers im Arbeitsverhältnis halten.

bb) Schutzauftrag des Betriebsrats als Argument gegen ein Absenken des Datenschutzstandards durch Betriebsvereinbarung

Diese Rechtsprechung des BAG ist in Teilen der Literatur auf deutliche Ablehnung gestoßen[254]. Zwar wird überwiegend anerkannt, dass Betriebsvereinbarungen „andere Rechtsvorschriften" i. S. d. § 4 Abs. 1 BDSG sein können[255]. Für untergesetzliche Rechtsvorschriften wie Betriebsvereinbarungen könne aber eine zu Ungunsten der Arbeitnehmer wirkende Abweichung vom BDSG generell nicht zugelassen werden. Andernfalls wäre der kollektive Schutzzweck von Betriebsvereinbarungen in das Gegenteil verkehrt[256]. Betriebsvereinbarungen hätten die Funktion, die soziale und wirtschaftliche Unterlegenheit des einzelnen Arbeitnehmers und die daraus resultierende Disfunktionalität der Vertragsfreiheit im Arbeitsleben zu kompensieren[257]. Hiermit wäre es nicht vereinbar, den im BDSG niedergelegten Datenschutz

---

252 BAG v. 27.5.1986, NZA 1986, 643 (646).
253 *Wiese*, GK-BetrVG, § 87 Rn. 493; *Franzen*, GK-BetrVG, § 83 Rn. 58; *Kreutz*, GK-BetrVG, § 77 Rn. 350; *Matthes*, MünchArbR, § 248 Rn. 42; *Fitting*, BetrVG, § 83 Rn. 30; *Wank*, ErfK, BDSG, § 4 Rn. 2; *Balke/Müller*, DB 1997, 326 (329); *Beckschulze/Henkel*, DB 2001, 1491 (1501); *Hilber/Frik*, RdA 2002, 89 (92); *Altenburg/v. Reinersdorff/Leister*, MMR 2005, 222 (223); *Kort*, RdA 1992, 378 (381); *Matthes*, CR 1987, 108 (110); *Wohlgemuth/Mostert*, ArbuR 1986, 138 (140); selbiger bereits vor der Entscheidung des BAG *Wohlgemuth*, ArbuR 1984, 257 (262).
254 *Sokol*, Simitis, BDSG, § 4 Rn. 17; *Linnenkohl/Rauschenberg/Schütz*, BB 1987, 1454; *Latendorf*, CR 1987, 242 (244); *Kort*, RdA 1992, 378 (384).
255 *Fitting*, BetrVG, § 83 Rn. 29; *Kreutz*, GK-BetrVG, § 75 Rn. 108; *Sokol*, Simitis, BDSG, § 4 Rn. 11; *Gola/Wronka*, Handbuch zum Arbeitnehmerdatenschutz, Rn. 204;
256 *Latendorf*, CR 1987, 242 (244).
257 *Latendorf*, CR 1987, 242 (244).

herabzusetzen und die vom BVerfG im Volkszählungsurteil aufgestellten Grundsätze bezüglich der Verwendung von personenbezogenen Daten zu übergehen. Andernfalls hätte es der Arbeitgeber in der Hand, sich von ungeliebten gesetzlichen Datenschutzvorschriften durch Betriebsvereinbarung zu befreien.

Dem Betriebsrat sei darüber hinaus keine Kompetenz zur Regelung eines von dem individuellen Datenschutz abweichenden „kollektiven" Datenschutzes eingeräumt. Vielmehr obläge ihm die Kompetenz und der Auftrag, im Rahmen des dem Gesetzgeber eingeräumten Gestaltungsspielraums Arbeitnehmerinteressen zur Geltung zu bringen[258]. Auch der Zweck des § 87 Abs. 1 Nr. 6 BetrVG spreche gegen ein Abweichen von den Mindeststandards des BDSG, da die Norm unzulässige Eingriffe in die Persönlichkeitssphäre der Arbeitnehmer verhindern solle[259]. Durch die Mitbestimmung des Betriebsrats werde daher die Zulässigkeit von Eingriffen in die Persönlichkeitsrecht der Arbeitnehmer nicht erweitert. Eine dem Schutz des einzelnen Arbeitnehmers verpflichtete Betriebsvereinbarung könne deshalb nicht Datenverarbeitungen gestatten, die von §§ 28 ff. BDSG nicht gedeckt seien und im betriebsratslosen Arbeitsverhältnis daher der Einwilligung der betroffenen Arbeitnehmer bedürften[260]. Eine Verschlechterung des Datenschutzes im Rahmen einer Betriebsvereinbarung widerspräche somit dem durch das BDSG vorgegebenen Schutzumfang auch der Vorschrift des § 75 Abs. 2 BetrVG. Darüber hinaus führe diese Rechtsprechung zu einer Rechtszersplitterung auf dem Gebiet des Arbeitnehmerdatenschutzes[261]. Eine Betriebsvereinbarung könne daher die Vorgaben des BDSG allenfalls konkretisieren, nicht aber den Arbeitnehmerdatenschutz unter das Niveau des BDSG absenken[262].

cc) Entscheidung des Streits durch den Gesetzgeber

Dieser zwischen der Rechtsprechung und dem Großteil der Literatur kontrovers geführte Streit wird nun aller Voraussicht nach durch den Gesetzgeber endgültig geklärt werden. Nach dem von der Bundesregierung im Jahr 2010 vorgelegten *„Entwurf eines Gesetzes zur Regelung des Beschäftigtendatenschutzes"* soll eine Regelung in das BDSG eingeführt werden, wonach von den Bestimmungen des Arbeitnehmerdatenschutzes *„nicht zu Ungunsten der Beschäftigten abgewichen werden"* darf[263] (§ 32l Abs. 5 BDSG-E). Das Verbot soll gewährleisten, dass der mit den gesetzlichen Vorschriften geschaffene Datenschutzstandard für Beschäftig-

---

258 *Gola*, ArbuR 1988, 105 (112).
259 *Hammer*, Betriebsverfassungsrechtliche Schutzpflicht, S. 152 f.
260 *Hammer*, Betriebsverfassungsrechtliche Schutzpflicht, S. 152 f.
261 Linnenkohl/Rauschenberg/Schütz, BB 1987, 1454.
262 *Sokol*, Simitis, BDSG, § 4 Rn. 17; *Weichert*, DKWW, BDSG, § 4 Rn. 2; *Bergmann/Möhrle/ Herb*, BDSG, § 4 Rn. 25; *Kort*, NZA 2010, 1267 (1269).
263 BR-Drs. 535/10, S. 14.

te nicht unterschritten wird. Damit soll nach der Gesetzesbegründung allerdings nicht ausgeschlossen werden, dass Tarifverträge, Betriebs- oder Dienstvereinbarungen die gesetzlichen Regelungen konkretisieren oder gestalten, um den jeweiligen betrieblichen Besonderheiten Rechnung zu tragen[264]. Solche Vereinbarungen sollen weiterhin zulässig sein, soweit sie von den gesetzlichen Regelungen des BDSG nicht zum Nachteil der Beschäftigten abweichen.

dd) Keiner Erforderlichkeit für ein Verbot abweichender Betriebsvereinbarungen

Der Gesetzgeber wird daher diesen Streit nunmehr vermutlich durch eine ausdrückliche gesetzliche Regelung entscheiden. Die nachfolgenden Ausführungen zeigen jedoch, dass es einer solchen Regelung nicht bedarf und dass dieser Gesetzesentwurf darüber hinaus zu einer Rechtsunsicherheit bei der Anwendung des Arbeitnehmerdatenschutzes im Betrieb führen wird.

Zunächst ist der Auffassung entgegenzutreten, dass die Regelungen des BDSG einen unabdingbaren Mindeststandard im Arbeitnehmerdatenschutz festlegen. Trotz der insoweit durch den Regierungsentwurf vorgesehenen Einschränkung[265] soll der einzelne Arbeitnehmer nämlich auch weiterhin in eine Datenverarbeitung einwilligen können, die von den Vorschriften des BDSG zu seinen Ungunsten abweicht. Insoweit ist es jedoch wenig überzeugend, dass der Gesetzgeber die Einwilligung des gegenüber dem Arbeitgeber strukturell unterlegenen Arbeitnehmers weiterhin zulassen möchte, während der Abschluss einer nachteiligen Betriebsvereinbarung durch den Betriebsrat, welcher diese Unterlegenheit gerade ausgleichen soll, unzulässig sein soll. Auch die Betriebsvereinbarung lässt Raum für einen privatautonomen Interessenausgleich. Zugleich zeichnet sie sich im Unterschied zur Einwilligung jedoch dadurch aus, dass mit ihr, im Gegensatz zu einer dem Arbeitnehmer vorgelegten Einwilligungserklärung, die Verhandlungspartner auf Augenhöhe sach- und interessengerechte Lösungen finden können[266]. Wie die betriebsverfassungsrechtlichen Regelungen in Fällen der zwingenden Mitbestimmung zeigen, ist es gerade der Zweck von Betriebsvereinbarungen, Arbeitnehmer davor zu schützen, dass Arbeitgeber aufgrund ihrer Überlegenheit einseitig die Arbeitsbedingungen festlegen. Die vom Arbeitnehmer auf „Bitten" des Arbeitgebers erklärte Einwilligungserklärung kann jedoch aufgrund des Über- und Unterordnungsverhältnisses im Arbeitsleben einer einseitigen Festlegung durch den Arbeitgeber gleichkommen. Insbesondere hat der einzelne Arbeitnehmer selten die Möglichkeit zu erken-

---

264 BR-Drs. 535/10, S. 47.
265 Nach § 32l Abs. 1 BDSG-E soll die Erhebung, Verarbeitung und Nutzung von Beschäftigtendaten auf Grund einer Einwilligung nur noch in den §§ 32 ff BDSG-E ausdrücklich vorgesehenen Fällen zulässig sein; vgl. §§ 32 Abs. 6 Satz 4, 32a Abs. 1 Satz 2, Abs. 2 Satz 2, 32b Abs. 3, 32c Abs. 3, 32h Abs. 1 Satz 2, 32i Abs. 2 Satz 1, 32i Abs. 2 Satz 2 BDSG-E.
266 *Buchner*, FS Buchner, 153 (162).

nen, welche Ziele der Arbeitgeber mit dem durch die Einwilligungserklärung gewünschten Zugriff auf die personenbezogenen Daten verfolgt und ob der durch die Einwilligungserklärung dem Arbeitgeber gewährte Zugriff auf seine personenbezogenen Daten für die vom Arbeitgeber verfolgten Zwecke tatsächlich erforderlich ist. Nicht die Einwilligung des einzelnen Betroffenen, sondern kollektivrechtliche Regelungen wie die Betriebsvereinbarung sollten daher beim Arbeitnehmerdatenschutz die primäre Alternative zu den gesetzlichen Erlaubnistatbeständen sein.

Schließlich führt das Verbot, gegenüber dem Datenschutzstandard des BDSG nach unten abweichende Betriebsvereinbarungen abzuschließen, auch zu einer erhöhten Rechtsunsicherheit bei der Verarbeitung von Beschäftigtendaten. Bisher konnten die Betriebsparteien immer dann eine Betriebsvereinbarung abschließen, wenn bei ihnen Unsicherheiten bestanden, ob eine konkrete Verwendung von Beschäftigtendaten zulässig oder unzulässig ist. Dies wird in Zukunft nicht mehr möglich sein, weil die Betriebsparteien vor dem Abschluss einer Betriebsvereinbarung zunächst prüfen müssen, ob die Betriebsvereinbarung den Datenschutzstandard des BDSG absenkt. Hierzu ist es jedoch zunächst erforderlich festzustellen, welche Grenzen durch das BDSG überhaupt gezogen werden. Auf Grund der Komplexität des Datenschutzrechts und der von einer Vielzahl von unbestimmten Rechtsbegriffen geprägten Materie wird dies im Einzelfall jedoch nur schwer feststellbar sein[267].

Die hier vertretende Ansicht, dass auch eine vom Datenschutzstandard abweichende Betriebsvereinbarung weiterhin zulässig sein sollte, hätte jedoch nicht zur Folge, dass datenschutzrechtliche Regelungen in Betriebsvereinbarungen einen beliebigen Inhalt haben können. Bereits vor dem Verbot vom BDSG nachteiliger Betriebsvereinbarungen waren die Arbeitnehmer nämlich nicht schutzlos gestellt. Der Inhalt der Betriebsvereinbarung musste sich auch bisher im Rahmen der Regelungsautonomie der Betriebspartner halten und die für diese Autonomie geltenden, sich aus grundgesetzlichen Wertungen, zwingenden Gesetzesrecht und den allgemeinen Grundsätzen des Arbeitsrechts ergebenden Beschränkungen beachten[268]. Die Grenze der Regelungsbefugnis der Betriebsparteien ergibt sich insbesondere daraus, dass sie nach § 75 Abs. 2 Satz 1 BetrVG die freie Entfaltung der Persönlichkeit der im Betrieb beschäftigten Arbeitnehmer zu schützen und fördern haben. Diese als zwingendes Recht weder durch Betriebsvereinbarung noch durch Tarifvertrag abdingbare Verpflichtung stellt eine Schranke für die Regelungsbefugnis

---

267 Selbst der Bundesrat hat in seiner Stellungnahme zum Regierungsentwurf eingewandt, dass die neuen Regelungen zum Beschäftigtendatenschutz teilweise nur schwer zu erschließen sind, vgl. BR-Drs. 535/10 (Beschluss), S. 2.
268 BAG v. 27.5.1986, NZA 1986, 643 (647); BAG v. 26.8.2008, NZA 2008, 1187 (1189).

der Betriebsparteien und den Inhalt der von ihnen getroffenen Regelungen dar[269]. Daher dürfen sie beim Abschluss einer Betriebsvereinbarung nicht gegen das sich aus Art. 2 Abs. 1 i.V.m. Art. 1 Abs. 1 GG ergebende Recht auf informationelle Selbstbestimmung der Arbeitnehmer verstoßen. So schützt beispielsweise das allgemeine Persönlichkeitsrecht den Arbeitnehmer nach der Rechtsprechung des BAG auch vor einer durch Betriebsvereinbarung vereinbarten lückenlosen technischen Überwachung am Arbeitsplatz durch heimliche Videoaufnahmen[270]. Durch eine solche Kontrolle wird nicht lediglich eine Aufsichtsperson ersetzt. Vielmehr wird der Arbeitnehmer, der davon ausgehen muss, dass der Arbeitgeber bei bestimmten Gelegenheiten zum Mittel der heimlichen Videoaufzeichnung greift, einem ständigen Überwachungsdruck ausgesetzt, dem er sich während seiner Tätigkeit nicht entziehen kann[271].

Die den Betriebsparteien durch § 75 Abs. 2 Satz 1 BetrVG auferlegte Pflicht, die freie Entfaltung der Persönlichkeit des Arbeitnehmers zu schützen, verbietet jedoch nicht jede Betriebsvereinbarung, die zu einer Einschränkung des allgemeinen Persönlichkeitsrechts führt[272]. Die Zulässigkeit oder Unzulässigkeit einer die Standards des BDSG unterschreitenden Betriebsvereinbarung kann sich, wie auch ansonsten im Persönlichkeitsrechtsschutz der Arbeitnehmer, nur aus einer Abwägung der gegenseitigen Interessen an der beabsichtigten Datenverarbeitungsmaßnahme ergeben[273]. Maßgeblich ist, welche schützenswerten Interessen der Arbeitgeber an der Datenverarbeitung hat und welche schützenswerten Interessen der Arbeitnehmer dem entgegenstehen. In dem soeben genannten Beispiel kann dieselbe Videoaufzeichnung des Arbeitgebers daher gerechtfertigt sein, wenn die Überwachung aus Sicherheitsgründen oder aufgrund eines konkreten Verdachts strafbarer Handlungen zu Lasten des Arbeitgebers erforderlich ist, sofern weniger einschneidende Mittel zur Aufklärung des Verdachts nicht zur Verfügung stehen[274]. Das zulässige Maß einer Beschränkung des allgemeinen Persönlichkeitsrechts bestimmt sich somit nach dem Grundsatz der Verhältnismäßigkeit. Dieser Grundsatz konkretisiert auch die den Betriebsparteien gemäß § 75 Abs. 2 BetrVG auferlegte Verpflichtung. Danach muss die von ihnen getroffene Regelung geeignet, erforderlich und unter Berücksichtigung der gewährleisteten Freiheitsrechte angemessen sein, um den erstrebten Zweck zu erreichen. Diese Interessenabwägung mag zwar praktisch

---

269 BAG v. 21.8.1990, NZA 1991, 154 (156); BAG v. 19.1.1999, NZA 1999, 546 (548); BAG v. 28.5.2002, NZA 2003, 166 (169); BAG v. 29.6.2004, NZA 2004, 1278 (1279); *Fitting*, BetrVG, § 75 Rn. 77; *Kreutz*, GK-BetrVG, § 75 Rn. 93.
270 BAG v. 27.3.2003, NZA 2003 1193 (1194).
271 BAG v. 27.3.2003, NZA 2003, 1193 (1194).
272 BAG v. 21.8.1990, NZA 1991, 154 (156); BAG v. 19.1.1999, NZA 1999, 546 (548); BAG v. 29.6.2004, NZA 2004, 1278 (1979).
273 BAG v. 27.3.2003, NZA 2003, 1193 (1194).
274 BAG v. 27.3.2003, NZA 2003, 1193 (1194); *Wiese*, GK-BetrVG, § 87 Rn. 490.

weitgehend den Vorgaben des BDSG entsprechen. Im Gegensatz zur Anwendung des § 32 Abs. 1 Satz 1 BDSG erfolgt die Abwägung hier jedoch aufgrund einer kollektivrechtlichen Regelungsmaterie und damit aufgrund einer kollektiven Bewertung der gegenläufigen Interessen.

2. Legitimierung der Nutzung personenbezogener Daten durch den Betriebsrat aufgrund tarifvertraglicher Regelungen

Aufgrund ihrer sich aus § 4 Abs. 1 Satz 1 TVG ergebenden normativen Wirkung können auch Tarifverträge Bereiche der Arbeitnehmerdatenverarbeitung als „andere Rechtsvorschrift" i. S. d. § 4 Abs. 1 BDSG regeln[275]. Der Regierungsentwurf zur Regelung des Arbeitnehmerdatenschutzes stellt dies nun ausdrücklich klar, indem in den Wortlaut des § 4 Abs. 1 Satz 2 BDSG-E neben dem Begriff der Betriebsvereinbarungen auch der Begriff der Tarifverträge aufgenommen wurde.

Die Regelung des Arbeitnehmerdatenschutzes durch Tarifverträge ist im Falle der Allgemeinverbindlichkeitserklärung auch für die nicht tarifgebundenen Arbeitgeber und Arbeitnehmer möglich. Beim Abschluss von Tarifverträgen haben die Tarifparteien ebenfalls die Grundrechte der Koalitionsmitglieder zu achten, d.h. die Tarifvertragsparteien werden aufgrund des Rechts auf informationelle Selbstbestimmung der Arbeitnehmer in ihrer Normsetzungsbefugnis beschränkt[276].

VII. Zusammenfassung

Die Mitglieder des Betriebsrats unterliegen im Falle der Verarbeitung von Beschäftigtendaten dem allgemeinen Datengeheimnis des § 5 Satz 1 BDSG. Aufgrund dessen sind sie zum Zeitpunkt der Aufnahme ihrer Betriebsratstätigkeit ebenfalls gemäß § 5 Satz 2 BDSG formell auf das Datengeheimnis zu verpflichten.

---

275 So finden sich beispielsweise Regelungen zur Leistungs- und Verhaltenskontrolle in § 7 des Tarifvertrages über die Arbeitsbedingungen von Arbeitnehmern auf Arbeitsplätzen mit Geräten der Informations- und Kommunikationstechnik (EDV-Tarifvertrag) der evangelischen Landeskirche und Diakonie Württemberg vom 25.1.1990 (Abl. 54 S. 446), im Internet unter ilias-elk-wue.de/drupal6/node/132, letzter Abruf am 20. März 2011.
276 *Sokol*, Simitis, BDSG, § 4 Rn. 17; *Mester*, Arbeitnehmerdatenschutz, S. 83; zu den Grenzen einer tariflichen Regelung siehe *Berliner Beauftragter für Datenschutz und Informationsfreiheit*, Jahresbericht 2001, Kapitel 4.4.1, abrufbar unter www.fh-giessen-friedberg.de/zaftda, letzter Abruf am 30. Juni 2012.

Soweit betriebsverfassungsrechtliche Bestimmungen keinen Vorrang i. S. d. § 1 Abs. 3 Satz 1 BDSG finden, richtet sich die Zulässigkeit der Arbeitnehmerdatenverarbeitung des Betriebsrats nach den allgemeinen Zulässigkeitstatbeständen des BDSG, insbesondere nach § 32 Abs. 1 Satz 1 BDSG und § 28 Abs. 1 Satz 1 Nr. 2 BDSG. Die Zulässigkeit einer Arbeitnehmerdatenverarbeitung des Betriebsrats bemisst sich im Rahmen des § 32 Abs. 1 Satz 1 BDSG allerdings nicht nach der Zweckbestimmung des Arbeitsvertrages des betroffenen Arbeitnehmers. Die Datenverarbeitung des Betriebsrats entspricht vielmehr dann der Zweckbestimmung des Beschäftigungsverhältnisses, wenn die Verwendung der Beschäftigtendaten durch den Betriebsrat zur Erfüllung seiner sich aus dem BetrVG ergebenden Aufgaben erforderlich ist. Die genannten Praxisbeispiele haben gezeigt, dass sich mit dieser Auslegung der datenschutzrechtlichen Bestimmungen sachgerechte Lösungen erzielen lassen, welche sowohl den Informationsbedürfnissen des Betriebsrats als auch den Datenschutzbedürfnissen der Beschäftigten Rechnung tragen.

F. Kontrolle des Datenschutzes gegenüber dem Betriebsrat

Die Kontrolle der Einhaltung der in Betrieb und Unternehmen zu beachtenden Datenschutzbestimmungen obliegt zunächst der Leitung der die jeweiligen Daten verarbeitenden Stelle[1]. Sie ist Normadressat der Datenschutzgesetze und sonstiger datenschutzrechtlicher Vorschriften, z. B. von Betriebsvereinbarungen, und daher zum Aufbau einer angemessenen Datenschutzorganisation verpflichtet[2]. Zur Sicherstellung des mit dem BDSG bezweckten Schutzes des Persönlichkeitsrechts der Betroffenen hat der Gesetzgeber zusätzlich ein mehrstufiges Kontrollsystem geschaffen[3]. Es setzt sich zusammen aus einer betrieblichen Eigenkontrolle durch den zu bestellenden betrieblichen Beauftragten für den Datenschutz (§§ 4f, 4g BDSG), einer Kollektivkontrolle durch den Betriebsrat hinsichtlich der Arbeitnehmerdatenverarbeitung (§§ 75 Abs. 2, 80 Abs. 1 Nr. 1, Abs. 2 BetrVG) und schließlich aus einer Fremdkontrolle durch die staatlichen Aufsichtsbehörden (§ 38 BDSG). Zweck dieser Kontrollinstitutionen ist vornehmlich die Überwachung der Datenverarbeitung durch den Arbeitgeber. Nachfolgend stellt sich allerdings die Frage, in welchem Verhältnis der betriebliche Datenschutzbeauftragte und die Datenschutzbehörde zum Betriebsrat stehen.

---

1 *Gola/Schomerus*, BDSG, § 4f Rn. 1.
2 *Gola/Schomerus*, BDSG, § 3 Rn. 48; *Gola/Wronka*, Handbuch zum Arbeitnehmerdatenschutz, Rn. 1274.
3 *Tinnefeld/Ehmann/Gerling*, Einführung ins das Datenschutzrecht, S. 401; *Gola/Wronka*, Handbuch zum Arbeitnehmerdatenschutz, Rn. 1277; *Springmann*, Der Betriebsrat und die Betriebsbeauftragten, S. 42.

I. Einflussmöglichkeiten des betrieblichen Datenschutzbeauftragten auf die Betriebsratsarbeit

1. System der betriebsinternen Datenschutzkontrolle

a) Betrieblicher Datenschutzbeauftragte, §§ 4f, 4g BDSG

Das BDSG schreibt die Aufgabe der betriebsinternen Datenschutzkontrolle zwei Institutionen zu. Auf der einen Seite steht der betriebliche Datenschutzbeauftragte, welcher nach § 4f Abs. 1 Satz 1 und 4 BDSG in nicht-öffentlichen Stellen zu bestellen ist, wenn dort in der Regel mehr als neun Personen ständig mit der automatisierten Verarbeitung personenbezogener Daten beschäftigt sind. Der Begriff „in der Regel" ist an die Formulierung in anderen Gesetzen (z. B. § 1 Abs. 1 BetrVG, § 1 Abs. 1 Nr. 2 MitbestG) angelehnt[4]. Soweit eine nicht automatisierte Verarbeitung stattfindet, müssen mindestens 20 Personen hiermit einschlägig befasst sein (§ 4f Abs. 1 Satz 3 BDSG), um die Pflicht zur Bestellung eines betrieblichen Datenschutzbeauftragten auszulösen.

aa) Erforderliche Fachkunde und Zuverlässigkeit des betrieblichen Datenschutzbeauftragten

Gemäß § 4f Abs. 2 Satz 1 BDSG darf zum Beauftragten für den Datenschutz nur bestellt werden, wer die zur Erfüllung seiner Aufgaben erforderliche Fachkunde und Zuverlässigkeit besitzt. Adressat der Bestellpflicht des § 4f Abs. 1 BDSG sind öffentliche und nicht-öffentliche Stellen, die personenbezogene Daten verarbeiten. Mit „Stelle" ist jede rechtlich selbständige Einheit, also das Unternehmen gemeint[5]. Besteht ein Unternehmen aus mehreren Betrieben, muss für die nur organisatorisch selbständige Einheit „Betrieb" im Sinne des BetrVG folglich kein eigenständiger Datenschutzbeauftragter bestellt werden. Die Bezeichnung „betrieblicher" Datenschutzbeauftragte ist daher missverständlich[6], er hat sich jedoch in der Praxis zur

---

4 Die Bindung der verbindlichen Bestellung eines betrieblichen Datenschutzbeauftragten an bestimmte Schwellenwerte wird seit jeher kritisiert. Nach *Simitis*, Simitis, BDSG, §4f Rn. 16 handelt es sich bei der Zahl der bei der automatisierten Verarbeitung beschäftigten Personen um ein sachfremdes Kriterium. Die Anzahl lasse keinerlei Schluss auf die konkret genutzten Daten, die Verarbeitungsstruktur und die Verwendungsziele zu. *Däubler*, DKWW, § 4f Rn. 12 spricht von einem keineswegs in allen Fällen einleuchtenden Kriterium, da die Gefährdung des informationellen Selbstbestimmungsrechts auch dann sehr groß sein könne, wenn nur eine oder zwei Personen Zugang zu den Daten haben.

5 *Däubler*, DKWW, BDSG, § 4f Rn. 5; *Tinnefeld/Ehmann/Gerling*, Einführung in das Datenschutzrecht, S. 170; *Springmann*, Der Betriebsrat und die Betriebsbeauftragten, S. 44.

6 *Simitis*, Simitis, BDSG, § 4f Rn. 34; *Springmann*, Der Betriebsrat und die Betriebsbeauftragten, S. 45.

Abgrenzung gegenüber den Bundes- und Landesbeauftragten für den Datenschutz sowie gegenüber dem „behördlichen" Datenschutzbeauftragten in öffentlichen Stellen etabliert.

bb) Aufgaben des betrieblichen Datenschutzbeauftragten

Das BDSG legt in § 4g Abs. 1 die Aufgaben des betrieblichen Datenschutzbeauftragten fest. Nach § 4g Abs. 1 Satz 1 BDSG kommt dem betrieblichen Datenschutzbeauftragten die allgemeine Aufgabe zu, auf die Einhaltung des BDSG sowie anderer Vorschriften über den Datenschutz hinzuwirken. § 4g Abs. 1 Satz 3 Nr. 1 und 2 BDSG enthalten ergänzend eine beispielhafte Aufzählung besonders wichtiger Aufgaben, nämlich die Überwachung der ordnungsgemäßen Anwendung der Datenverarbeitungsprogramme und die Schulung der bei der Datenverarbeitung tätigen Personen. „Hinwirken" i. S. d. § 4g Abs. 1 Satz 1 BDSG bedeutet, dass der betriebliche Datenschutzbeauftragte für die Beachtung des BDSG sowie anderer Vorschriften über den Datenschutz Sorge zu tragen hat[7]. Was dies betrifft hatte das BDSG vor der Novelle im Jahr 2001 noch von der Pflicht des Beauftragten gesprochen, die Ausführung der Datenschutzvorschriften „sicherzustellen" (§ 29 Satz 1 BDSG 1977, § 37 Abs. 1 Satz 1 BDSG 1990). Diese markante Wortwahl stand jedoch stets in Widerspruch zu den tatsächlichen Kompetenzen des betrieblichen Datenschutzbeauftragten. Die Entscheidungsgewalt Anordnungen darüber zu treffen, wie Verstöße gegen datenschutzrechtliche Bestimmungen abzustellen und zu beheben sind, liegt nämlich seit jeher allein bei der verantwortlichen Stelle[8]. Folglich konnte der betriebliche Datenschutzbeauftragte die Einhaltung des BDSG aus rechtlichen Gründen nicht „sicherstellen". Ihm stehen keine Weisungsbefugnisse gegenüber dem Unternehmen, Mitarbeitern oder dem Betriebsrat zu. Er ist darauf beschränkt, zu kontrollieren und zu überwachen. Bei festgestellten Datenschutzverstößen muss er sich an die Unternehmensleitung wenden und von dieser Abhilfe verlangen.

---

7 *Springmann*, Der Betriebsrat und die Betriebsbeauftragten, S. 47.
8 *Auernhammer*, BDSG, § 36 Rn. 3; *Simitis*, Simitis, BDSG, § 4g Rn. 29; *Gola/Schomerus*, BDSG, § 4g Rn. 2; *Rudolf*, NZA 1996, 296 (299); *Springmann*, Der Betriebsrat und die Betriebsbeauftragten, S. 47.

b) Datenschutzrechtliche Überwachungspflicht des Betriebsrats, § 80 Abs. 1 Nr. 1 BetrVG

Auf der anderen Seite wird die betriebsinterne Datenschutzkontrolle auch durch den Betriebsrat wahrgenommen. Das BDSG trifft zwar selbst keine Aussage über die Aufgaben des Betriebsrats bei der Verarbeitung von personenbezogenen Daten durch die verantwortliche Stelle oder bei dem Vollzug des BDSG in der betrieblichen Praxis. Dies ist darin begründet, dass das BDSG vom Ansatz her nicht als ein spezifisch arbeitnehmerdatenschützendes Gesetz, sondern als ein allgemeines, dem Persönlichkeitsschutz der Betroffenen dienendes Querschnittsgesetz gefasst war[9].

aa) Betriebsverfassungsrechtliche Schutzpflicht gemäß § 75 Abs. 2 Satz 1 BetrVG

Der Betriebsrat wird jedoch in § 75 Abs. 2 Satz 1 BetrVG verpflichtet, sich aktiv für die Förderung und den Schutz der freien Entfaltung der Persönlichkeit der Arbeitnehmer und damit vorrangig auch für den Schutz des informationellen Selbstbestimmungsrechts bei der Arbeitnehmerdatenverarbeitung im Unternehmen einzusetzen[10]. Damit werden ihm inzident auch Überwachungsaufgaben hinsichtlich des Datenschutzes der Beschäftigten übertragen. § 75 Abs. 2 Satz 1 BetrVG stellt aber nicht nur auf die Abwehr möglicher Gefahren ab, sondern verpflichtet den Betriebsrat aktiv auf die Rahmenbedingungen für die betrieblichen Abläufe mit dem Ziel der Sicherung des Arbeitnehmerdatenschutzes hinzuwirken[11].

bb) Aufgabenzuweisung des § 80 Abs. 1 Nr. 1 BetrVG

Darüber hinaus fällt dem Betriebsrat gemäß § 80 Abs. 1 Nr. 1 BetrVG die allgemeine Aufgabe zu, darüber zu wachen, dass die zugunsten der Beschäftigten geltenden Gesetze durchgeführt werden. Zu diesen arbeitnehmerschützenden Gesetzen zählt nach inzwischen einhelliger Auffassung auch das BDSG[12]. Bereits vor der Aufnahme einer bereichsspezifischen Regelungen zum Arbeitnehmerdatenschutz in § 32 BDSG war es zumindest auch Zweck des BDSG, die Arbeitnehmer davor zu bewahren, dass sie durch den Umgang mit ihren personenbezogenen Daten im

---

9   Aller Voraussicht nach wird eine bereichsspezifische Regelung zum Arbeitnehmerdatenschutz nun erstmals durch das „*Gesetz zur Regelung des Beschäftigtendatenschutzes*" (BT-Drs. 535/10) das BDSG eingeführt werden, ohne jedoch auf die Rolle des Betriebsrats beim Beschäftigtendatenschutz näher einzugehen.
10 Siehe hierzu *Kap. C. I. 1.*
11 *Gola/Wronka*, Handbuch zum Arbeitnehmerdatenschutz, Rn. 1580.
12 Grundlegend BAG v. 17.3.1987, NZA 1987, 747 (748); BAG v. 11.11.1997, NZA 1998, 385 (389); *Fitting*, BetrVG, § 80 Rn. 7; *Weber*, GK-BetrVG, § 80 Rn. 14; *Buschmann*, DKKW; BetrVG, § 80 Rn. 10; *Nicolai*, HSWGNR, BetrVG, § 80 Rn. 13; *Thüsing*, Richardi, BetrVG, § 80 Rn. 8; *Kufer*, AR-Blattei SD 580, Rn. 144; *Schierbaum/Kiesche*, CR 1993, 151 (151); Beder, CR 1990, 475 (475); *Linnekohl*, NJW 1981, 202 (204).

Arbeitsverhältnis in ihrem Recht auf informationelle Selbstbestimmung beeinträchtigt werden (§ 1 Abs. 1 BDSG). Soweit der Arbeitgeber auf den Arbeitnehmer bezogene Daten verarbeitet oder verarbeiten lässt, ist er nämlich verpflichtet, die in § 4 Abs. 1 BDSG i.V.m. §§ 28, 32 ff. BDSG genannten gesetzlichen Vorschriften für eine Verarbeitung von Arbeitnehmerdaten zu beachten. Die Zulässigkeit der Verarbeitung gerade von Arbeitnehmerdaten ergibt sich weitgehend erst aus dem Zweck des Beschäftigungsverhältnisses (§ 32 Abs. 1 BDSG). Danach wird dem Arbeitgeber als datenverarbeitender Stelle grundsätzlich nur im Rahmen der arbeitsvertraglichen Zweckbestimmung das Recht zur Verarbeitung personenbezogener Daten seiner Arbeitnehmer eingeräumt. Deshalb stellen sich die Vorschriften, welche die Art und Weise der Datenverarbeitung zum Schutz gegen Missbrauch näher regeln, als Normen dar, die i. S. d. § 80 Abs. 1 Nr. 1 BetrVG zugunsten der betroffenen Arbeitnehmer wirken sollen[13]. Soweit das BDSG auf die Arbeitnehmer im Betrieb anwendbar ist, hat der Betriebsrat daher darüber zu wachen, dass die Vorschriften des BDSG bei der Verarbeitung personenbezogener Daten im Betrieb beachtet werden. Diese Überwachungsaufgabe des Betriebsrats wird durch die identische Überwachungsaufgabe des betrieblichen Datenschutzbeauftragten nach § 4g BDSG nicht eingeschränkt oder ausgeschlossen[14]. Vielmehr besteht nach dem Willen des Gesetzgebers im Arbeitnehmerdatenschutz eine doppelte Kontrollkompetenz.

c) Keine gesetzliche Regelung für das Verhältnis zwischen Betriebsrat und betrieblichen Datenschutzbeauftragten

Nicht zuletzt aufgrund des Umstandes, dass beiden Institutionen die Aufgabe zugewiesen ist, die Einhaltung der Datenschutzgesetze zu kontrollieren, bestehen zwischen dem Betriebsrat und dem betrieblichen Datenschutzbeauftragten eine Vielzahl von Berührungspunkten. Trotzdem ist das Verhältnis zwischen beiden Organen weder im BetrVG, noch im BDSG normiert. Bis heute hat der Gesetzgeber beispielsweise keine Entscheidung darüber getroffen, ob und gegebenenfalls wie der Betriebsrat überprüfen darf, ob der betriebliche Datenschutzbeauftragte seine Pflichten gewissenhaft erfüllt. Ebenso fehlt eine gesetzliche Regelung, ob der betriebliche Datenschutzbeauftragte auch befugt ist, die beim Betriebsrat geführten personenbezogenen Daten zu kontrollieren. Dies führt in der betrieblichen Praxis

---

13 BAG v. 17.3.1987, NZA 1987, 747 (748); BAG v. 11.11.1997, NZA 1998, 385 (389); *Fitting*, BetrVG, § 80 Rn. 7; *Weber*, GK-BetrVG, § 80 Rn. 14; *Buschmann*, DKKW; BetrVG, § 80 Rn. 10; *Nicolai*, HSWGNR, BetrVG, § 80 Rn. 13; *Thüsing*, Richardi, BetrVG, § 80 Rn. 8; *Kufer*, AR-Blattei SD 580, Rn. 144; Beder, CR 1990, 475 (475); *Linnekohl*, NJW 1981, 202 (204).

14 *Weber*, GK-BetrVG, § 80 Rn. 14; *Buschmann*, DKKW, BetrVG, § 80 Rn. 10; *Fitting*, BetrVG, § 80 Rn. 7; *Thüsing*, Richardi, BetrVG, § 80 Rn. 8.

zur Rechtsunsicherheit und, wie nachfolgend zu zeigen sein wird, auch zu unbefriedigenden Ergebnissen, die eine Änderung der geltenden Rechtslage durch den Gesetzgeber dringend erforderlich machen.

2. Beteiligung des Betriebsrats bei der Bestellung des betrieblichen Datenschutzbeauftragten

Nachfolgend ist genauer auf das Verhältnis der beiden betriebsinternen datenschutzrechtlichen Kontrollinstitutionen, nämlich den Betriebsrat und den betrieblichen Datenschutzbeauftragten, einzugehen. Zunächst ist in diesem Zusammenhang zu untersuchen, welche Beteiligungsrechte und damit Einflussnahmemöglichkeiten dem Betriebsrat bei der Bestellung des betrieblichen Datenschutzbeauftragten zustehen. Gemäß § 4f Abs. 1 BDSG sind private Arbeitgeber zur schriftlichen Bestellung eines betrieblichen Datenschutzbeauftragten verpflichtet, wenn sie personenbezogene Daten automatisiert erheben, verarbeiten oder nutzen, oder Daten auf andere Weise erhoben, verarbeitet oder genutzt werden und in der Regel mindestens zehn Personen[15] damit beschäftigt sind. Diese „Bestellung" nach § 4f Abs. 1 BDSG ist vom zugrunde liegenden Beschäftigungsverhältnis des betrieblichen Datenschutzbeauftragten zu trennen. Der betriebliche Datenschutzbeauftragte steht zur verantwortlichen Stelle zum einen in einer organisationsrechtlichen Beziehung, die durch die Bestellung gemäß § 4f Abs.1 BDSG begründet wird. Zum anderen steht er zur verantwortlichen Stelle (d.h. dem Unternehmen) auch in einer schuldrechtlichen Beziehung, deren Grundlage ein Arbeitsvertrag ist, sofern der betriebliche Datenschutzbeauftragte als Arbeitnehmer beschäftigt wird, bzw. ein Dienstvertrag, sofern er als selbständiger Datenschutzbeauftragter tätig wird.

a) Keine Mitbestimmung des Betriebsrats bei der Bestellung des betrieblichen Datenschutzbeauftragten als solches

aa) Kein ausdrückliches Beteiligungsrecht nach BDSG und BetrVG

Der organisationsrechtliche Vorgang der Bestellung des betrieblichen Datenschutzbeauftragten als solcher unterliegt nicht der Mitbestimmung des Betriebsrats[16]. Das BDSG sieht keine Beteiligung der Mitarbeitervertretung vor, sei es in

---

15 Die jetzige Gesetzesfassung stellt klar, dass die mit der Datenverarbeitung beschäftigten Personen keine Arbeitnehmer sein müssen; vgl. *Wank*, ErfK, BDSG, § 4f Rn. 2.
16 Ganz herrschende Ansicht; vgl. *Simitis*, Simitis, BDSG, § 4f Rn. 65; *Gola/Schomerus*, BDSG, § 4f Rn. 33; *Auernhammer*, BDSG, § 36 Rn. 6; *Kort*, RdA 1992, 378 (382); *Schier-*

Form der Unterrichtung, Anhörung oder gar Zustimmung. Auch das BetrVG enthält kein Beteiligungsrecht des Betriebsrats für die Bestellung eines betrieblichen Datenschutzbeauftragten.

Im Gegensatz hierzu sehen zwar einige Landespersonalvertretungsgesetze, nicht jedoch das BPersVG, ein ausdrückliches Mitbestimmungsrecht des Personalrats bei der Bestellung des behördlichen Datenschutzbeauftragten vor (§ 74 Abs. 1 Nr. 3 HPVG, § 79 Abs. 3 Nr. 2 LPVG B-W, § 66 PersVG Bbg.). Eine analoge Anwendung dieser Vorschriften auf die Bestellung des betrieblichen Datenschutzbeauftragten ist jedoch mangels Regelungslücke abzulehnen. Die Vorstellung, ein entsprechendes Mitbestimmungsrecht für die Bestellung des betrieblichen Datenschutzbeauftragten zu begründen, ist nämlich bereits im Gesetzgebungsverfahren zum BDSG 1977 diskutiert, letztendlich jedoch nicht verwirklicht worden[17]. Was ein etwaiges Mitbestimmungsrecht des Betriebsrats angeht besteht daher keine planwidrige Regelungslücke.

bb) Kein Beteiligungsrecht nach § 98 Abs. 2 BetrVG

Ein Beteiligungsrecht des Betriebsrats bei der Bestellung des betrieblichen Datenschutzbeauftragten ergibt sich insbesondere auch nicht aus § 98 Abs. 2 BetrVG. Danach kann der Betriebsrat der Bestellung einer mit der betrieblichen Berufsausbildung beauftragten Person widersprechen, wenn diese die persönliche oder fachliche Eignung nicht besitzt. In diesem Zusammenhang ist zunächst darauf hinzuweisen, dass sich dieses Mitbestimmungsrecht nicht nur auf Ausbilder nach dem BBiG oder der Handwerksordnung bezieht, sondern auch auf alle anderen Personen, die mit der Durchführung einer Maßnahme im Rahmen der Fortbildung von Arbeitnehmern beauftragt werden[18]. Unerheblich ist es ebenfalls, ob es sich bei dem Beauftragten um einen Arbeitnehmer des Betriebes oder um freiberuflich Tätige handelt.

Unter diese Definition des § 98 Abs. 2 BetrVG fällt daher auf den ersten Blick auch der betriebliche Datenschutzbeauftragte. Dieser hat nämlich gemäß § 4g Abs. 1 Satz 4 Nr. 2 BDSG die bei der Verarbeitung personenbezogener Daten tätigen Personen durch geeignete Maßnahmen mit den Vorschriften des BDSG sowie anderen Vorschriften über den Datenschutz und mit den jeweiligen besonderen Erfordernissen des Datenschutzes vertraut zu machen, folglich zu schulen. Es wäre jedoch ein zweifelhaftes Ergebnis, wenn der Betriebsrat über den Umweg des § 98 Abs. 2 BetrVG der Bestellung eines betrieblichen Datenschutzbeauftragten wider-

---

baum/Kiesche, CR 1993, 151 (155); *Däubler*, Gläserne Belegschaften, Rn. 597; a. A. *Küpferle*, Arbeitnehmerdatenschutz im Spannungsfeld, S. 431.
17 *Auernhammer*, BDSG, § 36 Rn. 6; *Wohlgemuth*, Datenschutz für Arbeitnehmer, Rn. 738; *Hesse*, Der Einfluss des BDSG auf die Betriebsratstätigkeit, S. 230.
18 *Fitting*, BetrVG, § 98 Rn. 13; *Thüsing*, Richardi, BetrVG, § 98 Rn. 24.

sprechen könnte. Zum einen hat nämlich der Gesetzgeber im BDSG bewusst auf eine solche Kompetenz des Betriebsrats verzichtet, zum anderen ist die Schulungsaufgabe nach § 4g Abs. 1 Satz 4 Nr. 2 BDSG nur eine von vielen Aufgaben des Datenschutzbeauftragten.

Und in der Tat ist ein auf § 98 Abs. 2 BetrVG gestütztes Mitbestimmungsrecht des Betriebsrats bei der Bestellung des betrieblichen Datenschutzbeauftragten abzulehnen. Dies ergibt sich aus der systematischen Stellung des § 98 Abs. 2 BetrVG. Dieser umfasst seinem Wortlaut nach zwar auch Schulungsmaßnahmen. Das Beteiligungsrecht des Betriebsrats ist jedoch im Kapitel „Berufsbildung" des BetrVG geregelt. Das BetrVG legt zwar nicht fest, was unter „Berufsbildung" i. S. d. §§ 96 bis 98 BetrVG zu verstehen ist. Der Begriff „Berufsbildung" umfasst jedoch nach allgemeiner Ansicht lediglich Fortbildungsmaßnahmen, in denen Kenntnisse und Fähigkeiten im Hinblick auf eine bestimmte berufliche Tätigkeit vermittelt werden[19]. An einer solchen berufsqualifizierenden Komponente fehlt es bei einer Unterweisung durch den betrieblichen Datenschutzbeauftragten nach § 4g Abs. 1 Satz 4 Nr. 2 BDSG über die einzuhaltenden Datenschutzvorschriften. Der betriebliche Datenschutzbeauftragten hat nicht nur die unmittelbar mit der Datenverarbeitung in Berührung kommenden Arbeitnehmer zu schulen, sondern sämtliche Personen, deren Tätigkeit mit der Verwendung personenbezogener Daten in irgendeiner Art verbunden ist, ohne Rücksicht auf die Häufigkeit oder der konkreten der Form der Datenverarbeitung[20].

Die Schulung nach § 4g Abs. 1 Satz 4 Nr. 2 BDSG ist daher nicht i. S. d. § 98 Abs. 2 BetrVG auf eine bestimmte Berufsgruppe zugeschnitten, die sich dadurch in ihrem Beruf höher qualifizieren möchte. Sie stellt vielmehr eine sonstige Bildungsmaßnahme i. S. d. § 98 Abs. 6 BetrVG dar. Gemäß § 98 Abs. 6 BetrVG sind zwar die Vorschriften des § 98 Abs. 1 bis 5 BetrVG und damit auch das Mitbestimmungsrecht nach § 98 Abs. 2 BetrVG entsprechend auf sonstige Bildungsmaßnahmen anwendbar. Sie sind allerdings nur anwendbar, wenn es sich um eine Bildungsmaßnahme des Arbeitgebers selbst handelt.

b) Mitbestimmung bei der Einstellung eines internen betrieblichen Datenschutzbeauftragten

Ein Mitwirkungsrecht des Betriebsrats bei der Bestellung eines betrieblichen Datenschutzbeauftragten kann folglich nur im Rahmen der sich aus § 99 BetrVG bei Einstellungen oder Versetzungen von Beschäftigten ergebenden Beteiligungsrechte

---

19 BAG v. 5.11.1985, NZA 1986, 535 (536); BAG v. 18.4.2000, NZA 2001, 167 (168); BAG v. 24.8.2004, NZA 2005, 371 (373); *Fitting*, BetrVG, § 96 Rn. 9; *Raab*, GK-BetrVG, § 96 Rn. 11; *Buschmann*, DKKW, BetrVG, § 96 Rn. 7; *Kania*, ErfK, BetrVG, § 96 Rn. 6; *Thüsing*, Richardi, BetrVG, § 96 Rn. 6; *Worzalla*, HSWGNR, BetrVG, § 96 Rn. 4.
20 *Simitis*, Simitis, BDSG, § 4g Rn. 50.

bestehen[21]. Diese richten sich wiederum danach, ob sich der Arbeitgeber dafür entscheidet, einen internen, also bei ihm beschäftigten, oder externen, also selbständigen betrieblichen Datenschutzbeauftragten zu bestellen.

aa) Beteiligung des Betriebsrats bei Einstellungen i. S. d. § 99 BetrVG

Der Arbeitgeber ist gemäß § 99 Abs. 1 Satz 1 BetrVG verpflichtet, den Betriebsrat über die geplante Einstellung eines betrieblichen Datenschutzbeauftragten rechtzeitig und umfassend zu unterrichten. Hierzu hat er dem Betriebsrat sämtliche für die Beurteilung der beabsichtigten Entscheidung benötigten Unterlagen zur Verfügung zu stellen und, soweit erforderlich, durch Auskünfte zur persönlichen und fachlichen Qualifikation des in Aussicht genommenen Bewerbers zu ergänzen. Der Betriebsrat kann im Anschluss hieran seine Zustimmung zur Einstellung nur aus bestimmten, in § 99 Abs. 2 BetrVG abschließend aufgezählten Gründen, verweigern.

bb) Mangelnde Fachkunde bzw. Zuverlässigkeit des betrieblichen Datenschutzbeauftragten als Zustimmungsverweigerungsgrund

Im Rahmen der Einstellung eines Arbeitnehmers als betrieblichen Datenschutzbeauftragten ist insbesondere § 99 Abs. 2 Nr. 1 BetrVG von Bedeutung. Danach kann der Betriebsrat die Zustimmung zu einer Einstellung verweigern kann, wenn die Einstellung gegen ein Gesetz verstoßen würde. Ob der Betriebsrat in diesem Zusammenhang die Zustimmung zur Einstellung eines betrieblichen Datenschutzbeauftragten mit der Begründung verweigern kann, der Bewerber besitze nicht die gemäß § 4f Abs. 2 Satz 1 BDSG zur Erfüllung der Aufgaben erforderliche Fachkunde und Zuverlässigkeit, ist bis heute umstritten.

Eine Meinung in der Literatur verneint ein auf § 99 Abs. 2 Nr. 1 BetrVG i.V.m. § 4f Abs. 2 Satz 1 BDSG gestütztes Zustimmungsverweigerungsrecht des Betriebsrats. Sie beruft sich vor allem darauf, dass § 4f Abs. 2 Satz 1 BDSG nur Bedeutung für die organisationsrechtliche „Bestellung" des Datenschutzbeauftragten nach § 4f Abs. 1 BDSG habe[22]. § 4f Abs. 2 Satz 1 BDSG verbiete weder die Eingliederung eines Arbeitnehmers in den Betrieb noch dessen Versetzung, auch wenn ihm die Aufgabe als betrieblicher Datenschutzbeauftragter übertragen werden soll[23].

Nach der Rechtsprechung des BAG und der herrschenden Ansicht im Schrifttum stellt jedoch § 4f Abs. 2 Satz 1 BDSG eine Vorschrift i. S. d. § 99 Abs. 2 Nr. 1 BetrVG dar, so dass bei Nichtvorliegen der dort beschriebenen Voraussetzungen

---

21   BAG v. 22.3.1994, NZA 1994, 1049 (1050); *Simitis*, Simitis, BDSG, § 4f Rn. 65; *Gola/Schomerus*, BDSG, § 4f Rn. 33; *Wohlgemuth*, Datenschutz für Arbeitnehmer, Rn. 738.
22   ArbG München v. 7.4.1993, RDV 1994, 258 (259); *Raab*, GK-BetrVG, § 99 Rn. 136; *Schlochauer*, HSWGNR, BetrVG, § 99 Rn. 111.
23   *Raab*, GK-BetrVG, § 99 Rn. 136.

der Betriebsrat der Einstellung des betrieblichen Datenschutzbeauftragten widersprechen kann[24]. Zwar regelt § 4f Abs. 2 Satz 1 BDSG unmittelbar nur die „Bestellung" des Datenschutzbeauftragten. Diese sei grundsätzlich zu trennen von der vertraglichen Grundlage, auf welcher der betriebliche Datenschutzbeauftragte tätig wird. Daraus folge jedoch nicht, dass die Eignungsmerkmale, die § 4f Abs. 2 Satz 1 BDSG für die Bestellung des betrieblichen Datenschutzbeauftragten normiert, bei der Einstellung vernachlässigt werden dürfte. Vielmehr bilde, wenn der betriebliche Datenschutzbeauftragte als Arbeitnehmer beschäftigt werde, seine Tätigkeit den Inhalt des Arbeitsvertrages. Bei seiner Einstellung werde ihm eine Aufgabe übertragen und ihre Erfüllung zur Vertragspflicht gemacht, die er bei fehlender Qualifikation nicht ausüben könne, ohne gegen das Gesetz, nämlich § 4f Abs. 2 Satz 1 BDSG, zu verstoßen[25].

Der herrschenden Ansicht ist zuzustimmen. § 4f Abs. 2 Satz 1 BDSG verlangt, dass der einzustellende Datenschutzbeauftragte die zur Erfüllung seiner Aufgabe erforderliche Fachkunde und Zuverlässigkeit besitzt. Des Weiteren schreibt der Wortlaut der Norm ausdrücklich vor, dass zum Beauftragten für den Datenschutz *„nur bestellt werden [darf]"*, wer diese Voraussetzungen erfüllt. Insoweit liegt der Fall nicht anders als bei der Beschäftigung eines Arbeitnehmers, der eine bestimmte Tätigkeit deshalb nicht ausüben darf, weil er – etwa nach einschlägigen Unfallverhütungsvorschriften – fachliche oder persönliche Kriterien nicht erfüllt oder weil er keine Arbeitserlaubnis besitzt. In diesen Fällen nimmt aber auch die Mindermeinung ein Zustimmungsverweigerungsrecht des Betriebsrats nach § 99 Abs. 2 Nr. 1 BetrVG an[26].

Der Arbeitgeber, der die Zustimmung des Betriebsrats zu einer Einstellung oder Versetzung i. S. d. § 99 BetrVG einholt, verlangt damit die Zustimmung zur tatsächlichen Durchführung der Maßnahme. Diese tatsächliche Durchführung regelt aber § 4f Abs. 2 Satz 1 BDSG, indem er die für die Bestellung des betrieblichen Datenschutzbeauftragten maßgebenden Anforderungen der Fachkunde und Zuverlässigkeit normiert. Nur entsprechend qualifizierte Personen sollen als betriebliche Datenschutzbeauftragte tätig werden dürfen. Deshalb ist § 4f Abs. 2 Satz 1 BDSG auch maßgebend für die tatsächliche Beschäftigung des Arbeitnehmers. Verfügt dieser nicht über die dort normierten erforderlichen Qualifikationen, darf er von

---

24 BAG v. 22.3.1994, NZA 1994, 1049 (1051); *Fitting*, BetrVG, § 99 Rn. 203; *Simitis*, Simitis, BDSG, § 4f Rn. 79; *Kittner*, DKKW, BetrVG, § 99 Rn. 175a; *Däubler*, DKWW, BDSG, § 4f Rn. 39; *Gola/Schomerus*, BDSG, § 4f Rn. 35; *Rudolf*, NZA 1996, 296 (299); *Schierbaum/Kiesche*, CR 1993, 151 (160); *Däubler*, Gläserne Belegschaften, Rn. 597; *Wohlgemuth*, Datenschutz für Arbeitnehmer, Rn. 743; *Hesse*, Der Einfluss des BDSG auf die Betriebsratstätigkeit, S. 247; *Küpferle*, Arbeitnehmerdatenschutz im Spannungsfeld, S. 433.
25 BAG v. 22.3.1994, NZA 1994, 1049 (1051); *Fitting*, BetrVG, § 99 Rn. 203; *Simitis*, Simitis, BDSG, § 4f Rn. 79.
26 *Raab*, GK-BetrVG, § 99 Rn. 134; *Schlochauer*, HSWGNR, BetrVG, § 99 Rn. 110.

Gesetzes wegen nicht als betrieblicher Datenschutzbeauftragter eingesetzt werden. Seine Einstellung in der Form der tatsächlichen Aufnahme in den Betrieb mit dem Ziel der Beschäftigung als betrieblicher Datenschutzbeauftragter würde daher i. S. d. § 99 Abs. 2 Nr. 1 BetrVG gegen das Gesetz verstoßen.

c) Mitbestimmung bei der Versetzung als betrieblicher Datenschutzbeauftragter

Hieran anschließend kommt ein Mitbestimmungsrecht des Betriebsrats auch dann in Betracht, wenn ein bereits bei der verantwortlichen Stelle beschäftigter Arbeitnehmer die Funktion des betrieblichen Datenschutzbeauftragten übernehmen soll und dieser Vorgang eine Versetzung i. S. d. § 99 Abs. 1 Satz 1 BetrVG darstellt. Nach der Legaldefinition des § 95 Abs. 3 BetrVG ist die Versetzung die Zuweisung eines anderen Arbeitsbereiches, die voraussichtlich die Dauer von einem Monat überschreitet oder die mit einer erheblichen Änderung der Umstände verbunden ist, unter denen die Arbeit zu leisten ist. Dabei werden unter „Arbeitsbereich" der konkrete Arbeitsplatz und seine Beziehung zur betrieblichen Umgebung in räumlicher, technischer und organisatorischer Hinsicht verstanden. Die Zuweisung eines anderen Arbeitsbereiches liegt vor, wenn sich das Gesamtbild der Tätigkeit erheblich ändert[27].

aa) Bestellung zum betrieblichen Datenschutzbeauftragten als „Versetzung" i. S. d. § 95 Abs. 3 BetrVG

Eine solche rechtlich relevante Änderung des Arbeitsbereichs i. S. d. § 95 Abs. 3 BetrVG liegt auch bei der Bestellung eines bereits bei der verantwortlichen Stelle tätigen Arbeitnehmers zum betrieblichen Datenschutzbeauftragten vor. Dabei kommt es nicht entscheidend darauf an, mit welchem Anteil der Arbeitnehmer die Tätigkeit des betrieblichen Datenschutzbeauftragten an seine Arbeitszeit veranschlagt[28]. Denn nach § 4g BDSG sind dem betrieblichen Datenschutzbeauftragten eigenständige Aufgaben zugewiesen, welche das Gesamtbild seiner Tätigkeit erheblich ändern. Gemäß § 4f Abs. 3 Satz 1 BDSG ist der betriebliche Datenschutzbeauftragte in der betriebliche Organisationsstruktur unterhalb der Unternehmensleitungsebene angesiedelt und im Hinblick auf seine Tätigkeit weisungsfrei (§ 4f Abs. 3 Satz 2 BDSG). Damit ändert sich seine Beziehung zur betrieblichen Umgebung auch in organisatorischer Hinsicht erheblich. Die Stellung des Arbeitnehmers im Betrieb wird derart herausgehoben, dass eine Änderung des Arbeitsbereiches vorliegt[29].

---

27 BAG v. 11.12.2007, NZA-RR 2008, 353 (355); *Fitting*, BetrVG, § 99 Rn. 125.
28 *Däubler*, Gläserne Belegschaften, Rn. 598.
29 LAG München v. 16.11.1978, NJW 1979, 1847 (1848); ArbG Dortmund v. 5.12.1996, RDV 1998, 77 (78); *Simitis*, Simitis, BDSG, § 4f Rn. 80; *Fitting*, BetrVG, § 99 Rn. 131.

Dies ergibt sich des Weiteren auch daraus, dass der Arbeitgeber nicht bestimmen kann, in welchem Umfang der Datenschutzbeauftragte seine Tätigkeiten in diesem Beschäftigungsfeld ausübt. Inhalt der Weisungsfreiheit nach § 4f Abs. 3 Satz 2 BDSG ist es nämlich auch, dass der betriebliche Datenschutzbeauftragte seinen Aufgabenbereich in dieser Hinsicht selbst bestimmt. Er könnte damit, ohne dass der Arbeitgeber Einflussmöglichkeiten hätte, im Einzelfall aufgrund eigener Entscheidung das Tätigkeitsfeld als betrieblicher Datenschutzbeauftragter bis auf eine Vollzeittätigkeit ausdehnen. Ob dies tatsächlich erfolgt, ist dabei ohne Belang, da es auf die rechtliche Möglichkeit und Weisungsfreiheit ankommt. Aus diesem Grund nehmen sowohl die Rechtsprechung als auch die herrschende Lehre an, dass die Bestellung eines bereits bei der verantwortlichen Stelle beschäftigten Arbeitnehmers zum betrieblichen Datenschutzbeauftragten als Versetzung i. S. d. § 95 Abs. 3 BetrVG gemäß § 99 BetrVG mitbestimmungspflichtig ist[30].

bb) Mitbestimmungsrecht bei Bestellung eines leitenden Angestellten zum betrieblichen Datenschutzbeauftragten

Keine Möglichkeit, auf die Versetzung eines Beschäftigten als betrieblichen Datenschutzbeauftragten Einfluss zu nehmen, hat der Betriebsrat allerdings, wenn dieser die Position eines leitenden Angestellten i. S. d. § 5 Abs. 3 BetrVG innehat[31]. In diesem Fall ist der Arbeitgeber lediglich verpflichtet, den Betriebsrat gemäß § 105 BetrVG und den Sprecherausschuss gemäß § 31 Abs. 1 SprAuG über die Versetzung zu informieren. Diese Einschränkung des Mitbestimmungsrechts des Betriebsrats besteht jedoch nur, solange der zukünftige betriebliche Datenschutzbeauftragte weiterhin seine bisherige Funktion als leitender Angestellter innehat, wenn also die Aufgabe des betrieblichen Datenschutzbeauftragten zusätzlich übernommen wird[32]. Erst die Verbindung der Datenschutzkontrolle mit anderen Aufgaben, die es rechtfertigen, den Beschäftigten als leitenden Angestellten anzusehen, verdrängt das Mitbestimmungsrecht des Betriebsrats. Der Verzicht auf die bisherigen Aufgaben und die alleinige Tätigkeit als betrieblicher Datenschutzbeauftragter entzieht deshalb dem Betroffenen die Qualifikation zum leitenden Angestellten und reaktiviert das Mitbestimmungsrecht des Betriebsrats.

Insoweit ist nämlich zu beachten, dass es sich bei dem betrieblichen Datenschutzbeauftragten nicht per se um einen leitenden Angestellten i. S. d. § 5 Abs. 3 BetrVG handelt. Er nimmt zwar im Rahmen der verantwortlichen Stelle eine besonders hervorgehobene Position ein. So ist er beispielsweise gemäß § 4f Abs. 3

---

30 BAG v. 22.3.1994, NZA 1994, 1049, (1050); *Fitting*, BetrVG, § 99 Rn. 131; *Simitis*, Simitis, BDSG, § 4f Rn. 80; *Kittner*, DKKW, BetrVG, § 99 Rn. 98; *Gola/Schomerus*, BDSG, *§ 4f Rn. 33; Kort*, RdA 1992, 378 (382); a. A. ArbG München v. 7.4.1993, RDV 1994, 258 (259).
31 *Simitis*, Simitis, BDSG, § 4f Rn. 74; *Gola/Schomerus*, BDSG, § 4f Rn. 33.
32 *Simitis*, Simitis, BDSG, § 4f Rn. 74; *Gola/Schomerus*, BDSG, § 4f Rn. 33.

Satz 1 BDSG dem Leiter der verantwortlichen Stelle (Geschäftsführung, Vorstand) unmittelbar zu unterstellen und gemäß § 4f Abs. 3 Satz 2 BDSG in Ausübung seiner Fachkunde auf dem Gebiet des Datenschutzes weisungsfrei. Ebenso darf er wegen seiner Tätigkeit nicht benachteiligt werden (§ 4f Abs. 3 Satz 3 BDSG) und gemäß § 4f Abs. 3 Satz 4 BDSG von seiner Funktion nur aus wichtigem Grund i. S. d. § 626 BGB abberufen bzw. sein Arbeitsverhältnis nicht ordentlich gekündigt werden (§ 4f Abs. 3 Satz 5 BDSG). Diese Vorschriften des BDSG reichen jedoch nicht aus, um den betrieblichen Datenschutzbeauftragten allgemein als leitenden Angestellten zu qualifizieren. Ausschlaggebend hierfür sind allein die Vorgaben des § 5 Abs. 3 BetrVG. Danach sind leitende Angestellte nur solche Beschäftigte, welche entweder zur selbständigen Einstellung und Entlassung von Arbeitnehmern berechtigt sind (§ 5 Abs. 3 Satz 2 Nr. 1 BetrVG), welche Generalvollmacht oder Prokura besitzen und die Prokura im Verhältnis zum Arbeitgeber nicht unbedeutend ist (§ 5 Abs. 3 Satz 2 Nr. 2 BetrVG) oder welche regelmäßig sonstige Aufgaben wahrnehmen, die für den Bestand und die Entwicklung des Unternehmens oder eines Betriebs von Bedeutung sind und deren Erfüllung besondere Erfahrungen und Kenntnisse voraussetzen (§ 5 Abs. 3 Satz 2 Nr. 3 BetrVG)[33].

Diese Voraussetzungen liegen in der Person des betrieblichen Datenschutzbeauftragten regelmäßig nicht vor. Die Bestellung zum betrieblichen Datenschutzbeauftragten ist nicht zwangsläufig mit der Befugnis zu selbständigen Einstellung und Entlassung von Arbeitnehmern oder mit der Erteilung von Generalvollmacht oder Prokura verbunden. Dies ist durch das BDSG nicht vorgeschrieben. Der betriebliche Datenschutzbeauftragte nimmt auch keine unternehmerischen Aufgaben im Sinne des § 5 Abs. 3 Satz 2 Nr. 3 BetrVG wahr, sondern übt eine spezifische, gesetzlich definierte Kontrollfunktion aus, um eine datenschutzkonforme Verwendung personenbezogener Daten bei der verantwortlichen Stelle zu gewährleisten[34]. Auch die Vorschrift des § 5 Abs. 4 Nr. 2 BetrVG, wonach leitender Angestellter nach § 5 Abs. 3 Satz 2 Nr. 3 BetrVG im Zweifel ist, wer einer Leitungsebene angehört, auf der in dem Unternehmen überwiegend leitende Angestellte vertreten sind, greift vorliegend nicht ein. Der betriebliche Datenschutzbeauftragte muss zwar gemäß § 4f Abs. 3 Satz 1 BDSG dem Leiter der verantwortlichen Stelle (Geschäftsführung, Vorstand) unmittelbar unterstellt werden. Alleiniger Grund für die direkte Anbindung des betrieblichen Datenschutzbeauftragten an die Geschäftsleitung ist jedoch die effektive Wahrnehmung seiner Kontrollfunktion und nicht die Wahrnehmung unternehmerischer Entscheidungen (§ 4f Abs. 3 Satz 1 BDSG).

---

33 Näher hierzu *Fitting*, BetrVG, § 5 Rn. 363; *Raab*, GK-BetrVG, § 5 Rn. 103; *Trümner*, DKKW, BetrVG, § 5 Rn. 194.
34 *Simitis*, Simitis, BDSG, § 4f Rn. 72.

d) Mitbestimmung bei der Bestellung eines externen betrieblichen Datenschutzbeauftragten

Gemäß § 4f Abs. 2 Satz 3 BDSG kann zum betrieblichen Datenschutzbeauftragten auch eine Person außerhalb der verantwortlichen Stelle bestellt werden. Entscheidet sich der Arbeitgeber für einen externen betrieblichen Datenschutzbeauftragten, stehen dem Betriebsrat mangels Vorliegen einer Einstellung oder Versetzung gemäß § 99 Abs. 1 Satz 1 BetrVG in der Regel keinerlei Beteiligungsrechte zu[35]. § 99 BetrVG garantiert grundsätzlich nur die Mitwirkung des Betriebsrats bei der Eingliederung von Arbeitnehmern in den Betrieb. Hieran wird es bei der Bestellung eines externen Datenschutzbeauftragten, welcher auf Basis eines Dienst- oder Werkvertrages tätig wird, allerdings für gewöhnlich fehlen. Zwar kommt es für eine Einstellung nicht auf das Rechtsverhältnis an, in dem die betreffende Person zum Arbeitgeber als Betriebsinhaber steht, so dass grundsätzlich auch bei der Beschäftigung von Dritten eine Einstellung i. S. d. § 99 BetrVG vorliegen kann[36]. Die Personen müssen dabei allerdings derart in die Arbeitsorganisation des Betriebs eingegliedert werden, dass der Betriebsinhaber die für eine weisungsabhängige Tätigkeit typischen Entscheidungen auch über Zeit und Ort der Tätigkeit treffen kann[37]. Der Betriebsinhaber muss in diesem Sinne Personalhoheit besitzen und damit wenigstens einen Teil der Arbeitgeberstellung gegenüber den betreffenden Personen wahrnehmen. Hierfür ist allerdings nicht ausreichend, dass die von der Arbeitnehmerin durchzuführenden Aufgaben ihrer Art nach weisungsgebundene Tätigkeiten darstellen und im Zusammenwirken mit den im Betrieb schon beschäftigten Arbeitnehmern der Verwirklichung des arbeitstechnischen Zwecks des Betriebs dienen. Maßgeblich ist, ob die Arbeitgeberin mit Blick auf die Aufgabenerfüllung durch die betreffende Person zumindest teilweise die Personalhoheit hat und die für eine weisungsabhängige Tätigkeit typische Befugnis zur Entscheidung auch über Zeit und Ort der Tätigkeit besitzt. An letzteren wird es bei der Bestellung eines externen Datenschutzbeauftragten jedoch i. d. R. fehlen[38].

---

35 *Schierbaum/Kiesche*, CR 1993, 151 (155); *Wohlgemuth*, Datenschutz für Arbeitnehmer, Rn. 740.
36 BAG v. 13.12.2005, NZA 2006, 1369 (1371).
37 BAG v. 13.12.2005, NZA 2006, 1369 (1371).
38 *Simitis*, Simitis, BDSG, § 4f Rn. 77.

3. Pflicht des Betriebsrats zur Zusammenarbeit mit dem betrieblichen Datenschutzbeauftragten

Weder das BetrVG noch das BDSG enthalten speziellen Regelungen betreffend das Verhältnis zwischen dem Betriebsrat und dem betrieblichen Datenschutzbeauftragten[39]. Eine mit § 9 Abs. 1 ASiG vergleichbare Vorschrift, wonach die Betriebsärzte und die Fachkräfte für Arbeitssicherheit bei der Erfüllung ihrer Aufgaben mit dem Betriebsrat zusammenzuarbeiten haben, fehlt. Trotzdem nehmen Stimmen in der Literatur eine Pflicht des Betriebsrats zur Zusammenarbeit mit dem betrieblichen Datenschutzbeauftragten an[40]. Dies solle sich unter anderem daraus ergeben, dass der Betriebsrat neben dem betrieblichen Datenschutzbeauftragten gemäß § 80 Abs. 1 Nr. 1 BetrVG die Einhaltung des Arbeitnehmerdatenschutzes zu kontrollieren hat und es insoweit zu Aufgabenüberschneidungen kommt[41].

a) Keine Pflicht zur Zusammenarbeit aus § 4g Abs. 2 Satz 4 Nr. 2 BDSG

Dieser Ableitung einer Pflicht zur Zusammenarbeit zwischen den Betriebsrat und dem betrieblichen Datenschutzbeauftragten aus § 80 Abs. 1 Nr. 1 BetrVG steht jedoch entgegen, dass der Gesetzgeber trotz entsprechender Forderung von Gewerkschaftsseite[42] bislang von der Schaffung einer gesetzlichen Verpflichtung zur Zusammenarbeit entsprechend § 9 Abs. 1 ASiG abgesehen hat. Eine Pflicht zur Zusammenarbeit beider Institutionen lässt sich auch nicht den Regelungen des BDSG, etwa § 4g Abs. 1 Satz 4 Nr. 2 BDSG, entnehmen. Danach hat der betriebliche Datenschutzbeauftragte zwar unter anderem die bei der Verarbeitung personenbezogener Daten tätigen Personen, zu denen auch die Mitglieder des Betriebsrats gehören, durch geeignete Maßnahmen mit den Vorschriften dieses Gesetzes sowie anderen Vorschriften über den Datenschutz und mit den jeweiligen besonderen Erfordernissen des Datenschutzes vertraut zu machen. Adressat dieser Vorgabe des BDSG ist jedoch allein der betriebliche Datenschutzbeauftragte, dessen Aufgaben hiermit näher konkretisiert werden, und nicht der Betriebsrat und seine Mitglieder. Eine gegenseitige Pflicht zu Zusammenarbeit lässt sich hieraus daher nicht ableiten.

---

39 BAG v. 11.11.1997, NZA 1998, 385 (389); *Schierbaum/Kiesche*, CR 1993, 151 (158); *Wagner*, BB 1993, 1729 (1733); *Springmann*, Der Betriebsrat und die Betriebsbeauftragten, S. 186.
40 *Seifert*, Simitis, BDSG, § 32 Rn. 151.
41 *Seifert*, Simitis, BDSG, § 32 Rn. 151.
42 Vgl. die gemeinsame Aufforderung des Deutschen Gewerkschaftsbund und der Deutschen Angestellten-Gewerkschaft in BT-Drs. 10/4594, S. 22.

b) Keine Pflicht zur Zusammenarbeit aus § 80 Abs. 3 BetrVG

Andere wiederum versuchen die Pflicht des Betriebsrats zur Zusammenarbeit mit dem betrieblichen Datenschutzbeauftragten daraus herzuleiten, dass der Betriebsrat verpflichtet ist, den betrieblichen Datenschutzbeauftragten als vorrangige interne Unterrichtungsmöglichkeit gemäß § 80 Abs. 3 BetrVG in Anspruch zu nehmen, bevor er einen externen Sachverständigen beauftragt[43]. Es ist zwar zutreffend, dass der Betriebsrat, wenn er beispielsweise feststellen möchte, ob sich aus dem Betrieb einer Datenverarbeitungsanlage ein Mitbestimmungsrecht aus § 87 Abs. 1 Nr. 6 BetrVG ergibt, vor der Beauftragung eines externen Sachverständigen nach § 80 Abs. 3 BetrVG zunächst den Versuch unternehmen muss, die benötigten Informationen vom betrieblichen Datenschutzbeauftragten einzuholen[44]. Dies erfordert bereits der Grundsatz der Verhältnismäßigkeit, da die in der Regel kostenpflichtige Hinzuziehung eines externen Sachverständigen im Falle ausreichender interner Informationsquellen nicht erforderlich ist. Die Verpflichtung des Betriebsrats, sich zunächst an den betrieblichen Datenschutzbeauftragten zu wenden, besteht jedoch nur dann, wenn der Betriebsrat beabsichtigt einen externen Sachverständigen gemäß § 80 Abs. 3 BetrVG heranzuziehen. In den in der Praxis weitaus häufigeren Fällen, in denen der Betriebsrat die ihm obliegenden Aufgaben und Befugnisse ohne externe Hilfe wahrnimmt, besteht eine derartige Pflicht zur vorherigen Konsultation oder Zusammenarbeit mit dem betrieblichen Datenschutzbeauftragten jedoch nicht.

c) Keine Pflicht zur Zusammenarbeit aus § 4f Abs. 5 Satz 1 BDSG

Ebenso lässt sich eine Pflicht des Betriebsrats zur Zusammenarbeit mit dem betrieblichen Datenschutzbeauftragten nicht aus § 4f Abs. 5 Satz 1 BDSG herleiten. Danach haben die öffentlichen und nicht-öffentlichen Stellen den betrieblichen Datenschutzbeauftragten bei der Erfüllung seiner Aufgaben zu unterstützen. Allein aus dem Umstand, dass der Betriebsrat ein Teil der verantwortlichen Stelle i. S. d. § 3 Abs. 7 BDSG ist[45], kann jedoch noch nicht gefolgt werden, dass diesen auch die Unterstützungsverpflichtung des § 4f Abs. 5 Satz 1 BDSG trifft. Die Unterstützungspflicht obliegt vielmehr nur der Leitung der verantwortlichen Stelle[46]. Dies ergibt sich aus der ebenfalls in § 4f Abs. 5 Satz 1 BDSG enthaltenen Konkretisie-

---

43 *Schaffland/Wiltfang*, BDSG, § 4g Rn. 29; *Gola/Schomerus*, BDSG, § 4f Rn. 36.
44 BAG v. 27.10.1987, NZA 1988, 208 (209); *Fitting*, BetrVG, § 80 Rn. 89; *Schierbaum/Kiesche*, CR 1993, 151 (155); *Springmann*, Der Betriebsrat und die Betriebsbeauftragten, S. 187; a. A.: *Wohlgemuth*, Datenschutz für Arbeitnehmer, Rn. 672; *Küpferle*, Arbeitnehmerdatenschutz im Spannungsfeld, S. 274.
45 Siehe unter *Kap. D. I. 2. b)*.
46 *Simitis*, Simitis, BDSG, § 4f Rn. 142; *Däubler*, DKWW, BDSG, § 4f Rn. 55; *Springmann*, Der Betriebsrat und die Betriebsbeauftragten, S. 187.

rung der Unterstützungspflicht. Danach sind dem betrieblichen Datenschutzbeauftragten, soweit erforderlich, Hilfspersonal, Räume, Einrichtungen, Geräte und Mittel zur Verfügung zu stellen. Eine derartige Unterstützung kann, ebenso wie beim vergleichbaren § 40 Abs. 2 BetrVG, nur durch den Arbeitgeber, nicht jedoch durch den Betriebsrat erfolgen[47].

Gegen eine dahingehende Auslegung des § 4f Abs. 5 Satz 1 BDSG, dass er den Betriebsrat zur Zusammenarbeit mit dem betrieblichen Datenschutzbeauftragten verpflichtet, spricht darüber hinaus, dass der Begriff der zur Unterstützung verpflichteten „nicht-öffentlichen Stelle" nicht anders als in § 4f Abs. 1 Satz 1 BDSG verstanden werden kann. Danach haben nicht-öffentliche Stellen, die personenbezogene Daten automatisiert verarbeiten, einen Beauftragten für den Datenschutz schriftlich zu bestellen. Diese Pflicht zur Bestellung eines betrieblichen Datenschutzbeauftragten obliegt jedoch zweifellos nur dem Unternehmen als verantwortliche Stelle selbst, nicht jedoch dem Betriebsrat. Die Unterstützungspflicht des § 4f Abs. 5 Satz 1 BDSG obliegt folglich derjenige Stelle, die auch den betrieblichen Datenschutzbeauftragten zu bestellen hat, folglich dem Arbeitgeber[48]. Für eine Zusammenarbeit von Betriebsrat und dem betrieblichen Datenschutzbeauftragten besteht daher mangels gesetzlicher Regelung keine Verpflichtung.

d) Zweckmäßigkeit einer Zusammenarbeit zwischen Betriebsrat und betrieblichem Datenschutzbeauftragten

Dies bedeutet jedoch nicht, dass eine Zusammenarbeit zwischen Betriebsrat und betrieblichem Datenschutzbeauftragten rechtlich unzulässig wäre. Im Bereich des Arbeitnehmerdatenschutzes ist eine solche auf gegenseitigem Vertrauen basierende Zusammenarbeit sogar geboten. Im Rahmen seiner Aufgabenwahrnehmung sollte der betriebliche Datenschutzbeauftragte die Kooperation mit dem Betriebsrat suchen, um durch ihn frühzeitig auf mögliche Konsequenzen einer Verarbeitung von Beschäftigtendaten für die Belegschaft aufmerksam gemacht zu werden. Umgekehrt wird der Betriebsrat den Sachverstand des betrieblichen Datenschutzbeauftragten für die Wahrnehmung seiner Mitbestimmungsrechte im Bereich des Arbeitnehmerdatenschutzes benötigen[49]. Entsprechend geht die überwiegende Meinung heutzutage davon aus, dass der betriebliche Datenschutzbeauftragte und der Betriebsrat, soweit es um die Verarbeitung von Personaldaten geht, eng zusammenar-

---

47 *Springmann*, Der Betriebsrat und die Betriebsbeauftragten, S. 187.
48 *Auernhammer*, BDSG, § 36 BDSG Rn. 33; *Rudolf*, NZA 1996, 296 (299); *Schierbaum/Kiesche*, CR 1993, 151 (153).
49 *Gola/Schomerus*, BDSG, § 4f Rn. 48a; *Springmann*, Der Betriebsrat und die Betriebsbeauftragten, S. 189.

beiten sollen[50]. Umso mehr verwundert es, dass der Gesetzgeber bislang noch keine mit § 9 Abs. 1 ASiG vergleichbare Regelung in das BDSG aufgenommen hat, um diese notwendige Zusammenarbeit zwischen dem Betriebsrat und dem betrieblichen Datenschutzbeauftragten zu fördern.

4. Kontrolle des Betriebsrats durch den betrieblichen Datenschutzbeauftragten

Mit der Feststellung, dass auch der Betriebsrat grundsätzlich den Datenschutzverpflichtungen des BDSG unterliegt[51], stellt sich die Frage, welche Instanz die Verarbeitung personenbezogener Daten durch den Betriebsrat zu kontrollieren hat. Für das Verhältnis zwischen dem Betriebsrat und dem betrieblichen Datenschutzbeauftragten konkretisiert sich die Frage dahin, ob der betriebliche Datenschutzbeauftragte auch auf die Einhaltung des BDSG sowie anderer Vorschriften über den Datenschutz durch den Betriebsrat nach § 4g Abs. 1 Satz 1 BDSG „hinzuwirken", d. h. die Datenverarbeitung des Betriebsrats zu kontrollieren hat. Aus der unabhängigen Stellung des betrieblichen Datenschutzbeauftragten und aus seinen sich aus § 4g BDSG ergebenden Aufgaben folgt, dass die Kontrollbefugnis des betrieblichen Datenschutzbeauftragten grundsätzlich gegenüber allen Stellen im Unternehmen gilt, welche personenbezogene Daten erheben, verarbeiten oder nutzen. Demnach hätte der betriebliche Datenschutzbeauftragte auch die Einhaltung des BDSG durch den Betriebsrat und seiner Mitglieder zu überwachen[52].

a) Meinungsstand im Schrifttum zu der Kontrollbefugnis des betrieblichen Datenschutzbeauftragten gegenüber dem Betriebsrat

aa) Keine gesetzlicher Ausnahmeregelung für den Betriebsrat

Insbesondere im früheren Schrifttum wurde aus der Qualifizierung des Betriebsrats als Teil der verantwortlichen Stelle und dem Umstand, dass das BDSG keine spezielle Regelung über das Verhältnis zwischen dem betrieblichen Datenschutzbeauftragten und dem Betriebsrat enthält, geschlossen, dass auch der Betriebsrat der Kontrolle des betrieblichen Datenschutzbeauftragten unterliege[53]. Begründet wurde

---

50 *Schaffland/Wiltfang*, BDSG, § 4g Rn. 29; *Gola/Schomerus*, BDSG, § 4f Rn. 36; *Auernhammer*, BDSG, § 37 Rn. 2; *Buschmann*, DKKW, § 80 Rn. 10; *Küpferle*, Arbeitnehmerdatenschutz im Spannungsfeld, S. 56.
51 Siehe hierzu *Kap. D. I. 1.*
52 *Kort*, RdA 1992, 378 (381).
53 LAG Berlin v. 19.12.1996, DuD 1997, 543 (546); *Auernhammer*, BDSG, § 36 Rn. 34; *Bizer*, DuD 1997, 653 (655); *Rudolf*, NZA 1996, 296 (300), die jedoch darauf hinweist, dass der

diese Ansicht damit, dass es datenschutzrechtlich keinen Unterschied mache, ob die Erhebung, Verarbeitung oder Nutzung von Beschäftigtendaten durch die Personalabteilung oder durch den Betriebsrat erfolge[54]. Die Zuständigkeit des betrieblichen Datenschutzbeauftragten nach den §§ 4f und 4g BDSG beziehe sich auf die gesamte verantwortliche Stelle. Das BDSG enthalte insoweit keine Privilegierung des Betriebsrats. Auch sei zu berücksichtigen, dass andernfalls entgegen dem Zweck des Gesetzes der Arbeitnehmerdatenschutz für einen Teil des Unternehmens geschwächt wäre, weil eine wirksame Überwachung der Datenverarbeitung durch die Betriebsräte fehlen würde. Die Aufsichtsbehörde sei zu einer solchen Überwachung mangels Einblick in die innerbetrieblichen Abläufe faktisch kaum in der Lage. Im Grundsatz sei das Persönlichkeitsrecht der Beschäftigten bei der Datenverarbeitung des Betriebsrats nicht weniger gefährdet als bei der Verarbeitung durch den Arbeitgeber. Auch wenn der Betriebsrat nur für einen Ausschnitt aus dem Spektrum der personenbezogenen Daten innerhalb der speichernden Stelle „Unternehmen", nämlich für die Arbeitnehmerdaten, zuständig sei, könne er alleine, d.h. ohne Mitwirkung des betrieblichen Datenschutzbeauftragten, einen umfassenden effektiven Datenschutz nicht gewährleisten[55].

bb) Betriebsverfassungsrechtliche Unabhängigkeit des Betriebsrat

Auf der anderen Seite wurde von einem großen Teil der Literatur eine Kontrolle des Betriebsrats durch den betrieblichen Datenschutzbeauftragten stets abgelehnt, da der Betriebsrat seine Aufgaben unabhängig und eigenständig wahrnehmen können müsse[56]. Eine Kontrollbefugnis gefährde die Unabhängigkeit des Betriebsrats, da der betriebliche Datenschutzbeauftragte aufgrund der einseitigen Anbindung an das Vertrauen des Arbeitgebers bei der Bestellung und Abberufung in dessen Lager stehe[57]. Das Kontrollrecht würde zum Einfallstor für die Versorgung des Arbeitgebers mit ihm sonst nicht zugänglichen Informationen werden. Da dies vom BetrVG im Verhältnis zwischen Betriebsrat und Arbeitgeber gerade nicht gewollt sei, sondern das Betriebsverfassungsrecht vielmehr auf eine vertrauensvolle Zusammenarbeit der Betriebsparteien setzte, sei eine derartige Einflussnahme auf die Tätigkeit des Betriebsrates als unzulässig anzusehen.

Arbeitgeber dabei keine Informationen erlangen darf, die ihm sonst unzugänglich wären; *Kort*, RdA 1992, 378 (382).
54 *Battis/Bleckmann*, CR 1989, 532 (534).
55 *Kort*, RdA 1992, 378 (381).
56 *Däubler*, DKWW, BDSG, § 9 Rn. 7; *Schaffland/Wiltfang*, BDSG, § 4f Rn. 65; *Fitting*, BetrVG, § 83 Rn. 23; *Wedde*, DKKW, BetrVG, § 94 Rn. 41; *Schierbaum/Kiesche*, CR 1993, 151 (157); *Linnekohl*, NJW 1981, 202 (206); *Küpferle*, Arbeitnehmerdatenschutz im Spannungsfeld, S. 463; *Springmann*, Der Betriebsrat und die Betriebsbeauftragten, S. 199.
57 *Däubler*, DKWW, BDSG, § 9 Rn. 7; *Schaffland/Wiltfang*, BDSG, § 4f Rn. 65.

Diesem Argument wurde von anderer Seite wiederum entgegengehalten, dass der betriebliche Datenschutzbeauftragte wegen seiner vom Gesetz vorgegebenen unabhängigen Stellung nicht als ein vom Arbeitgeber beauftragtes Organ des Datenschutzes charakterisiert werden könne[58]. Er sei vielmehr ein unabhängiges Datenschutzorgan im Betrieb neben dem Betriebsrat. § 4f Abs. 3 Satz 1 BDSG hebe zwar hervor, dass der betriebliche Datenschutzbeauftragte der Unternehmensleitung unmittelbar unterstellt ist. § 4f Abs. 3 Satz 2 und Satz 3 BDSG, welche die Weisungsunabhängigkeit des betrieblichen Datenschutzbeauftragten und das Benachteiligungsverbot beinhalten, zeigt aber, dass der betriebliche Datenschutzbeauftragte nicht vom Arbeitgeber abhängig sei, sondern unabhängig und neutral seine Aufgaben wahrzunehmen habe.

b) Ablehnung einer Kontrollbefugnis des betrieblichen Datenschutzbeauftragten gegenüber dem Betriebsrat durch das BAG

In seiner grundlegenden Entscheidung vom 11. November 1997 zur Kontrollbefugnis des betrieblichen Datenschutzbeauftragten gegenüber dem Betriebsrat stellte das BAG bezogen auf das BDSG 1990 fest, dass die Mitarbeitervertretung nicht der Kontrolle durch den betrieblichen Datenschutzbeauftragten unterliege[59]. Das BAG führte aus, dass die Ausübung der im BDSG vorgesehenen Kontrollrechte des betrieblichen Datenschutzbeauftragten gegenüber dem Betriebsrat dessen gesetzlich vorgeschriebene Unabhängigkeit vom Arbeitgeber beeinträchtigen würde. Die Kontrollmaßnahmen seien nämlich stets dem Arbeitgeber zuzurechnen, da der betriebliche Datenschutzbeauftragte keine neutrale Stellung zwischen Arbeitgeber und Betriebsrat einnehme.

aa) Mangelnde Unabhängigkeit mangels Beteiligung des Betriebsrats an Bestellung

Die fehlende neutrale Stellung des betrieblichen Datenschutzbeauftragten ergebe sich zunächst daraus, dass dieser gemäß § 36 Abs. 1 BDSG 1990 (heute § 4f Abs. 1 BDSG) allein vom Arbeitgeber ausgewählt und bestellt werde[60]. Der Bestellungsakt als solcher unterliege nicht der Mitbestimmung des Betriebsrats. Der Betriebsrat habe keine Möglichkeit dafür zu sorgen, dass das Amt von einer Person auch seines Vertrauens wahrgenommen wird. Für den Betriebsrat komme als Einflussnahmemöglichkeit lediglich das an enge gesetzliche Voraussetzungen gebundene Zustimmungsverweigerungsrecht des § 99 BetrVG in Betracht, sofern die Bestellung zugleich als Versetzung oder Einstellung im Sinne dieser Vorschrift anzuse-

---

58 *Leuze*, ZTR 2002, 558 (564).
59 BAG v. 11.11.1997, NZA 1998, 385 (387).
60 BAG v. 11.11.1997, NZA 1998, 385 (387).

hen sei. Handele es sich beim betrieblichen Datenschutzbeauftragten um einen leitenden Angestellten oder um einen externen Beauftragten, der nicht in den Betrieb eingegliedert werde, fehle selbst dieses Zustimmungsverweigerungsrecht.

bb) Betrieblicher Datenschutzbeauftragter nimmt Aufgaben des Arbeitgebers wahr

Indem der Datenschutzbeauftragte gemäß § 37 Abs. 1 Satz 1 BDSG 1990 die Ausführung des BDSG im Unternehmen „sicherzustellen" habe, nehme er darüber hinaus Aufgaben wahr, dessen Einhaltung ursprünglich dem Arbeitgeber selbst als dem Normunterworfenen obliege[61]. Mit der Verpflichtung zur Bestellung eines betrieblichen Datenschutzbeauftragten habe das BDSG keine vom Unternehmen unabhängige Institution geschaffen, sondern in die Organisationsfreiheit des Unternehmens eingegriffen. Der betriebliche Datenschutzbeauftragte könne daher nicht aus eigenem Recht dafür sorgen, dass im Unternehmen die Verpflichtungen aus dem BDSG eingehalten werden, sondern insoweit nur beratend auf die Geschäftsleitung einwirken. Auch die Möglichkeiten des betrieblichen Datenschutzbeauftragten, sich bei festgestellten Verstößen gegen das BDSG unmittelbar an die Aufsichtsbehörde zu wenden, sei aufgrund der ihm obliegenden Treuepflicht nur in Ausnahmefällen möglich[62].

cc) Keine ausreichende Schweigepflicht des betrieblichen
    Datenschutzbeauftragten

Schließlich unterliege der betriebliche Datenschutzbeauftragte auch keiner ausreichenden Verschwiegenheitspflicht[63]. Seine in § 36 Abs. 4 BDSG 1990 (heute § 4f Abs. 4 BDSG) normierte Verschwiegenheitspflicht sei auf die Identität des von der Datenverarbeitung Betroffenen beschränkt. Daten, die den Meinungsbildungsprozess des Betriebsrats betreffen, würden jedoch dieser Schweigepflicht nicht unterfallen, so dass eine Weitergabe dieser Informationen an den Arbeitgeber sanktionslos bliebe. Gerade die Geheimhaltung dieser Informationen sei aber erforderlich, soweit es um die Gewährleistung der Unabhängigkeit des Betriebsrats vom Arbeitgeber gehe. Letztendlich würde eine Unterwerfung des Betriebsrats unter die Kontrollbefugnis des betrieblichen Datenschutzbeauftragten einem Vertreter der Arbeitgeberseite Zugang zu grundsätzlich allen Dateien des Betriebsrats eröffnen ohne Rücksicht darauf, ob sie personenbezogene Daten enthalten oder nicht[64]. Damit hätte der betriebliche Datenschutzbeauftragte Kontrollbefugnisse, die dem Arbeitgeber im Verhältnis zum Betriebsrat nach dem Betriebsverfassungsrechts nicht zustehen.

---

61 BAG v. 11.11.1997, NZA 1998, 385 (387).
62 BAG v. 11.11.1997, NZA 1998, 385 (388).
63 BAG v. 11.11.1997, NZA 1998, 385 (388).
64 BAG v. 11.11.1997, NZA 1998, 385 (388).

dd) Auflösung der Diskrepanz zwischen umfassender Kontrollbefugnis und Unabhängigkeit des Betriebsrats

Diese Begründung und die weiteren Ausführungen des BAG lassen erkennen, dass sich das Gericht mit seiner Entscheidung nicht leicht getan hat. Nachdem das BAG, wie dargestellt, zunächst herausgearbeitet hatte, dass der betriebliche Datenschutzbeauftragte nach der konkreten Ausgestaltung des BDSG keine unabhängige Institution sei und welche Gefahren daher im Falle der Bejahung einer Kontrollbefugnis für die Unabhängigkeit des Betriebsrats einhergehen würden, wurde das Gericht mit dem Problem konfrontiert, dass das BDSG keine Einschränkung der Kontrollbefugnisse des betrieblichen Datenschutzbeauftragten hinsichtlich der Datenverarbeitung des Betriebsrats vorsieht. Das BAG musste sich vielmehr selbst eingestehen, dass der Wortlaut der §§ 4f, 4g BDSG umfassend formuliert ist und – ebenso wie die Gesetzesbegründung – keine Hinweise darauf gibt, dass die Kontrollbefugnis des betrieblichen Datenschutzbeauftragten die verantwortliche Stelle, deren Teil der Betriebsrat ist, nicht insgesamt umfasst[65].

Daher vollzog das BAG in seiner Entscheidung einen juristischen Kunstgriff und löste dieses Problem mit dem Argument, dass sich die Ausnahme des Betriebsrats von der Kontrolle des betrieblichen Datenschutzbeauftragten gerade daraus ergebe, dass das BDSG das Verhältnis zwischen diesen beiden Institutionen nicht regele. Das Gesetz sei insoweit lückenhaft und erkennbar auf Ergänzungen durch bereichsspezifische Regelungen angelegt (§ 1 Abs. 3 Satz 1 BDSG). Aus dem Schweigen des BDSG zu den Beziehungen zwischen dem betrieblichen Datenschutzbeauftragten und dem Betriebsrat könne daher nicht gefolgert werden, dass der Betriebsrat in gleicher Weise wie andere Einheiten der verantwortlichen Stelle der Kontrolle durch den betrieblichen Datenschutzbeauftragten unterliegt. Vielmehr sei die Unabhängigkeit des Betriebsrats von derart herausragender Bedeutung für die Betriebsverfassung, dass dem Gesetzgeber des BDSG nicht unterstellt werden könne, er habe, ohne dies ausdrücklich zu regeln, stillschweigend in dieses Prinzip eingreifen wollen[66].

c) Entscheidung des BAG als Aufforderung an den Gesetzgeber

Anstatt den mutmaßlichen Willen des Gesetzgebers zu ergründen wäre es für das BAG an dieser Stelle auch möglich gewesen, sich anders zu entscheiden und eine Kontrollbefugnis des betrieblichen Datenschutzbeauftragten zu bejahen. Dies wäre bei einer am Wortlaut des BDSG und am Sinn und Zweck des Datenschutzrechts orientierte Auslegung wohl konsequent gewesen, auch wenn das Ergebnis rechts-

---

65 BAG v. 11.11.1997, NZA 1998, 385 (389); *Schaffland/Wiltfang*, BDSG, § 4g Rn. 29.
66 BAG v. 11.11.1997, NZA 1998, 385 (389); *Schaffland/Wiltfang*, BDSG, § 4g Rn. 29; *Lakies*, NJ 1998, 391 (391).

politisch nicht wünschenswert gewesen wäre. Es hätte jedoch zumindest den Gesetzgeber dazu bringen können, das Verhältnis zwischen Betriebsverfassungs- und Datenschutzrecht eindeutig zu regeln.

Andererseits betont BAG in seiner Entscheidung zutreffend den das gesamte Betriebsverfassungsrecht durchziehende Grundsatz der Unabhängigkeit des Betriebsrats. Würde eine Kontrollbefugnis des betrieblichen Datenschutzbeauftragten dieses Strukturprinzip des BetrVG verletzen, kann man das BDSG in der Tat einschränkend dahingehend auslegen, dass sich die Kontrolle des betrieblichen Datenschutzbeauftragten nicht auf den Betriebsrat erstreckt. Andererseits stellt sich die Frage, ob eine abstrakte Gefahr des Missbrauchs der Kontrollkompetenz bereits ausreichen kann, um dem betrieblichen Datenschutzbeauftragten entgegen dem Wortlaut des BDSG die Kontrollbefugnisse gegenüber dem Betriebsrat zu nehmen. Zweck der Kontrollen ist, Verstöße gegen das BDSG festzustellen. Auch dem Betriebsverfassungsrecht ist es nicht fremd, dass Gesetzesverstöße des Betriebsrats oder seiner Mitglieder vom Arbeitgeber nach § 23 Abs. 1 BetrVG geahndet werden dürfen. In diesem Zusammenhang wird jedoch nicht von einem Verstoß gegen die Unabhängigkeit des Betriebsrats ausgegangen.

Die Gefahr für die Unabhängigkeit des Betriebsrats besteht bei der Kontrolle durch den betrieblichen Datenschutzbeauftragten allerdings nicht darin, dass etwaige hierdurch aufgedeckte Datenschutzverstöße nach den Maßgaben des BDSG und des BetrVG sanktioniert werden könnten. Die Arbeit des Betriebsrats kann vielmehr dadurch beeinflusst werden, dass durch eine Kontrolle des Betriebsrats durch den betrieblichen Datenschutzbeauftragten die Gefahr bestehen kann, dass dieser nach dem Einblick in die beim Betriebsrat gespeicherten Daten die hierbei gewonnenen Informationen über die Tätigkeiten des Betriebsrats an die Geschäftsführung weitergibt[67].

Die Entscheidung des BAG ist daher im Ergebnis richtig und sollte wohl zugleich einen eindeutigen Weckruf an den Gesetzgeber darstellen. Das Gericht betonte in seiner Entscheidung nämlich eindeutig, dass auch der Betriebsrat bei der Verarbeitung von personenbezogenen Daten dem BDSG unterworfen und dass hinsichtlich seiner Datenverarbeitung grundsätzlich auch eine Datenkontrolle notwendig sei[68]. Der Gesetzgeber muss jedoch, möchte er eine umfassende Datenschutzkontrolle im Unternehmen auch gegenüber dem Betriebsrat gewährleisten, entweder die Stellung des betrieblichen Datenschutzbeauftragten als eindeutig unabhängig ausgestalten oder aber seine Kontrollbefugnis gegenüber dem Betriebsrat eindeutig normieren. Das BAG verweist daher in seiner Entscheidung darauf, dass obgleich des tragenden Prinzips der Unabhängigkeit des Betriebsrats eine gesetzliche Regelung denkbar sei, die das Verhältnis zwischen dem betrieblichen Daten-

---

67 *Springmann*, Der Betriebsrat und die Betriebsbeauftragten, S. 197.
68 BAG v. 11.11.1997, NZA 1998, 385 (389).

schutzbeauftragten und dem Betriebsrat angemessen und widerspruchsfrei erfassen könnte[69]. Entsprechend forderte das BAG den Gesetzgeber in dieser Entscheidung auf, dass die noch ausstehenden Sondervorschriften für den Arbeitnehmerdatenschutz gerade auch kollektivrechtliche Fragen wie das Verhältnis zwischen dem betrieblichen Datenschutzbeauftragten und den Betriebsräten umfassen müssten[70]. Diese Aufforderung des BAG ist jedoch bis heute vom Gesetzgeber nicht aufgegriffen worden. Weder die Novellen des BDSG aus den Jahren 2001 und 2009 noch der aktuelle Gesetzentwurf enthalten was dies angeht eine Regelung.

d) Änderung der Rechtslage durch die BDSG-Novellen 2001 und 2009?

Die vorgehenden Ausführungen geben Anlass zur Prüfung, ob die im Jahr 1997 vom BAG angestellten Überlegungen hinsichtlich der nicht gegebenen Unabhängigkeit des betrieblichen Datenschutzbeauftragten auch heute noch Bestand haben. Im Zuge der Umsetzung der EU-Datenschutzrichtlinie in nationales Recht durch die Novellierung des BDSG im Jahr 2001 sowie durch die BDSG-Novelle im Jahr 2009 ist nämlich die Unabhängigkeit des betrieblichen Datenschutzbeauftragten gegenüber der Leitung der verantwortlichen Stelle durch den Gesetzgeber weiter gestärkt worden.

aa) Datenschutz als originäre Aufgabe des Arbeitgebers

Im Gegensatz zu der im Zeitpunkt der Entscheidung des BAG vorliegenden Rechtslage hat der betriebliche Datenschutzbeauftragte heutzutage nicht mehr die Ausführung des BDSG im Unternehmen „sicherzustellen" (§ 37 Abs. 1 Satz 1 BDSG 1990), sondern gemäß § 4g Abs. 1 Satz 1 BDSG lediglich auf die Einhaltung dieses Gesetzes und anderer Vorschriften über den Datenschutz „hinzuwirken". Er übernimmt folglich nicht mehr, wovon noch das BAG in seiner Entscheidung ausgegangen ist, die originär beim Unternehmen liegende Verpflichtung, dass die Datenschutzgesetze im Unternehmen eingehalten werden, in eigenständiger Verantwortung. Schließlich kann er nicht mehr bewirken, als ihm im Rahmen der vom Gesetz gegebenen Befugnisse möglich ist. Da der betriebliche Datenschutzbeauftragte einzelne Datenschutzmaßnahmen nicht gegen den Willen der Leitung der verantwortlichen Stelle durchsetzen kann, verbleibt die Sicherstellungsaufgabe nunmehr bei dieser[71].

---

69 BAG v. 11.11.1997, NZA 1998, 385 (390); *Simitis*, NJW 1998, 2395 (2397); *Lakies*, NJ 1998, 391 (391).
70 BAG v. 11.11.1997, NZA 1998, 385 (389); vgl. auch das Zitat am Anfang dieser Arbeit unter „*Einleitung*".
71 *Gola/Wronka*, Handbuch zum Arbeitnehmerdatenschutz, Rn. 1506; *Simitis*, Simitis, BDSG, § 4g Rn. 29.

bb) Sonderkündigungsschutz für den betrieblichen Datenschutzbeauftragten

Darüber hinaus wurde die unabhängige Stellung des betrieblichen Datenschutzbeauftragten im Zuge der BDSG-Novelle 2009 dadurch gestärkt, dass ihm erstmals ausdrücklich ein Sonderkündigungsschutz zugesprochen wurde. Gemäß § 4f Abs. 3 Satz 5 BDSG ist die Kündigung seines Arbeitsverhältnisses unzulässig, es sei denn, dass Tatsachen vorliegen, welche die verantwortliche Stelle zur Kündigung aus wichtigem Grund ohne Einhaltung einer Kündigungsfrist berechtigen. Dieser Sonderkündigungsschutz besteht darüber hinaus für ein Jahr nach der Abberufung als Beauftragter für den Datenschutz fort (§ 4f Abs. 3 Satz 6 BDSG). Folglich genießt der betriebliche Datenschutzbeauftragte dasselbe Kündigungsschutzniveau wie die Mitglieder des Betriebsrats (§ 15 Abs. 1 KSchG).

cc) Keine Anpassung der Schweigepflicht des betrieblichen Datenschutzbeauftragten

Hinsichtlich der vom BAG als unzureichend bezeichneten Verschwiegenheitspflicht des betrieblichen Datenschutzbeauftragten ist jedoch zu berücksichtigen, dass sich diese nach wie vor nicht umfassend ausgestaltet ist. Gemäß § 4f Abs. 4 BDSG ist der betriebliche Datenschutzbeauftragte nur „*zur Verschwiegenheit über die Identität des Betroffenen sowie über Umstände, die Rückschlüsse auf den Betroffenen zulassen, verpflichtet*". Die Verschwiegenheitspflicht würde nach dem eindeutigen Wortlaut der Norm daher nicht Informationen über den Inhalt der Betriebsratsarbeit umfassen, von denen der betriebliche Datenschutzbeauftragte bei der Kontrolle der Datenverarbeitung des Betriebsrats Kenntnis erlangen würde[72]. Eine gelegentlich vorgenommene Ausweitung der Verschwiegenheitspflicht auf sämtliche Informationen, welche der betriebliche Datenschutzbeauftragte im Rahmen seiner Tätigkeit erhält[73], setzt sich in unzulässiger Weise über diesen eindeutigen Wortlaut der Norm hinweg und resultiert wohl eher aus dem ohne Zweifel bestehenden Bedürfnis nach einer allgemeinen Verschwiegenheitspflicht des betrieblichen Datenschutzbeauftragten.

dd) Keine Beteiligung des Betriebsrats bei Bestellung des betrieblichen Datenschutzbeauftragten

Ein gewichtiges vom BAG zur Ablehnung einer Kontrollbefugnis des betrieblichen Datenschutzbeauftragten angeführtes Argument bleibt darüber hinaus auch nach der jüngsten Novelle des BDSG bestehen. Nach wie vor obliegt die Entscheidung, wer die Funktion des betrieblichen Datenschutzbeauftragten im Unternehmen

---

72 Zutreffend *Springmann*, Der Betriebsrat und die Betriebsbeauftragten, S. 198.
73 So *Kort*, SAE 1998, 200 (204); *Bizer*, DuD 1997, 653 (655).

wahrnehmen soll, allein dem Arbeitgeber. Dem Betriebsrat steht insoweit kein Mitbestimmungsrecht zu.

Das fehlende Mitbestimmungsrecht der Arbeitnehmervertretung bei der Bestellung des betrieblichen Datenschutzbeauftragten, die eingeschränkte Verschwiegenheitspflicht gegenüber dem Arbeitgeber sowie das immer wieder unter Hinweis auf Loyalitätsgesichtspunkte abgelehnte Recht des betrieblichen Datenschutzbeauftragten, ohne vorherige Konsultation des Arbeitgebers die Aufsichtsbehörde anzurufen, sind daher bis heute konstitutive Merkmale, die trotz aller Korrekturen und ungeachtet der gesetzlich anerkannten Freiräume wie etwa der Weisungsfreiheit und dem seit 2009 bestehenden Sonderkündigungsschutz eine Abhängigkeit vom Unternehmen begründen[74]. Von einer hinreichenden, die Kontrolle des Betriebsrats rechtfertigenden Unabhängigkeit des betrieblichen Datenschutzbeauftragten gegenüber der Unternehmensleitung kann daher bis heute nicht ausgegangen werden.

e) Gesetzlicher Anpassungsbedarf

Will man den Arbeitnehmerdatenschutz jedoch ernst nehmen, muss auch die Datenverarbeitung beim Betriebsrat einer effektiven Kontrolle unterliegen. Was für den Vertrieb, den Kundenservice, die Rechts- und die Personalabteilung gilt, muss auch beim Betriebsrat beachtet werden. Genauso wenig wie es darauf ankommt, ob Lieferanten-, Arbeitnehmer- oder Kundendaten verarbeitet werden, kann es darauf ankommen, ob personenbezogene Daten von der Arbeitgeberseite oder der Mitarbeitervertretung erhoben, verarbeitet oder genutzt werden. Beide Seiten unterliegen den Datenschutzgesetzen und die Gefahr einer Verletzung des Rechts auf informationelle Selbstbestimmung der Betroffenen ist in beiden Fällen gleichermaßen gegeben.

Varianten zur Kontrolle des Betriebsrats durch den betrieblichen Datenschutzbeauftragten bestehen nicht. Gegen eine verstärkte Überwachung des Betriebsrats durch die Datenschutzbehörde sprechen insbesondere strukturelle und organisatorisch bedingte Prüfungsdefizite der Aufsichtsbehörden. Angesichts der stetig zunehmenden Zahl der von Betriebsräten verwendeten Arbeitnehmerdaten sind die Aufsichtsbehörden nicht in der Lage, durch sporadische externe Kontrollen einen ausreichenden Datenschutz zu gewährleisten[75]. Darüber hinaus konzentrieren sich diese vornehmlich auf die Datenverarbeitung des Arbeitgebers. Darüber hinaus ist in den letzten Jahren die Bedeutung interner Kontrollinstanzen gewachsen, wie beispielsweise auch die zunehmende Bestellung von Compliance Beauftragten in Unternehmen verdeutlicht. Im Gegensatz zu externen Aufsichtsbehörden sind in-

---

74 *Simitis*, NJW 1998, 2395 (2396); *Springmann*, Der Betriebsrat und die Betriebsbeauftragten, S. 199.
75 *Simitis*, NJW 1998, 2395 (2397).

terne Betriebsbeauftragte mit den Prozessen und den Themen im Unternehmen vertraut und haben darüber hinaus die Möglichkeit einer regelmäßigen Überwachung.

aa) Mitbestimmungsrecht des Betriebsrats bei der Bestellung des betrieblichen Datenschutzbeauftragten entsprechend § 9 Abs. 3 Satz 1 ASiG

Daher ist die Stellung des betrieblichen Datenschutzbeauftragten durch den Gesetzgeber betriebsverfassungskonform auszugestalten, um eine Kontrolle der Datenverarbeitung des Betriebsrats zu ermöglichen. Eine neutrale Stellung des betrieblichen Datenschutzbeauftragten und die für eine Kontrolle der Datenverarbeitung beim Betriebsrat erforderlich Vertrauensstellung könnte dadurch erreicht werden, dass die Stellung des betrieblichen Datenschutzbeauftragten vergleichbar der Stellung der Betriebsärzte und den Beauftragten für Arbeitssicherheit gemäß § 9 ASiG ausgestaltet wird[76].

Gemäß § 9 Abs. 3 Satz 1 ASiG können Betriebsärzte und Fachkräfte für Arbeitssicherheit nur mit Zustimmung des Betriebsrats bestellt und abberufen werden. Kommt eine Einigung zwischen Arbeitgeber und Betriebsrat nicht zu Stande, können beiden Seiten nach § 9 Abs. 3 Satz 2 2.Hs ASiG[77] die betriebliche Einigungsstelle anrufen. Das Gleiche gilt, wenn deren Aufgaben erweitert oder eingeschränkt werden sollen. § 9 Abs. 3 Satz 2 ASiG enthält darüber hinaus ein Anhörungsrecht des Betriebsrats, wenn ein selbständiger Betriebsarzt oder eine selbständig tätige Fachkraft für Arbeitssicherheit verpflichtet werden soll.

Eine solche Regelung könnten vom Gesetzgeber ohne weiteres auch hinsichtlich der Bestellung und Abberufung des betrieblichen Datenschutzbeauftragten in das BDSG eingefügt werden. Es entspricht der allgemeinen Ansicht in der Literatur, dass insbesondere ein echtes Mitbestimmungsrecht des Betriebsrats bei der Bestellung des betrieblichen Datenschutzbeauftragen das erforderliche Vertrauensverhältnis zwischen ihm und den Betriebsrat schaffen könnte, damit die betriebsverfassungsrechtliche Unabhängigkeit des Betriebsrats einer Kontrollbefugnis des betrieblichen Datenschutzbeauftragten nicht mehr entgegensteht[78]. Durch ein solches Mitbestimmungsrecht würde dem Betriebsrat die Möglichkeit eröffnet, die Gefahr zu verringern, dass der Arbeitgeber sich über den betrieblichen Datenschutzbeauftragten Informationen über die Arbeit des Betriebsrats verschafft. Eine doppelte Abhängigkeit des betrieblichen Datenschutzbeauftragten von der Gunst des Arbeitgebers und des Betriebsrats führt nämlich dazu, dass dieser gezwungen ist, sich bei der Aufgabenwahrnehmung allein an den Interessen des Datenschutzes

---

76 *Springmann*, Der Betriebsrat und die Betriebsbeauftragten, S. 198.
77 § 9 Abs. 3 Satz 2 2.Hs ASiG verweist auf § 87 in Verbindung mit § 76 BetrVG.
78 *Simitis*, NJW 1998, 2395 (2397); *Springmann*, Der Betriebsrat und die Betriebsbeauftragten, S. 210.

zu orientieren. Nach der herrschenden Ansicht gewährt § 9 Abs. 3 Satz 1 ASiG dem Betriebsrat nämlich nicht nur ein Mitbestimmungsrecht für die Bestellung, sondern auch ein Initiativrecht für die Abberufung von Betriebsärzten und Beauftragten für Arbeitssicherheit[79]. Eine Einführung einer vergleichbaren Regelung in das BDSG würde dem Betriebsrat daher ein Instrument an die Hand geben, im Falle des Vertrauensverlustes die Abberufung des betrieblichen Datenschutzbeauftragten einzuleiten. Infolgedessen wäre der betriebliche Datenschutzbeauftragte nur den Interessen des Datenschutzes verpflichtet und dürfte sich nicht von sachwidrigen Erwägungen leiten lassen, aufgrund deren er versucht sein könnte, die Interessen eines effektiven Datenschutzes zugunsten der allgemeinen Unternehmensinteressen zurückzustellen[80].

Gegen ein solches Mitbestimmungsrecht des Betriebsrats spricht auch nicht, dass in diesem Fall der Kontrolleur, d.h. der betriebliche Datenschutzbeauftragte, vom Kontrollierten, d.h. dem Betriebsrat, abhängig wäre[81]. Würde diese Argumentation durchgreifen, müsste die Institution des betrieblichen Datenschutzbeauftragten insgesamt in Frage gestellt werden. Der betriebliche Datenschutzbeauftragte ist nämlich seit jeher von einem zu Kontrollierenden, nämlich dem Unternehmen als verantwortliche Stelle, abhängig, welches ihn zu bestellen und bei Vorliegen der entsprechenden Voraussetzungen auch abzuberufen hat. Die in gewissem Maße bestehende Abhängigkeit von den zu Kontrollierenden ist jedem Betriebsbeauftragten, der gesetzliche Kontrollfunktionen wahrnimmt, immanent, sei es dem Betriebsarzt und der Fachkraft für Arbeitssicherheit gemäß ASiG, dem Sicherheitsbeauftragte gemäß SGB VII, dem Umweltschutzbeauftragte gemäß BImSchG, WHG und KrW-/AbfG oder aber dem betriebliche Datenschutzbeauftragte gemäß BDSG.

bb) Pflicht zur Zusammenarbeit zwischen Betriebsrat und betrieblichen Datenschutzbeauftragten entsprechend § 9 Abs. 1 ASiG

Darüber hinaus sollte in das BDSG eine Norm über die Zusammenarbeit zwischen dem Betriebsrat und dem betrieblichen Datenschutzbeauftragten eingefügt werden, welche sich inhaltlich an § 9 Abs. 1 ASiG orientiert. § 9 Abs. 1 ASiG schreibt eine Pflicht zur Zusammenarbeit der Betriebsärzte und Fachkräfte für Arbeitssicherheit mit dem Betriebsrat vor. Diese Zusammenarbeit besteht darin, dass die Sicherheitsfachkräfte und Betriebsärzte den Betriebsrat über festgestellte Mängel und geplante Arbeitsschutzmaßnahmen unterrichten und Arbeitsschutzfragen mit ihm beraten. Ist ein Betriebsrat der Ansicht, dass er in wichtigen Angelegenheiten des Arbeits-

---

79 *Wiese*, GK-BetrVG, § 87 Rn. 674; *Fitting*, BetrVG, § 87 Rn. 321; *Richardi*, Richardi, BetrVG, § 87 Rn. 581; *Klebe*, DKKW, BetrVG, § 87 Rn. 196; *Springmann*, Der Betriebsrat und die Betriebsbeauftragten, S. 161.
80 *Springmann*, Der Betriebsrat und die Betriebsbeauftragten, S. 211.
81 So aber *Kort*, SAE 1998, 200 (203).

schutzes nicht unterrichtet wird, kann er sich auch unmittelbar an den Arbeitgeber wenden, damit dieser die Sicherheitsfachkraft oder den Betriebsarzt anweist, seiner Unterrichtungspflicht zu genügen[82]. Weigert sich der Arbeitgeber, eine entsprechende Weisung zu erteilen, kann der Betriebsrat die zuständige Aufsichtsbehörde einschalten. Die Aufsichtsbehörde kann dann auf Grund des § 12 ASiG dem Arbeitgeber die Maßnahmen auferlegen, die er gegenüber der Sicherheitsfachkraft oder dem Betriebsarzt zu treffen hat.

Auch diese Regelung zur Zusammenarbeit zwischen dem Betriebsrat und den Betriebsbeauftragten ist auf das Verhältnis zwischen Betriebsrat und dem betrieblichen Datenschutzbeauftragten übertragbar und könnte daher unproblematisch auch in das BDSG eingefügt werden. Dass hierfür ein praktisches Bedürfnis besteht, zeigen bereits die in der Literatur bislang unternommenen Versuche, eine Pflicht zur vertrauensvollen Zusammenarbeit zwischen beiden Institutionen aus bereits bestehenden Normen herzuleiten[83].

cc) Allgemeine Verschwiegenheitspflicht des betrieblichen
   Datenschutzbeauftragten

Um eine hinreichende Vertrauensbasis zwischen dem betrieblichen Datenschutzbeauftragten und dem Betriebsrat begründen zu können, wäre es schließlich erforderlich, den betrieblichen Datenschutzbeauftragten im Wege einer eindeutigen gesetzlichen Regelung einer allgemeinen Verschwiegenheitspflicht zu unterwerfen. Als Folge dieser Verschwiegenheitspflicht wäre es dem betriebliche Datenschutzbeauftragte generell untersagt, die im Rahmen einer Kontrolle des Betriebsrats erlangten Erkenntnisse zu offenbaren.

f) Vorschlag des Bundesrates zum Regierungsentwurf für ein
   Beschäftigtendatenschutzgesetz 2011

Eine alternative Lösung der Problematik der unzureichenden Kontrollmöglichkeit des betrieblichen Datenschutzbeauftragten gegenüber dem Betriebsrat hat zuletzt der Bundesrat vorgeschlagen. In seiner Stellungnahme zum Entwurf der Bundesregierung für ein *„Gesetz zur Regelung des Beschäftigtendatenschutzes"* forderte er die Bundesregierung auf, in § 4f BDSG einen neuen Absatz 6 aufzunehmen. Danach sollte der betriebliche Datenschutzbeauftragte die datenschutzrechtliche Kontrolle des Betriebsrats wahrnehmen, soweit die Interessenvertretung keine andere Person mit dieser Aufgabe betraut[84]. Dabei sollte der betriebliche Datenschutzbeauftragte der Geheimhaltung unterliegen. Zur Begründung dieses Vorschlags wird

---

82 *Pulte*, NZA-RR 2008, 113 (115).
83 Siehe unter *Kap. F. II. 3.*
84 BR-Drs. 535/10 (Beschluss), S. 8.

zutreffend angeführt, dass der Gesetzentwurf keine Regelung zum Datenschutz bei der Verarbeitung von Arbeitnehmerdaten im Bereich der Arbeitnehmervertretung enthält. Mit der vorgeschlagenen Änderung solle zumindest eine Regelung für die in der Rechtsprechung bisher nicht geklärte Frage der Überwachung des Umgangs mit Beschäftigtendaten seitens des Betriebs- bzw. Personalrates getroffen werden. In Ergänzung des Aufgabenbereichs des Beauftragten für den Datenschutz werde daher eine Auffangzuständigkeit für die Überwachung des Datenschutzes bei der Interessenvertretung vorgeschlagen. Diese solle eingreifen, soweit der Betriebsrat sein Wahlrecht zur Übertragung der Datenschutzkontrolle an den betrieblichen oder behördlichen Datenschutzbeauftragten, einen eigenen Beauftragten oder einen externen Dritten nicht ausübe. Ein von der Interessenvertretung benannter Datenschutzbeauftragter solle allerdings nicht den Statusvorschriften des § 4f BDSG (z. B. Kündigungsschutz) unterliegen.

Auch wenn der Bundesrat insoweit fälschlicherweise von der Prämisse ausgegangen ist, die Frage der Kontrollbefugnis des betrieblichen Datenschutzbeauftragten sei in der Rechtsprechung noch nicht geklärt[85], wäre die Aufnahme einer derartigen Auffangkompetenz des betrieblichen Datenschutzbeauftragten grundsätzlich zu begrüßen. Sie würde dem Betriebsrat ein echtes Wahlrecht einräumen, ob er sich der Kontrolle des betrieblichen Datenschutzbeauftragten unterwerfen oder aber mangels Vertrauen in dessen Unabhängigkeit einen eigenen internen oder externen Datenschutzbeauftragten beauftragen möchte. Darüber hinaus wäre der betriebliche Datenschutzbeauftragte bei einer Kontrolle des Betriebsrats dem Arbeitgeber gegenüber zur Verschwiegenheit verpflichtet.

Andererseits trägt dieser Vorschlag des Bundesrates einige Unsicherheiten mit sich. Unter anderem ist unklar, wie eine dauerhafte Kontrolle des Betriebsrats durch die Aufsichtsbehörde, sollte der Betriebsrat diese mit der Kontrolle beauftragen, in der Praxis aussehen sollte. Darüber hinaus geht aus dem Vorschlag nicht hervor, welche den betrieblichen Datenschutzbeauftragten betreffenden Vorschriften des BDSG auf einen eigenen internen oder externen Datenschutzbeauftragten des Betriebsrats anzuwenden wären.

Die Bundesregierung hat in ihrer Gegenstellungnahme allerdings bereits angekündigt, den Vorschlag des Bundesrates nicht übernehmen zu wollen[86]. Folglich wird es bei der gegenwärtigen Rechtslage verbleiben.

---

85 Nach BAG v. 11.11.1997, NZA 1998, 385 (387) ist der betrieblichen Datenschutzbeauftragten nicht befugt, die Datenverarbeitung des Betriebsrats zu kontrollieren; vgl. unter *Kap. F. II. 4. b)*.
86 BT-Drs. 17/4230, S. 88.

5. Bestellung eines Mitglieds des Betriebsrats zum betrieblichen Datenschutzbeauftragten

Der Betriebsrat ist gemäß §§ 75 Abs. 2, 80 Abs. 1 Nr. 1 BetrVG verpflichtet, die Einhaltung der datenschutzrechtlichen Vorschriften zu überwachen. Genau dies gehört auch zu den wesentlichen Aufgaben des betrieblichen Datenschutzbeauftragten (§ 4g Abs. 1 BDSG). Folglich könnte es naheliegen, ein Betriebsratsmitglied zum betrieblichen Datenschutzbeauftragten zu bestellen. In diesem Zusammenhang wird jedoch seit längerer Zeit diskutiert, ob die Bestellung eines Betriebsratsmitglieds zum betrieblichen Datenschutzbeauftragten überhaupt zulässig oder ob die zeitgleiche Ausübung dieser Funktionen inkompatibel wäre.

a) Inkompatibilität der Funktion des betrieblichen Datenschutzbeauftragten mit anderen Aufgaben im Unternehmen

Das BDSG enthält keine ausdrückliche Vorschrift darüber, dass die Ausübung bestimmter Tätigkeiten innerhalb der verantwortlichen Stelle mit der Bestellung zum betrieblichen Datenschutzbeauftragten unvereinbar ist[87]. Nach überwiegender Ansicht kann es jedoch an der von § 4f Abs. 2 Satz 1 BDSG geforderten Zuverlässigkeit eines betrieblichen Datenschutzbeauftragten fehlen, wenn mit der Bestellung Interessenkonflikte entstehen, die mit der vom betrieblichen Datenschutzbeauftragten wahrzunehmenden Kontrollfunktion unvereinbar sind[88]. Diese Inkompatibilität der Position des betrieblichen Datenschutzbeauftragten mit anderen betrieblichen Funktionen bildet eine wichtige strukturelle Grenze für die Zuweisung der Aufgabe des betrieblichen Datenschutzbeauftragten[89]. Dabei gilt der Grundsatz, dass eine Bestellung wegen befürchteter Unzuverlässigkeit i. S. d. § 4f Abs. 2 Satz 1 BDSG zu unterlassen ist, wenn der betriebliche Datenschutzbeauftragte zugleich andere, mit seiner Kontrollfunktion nicht zu vereinbarende Aufgaben wahrnehmen soll[90]. Daraus folgt, dass bestimmte Personen, unabhängig von ihrer Fachkunde nicht zum betrieblichen Datenschutzbeauftragten bestellt werden dürfen. Dies gilt ausnahmslos für den Inhaber des Unternehmens, den Vorstand, den Geschäftsführer oder

---

87 *Springmann*, Der Betriebsrat und die Betriebsbeauftragten, S. 206; ausdrückliche Inkompatibilitätsvorschriften enthalten beispielsweise die Gemeindeordnungen der Länder (vgl. § 25 KV M-V, § 31 GO Bay), wonach Gemeindevertreter bestimmte andere Funktionen (insbesondere) innerhalb der Gemeinde nicht ausüben dürfen.
88 BAG v. 22.3.1994, NZA 1994, 1049 (1051); *Gola/Schomerus*, BDSG, § 4f Rn. 26; *Schaffland/Wiltfang*, BDSG, § 4f Rn. 29; *Däubler*, DKWW, BDSG, § 4f Rn. 29, *Auernhammer*, BDSG, § 36 Rn. 18; *Rudolf*, NZA 1996, 296 (297); *Springmann*, Der Betriebsrat und die Betriebsbeauftragten, S. 206; *Däubler*, Gläserne Belegschaften, Rn. 596.
89 *Wohlgemuth*, Datenschutz für Arbeitnehmer, Rn. 789.
90 *Wohlgemuth*, Datenschutz für Arbeitnehmer, Rn. 789.

einen sonstigen gesetzlich oder verfassungsmäßig berufenen Leiter[91]. Darüber hinaus sollen auch Personen nicht zum betrieblichen Datenschutzbeauftragten berufen werden dürfen, die in dieser Funktion in Interessenkonflikte geraten würden, die über das unvermeidliche Maß hinausgehen[92].

b) Inkompatibilität bei gleichzeitiger Tätigkeit als betrieblicher Datenschutzbeauftragter und als Betriebsratsmitglied

Die mögliche Inkompatibilität zwischen der Funktion als betrieblicher Datenschutzbeauftragter und einer anderen bei der verantwortlichen Stelle wahrgenommenen Funktion wird auch diskutiert, wenn ein Mitglied des Betriebsrats zum betrieblichen Datenschutzbeauftragten bestellt werden soll.

aa) Inkompatibilität aufgrund Interessenkonflikts

Nach einer Ansicht scheidet die Bestellung eines Betriebsratsmitglieds zum betrieblichen Datenschutzbeauftragten aus Gründen des Interessenkonflikts aus[93]. Die Vorstellungen des Betriebsrats über den Umgang mit Arbeitnehmerdaten können mit den Anforderungen des Datenschutzes kollidieren. Der Betriebsrat selbst habe ein Interesse, dass ihm weitgehende Möglichkeiten zur Verarbeitung von Beschäftigtendaten eingeräumt werden. Die Pflicht des betrieblichen Datenschutzbeauftragten, die Einhaltung des Arbeitnehmerdatenschutzes zu überwachen, und das Interesse des Betriebsrats an einer weitgehenden Freiheit bei der Erhebung, Verarbeitung oder Nutzung von Beschäftigtendaten seien daher nicht miteinander vereinbar[94]. Wenn der Betriebsrat beispielsweise personenbezogene Informationswünsche gegenüber dem Arbeitgeber geltend macht, die mit den Datenschutzinteressen der Betroffenen kollidieren, müsste sich das zum betrieblichen Datenschutzbeauftragten bestellte Betriebsratsmitglied insoweit einem Gremium entgegenstellen, welchem er selbst angehört. Darüber hinaus übe der Betriebsrat als gewähltes Organ der Arbeitnehmerschaft eine Aufsichtsfunktion allein im Interesse der Arbeitnehmer aus. Der Datenschutzbeauftragte sei demgegenüber verpflichtet, die Einhaltung datenschutzrechtlicher Regeln nicht nur in Hinblick auf die Arbeitnehmer,

---

91 *Gola/Schomerus*, BDSG, § 4f Rn. 26; *Däubler*, DKWW, BDSG, § 4f Rn. 31; *Simitis*, Simitis, BDSG, § 4f Rn. 98.
92 Nach Ansicht der *Aufsichtsbehörde Baden-Württemberg*, Hinweise zum BDSG Nr. 2, abgedruckt in: *Schafflandt/Wiltfang*, BDSG, Ziff. 7010) beispielsweise der Personalleiter, der Leiter der EDV oder bei Direktvertrieb der Vertriebsleiter.
93 *Simitis*, Simitis, BDSG, § 4f Rn. 108; *Bergmann/Möhrle/Herb*, BDSG, § 4f Rn. 105; *Reichold*, MünchArbR, § 88 Rn. 76; *Beder*, CR 1990, 475 (476); *Kort*, RdA 1992, 378 (382); *Linnekohl*, NJW 1981, 202 (206); *Springmann*, Der Betriebsrat und die Betriebsbeauftragten S. 207.
94 *Simitis*, Simitis, BDSG, § 4f Rn. 108.

sondern auch bezogen auf sonstige Personen (z. B. Kunden- und Lieferantendaten) zu kontrollieren[95].

bb) Unzulässige Benachteiligung von Betriebsratsmitgliedern

Nach einer anderen Ansicht bestehen jedoch gegen die Bestellung eines Betriebsratsmitglieds zum betrieblichen Datenschutzbeauftragten keine Einwände[96]. Vielmehr würde ein Verbot der Bestellung eines Betriebsratsmitglieds auf eine Benachteiligung gegenüber anderen Arbeitnehmern und damit auf einen Verstoß gegen § 78 Satz 2 BetrVG hinauslaufen, wonach Mitglieder des Betriebsrats wegen ihrer Tätigkeit nicht benachteiligt werden dürfen.

cc) Verneinung der Inkompatibilität durch die Rechtsprechung

Die arbeitsgerichtliche Rechtsprechung hat sich zu dieser Problematik lange Zeit nicht geäußert. Der Grund hierfür war wohl, dass die Entscheidung des Arbeitgebers, ein Mitglied des Betriebsrats zum betrieblichen Datenschutzbeauftragten zu bestellen, trotz des Grundsatzes der vertrauensvollen Zusammenarbeit zwischen den Betriebsparteien (§ 2 Abs. 1 BetrVG) ein hohes Maß an Vertrauen in die persönliche Integrität des Betriebsratsmitglieds voraussetzt und deshalb nur in Ausnahmefällen in Betracht kommen wird. Zudem ist ein betrieblicher Datenschutzbeauftragter, der seine Mitgliedschaft in der Mitarbeitervertretung beibehält, im Vergleich zu anderen betrieblichen Datenschutzbeauftragten dem Arbeitgeber gegenüber in einer sehr viel schwierigeren Lage, da er als Betriebsrat unverändert dessen Gegenpart und Verhandlungspartner ist, was leicht zu Zugangsbarrieren zu den jeweils verarbeiteten Daten führen kann[97].

Eine mögliche Inkompatibilität ist daher relevanter für die Frage, ob ein die Aufgabe des betrieblichen Datenschutzbeauftragten bereits wahrnehmender Arbeitnehmer diese Funktion auch weiter innehaben darf, wenn er in den Betriebsrat gewählt wird. Ein solcher Sachverhalt lag auch der Entscheidung des BAG vom 23. März 2011 zugrunde, in welcher das Gericht erstmals zu dieser Problematik Stellung nahm[98]. In seinen Ausführungen stellte das BAG sehr allgemein gehaltenen fest, dass aus seiner Sicht keine grundsätzliche Inkompatibilität zwischen den Ämtern des Betriebsrats und des betrieblichen Datenschutzbeauftragten bestehe.

---

95 *Reichold*, MünchArbR, § 88 Rn. 76; *Beder*, CR 1990, 475 (476); *Kort*, RdA 1992, 378 (381).
96 BAG v. 23.3.2011, BeckRS 2011, 74713; *Däubler*, DKWW, BDSG, § 4f Rn. 32; *Gola/Schomerus*, BDSG, § 4f Rn. 28; *Däubler*, Gläserne Belegschaften, Rn. 596; kritisch *Rudolf*, NZA 1996, 296 (298), die zur Vorsicht bei der Bestellung eines Betriebsratsmitglieds zum betrieblichen Datenschutzbeauftragten rät, diesen Vorgang aber rechtlich nicht für ausgeschlossen hält.
97 *Simitis*, Simitis, BDSG, § 4f Rn. 108.
98 BAG v. 23.3.2011, BeckRS 2011, 74713.

Allein der Umstand, dass der betriebliche Datenschutzbeauftragte Kontroll- und Überwachungsbefugnisse gegenüber dem Arbeitgeber habe, mache ein Betriebsratsmitglied nicht generell für diesen Aufgabenbereich ungeeignet. An dieser Ansicht des BAG verwundert insbesondere, dass das Gericht sie nicht näher begründete und sich mit der eine Inkompatibilität annehmende Meinung im Schrifttum nicht näher auseinandersetzte. Wie nachfolgend zu zeigen sein wird, bestehen nämlich gegen die Ausübung des Amtes des betrieblichen Datenschutzbeauftragten durch ein Betriebsratsmitglied nicht unerhebliche Bedenken.

dd) Konfliktbereitschaft als notwendiges Merkmal der „Zuverlässigkeit" i. S. d. § 4f Abs. 2 Satz 1 BDSG

Für die rechtliche Einschätzung, ob auch ein Mitglied des Betriebsrats zum betrieblichen Datenschutzbeauftragten bestellt werden kann, ist die Überlegung maßgeblich, dass mit der Tätigkeit des betrieblichen Datenschutzbeauftragten ein erhebliches Konfliktpotential verbunden ist[99]. Dies berücksichtigt impliziert das Merkmal der „Zuverlässigkeit" i. S. d. § 4f Abs. 2 Satz 1 BDSG, dass nur derjenige, der gegenüber den zu Kontrollierenden die nötige Konfliktbereitschaft aufweist, die im Hinblick auf die konfliktbeladene Durchsetzung des Datenschutzes im Unternehmen erforderliche Zuverlässigkeit besitzt[100]. Bei der Bestellung eines Betriebsratsmitglieds zum betrieblichen Datenschutzbeauftragten könnte an dessen Konfliktbereitschaft gegenüber dem Betriebsrat eventuell bereits deshalb gezweifelt werden, weil das bestellte Betriebsratsmitglied durchaus ein Interesse daran haben wird, sich bei der nächsten Betriebsratswahl auf einen aussichtsreichen Listenplatz wiederzufinden.

Vorzugsweise ist die erforderliche Konfliktbereitschaft jedoch anhand objektiver Kriterien zu bestimmen, bei deren Vorliegen angenommen werden kann, dass der betriebliche Datenschutzbeauftragte jederzeit für den Datenschutz, mithin für die Interessen der Betroffenen, eintritt. Diese erforderliche Haltung kann nicht gewährleistet sein bei Personen, welche als betriebliche Datenschutzbeauftragte gleichzeitig andere, den Intentionen des Datenschutzes tendenziell ganz oder teilweise zuwiderlaufende Interessen repräsentieren, bei Personen also, die gleichsam innerlich nicht „gegnerfrei" sind[101]. Eine solche Interessenkollision würde auch bestehen, wenn ein Mitglied des Betriebsrats zum betrieblichen Datenschutzbeauftragten bestellt werden würde. Zwar hat der betriebliche Datenschutzbeauftragte nach der hier vertretenen Ansicht nicht die Befugnis, die Datenverarbeitung des

---

99 *Simitis*, Simitis, BDSG, § 4f Rn. 96; *Küpferle*, Arbeitnehmerdatenschutz im Spannungsfeld, S. 406.
100 *Küpferle*, Arbeitnehmerdatenschutz im Spannungsfeld, S. 407.
101 *Gola/Wronka*, Handbuch zum Arbeitnehmerdatenschutz, Rn. 1434; *Küpferle*, Arbeitnehmerdatenschutz im Spannungsfeld, S. 407.

Betriebsrats in der Form zu überwachen, dass er Zugang zu den Datenverarbeitungsanlagen des Betriebsrats erhält. Dies entbindet den Betriebsrat jedoch nicht davon, im Rahmen der eigenen Verarbeitung von Beschäftigtendaten die Vorgaben des BDSG einzuhalten. Erhält der betriebliche Datenschutzbeauftragte folglich auf anderem Wege, beispielsweise durch einen anonymen Hinweis, Kenntnis von Datenschutzverstößen des Betriebsrats, hat er auf die Einhaltung des Datenschutzes beim Betriebsrat nach § 4g Abs. 1 Satz 1 BDSG hinzuwirken, indem er entweder direkt das Gespräch mit dem Betriebsrat sucht oder aber die Geschäftsleitung auf den Datenverstoß hinweist.

Umgekehrt ist es aber auch Aufgabe des Betriebsrats, die Tätigkeit des betrieblichen Datenschutzbeauftragten zu kontrollieren. Gemäß § 80 Abs. 1 Nr. 1 BetrVG hat der Betriebsrat auch die Einhaltung der Vorschriften der §§ 4f, 4g BDSG über den betrieblichen Datenschutzbeauftragten zu überwachen. Würde man die Möglichkeit bejahen, dass ein Mitglied des Betriebsrats gleichzeitig die Aufgabe des betrieblichen Datenschutzbeauftragten wahrnehmen kann, würde dies dazu führen, dass sich der betriebliche Datenschutzbeauftragte selbst überwacht.

ee) Aufgabe des Systems der innerbetrieblichen Datenschutzkontrolle

Darüber hinaus würde bei einer Bestellung eines Betriebsratsmitglieds zum betrieblichen Datenschutzbeauftragten das innerbetriebliche System der Datenschutzkontrolle aufgehoben. Danach soll die Einhaltung der Datenschutzgesetze bei der verantwortlichen Stelle sowohl durch den betrieblichen Datenschutzbeauftragten (§ 4f Abs. 1 BDSG) als auch durch den Betriebsrat (§ 80 Abs. 1 Nr. 1 BetrVG), folglich durch zwei unterschiedliche Kontrollinstanzen, gewährleistet werden[102]. Beide Funktionsträger sollen sich nach dem Willen des Gesetzgebers ergänzen. Würde jedoch die Position des betrieblichen Datenschutzbeauftragten durch ein Mitglied des Betriebsrats wahrgenommen, käme es zu einer dem Schutzzweck zuwiderlaufenden Bündelung der Kontrollkompetenzen in einer Institution.

Schließlich mag der Hinweis der Gegenmeinung auf das Benachteiligungsverbot des § 78 Satz 2 BetrVG nicht zu überzeugen. Zwar schließt das Verbot, die Mitglieder des Betriebsrats wegen ihrer Tätigkeit zu benachteiligen, auch die berufliche Entwicklung mit ein. Unter Benachteiligung i. S. d. Norm ist jedoch lediglich diejenige Schlechterstellung im Vergleich zu anderen Arbeitnehmern zu verstehen, die nicht aus sachlichen oder in der Person des Betroffenen liegenden Gründen, sondern um ihrer Tätigkeit innerhalb der Betriebsverfassung willen erfolgt. Nicht erfasst von dem Benachteiligungsverbot werden daher solche Maßnahmen, die aus

---

102 *Blomeyer*, MünchArbR, § 99 Rn. 78; *Springmann*, Der Betriebsrat und die Betriebsbeauftragten, S. 207.

sachlichen Gründen geboten sind und sich aus dem Gesetz ergeben[103]. Dass ein Mitglied des Betriebsrats nicht zum betrieblichen Datenschutzbeauftragten bestellen werden kann ist jedoch aufgrund des hierdurch entstehenden Interessenskonflikts sachlich geboten und auch von Gesetzes wegen untersagt. Durch die hierdurch entstehende Inkompatibilität würde die nach § 4f Abs. 2 Satz 1 BDSG erforderliche Zuverlässigkeit des betrieblichen Datenschutzbeauftragten entfallen.

Konsequenz der Ernennung eines Betriebsratsmitglieds zum betrieblichen Datenschutzbeauftragten wäre es daher, dass mangels Vorliegen der nach § 4f Abs. 2 Satz 1 BDSG erforderlich Zuverlässigkeit keine wirksame Bestellung eines betrieblichen Datenschutzbeauftragten gemäß § 4f Abs. 1 Satz 1 BDSG im Unternehmen vorliegen würde. Umgekehrt müsste sich ein betrieblicher Datenschutzbeauftragter, welcher in den Betriebsrat gewählt wird, entscheiden, ob er weiterhin die Funktion als betrieblicher Datenschutzbeauftragte oder aber eine neue Funktion als Betriebsratsmitglied wahrnehmen möchte.

6. Bestellung eines eigenen Datenschutzbeauftragten des Betriebsrats

a) Pflicht zur Bestellung eines eigenen Datenschutzbeauftragten des Betriebsrats

Inwieweit die fehlende Aufsichtsmöglichkeit des betrieblichen Datenschutzbeauftragten dazu führt, dass der Betriebsrat zur Bestellung eines eigenen Datenschutzbeauftragten verpflichtet ist, wird unterschiedlich beurteilt. Eine derartige Verpflichtung zur Bestellung eines eigenen Datenschutzbeauftragten lässt sich jedoch aus dem BDSG nicht ableiten. Gemäß § 4f Abs. 1 Satz 1, 3 BDSG haben öffentliche und nicht öffentliche Stellen, die personenbezogene Daten automatisiert verarbeiten oder bei denen personenbezogene Daten auf andere Weise erhoben, verarbeitet oder genutzt werden, einen Beauftragten für den Datenschutz zu bestellen. Die Verpflichtung, einen betrieblichen Datenschutzbeauftragten zu bestellen, betrifft nach dem eindeutigen Wortlaut des Gesetzes folglich nur die verantwortliche Stelle selbst. Der Betriebsrat ist jedoch, wie bereits festgestellt[104], trotz eigener Datenverarbeitung keine verantwortliche Stelle im Sinne des BDSG, sondern lediglich ein Teil der verantwortlichen Stelle „Unternehmen".

---

103 *Kreutz*, GK-BetrVG, § 78 Rn. 48; *Fitting*, BetrVG, § 78 Rn. 17; *Buschmann*, DKKW, BetrVG, § 78 Rn. 18; *Springmann*, Der Betriebsrat und die Betriebsbeauftragten, S. 208.
104 Siehe unter *Kap. D. I. 2.*

b) Freiwillige Bestellung eines eigenen Datenschutzbeauftragten des Betriebsrats

Es spricht jedoch nichts dagegen, freiwillig einen eigenen Datenschutzbeauftragten des Betriebsrats zum Zweck der Selbstkontrolle zu installieren, dessen betriebsratsinterne Aufgaben und Befugnisse Gegenstand einer freiwilligen Betriebsvereinbarung sein könnten. Gerade in größeren Betrieben kann es sinnvoll sein, dass der Betriebsrat eines seiner Mitglieder als „Datenschutzbeauftragten" ernennt, welcher die Umsetzung des Datenschutzrechts für das Gremium in die Hand nimmt. Dieser betriebsratsinterne Datenschutzbeauftragte sollte sich intensiv mit den für den Betriebsrat relevanten Vorgaben des Datenschutzes befassen und die Aufgaben wahrnehmen, die der betriebliche Datenschutzbeauftragte im Betriebsratsbüro nicht wahrnehmen darf[105]. Aus Arbeitgebersicht ist dabei jedoch zu beachten, dass dem zum betriebsratsinternen Datenschutzbeauftragten bestellten Betriebsratsmitglied zur Durchführung seiner Tätigkeit einen Anspruch auf Freistellung nach § 37 Abs. 2 BetrVG zustehen würde. Gerade in größeren Unternehmen könnte dies aufgrund der Vielzahl der zu überwachenden Mitarbeitervertretungen und der hiermit verbundenen Vielzahl der ihm zufallenden Aufgaben zu einer faktisch vollständigen Freistellung des Betriebsratsmitglieds von der Arbeit führen.

Letztendlich kann jedoch die betriebsratsinterne Bestellung eines eigenen Datenschutzbeauftragten kein adäquater Ausgleich für die mangelnde Kontrollkompetenz des betrieblichen Datenschutzbeauftragten gegenüber der Mitarbeitervertretung sein. Dem betriebsratsinternen Datenschutzbeauftragten stehen die Rechte aus § 4f BDSG nicht zu, so dass er von der Gewährung dieser Rechte durch den Arbeitgeber abhängig wäre. Darüber hinaus ist es zweifelhaft, inwieweit die Aufsichtsbehörden neben der Zusammenarbeit mit dem betrieblichen Datenschutzbeauftragten in gleichem Maße auch mit einem zusätzlichen Datenschutzbeauftragten kooperieren würden[106]. Darüber hinaus ist die Unabhängigkeit eines betriebsratsinternen Datenschutzbeauftragten fraglich, diesmal allerdings wegen der engen Verbindung zur Arbeitnehmervertretung.

II. Kompetenzen der Datenschutzbehörde gegenüber dem Betriebsrat

Da der Betriebsrat der Kontrolle durch den betrieblichen Datenschutzbeauftragten entzogen und er auch nicht dazu verpflichtet ist, einen eigenen Datenschutzbeauftragten zu bestellen, stellt sich hieran anschließend die Frage, in welchem Umfang

---

105 *Schierbaum*, CF 2006, 64 (65).
106 *Simitis*, Simitis, BDSG, § 4g Rn. 41.

die datenschutzrechtliche Aufsichtsbehörde nach § 38 BDSG zu einer Überwachung des Betriebsrats berechtigt ist.

1. Behördliche Kontrolle des Datenschutzes im privatwirtschaftlichen Bereich

Das BDSG hat die Kontrolle über die Behörden des Bundes einer eigenständigen Behörde, dem Bundesbeauftragten für den Datenschutz und die Informationsfreiheit, zugewiesen. In gleichartiger Weise haben die Bundesländer die Datenschutzaufsicht über ihre Verwaltungen organisiert und Landesdatenschutzbeauftragte eingesetzt. Die Länder sind aber auch für die Kontrolle des privatwirtschaftlichen Bereichs zuständig, da der Bund die Aufgabe der Kontrolle und Überwachung der nicht-öffentlichen Stellen in § 38 Abs. 6 BDSG den Ländern übertragen hat, die hierzu die entsprechenden Behörden installiert haben.

Aufgabe der datenschutzrechtlichen Aufsichtsbehörde ist gemäß § 38 Abs. 1 Satz 1 BDSG, die Ausführung des BDSG sowie anderer Vorschriften über den Datenschutz, die die automatisierte Verarbeitung personenbezogener Daten oder die Verarbeitung oder Nutzung personenbezogener Daten in oder aus nicht automatisierten Dateien regeln, zu kontrollieren. Darüber hinaus berät und unterstützt sie die betrieblichen Datenschutzbeauftragten und die verantwortlichen Stellen mit Rücksicht auf deren typische Bedürfnisse (§ 38 Abs. 1 Satz 2 BDSG). Stellt die Aufsichtsbehörde einen Verstoß gegen das BDSG oder andere Vorschriften über den Datenschutz fest, so ist sie befugt, den Betroffenen hierüber zu unterrichten, den Verstoß bei den für die Verfolgung oder Ahndung zuständigen Stellen anzuzeigen sowie bei schwerwiegenden Verstößen die Gewerbeaufsichtsbehörde zur Durchführung gewerberechtlicher Maßnahmen zu unterrichten (§ 38 Abs. 1 Satz 5 BDSG). Darüber hinaus steht der Aufsichtsbehörde auch die Befugnis zu, eigenständig Maßnahmen anzuordnen, um festgestellte Datenschutzverstöße zu beseitigen (§ 35 Abs. 5 BDSG).

2. Möglichkeit der Überwachung des Betriebsrats durch die Datenschutzbehörde

a) Art und Umfang der Überwachung des Betriebsrats

Die Aufsichtsbehörde hat die Einhaltung des Datenschutzes bei der verantwortlichen Stelle zu überwachen. Der Kontrolle der Aufsichtsbehörde unterliegt daher auch der Betriebsrat als Teil der verantwortlichen Stelle[107]. Die Gründe, welche einer Kontrolle des Betriebsrats durch den betrieblichen Datenschutzbeauftragten entgegenstehen, greifen hinsichtlich einer Kontrolle durch die Aufsichtsbehörde nämlich nicht ein. Als unabhängige, außerhalb der verantwortlichen Stelle angesiedelte öffentliche Instanz ist sie nicht dem Arbeitgeber verpflichtet. Im Falle einer Kontrolle durch die Aufsichtsbehörde ist die betriebsverfassungsrechtliche Unabhängigkeit des Betriebsrats folglich nicht gefährdet[108].

Ob und in welchem Umfang die Aufsichtsbehörde Datenschutzkontrollen durchführt, entscheidet sie nach pflichtgemäßem Ermessen. Die Datenschutzaufsicht kann insoweit stichprobenartig oder systematisch nach Prüfplänen vorgenommen werden. Unter Berücksichtigung ihrer personellen Kapazitäten wird die Aufsichtsbehörde vorrangig stichprobenartig in besonderen Gefährdungsbereichen tätig werden. Praktisch Bedeutsam ist allerdings auch die aufsichtsbehördliche Überwachung in der Form der Anlasskontrolle[109]. Dabei nimmt die Aufsichtsbehörde Eingaben von Bürgern oder sonstige Hinweise auf etwaige Datenschutzverstöße zum Anlass, ein Unternehmen zu überprüfen. Damit können sowohl die Betroffenen, aber auch der Arbeitgeber die Behörde zum Einschreiten veranlassen, wenn sie den Verdacht haben, dass der Betriebsrat personenbezogene Daten missbräuchlich erhebt, verarbeitet oder nutzt und insofern bestehende Verdachtsmomente an die Aufsichtsbehörde weiterleiten.

Die Kontrollbefugnis der Aufsichtsbehörde umfasst dabei nicht nur die Einhaltung des BDSG, sondern auch bereichsspezifischer Normen des Arbeitnehmerdatenschutzes. Sie ist daher beispielsweise befugt, die Einhaltung des Personalaktenschutzes (§ 83 BetrVG) oder der speziellen betriebsverfassungsrechtlichen Schweige- und Geheimhaltungsverpflichtungen sowie sonstige spezielle Erlaubnis- und Verbotsregelungen zu kontrollieren. Diese Regelungen sind ebenfalls Vorschriften über den Datenschutz i. S. d. § 38 Abs. 1 Satz 1 BDSG[110]. Sie sind schon deshalb bei der Prüfung durch die Aufsichtsbehörde zu beachten, weil sie den Regelungen des BDSG gemäß § 1 Abs. 3 Satz 1 BDSG vorrangig sind und insofern die Verarbeitung nicht unkontrolliert bleiben kann[111].

---

107 *Weichert*, DKWW, BDSG, § 38 Rn. 19; für den Personalrat *Schierbaum*, PersR 2002, 499 (504).
108 *Wagner*, BB 1993, 1729 (1732).
109 *Petri*, Simitis, BDSG, § 38 Rn. 32; *Gola/Schomerus*, BDSG, § 38 Rn. 14.
110 *Weichert*, DKWW, BDSG, § 38 Rn. 10.
111 *Gola/Schomerus*, BDSG, § 38 Rn. 4; *Gola/Wronka*, Handbuch zum Arbeitnehmerdatenschutz, Rn. 1566.

b) Pflicht des Betriebsrats zur Kooperation mit der Aufsichtsbehörde

aa) Auskunftspflicht des Betriebsrats gegenüber der Aufsichtsbehörde

Damit die Aufsichtsbehörde ihre Kontrollbefugnisse effektiv wahrnehmen kann, ist es erforderlich, dass ihr die für eine Kontrolle erforderlichen Informationen zur Verfügung stehen. Was das angeht könnte sich jedoch die Datenschutzkontrolle des Betriebsrats durch die Aufsichtsbehörde als problematisch gestalten. Nach § 38 Abs. 3 Satz 1 BDSG haben nämlich nur die der Kontrolle unterliegenden Stellen sowie die mit deren Leitung beauftragten Personen der Aufsichtsbehörde auf Verlangen die für die Erfüllung ihrer Aufgaben erforderlichen Auskünfte zu erteilen. Wenn man davon ausgeht, dass mit dem Begriff der „der Kontrolle unterliegenden Stelle" allein die „verantwortliche Stelle" i. S. d. § 3 Abs. 7 BDSG gemeint ist, wäre allein das Unternehmen und die Unternehmensleitung[112], nicht jedoch der Betriebsrat zur Auskunft verpflichtet. Die Unternehmensleitung ist jedoch aufgrund der bezüglich des Betriebsrats fehlenden Kontrollbefugnis objektiv nicht in der Lage, die Aufsichtsbehörde mit den erforderlichen Angaben über Art und Umfang der vom Betriebsrat verarbeiteten personenbezogenen Daten zu informieren.

Andererseits spricht jedoch der Wortlaut des § 38 Abs. 3 Satz 1 BDSG gerade nicht davon, dass die „verantwortliche Stelle" i. S. d. § 3 Abs. 7 BDSG zur Auskunft verpflichtet ist, sondern sie stellt in allgemeiner Form auf die „der Kontrolle unterliegenden Stelle" ab. Die Anwendung des § 38 Abs. 3 Satz 1 BDSG auf den Betriebsrat ist daher durch den Wortlaut der Norm nicht von vornherein ausgeschlossen[113]. Vielmehr wird § 38 Abs. 3 Satz 1 BDSG teleologisch dahingehend auszulegen sein, dass sie sich auch auf den Betriebsrat und seine Mitglieder bezieht. Andernfalls würde hinsichtlich der Datenverarbeitung des Betriebsrats ein ungewolltes Kontrolldefizit entstehen, welche durch eine andere Gesetzesinterpretation nicht zu schließen wäre. Würde der Betriebsrat der Pflicht zur Auskunft gegenüber der Aufsichtsbehörde nicht unterliegen, könnte die Verwendung personenbezogener Daten durch den Betriebsrat nicht durch die Aufsichtsbehörde kontrolliert werden[114]. Folglich ist § 38 Abs. 3 Satz 1 BDSG auch auf den Betriebsrat anzuwenden, so dass sich die Aufsichtsbehörde unmittelbar an den Betriebsrat richten und von diesem verlangen kann, die für die Erfüllung ihrer Aufgaben erforderlichen Auskünfte zu erteilen.

---

112 *Gola/Wronka*, Handbuch zum Arbeitnehmerdatenschutz, Rn. 1571.
113 *Wagner*, BB 1993, 1729 (1733).
114 *Weichert*, DKWW, BDSG, § 38 Rn. 19.

bb) Zugangsrecht der datenschutzrechtlichen Aufsichtsbehörde zu den Räumen des Betriebsrats

Im Rahmen des für die Aufgabenerfüllung Erforderlichen können die Vertreter der Aufsichtsbehörde gemäß § 38 Absatz 4 BDSG während der Betriebs- und Geschäftszeiten Grundstücke und Geschäftsräume betreten und dort Prüfungen und Besichtigungen vornehmen. Im Rahmen dieser Prüfungen können Geschäftspapiere, Dateien und Datenverarbeitungsprogramme eingesehen werden. Dieses Zugangsrecht der Aufsichtsbehörde ist ebenso wie der Auskunftsanspruch aus § 38 Abs. 3 Satz 1 BDSG ebenfalls auf den Betriebsrat anwendbar. Andernfalls wäre eine effektive Kontrolle der Datenverarbeitung des Betriebsrats nicht möglich. Insoweit besteht für die verantwortliche Stelle und den Betriebsrat eine Duldungspflicht (§ 38 Abs. 4 Satz 4 BDSG). Aufgrund des Verweises in § 38 Abs. 4 Satz 3 BDSG auf die Regelung des § 24 Abs. 6 BDSG können der Aufsichtsbehörde die betriebsverfassungsrechtlichen Geheimhaltungsverpflichtungen nicht entgegengehalten werden.

3. Sanktionsmöglichkeiten der Datenschutzbehörde gegenüber dem Betriebsrat

Zur Gewährleistung der Einhaltung des BDSG und anderer Vorschriften über den Datenschutz kann die Aufsichtsbehörde gemäß § 38 Abs. 5 Satz 1 BDSG Maßnahmen zur Beseitigung festgestellter Datenschutzverstöße oder technischer oder organisatorischer Mängel anordnen. Die bislang auf technische und organisatorische Mängel beschränkten Anordnungs- und Untersagungsbefugnisse sind mit der BDSG-Novelle 2009 auf die Beseitigung und Untersagung von materiellen Rechtsverstößen bei der Datenverwendung erweitert worden [115]. Stellt die Aufsichtsbehörde folglich bei einer Kontrolle materielle Verstöße gegen das Datenschutzrecht oder technische oder organisatorische Mängel fest, kann sie zunächst die Beseitigung dieser Mängel anordnen.

Werden die Datenschutzverstöße trotz einer Anordnung der Aufsichtsbehörde nicht abgestellt, kann die Behörde die Beseitigung der Mängel unter Setzung einer angemessenen Frist durch Verhängung eines Zwangsgelds durchzusetzen (§ 38 Abs. 5 Satz 2 BDSG). Bei schwerwiegenden Verstößen oder Mängeln, insbesondere solchen, die mit einer besonderen Gefährdung des Persönlichkeitsrechts verbunden sind, kann sie die Erhebung, Verarbeitung oder Nutzung oder den Einsatz einzelner Verfahren untersagen, wenn die Verstöße oder Mängel entgegen einer zuvor

---

115 *Gola/Schomerus*, BDSG, § 38 Rn. 25.

ergangenen Anordnung und trotz der Verhängung eines Zwangsgeldes nicht in angemessener Zeit beseitigt werden (§ 38 Abs. 5 Satz 2 BDSG).

Werden die materiellen Datenschutzverstöße durch den Betriebsrat verursacht, kann eine Beseitigungsanordnung und eine hierauf basierende Zwangsgeldandrohung der Aufsichtsbehörde jedoch nicht unmittelbar gegen diesen ausgesprochen werden. Da der Betriebsrat vermögenslos ist, kommt ihm gegenüber eine Androhung, Festsetzung oder Vollstreckung von Zwangsgeld nicht in Betracht[116]. Die Anordnung der Aufsichtsbehörde richtet sich darüber hinaus nach § 38 Abs. 5 Satz 1 BDSG gegen die verantwortliche Stelle, welche sodann unternehmensintern die erforderlichen Maßnahmen zu ergreifen hat, damit die Datenschutzverstöße abgestellt werden. Der Betriebsrat ist lediglich ein Teil der verantwortlichen Stelle „Unternehmen", so dass datenschutzrechtlich das Unternehmen für die Tätigkeiten des Betriebsrats verantwortlich bleibt[117]. Der Arbeitgeber kann jedoch die behördliche Feststellung eines Datenschutzverstoßes des Betriebsrats zum Anlass nehmen, um bei Vorliegen der entsprechenden Voraussetzungen betriebsverfassungs- oder individualrechtliche Sanktionen zu ergreifen.

III. Zusammenfassung

Das System der Datenschutzkontrolle im Unternehmen ist unterschiedlichen Stellen teilweise kumulativ, teilweise exklusiv zugeordnet. Insbesondere das Verhältnis zwischen dem Betriebsrat und dem betrieblichen Datenschutzbeauftragten ist allerdings bis heute nur unbefriedigend gesetzlich geregelt. Die gegenwärtige Rechtslage führt dazu, dass die Arbeitnehmerdatenverarbeitung des Betriebsrats keiner effektiven Kontrolle unterliegt, da der betriebliche Datenschutzbeauftragte zu einer Kontrolle der Mitarbeitervertretung nicht befugt, und die Aufsichtsbehörde zu einer Kontrolle nur im Einzelfall in der Lage ist. Eine gesetzliche Änderung dieser unbefriedigenden Situation könnte, wie aufgezeigt, rechtstechnisch mit relativ geringen Anpassungen des BDSG umgesetzt werden. Bis zu einer Anpassung des BDSG verbleibt es allerdings bei den beschränkten Kontrollmöglichkeiten der Datenschutzbehörde.

---

116 BAG v. 17.3.2010, NZA 2010, 1133 (1135).
117 *Schaffland/Wiltfang*, BDSG, § 27 Rn. 45; *Büllesbach*, Roßnagel, Handbuch Datenschutzrecht, Kap. 4.3 Rn. 57.

G. Ergebnisse und Ausblick

I. Ergebnisse

1. Unzureichende Regelung der Arbeitnehmerdatenverarbeitung durch den Betriebsrat

Der Datenschutz im Arbeitsverhältnis beruht auf unterschiedlichen Rechtsquellen. Verfassungsrechtlich wird der Schutz personenbezogener Daten grundlegend durch das Recht auf informationelle Selbstbestimmung nach Art. 2 Abs. 1 i.V.m. Art. 1 Abs. 1 GG gewährleistet. Einfachgesetzlich wird der Arbeitnehmerdatenschutz im BDSG normiert, zukünftig eventuell in einem eigenständigen Abschnitt zum Arbeitnehmerdatenschutz. Der Focus des Arbeitnehmerdatenschutzes hat sich dabei durch die verschiedenen Novellen des BDSG in den letzten Jahren deutlich verschoben. Sollten die Arbeitnehmer ursprünglich nur vor den Gefahren der automatisierten Datenverarbeitung geschützt werden, soll durch den Arbeitnehmerdatenschutz heute nach dem Willen des Gesetzgebers ein vollumfänglicher Persönlichkeitsschutz für die Arbeitnehmer gewährleistet werden.

Keine Beachtung durch den Gesetzgeber hat bis heute allerdings die Frage der datenschutzrechtlichen Verpflichtungen des Betriebsrats gefunden. Auch in dem aktuellen Entwurf eines Gesetzes zum Schutz der Beschäftigtendaten finden die mit der Datenverarbeitung durch die Mitarbeitervertretung verbundenen Probleme keine Berücksichtigung.

Dabei nähert sich die Gefährdung des Rechts auf informationelle Selbstbestimmung der Beschäftigten durch die Tätigkeiten des Betriebsrats zunehmend der Gefährdung durch den Arbeitgeber an. Aufgrund der umfangreichen gesetzlich normierten Mitwirkungs- und Mitbestimmungsrechte erhält der Betriebsrat Zugriff auf eine Vielzahl von Informationen über die Beschäftigten des Unternehmens. Die Erhebung, Verarbeitung und Nutzung der Beschäftigtendaten durch den Betriebsrat erfolgt dabei im zunehmenden Maße durch automatisierte Datenverarbeitungssysteme. Ungeachtet dieser Gefährdung enthalten die gegenwärtigen gesetzlichen Datenschutzbestimmungen jedoch keine explizit auf die Datenverarbeitung des Betriebsrats bezogenen datenschutzrechtlichen Schutzmechanismen.

2. Betriebsverfassungsrechtlicher Arbeitnehmerdatenschutz

Das BetrVG enthält allerdings einige Vorschriften, die zum einen dazu dienen, die Preisgabe von personenbezogenen Daten der Beschäftigten an den Betriebsrat zu beschränken, zum anderen die Weitergabe und Veröffentlichung von Arbeitnehmerdaten durch den Betriebsrat zu unterbinden. Ziel dieses betriebsverfassungsrechtlichen Arbeitnehmerdatenschutzes ist der Schutz der Persönlichkeitsrechte der Arbeitnehmer. Der betriebsverfassungsrechtliche Arbeitnehmerdatenschutz ist innerhalb des BetrVG jedoch nicht in konkret datenschützenden Vorschriften ausgestaltet, sondern findet sich in den dort gesetzlich geregelten Geheimhaltungs- und Verschwiegenheitspflichten sowie in Vorschriften über den Umfang der Weitergabe von Informationen über die im Betrieb beschäftigten Arbeitnehmer an den Betriebsrat wieder.

Diese Regelungen dienen der Wahrung der Interessen der einzelnen Arbeitnehmer und leisten damit einen zentralen Beitrag zur Verwirklichung des Arbeitnehmerdatenschutzes. Trotz allem wird der Arbeitnehmerdatenschutz im Betriebsverfassungsrecht nur ungenügend gewährleistet. Im Gegensatz zum Personalvertretungsrecht enthält das Betriebsverfassungsrecht keine allgemeine Regelung, welche die Mitglieder des Betriebsrats verpflichtet, über sämtliche ihnen bekannt gewordenen personenbezogenen Daten der Beschäftigten Stillschweigen zu bewahren. Der betriebsverfassungsrechtliche Arbeitnehmerdatenschutz ist vielmehr nur partiell hinsichtlich bestimmter Personaldaten oder bestimmter Informationsanlässe ausgestaltet.

3. Bindung des Betriebsrats an das allgemeine Datenschutzrecht

Das BDSG ist auch auf die Datenverarbeitung des Betriebsrats anwendbar. Folglich muss sich die Datenverarbeitung des Betriebsrats an den Maßstäben des BDSG messen lassen, sofern nicht eine vorrangige Rechtsvorschrift des BetrVG i. S. d. § 1 Abs. 3 Satz 1 BDSG den allgemeinen Datenschutzbestimmungen vorgeht. In diesem Zusammenhang kann allerdings nicht, wie insbesondere in der betriebsverfassungsrechtlichen Kommentarliteratur teilweise angenommen wird, allgemein davon ausgegangen werden, dass sich die Zulässigkeit der Arbeitnehmerdatenverarbeitung durch den Betriebsrat allein nach dem BetrVG richtet. Das Verhältnis von Datenschutzrecht und Betriebsverfassungsrecht ist vielmehr durch den Grundsatz geprägt, dass der Schutz des Persönlichkeitsrechts von Arbeitnehmern zweigleisig, sowohl durch das BDSG, als auch durch das BetrVG, erreicht werden soll.

Soweit die betriebsverfassungsrechtlichen Bestimmungen nicht als vorrangige Rechtsvorschriften i. S. d. 1 Abs. 3 Satz 1 BDSG zu qualifizieren sind, unterliegt auch der Betriebsrat dem allgemeinen Datenschutzrecht. Bestehen hingegen bereits nach dem BetrVG Beschränkungen für die Erhebung, Verarbeitung oder Nutzung von personenbezogenen Daten durch den Betriebsrat, bleibt kein Raum für die Anwendung von Vorschriften des BDSG. In diesen Fällen lässt sich eine Zulässigkeit der Datenverarbeitung durch den Betriebsrat nicht mit den Vorschriften des BDSG begründen

Die Anwendung des BDSG auf die Datenverarbeitung des Betriebsrats führt dazu, dass die Mitglieder des Betriebsrats dem Datengeheimnis des § 5 BDSG unterliegen und auch auf dieses formell zu verpflichten sind. Darüber hinaus bemisst sich die Zulässigkeit einer Arbeitnehmerdatenverarbeitung des Betriebsrats nach den Vorgaben der §§ 28, 32 BDSG. Im Rahmen des § 32 Abs. 1 Satz 1 BDSG richtet sich die Zulässigkeit der Arbeitnehmerdatenverarbeitung allerdings nicht nach der Zweckbestimmung des Arbeitsvertrages des betroffenen Arbeitnehmers. Die Datenverarbeitung des Betriebsrats entspricht vielmehr nur dann der Zweckbestimmung des Beschäftigungsverhältnisses, wenn die Verwendung der Beschäftigtendaten durch den Betriebsrat zur Erfüllung seiner sich aus dem BetrVG ergebenden Aufgaben erforderlich ist.

Darüber hinaus sind die Regelungen des BetrVG und des BDSG allerdings nicht hinreichend aufeinander abgestimmt. Das Verhältnis zwischen Betriebsverfassungsrecht und des allgemeinen Datenschutzrechts ist von einer Komplexität geprägt, die es dem Rechtsanwender kaum möglich macht, eine Aussage darüber zu treffen, welche Datenverarbeitungsmaßnahme des Betriebsrats bereits durch die Befugnisse des BetrVG legitimiert sind und welche anhand der Regelungen des BDSG zu messen sind. Dasselbe Problem trifft den Datenaustausch zwischen Arbeitgeber und Betriebsrat.

II. Ausblick

„Nach wie vor stößt man auf eine stark vereinfachte Sicht des Arbeitnehmerdatenschutzes, die falsche Vorstellungen weckt. Ansatzpunkt und Gegenstand aller Verarbeitungsvorgaben sind Angaben, die sich auf Arbeitnehmerinnen und Arbeitnehmer beziehen. Weil es aber um ihre Daten geht, muss es ihnen auch im Rahmen des Arbeitsverhältnisses vorbehalten bleiben, zu entscheiden, was damit geschehen soll, jedenfalls solange keine anderslautende gesetzliche Bestimmung vorliegt. So gesehen ist es zwar verständlich, in den Arbeitgebern die primären

Adressaten der Datenschutzanforderungen zu sehen, aber ebenso wichtig, sich nicht auf sie zu beschränken. Für die Betriebsräte gilt, mit anderen Worten, nichts anderes als für die Arbeitgeber. Ihre größere Nähe zu den Beschäftigten entbindet sie nicht von der Verpflichtung, sich genauso wie die Arbeitgeber an die Anforderungen des Datenschutzes zu halten. Die Wahrnehmung der Arbeitnehmerinteressen ist nicht an eine Blankovollmacht zur Verarbeitung ihrer Daten geknüpft."[1]

Wie in diesem Zitat von *Simitis* angemahnt wird, bedarf die Arbeitnehmerdatenverarbeitung des Betriebsrats einer größeren Aufmerksamkeit. Trotz allem wurden die datenschutzrechtlichen Verpflichtungen des Betriebsrats bisher lediglich in sehr vereinzelten Fällen diskutiert. Dabei ist es gerade in Großunternehmen von Bedeutung, dass Klarheit darüber besteht, welchen datenschutzrechtlichen Verpflichtungen die Mitarbeitervertretung unterliegt. Seitdem das BVerfG in seinem „Volkszählungsurteil" das Recht auf informationelle Selbstbestimmung aus Art. 2 Abs. 1 i.V.m. Art. 1 Abs. 1 GG abgeleitet hat, gibt es nämlich rechtlich gesehen kein „belangloses Datum" mehr. Jede Verwendung personenbezogener Daten und folglich jeder Eingriff in das Recht auf informationelle Selbstbestimmung bedarf seither einer rechtlichen Grundlage. Dies gilt auch für die Verwendung von Arbeitnehmerdaten durch den Betriebsrat. Auch diese Form der Datenverwendung unterliegt dem Schutz des Art. 2 Abs. 1 i.V.m. Art. 1 Abs. 1 GG und ist folglich nur dann gerechtfertigt, wenn sich der Betriebsrat hierfür auf einen hinreichende Rechtsgrundlage berufen kann.

Hiervon ausgehend stellt sich die gesetzliche Lage als unbefriedigend dar. Dies gegenwärtige datenschutzrechtliche Zweigleisigkeit zwischen Betriebsverfassungsrecht und allgemeinem Datenschutzrecht bereitet in der Rechtsanwendung eine Reihe von Problemen. Wie in dieser Arbeit dargestellt und bereits vom BAG in seiner eingangs zitierten Entscheidung zu Recht kritisiert worden ist, sind eine Vielzahl der rechtlichen Probleme, welche sich aus dem Zusammentreffen von BetrVG und BDSG ergeben, bis heute nicht abschließend geklärt. Wann schließt eine vorrangige Rechtsvorschrift des BetrVG die Anwendbarkeit des BDSG aus? Sind die Mitglieder des Betriebsrats auf das Datengeheimnis nach § 5 BDSG zu verpflichten? In welchem Umfang können die datenschutzrechtlichen Erlaubnistatbestände des BDSG eine Datenverarbeitung des Betriebsrats legitimieren? Wie muss die Stellung des betrieblichen Datenschutzbeauftragten ausgestaltet sein, damit er zur Kontrolle der Datenverarbeitung des Betriebsrats berechtigt ist? Welche Maßnahmen muss der Betriebsrat ergreifen, um den Datenschutz intern zu gewährleisten?

---

1 *Simitis*, Anm. zu BAG v. 3.6.2003, AP Nr. 1 zu § 89 BetrVG 1972.

Auf diese und andere Fragen hat diese Arbeit versucht Antworten zu geben. Angesichts des stetig zunehmenden Interesses der Öffentlichkeit an dem Thema „Arbeitnehmerdatenschutz" bleibt zu hoffen, dass sich auch der Blick des Gesetzgebers zeitnah in Richtung der Datenverarbeitung durch den Betriebsrat richten wird. Gerade vor dem Hintergrund, dass die Mitglieder des Betriebsrats in der Regel keinen Bezug zum Datenschutz und folglich keine Kenntnisse über die datenschutzrechtlichen Befugnisse und Verpflichtungen haben, wird in Zukunft eine klare, für den einfachen Rechtsanwender verständliche Regelung der Datenverarbeitung im Betriebsratsbüro unumgänglich sein. Um die Frage nach den datenschutzrechtlichen Berechtigungen und Verpflichtungen des Betriebsrats im Einzelfall beantworten zu können, müsste Gegenstand und Umfang dieser Verpflichtungen sowie vor allem ihre Grenzen klar und eindeutig gefasst sein.

Die gegenwärtigen Bestimmungen des Datenschutzrechts nehmen jedoch auf den Betriebsrat keinen Bezug und lassen insofern eine Vielzahl von Problemen offen. Darüber hinaus arbeiten datenschutzrechtliche Vorschriften mit einer Vielzahl von unbestimmten Rechtsbegriffen, so dass ihre Auslegung mitunter erhebliche Schwierigkeiten aufwirft und die volle Beachtung der Bestimmungen in der Praxis oft schon an ihrer Komplexität scheitert. Die Folge ist nicht nur eine allgemeine Unklarheit und daraus resultierende Unsicherheiten bei den Beteiligten über die zulässige Nutzung von personenbezogenen Daten durch den Betriebsrat, welche in unnötige Streitigkeiten münden, sondern auch die Rechtsunsicherheit darüber, wie der Verletzung datenschutzrechtlicher Bestimmungen durch den Betriebsrat überhaupt auf betriebsverfassungsrechtlicher und arbeitsvertraglicher Ebene begegnet werden kann. Die Regelung der Datenverarbeitung im Betriebsratsbüro ist daher durch eigene bereichsspezifische Vorschriften dringend erforderlich.

Literaturverzeichnis

Altenburg, Stephan/ *von Reinersdorff, Wolfgang/* *Leister, Thomas*	Betriebsverfassungsrechtliche Aspekte der Telekommunikation am Arbeitsplatz, MMR 2005, 222-226
Auernhammer, Herbert	Bundesdatenschutzgesetz, 3. Auflage Bonn 1993 zitiert: *Auernhammer*, BDSG
Balke, Barbara/ *Müller, Andreas*	Arbeitsrechtliche Aspekte beim betrieblichen Einsatz von E-Mails, DB 1997, 326-330
Battis, Ulrich/ *Bleckmann, Iris*	Datenverarbeitung durch den Personalrat, CR 1989, 532-534
Baumann, Reinhold	Stellungnahme zu den Auswirkungen des Urteils des Bundesverfassungsgerichts vom 15.12.1983 zum Volkszählungsgesetz 1983, DVBl. 1986, 612-619
Beckschulze, Martin/ *Henkel, Wolfram*	Der Einfluß des Internets auf das Arbeitsrecht, DB 2001, 1491-1506
Beder, Bernd	Betriebsrat und betrieblicher Datenschutzbeauftragter – Zwei Funktionsträger für dieselbe Aufgabe?, CR 1990, 475-476
Belling, Detlef W.	Die Haftung des Betriebsrates und seiner Mitglieder für Pflichtverletzungen, Tübingen 1990 zitiert: *Belling*, Haftung des Betriebsrats
Bergmann, Lutz/ *Möhrle, Roland/* *Herb, Armin*	Datenschutzrecht – Kommentar Bundesdatenschutzgesetz, Datenschutzgesetze der Länder und Kirchen, Bereichsspezifischer Datenschutz, Stuttgart Stand April 2010 zitiert: *Bergmann/Möhrle/Herb*, BDSG
Biezsk, Dorothea/ *Maaß, Kirstin*	Ultima Ratio – BR-Mitglied ausschließen?, AuA 2007, 469-473
Brandt, Jochen	Betriebsvereinbarungen als datenschutzrechtliche „Öffnungsklauseln"?, DuD 2010, 213-215

Braun, Martin/ Wybitul, Tim	Übermittlung von Arbeitnehmerdaten bei Due Diligence – Rechtliche Anforderungen und Gestaltungsmöglichkeiten, BB 2008, 782-786
Brill, Werner	Recht des Betriebsrats auf Einsichtnahme in Personalakten?, ArbuR 1976, 41-43
Buchner, Benedikt	Betriebliche Datenverarbeitung zwischen Datenschutz und Informationsfreiheit, Festschrift für Herbert Buchner, S. 153-162
Büllesbach, Alfred	Das neue Bundesdatenschutzgesetz, NJW 1991, 2593-2600
Buschmann, Rudolf	Teilnahme von Betriebsratsmitgliedern an Personalgesprächen, zugleich Anmerkung zu LAG Niedersachsen v. 22.1.2007 – 11 Sa 614/06, ArbuR 2007, 359-360
Däubler, Wolfgang	Gläserne Belegschaften? – Das Handbuch zum Arbeitnehmerdatenschutz, 5. Aufl. Frankfurt am Main 2010 zitiert: *Däubler*, Gläserne Belegschaften
ders.	Individualrechte des Arbeitnehmers nach dem neuen BDSG, CR 1991, 475-482
ders.	Die veränderte Betriebsverfassung – Erste Anwendungsprobleme, ArbuR 2001, 285-291
Däubler, Wolfgang/ Kittner, Michael/ Klebe, Thomas/ Wedde, Peter	Betriebsverfassungsgesetz – Kommentar für die Praxis mit Wahlordnung und EBR-Gesetz, 13. Auflage, Frankfurt, 2012 zitiert: *Bearbeiter*, DKKW, BetrVG
Däubler, Wolfgang/ Klebe, Thomas/ Wedde, Peter/ Weichert, Thilo	Bundesdatenschutzgesetz – Basiskommentar, 3. Auflage Frankfurt 2010 zitiert: *Bearbeiter*, DKWW, BDSG
Demharter, Johann	Grundbuchordnung Kommentar, 28. Auflage München 2012
Diller, Martin/ Schuster, Friderike	Rechtsfragen der elektronischen Personalakte, DB 2008, 928-932

Düwell, Franz Josef	Betriebsverfassungsgesetz Handkommentar, 3. Auflage Baden-Baden 2010. zitiert: *Bearbeiter*, Düwell, BetrVG
Ehmann, Horst	Informationsschutz und Informationsverkehr im Zivilrecht, AcP 188 (1988), 230-380
ders.	Die Persönlichkeit als Grundlage des Arbeitsrechts; Festschrift für Günther Wiese, S. 99-119. zitiert: *Ehmann*, FS Wiese
Ernst, Stefan	Der Arbeitgeber, die E-Mail und das Internet, NZA 2002, 585-591
Etzel, Gerhard/ *Bader, Peter/* *Fischermeier, Ernst/* *Friedrich, Hans-Wolf/* *Griebeling, Jürgen/* *Lipke, Gert-Albert/* *Pfeiffer, Thomas/* *Rost, Friedhelm/* *Spilger, Andreas Michael/* *Vogt, Norbert/* *Weigand, Horst/* *Wolff, Ingeborg*	Gemeinschaftskommentar zum Kündigungsschutzgesetz und zu sonstigen kündigungsschutzrechtlichen Vorschriften, 9. Auflage Köln 2009 zitiert: *Bearbeiter*, KR
Fischer, Ulrich	Das Arbeitsrecht als Arbeitsbeschaffungsprogramm oder: Wie kann die Überlastung der Arbeitsgerichte noch gesteigert werden?, NZA 1996, 633-633
Fitting, Karl/ *Engels, Gerd/* *Schmidt, Ingrid/* *Trebinger, Yvonne/* *Linsemaier, Wolfgang*	Betriebsverfassungsgesetz mit Wahlordnung – Handkommentar, 26. Auflage München 2012 zitiert: *Fitting*, BetrVG
Forst, Gerrit	Die Rechte des Arbeitnehmers infolge einer rechtswidrigen Datenverarbeitung durch den Arbeitgeber, ArbuR 2010, 106-112

ders.	Wie viel Arbeitnehmerdatenschutz erlaubt die EG-Datenschutzrichtlinie?, RDV 2010, 150-155
Franzen, Martin	Arbeitnehmerdatenschutz – rechtspolitische Perspektiven, RdA 2010, 257-263
Gola, Peter	Zum Datenschutz der Beschäftigten gegenüber den Betriebs- und Personalräten, DuD 1987, 440-445
ders.	Datenschutzrechtlich bedingte Inkompatibilitäten – Funktion am Arbeitsplatz und Mitgliedschaft im Betriebs-/Personalrat, DuD 1994, 684-685
Gola, Peter/ Schomerus, Rudolf,	Bundesdatenschutzgesetz Kommentar, 10. Auflage München 2010 zitiert: *Gola/Schomerus*, BDSG
Gola, Peter/ Wronka, Georg	Handbuch zum Arbeitnehmerdatenschutz – Rechtsfragen und Handlungshilfen unter Berücksichtigung der BDSG-Novellen, 5. Aufl. Heidelberg 2010 zitiert: *Gola/Wronka*, Handbuch zum Arbeitnehmerdatenschutz
dies.	Arbeitnehmerdatenverarbeitung beim Betriebs-/Personalrat und der Datenschutz, NZA 1991, 790-795
Griese, Thomas	Zur Notwendigkeit und Effektivität eines verbesserten datenrechtlichen Persönlichkeitsschutzes im Arbeitsrecht, Göttingen 1987 zitiert: *Griese*, Datenschutzrechtlicher Persönlichkeitsschutz im Arbeitsrecht
Gurlit, Eike	Verfassungsrechtliche Rahmenbedingungen des Datenschutzes, NJW 2010, 1035-1041
Hammer, Michael	Die betriebsverfassungsrechtliche Schutzpflicht für die Selbstbestimmungsfreiheit des Arbeitnehmers: Bedeutung des § 75 Abs. 2 BetrVG für Grund und Grenzen betrieblicher Regelungsgewalt, Heidelberg 1997 zitiert: *Hammer*, Betriebsverfassungsrechtliche Schutzpflicht

Hanloser, Stefan	Die BDSG-Novelle II: Neuregelung zum Kunden- und Arbeitnehmerdatenschutz, MMR 2009, 594-599
Hess, Harald/ Schlochauer, Ursula/ Worzalla, Michael/ Glock, Dirk/ Nicolai, Andrea	Kommentar zum Betriebsverfassungsgesetz, 8. Auflage Köln 2011 zitiert: *Bearbeiter*, HSWGN, BetrVG
Hesse, Wolfgang	Der Einfluss des Bundesdatenschutzgesetzes auf die Betriebsratstätigkeit, Regensburg 1984 zitiert: *Hesse*, Der Einfluss des BDSG auf die Betriebsratstätigkeit
Heußner, Hermann	Datenverarbeitung und die Rechtsprechung des Bundesverfassungsgerichts im Spannungsfeld zwischen Recht und Politik, ArbuR 1985, 309-315
Hey, Felix Christopher	Zum Persönlichkeitsschutz Schwangerer gegenüber dem Unterrichtungsanspruch des Betriebs- und Personalrats, RdA 1995, 298-305
Hilber, Marc/ Frik, Roman	Rechtliche Aspekte der Nutzung von Netzwerken durch Arbeitnehmer und den Betriebsrat, RdA 2002, 89-97
Hitzfeld, Ulrike	Geheimnisschutz im Betriebsverfassungsrecht, Frankfurt am Main 1990
Hufen, Friedhelm	Das Volkszählungsurteil des Bundesverfassungsgerichts und das Grundrecht auf informationelle Selbstbestimmung – eine juristische Antwort auf „1984"?, JZ 1984, 1072-1078
Isele, Hellmut Georg	Die Verschwiegenheitspflichten der Arbeitnehmervertreter in den Mitbestimmungsorganen der Unternehmungen, Festgabe für Heinrich Kronstein, Karlsruhe 1967, 107-127
Jansen, Jan-Philip	Die elektronische Kommunikation in der Betriebsverfassung, Freiburg 2006

Jordan, Christopher/ Bissels, Alexander/ Löw, Christine	Ist der Betriebsrat zur Speicherung von Arbeitnehmerdaten berechtigt?, BB 2010, 2889-2894
Kilian, Wolfgang/ Heussen, Benno	Computerrechts-Handbuch – Informationstechnologie in der Rechts- und Wirtschaftspraxis, München Stand Februar 2009 (27. Ergänzungslieferung) zitiert: *Kilian/Heussen*, Computerrechts-Handbuch
Knorz, Nicole	Datenschutz im Personalratsbüro, ZfPR 2009, 115-120
Koeppen, Thomas	Rechtliche Grenzen der Kontrolle der E-Mail- und Internetnutzung am Arbeitsplatz – Deutschland, Großbritannien und USA im Vergleich, Hamburg 2007 zitiert: *Koeppen*, Kontrolle der E-Mail- und Internetnutzung am Arbeitsplatz
Körner-Dammann, Marita	Weitergabe von Patientendaten an ärztliche Verrechnungsstellen, NJW 1992, 729-731
Kort, Michael	Anmerkung zu BAG v. 26.2.1987 – 6 ABR 46/84, SAE 1988, 60-62
ders.	Die Auswirkungen des neuen Bundesdatenschutzgesetzes auf die Mitbestimmung im Arbeitsrecht, RdA 1992, 378-386
ders.	Anmerkung zu BAG vom 11.11.1997 – 1 ABR 21/97, SAE 1998, 200-204
ders.	Schranken des Anspruchs des Betriebsrats auf Information gem. § 80 BetrVG über Personaldaten der Arbeitnehmer, NZA 2010, 1267-1272
Kossens, Michael	Personalakte, AR-Blattei SD 1250
Kraft, Alfons	Der Informationsanspruch des Betriebsrats – Grundlagen, Grenzen und Übertragbarkeit, ZfA 1983, 171-197

Krause, Peter	Das Recht auf informationelle Selbstbestimmung – BVerfGE 65, 1, JuS 1984, 268-275
Krimphove, Dieter	Neuer Europäischer Datenschutz im Arbeitsrecht, NZA 1996, 1121-1125
Kroll, Joachim	Das Einblicksrecht des Betriebsrats in die Bruttolohn- und -gehaltslisten und das Bundesdatenschutzgesetz – Zugleich Anmerkung zu LAG Bremen DB 1978, 2488, DB 1979, 1182-1183
Kufer, Andreas	Datenschutz im Arbeitsverhältnis, AR-Blattei SD 580
Küpferle, Otto	Arbeitnehmerdatenschutz im Spannungsfeld von Bundesdatenschutzgesetz und Betriebsverfassungsgesetz, München 1986 zitiert: *Küpferle*, Arbeitnehmerdatenschutz im Spannungsfeld
Ladeur, Karl-Heinz	Datenschutz – vom Abwehrrecht zur planerischen Optimierung von Wissensnetzwerken, DuD 2000, 12-19
Lakies, Thomas	Keine Kontrollbefugnis des betrieblichen Datenschutzbeauftragten für die dem BDSG unterliegende Datenverarbeitung durch Betriebsräte, Anmerkung zum Beschluss des BAG vom 11.11.1997 – 1 ABR 21/97, NJ 1998, 391-391
Landesbeauftragte für Datenschutz und Informationsfreiheit Nordrhein-Westfalen	Orientierungshilfe Datenschutz im Personalrat, Stand 09/05 zitiert: *LDI NRW*, Orientierungshilfe Datenschutz im Personalrat
Latendorf, Michael	Möglichkeiten und Grenzen der Telefondatenerfassung – Zugleich Anmerkung zum Beschluss des BAG vom 27. Mai 1986 – 1 ABR 48/84, CR 1987, 242-246
Leuze, Dieter	Datenschutz im Betriebsverfassungs- und Personalvertretungsrecht, ZTR 2002, 558-568

Linnekohl, Karl/ *Rauschenberg, Hans-* *Jürgen/* *Schüttler, Jutta/* *Schütz, Regina*	Das Recht auf „informationelle Selbstbestimmung" und die Drittwirkungsproblematik im Arbeitsrecht, BB 1988, 57-63
Linnenkohl, Karl/ *Rauschenberg, Hans-* *Jürgen/* *Schütz, Regina*	Auf dem Wege zu einem „kollektiven Datenschutz"? – Gedanken zum Beschluss des Bundesarbeitsgerichts vom 27. Mai 1986 über die Mitbestimmung bei Telefondatenerfassung, BB 1987, 1454-1456
Linnekohl, Karl	Datenschutz und Tätigkeit des Betriebsrats – Verarbeitung personenbezogener Arbeitnehmerdaten durch den Betriebsrat, NJW 1981, 202-207
Löwisch, Manfred	Änderung der Betriebsverfassung durch das Betriebsverfassungs-Reformgesetz, BB 2001, 1734-1746
Löwisch, Manfred/ *Kaiser, Dagmar*	Betriebsverfassungsrecht, 6. Auflage Heidelberg 2010 zitiert: *Löwisch/Kaiser*, BetrVG
Matthes, Hans-Christoph	Möglichkeiten und Grenzen betrieblicher Telefondatenerfassung, CR 1987, 108-113
Meisel, Peter	Mitteilungspflicht des Arbeitgebers gegenüber dem Betriebsrat über Schwangerschaften, Anmerkung zu BAG Beschluss vom 27.2.1968 – 1 ABR 6/67, SAE 1968, 230-230
Meyer-Goßner, Lutz	Strafprozessordnung – mit GVG und Nebengesetze, 55. Auflage München 2012 zitiert: *Mayer-Goßner*, StPO
Mester, Britta A.	Arbeitnehmerdatenschutz – Notwendigkeit und Inhalt einer gesetzlichen Regelung, Oldenburg 2008 zitiert: *Mester*, Arbeitnehmerdatenschutz

Müller, Arnold	Die Zulässigkeit der Videoüberwachung am Arbeitsplatz – In der Privatwirtschaft aus arbeitsrechtlicher Sicht, Mannheim 2008 zitiert. *Müller*, Zulässigkeit der Videoüberwachung am Arbeitsplatz
Müller-Glöge, Rudi/ *Preis, Ulrich/* *Schmidt, Ingrid*	Erfurter Kommentar zum Arbeitsrecht, 12. Auflage München 2012 zitiert: *Bearbeiter*, ErfK
Nipperdey, Hans Carl	Gleicher Lohn der Frau für gleiche Leistung – Ein Beitrag zur Auslegung der Grundrechte, RdA 1950, 121-128
Oberwetter, Christian	Überwachung und Ausspähung von Arbeitnehmern am Arbeitsplatz – alles ohne Entschädigung?, NZA 2009, 1120-1123
Peterek, Rainer	Rechte des Arbeitgebers gegenüber dem Betriebsrat, Festschrift für Dieter Stege – Arbeitsrecht aus Arbeitgebersicht, Köln 1997., S. 70-111
Plander, Harro	Anmerkung zu BAG v. 26.2.1987 – 6 ABR 46,84, EWiR 1987, 1157-1158
Pulte, Peter	Beteiligungsrecht des Betriebsrats außerhalb der Betriebsverfassung, NZA-RR 2008, 113-128
Radke, Olaf	Parteipolitische Betätigung im Betrieb, BB 1957, 1112
Reichold, Hermann	Anmerkung zum Beschluss des BAG vom 3.6.2004 – 1 ABR 19/02, SAE 2004, 293-297
Rieble, Volker/ *Gistel, Cornelia*	Betriebsratszugriff auf Zielvereinbarungsinhalte?, BB 2004, 2462-2467
Rieble, Volker/ *Klebeck, Ulf*	Strafrechtliche Risiken der Betriebsratsarbeit, NZA 2006, 758-769
Roßnagel, Alexander/ *Pfitzmann, Andreas/*	Modernisierung des Datenschutzrechts – Gutachten im Auftrag des Bundesministerium des Inneren, 2001

Garstka, Hansjürgen	zitiert: *Roßnagel/Pfitzmann/Garstka*, Modernisierung des Datenschutzrechts
Rudolf, Inge	Aufgabe und Stellung des betrieblichen Datenschutzbeauftragten, NZA 1996, 296-301
Schaffland, Hans-Jürgen/ Wiltfang, Noeme,	Bundesdatenschutzgesetz, Ergänzbarer Kommentar nebst einschlägigen Rechtsvorschriften, Stand Ergänzungslieferung 4/2009 Berlin zitiert: *Schaffland/Wiltfang*, BDSG
Schierbaum, Bruno	Datenschutz im Personalratsbüro, PersR 2002, 499-506
ders.	Übermittlung personenbezogener Daten an Aufsichtsbehörden durch den Betriebsrat, CF 2004, 20-23
ders.	Datenschutz im Betriebsratsbüro, CF 2006, 64-67
Schierbaum, Bruno/ Kiesche, Eberhard	Arbeitnehmerdatenschutz – Aufgaben für den betrieblichen Datenschutzbeauftragten und den Betriebsrat, CR 1993, 151-159
Schild, Hans-Herrmann	Was hat der Personalrat mit dem Datenschutz zu tun? Versuch einer kleinen Einführung in das Datenschutzrecht, ZfPR 2010, 17-23
Schlink, Bernhard	Das Recht auf informationelle Selbstbestimmung, Der Staat 25 (1986), 233-250
Sendler, Hans	Zur Subsidiarität des Bundesdatenschutzgesetzes, DuD 1979, 81-84
Simitis, Spiros	Bundesdatenschutzgesetz, 7. Auflage Baden-Baden 2011 zitiert: *Bearbeiter*, Simitis, BDSG
ders.	Datenschutz und Arbeitsrecht, ArbuR 1977, 97-108
ders.	Die informationelle Selbstbestimmung – Grundbedingung einer verfassungskonformen Informationsordnung, NJW 1984, 394-398

ders.	Die betrieblichen Datenschutzbeauftragten – Zur notwendigen Korrektur einer notwendigen Kontrollinstanz, NJW 1998, 2395-2398
ders.	Anmerkung zum Beschluss des BAG vom 3.6.2004 – 1 ABR 19/02, AP Nr. 1 zu § 89 BetrVG 1972
Spieker, Wolfgang	Die Verschwiegenheitspflicht der Aufsichtsratsmitglieder, NJW 1965, 1937-1944
Springmann, Christian	Der Betriebsrat und die Betriebsbeauftragten – Ein Vergleich zweier betrieblicher Funktionsträger unter besonderer Berücksichtigung ihres Verhältnisses zueinander, Kiel 2004 zitiert: *Springmann*, Der Betriebsrat und die Betriebsbeauftragten
Stück, Volker	Handlungsmöglichkeiten bei überzogener BR-Tätigkeit, AuA 2006, 586-589
Teplitzky, Otto	Anmerkung zu BAG v. 26.2.1987 – 6 ABR 46/84, AP Nr. 2 zu § 79 BetrVG 1972
Thüsing, Gregor/ Bodenstedt, Kai	Zum Arbeitnehmerdatenschutz – Kurzkommentar zum Beschluss des BAG vom 3.6.2004 – 1 ABR 19/02, EWiR 2004, 317-318
Thüsing, Gregor	Datenschutz im Arbeitsverhältnis, NZA 2009, 865-870
ders.	Arbeitnehmerdatenschutz und Compliance, München 2010
Tinnefeld, Marie-Theres/ Ehmann, Eugen/ Gerling, Rainer W.	Einführung in das Datenschutzrecht – Datenschutz und Informationsfreiheit in europäischer Sicht, 4. Auflage München 2005 zitiert: *Tinnefeld/Ehmann/Gerling*, Einführung in das Datenschutzrecht
Trittin, Wolfgang/ Fischer, Esther D.	Datenschutz und Mitbestimmung – Konzernweite Personaldatenverarbeitung und die Zuständigkeit der Arbeitnehmervertretung, NZA 2009, 343-346

Tuchbreiter, Stefan	Beteiligungsrechte des Betriebsrats bei der Einführung und Anwendung moderner Kommunikationsmittel, Hamburg 2007 zitiert: *Tuchbreiter*, Beteiligungsrechte des Betriebsrats bei modernen Kommunikationsmitteln
Vogelsang, Klaus	Der Personalrat als Datenschützer und Datenverarbeiter, CR 1992, 163-167
von Friesen, Juliane	Das Einblicksrecht des Betriebsrats nach § 80 Abs. 2 Satz 2 zweiter Halbsatz BetrVG, ArbuR 1982, 245-254
von Gerlach, Jürgen	Persönlichkeitsschutz und öffentliches Informationsinteresse im internationalen Vergleich, AfP 2001, 1-8
von Hoyningen-Huene, Gerrick/ Linck, Rüdiger	Kündigungsschutzgesetz – Kommentar, 14. Auflage München 2007 zitiert: *v. Hoyningen-Huene/Linck*, KSchG
Wagner, Joachim	Betriebsrat und betrieblicher Datenschutzbeauftragter – wer kontrolliert wen?, BB 1993, 1729-1734
Weber, Angela	Die Schweigepflicht des Betriebsrats, Frankfurt 2000
Wedde, Peter	Anmerkung zu OLG Schleswig-Holstein v. 10.6.2002, AiB 2003, 635-636
ders.	Das Grundrecht auf Vertraulichkeit und Integrität in informationstechnischen Systemen aus arbeitsrechtlicher Sicht, ArbuR 2009, 373-378
Wiese, Günther/ Kreutz, Peter/ Oetker, Hartmut/ Raab, Thomas/ Weber, Christoph/ Franzen, Martin	Gemeinschaftskommentar zum Betriebsverfassungsgesetz, 9. Auflage Köln 2010 zitiert: *Bearbeiter*, GK-BetrVG
Wiese, Günther	Zur Freiheit der Meinungsäußerung des Betriebsrats und seiner Mitglieder im Außenverhältnis, Festschrift „50 Jahre Bundesarbeitsgericht", S. 1125-1148.

ders.	Grenzen und Begrenzbarkeit der Entfaltungsfreiheit im Sinne des § 75 Abs. 2 BetrVG in sozialen Angelegenheiten, Festschrift für Peter Kreutz, 2010, S. 499-512 zitiert: *Wiese*, FS Kreutz
ders.	Individuum und Kollektiv im Betriebsverfassungsrecht, NZA 2006, 1-10
Wirlitsch, Michael	Wann muss der Betriebsrat schweigen?, ArbuR 2010, 415-416
Wlotzke, Oliver/ Preis, Ulrich/ Kreft, Burghard	Betriebsverfassungsgesetzt, 4. Auflage München 2009 zitiert: *Bearbeiter*, WPK, BetrVG
Wohlgemuth, Hans H.	Datenschutz für Arbeitnehmer – Eine systematische Darstellung, 2. Auflage Neuwied 1988 zitiert: *Wohlgemuth*, Datenschutz für Arbeitnehmer
ders.	Der Zugriff des Betriebsrats auf Personaldaten, CR 1993, 218-225
ders.	Grenzen der Personaldatenverarbeitung – Mitbestimmung des Betriebsrats nach § 87 Abs. 1 Ziff 6 BetrVG ArbuR 1984, 257-263
Wohlgemuth, Hans H./ Mostert, Michael	Rechtsfragen der betrieblichen Telefondatenverarbeitung, ArbuR 1986, 138-146
Wohlgemuth, Hans. H./ Gerloff, Jürgen	Datenschutzrecht – Eine Einführung mit praktischen Fällen, 3. Auflage München 2005 zitiert: *Wohlgemuth/Gerloff*, Datenschutzrecht
Wolff, Walter	Die Schweigepflicht der Arbeitnehmervertreter, BB 1952, 118-120
Wybitul, Tim	Das neue Bundesdatenschutzgesetz: Verschärfte Regeln für Compliance und interne Ermittlungen, BB 2009, 1582-1585
ders.	Wie viel Arbeitnehmerdatenschutz ist „erforderlich"?, BB 2010, 1085-1089

Forum Arbeits- und Sozialrecht

Jan Friedrich Beckmann
Rechtsgrundlagen der beruflichen Weiterbildung von Arbeitnehmern
Band 37, 2012, 402 S.,
ISBN 978-3-86226-151-2, € **25,80**

Bastian Kiehn
Konzernbetriebsrat und Konzernbetriebsvereinbarung in der Betriebs- und Unternehmensumstrukturierung
Band 36, 2012, 264 S.,
ISBN 978-3-86226-153-6, € **25,80**

Moritz Koch
Dreigliedrige Standortsicherungsvereinbarungen
Band 35, 2012, 270 S.,
ISBN 978-3-86226-145-1, € **26,80**

Jacob Glajcar
Altersdiskriminierung durch tarifliche Vergütung
Band 34, 2011, 350 S.,
ISBN 978-3-86226-035-5, € **27,80**

Antje Hoops
Die Mitbestimmungsvereinbarung in der europäischen Aktiengesellschaft (SE)
Band 33, 2009, 300 S.,
ISBN 978-3-8255-0737-4, € **22,80**

Alexander Willemsen
Einführung und Inhaltskontrollen von Ethikrichtlinien
Band 32, 2009, 302 S.,
ISBN 978-3-8255-0732-9, € **25,-**

Jörg Gawlick
Die stufenweise Wiedereingliederung arbeitsunfähiger Arbeitnehmer in das Erwerbsleben nach § 28 StGB/§74 StGB 5
Eine arbeitsrechtliche Betrachtung
Band 31, 2009, 314 S.,
ISBN 978-3-8255-0725-1, € **28,-**

Sebastian Naber
Der massenhafte Abschluss arbeitsrechtlicher Aufhebungsverträge
Band 30, 2009, 312 S.,
ISBN 978-3-8255-0720-6, € **29,90**

Henriette Norda
Der Anspruch auf Elternteilzeit – de lege lata und de lege ferenda
Band 29, 2008, 286 S.,
ISBN 978-3-8255-0699-5, € **27,90**

www.centaurus-verlag.de

Centaurus Buchtipps

Mathias Trennt
Die Vergabe internationaler Sportveranstaltungen
Eine Bewertung der Vergabeverfahren und der Anforderungskataloge internationaler Sportverbände am Maßstab des primärrechtlichen Vergaberechts der Europäischen Union
Reihe Rechtswissenschaft, Bd. 217, 2012, 333 S.,
ISBN 978-3-86226-165-9, € **26,80**

Dorith Deibel
Die Reichweite des § 153 Abs. 1 S. 1 AO
Steuerverfahrensrechtliche und steuerstrafrechtliche Aspekte der Verpflichtung zur „Berichtigung von Erklärungen"
Reihe Rechtswissenschaft, Bd. 216, 2011, 432 S.,
ISBN 978-3-86226-107-9, € **29,80**

Jochen Stockburger
Unternehmenskrise und Organstrafbarkeit wegen Insolvenzstraftaten
Reihe Rechtswissenschaft, Bd. 215, 2011, 364 S.,
ISBN 978-3-86226-093-5, € **25,80**

Bianca Schöpper
Die Systeme der progressiven ‚Kundenwerbung unter besonderer Berücksichtigung des Multi-Level-Marketing-Systems
Reihe Rechtswissenschaft, Bd. 214, 2011, 240 S.,
ISBN 978-3-86226-063-8, € **24,80**

Felix Walther
Bestechlichkeit und Bestechung im geschäftlichen Verkehr
Internationale Vorgaben und deutsches Strafrecht
Studien zum Wirtschaftsstrafrecht, Bd. 36, 2011, 338 S.,
ISBN 978-3-86226-089-7, € **26,80**

Karl Huber
Strafrechtlicher Verfall und Rückgewinnungshilfe bei der Insolvenz des Täters
Studien zum Wirtschaftsstrafrecht, Bd. 35, 2011, 262 S.,
ISBN 978-3-86226-053-9, € **26,80**

Patrick Alf Hinderer
Insolvenzstrafrecht und EU-Niederlassungsfreiheit am Beispiel der englischen private company limited by shares
Studien zum Wirtschaftsstrafrecht, Bd. 34, 2011, 196 S.,
ISBN 978-3-86226-033-1, € **25,80**

Carsten Labinski
Zur strafrechtlichen Verantwortlichkeit des directors einer englischen limited
Studien zum Wirtschaftsstrafrecht, Bd. 33, 2011, 410 S.,
ISBN 978-3-86226-025-6, € **29,00**

Informationen und weitere Titel unter **www.centaurus-verlag.de**